디지털 정보에 대한 강제처분에서의 정보 프라이버시권 보장 방안

- 미국과의 비교를 중심으로 -

유민총서

22

디지털 정보에 대한 강제처분에서의 정보 프라이버시권 보장 방안

- 미국과의 비교를 중심으로 -

| 전치홍 지음 |

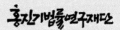

머리말

20세기에 개발된 컴퓨터와 인터넷은 시민들의 생활에 긍정적인 변화를 가져왔다. 시민들은 디지털 컴퓨터를 이용하여 여러 가지 작업들을 손쉽게 해낼 수 있게 되었으며, 인터넷을 통하여 세상과 편리하게 소통할 수 있게 되었다.

하지만 이와 같은 디지털 기술의 발전은 시민의 사생활의 비밀과 자유에 심각한 문제를 가져왔다. 시민의 대부분의 일상이 대량의 디지털 정보로 저장되기 때문에, 국가 또는 기업에 의한 디지털 정보의 유출은 시민의 프라이버시권에 대한 중대한 침해로 이어지기 때문이다. 따라서 이러한 프라이버시권 침해에 대응하기 위하여 미국에서는 정보 프라이버시권이라는 개념이 생성되었고, 대한민국에서는 개인정보자기결정권이라는 개념이 생겨났다.

한편, 이러한 정보 프라이버시권은 정부 또는 민간 기업의 개인정보 수집 및 이용 등에 의하여 발생할 수도 있고, 또는 국가 수사기관의 강제수사 과정에서도 침해될 수 있다. 그런데, 수사기관의 강제처분에 의한 정보 프라이버시권 침해는 그 침해의 정도가 특히 높다. 수사기관은 대량의 디지털 정보에서 최초 수사의 목적과 관련 없는 별건 수사의 혐의까지 대량으로 탐색할 수 있기에, 이는 국가 형벌권의 남용으로 이어질 수가 있는 것이다.

이러한 '형사상 강제처분에서의 정보 프라이버시권(개인정보자기결정권) 침해 상황'을 맞이하여 대한민국의 국회와 헌법재판소, 대법원은 여러 가지 측면에서 이에 대응해왔다. 그러나 디지털 정보에 대한 강제처분과 관련한 대한민국의 법제는 아직까지도 정보 주체의 정보 프라이버시권(개인정보자기결정권)을 충분히 보장하지 못하고 있는 것으로 보인다.

본 책은 이상과 같은 문제의식에서 출발하여, '디지털 정보에 대한 강제 처분에서의 정보 프라이버시권을 보장하는 방안'을 찾고자 하였다. 또한 본 책은 그 방법론으로서 대한민국의 관련 법제와 판결 등을 미국의 사례와 정밀하게 비교하는 방식을 사용하였다. 이상과 같은 본 책은 국내의 선행 연구들과 비교하여 볼 때 여러 가지 독창성을 가지고 있는데, 이를 요약하면 다음과 같다.

첫째, 기존의 선행 연구들은 디지털 증거에 대한 강제수사를 형사소송법 등과 같은 개별법을 위주로 하여 검토하였을 뿐, 강제수사의 근거 법령들을 통합적으로 논하지는 않았다. 이에 반하여 본 책은 디지털 증거에 대한 형사소송법상의 압수·수색 수사뿐만 아니라, '통신비밀보호법, 전기통신사업법, 위치정보의 보호 및 이용 등에 관한 법률에 의한 강제 수사' 등을 모두 검토하였다.

둘째, 기존의 선행 연구들은 '디지털 증거에 대한 강제수사에서 발생하는 문제들'을 단편적인 이슈에 한정하여 논하였다. 이에 반하여 본 책은 '디지털 증거에 대한 강제수사에서 문제되는 여러 논의들'을 '정보 프라이버시권의 보장'이라는 대전제에서, '영장 집행의 시간적 순서'에 따라서, '① 영장주의 적용 대상의 확대 및 통신비밀 보호의 강화, ② 영장 발부 요건의 엄격화, ③ 영장 집행 과정에서의 절차적 통제 강화, ④ 강제처분 과정에서 우연히 발견된 별건 정보의 취득 제한, ⑤ 압수처분에 대한 사후 위법성 판단의 엄격화'라는 5가지 유형으로 쟁점화하였다.[1]

셋째, 기존의 선행 연구들은 '디지털 증거의 수집과 관련한 미국의 논의들'을 단편적으로 검토하였을 뿐, 미국의 법제에 대한 상세한 세부 내용을 분석하지 못하였다. 이에 반해 본 책은 '디지털 증거의 수집과 관련한 미국의 논의들에 대한 미국의 사례(미국 판결례 및 수사 실무)'를 상세히 검토

---

1) 본 책이 제시한 이와 같은 5가지 유형의 분석 틀은 '디지털 증거 수집과 관련하여 미래에 발생할 새로운 문제들'을 체계적으로 해결해 낼 수 있는 도구로 기능할 것이다.

한 후, 이를 대한민국의 사례와도 정밀하게 비교 분석하였다. 특히 본 책은 '영장의 특정성 요건, 영장 집행의 사전제한, 영장주의의 예외이론' 등과 관련한 미국의 논의와 사례들을 매우 상세히 검토하고 있는데, 이는 국내의 선행 연구들이 담아내지 못한 부분들이다. 디지털 증거에 대한 강제수사와 관련한 미국의 사례들은 대한민국의 수사 실무와 판결례에 많은 영향을 주었기에, 미국의 사례를 살펴보는 것은 그 의의가 크다고 할 것이다.

한편, 저자는 2021년 8월에 연세대학교 법학전문대학원에서 법학전문박사 학위를 받은 바 있는데,[2] 본 책은 저자의 위 법학전문박사 학위논문을 토대로 출간한 것임을 밝힌다.[3] 이와 관련하여 저자는 '저자의 논문을 지도해 주신 교수님들' 및 '저자의 논문이 단행본으로 발간될 수 있도록 해준 홍진기법률연구재단'께 진심으로 감사하다는 말씀을 드리고 싶다.

먼저, 저자의 지도교수님인 심희기 교수님께서는 저자의 논문을 처음부터 마지막까지 애정을 가지고 꼼꼼하게 지도하여 주셨다. 심희기 교수님의 가르침 하에서 저자는 위 논문을 성공적으로 완성할 수 있었다.

다음으로, 전지연 교수님, 한상훈 교수님, 김정환 교수님, 박정난 교수님께서는 저자 논문의 심사 과정에서 저자가 생각지 못한 많은 부분들을 가르쳐 주셨다. 심사위원 교수님들의 위와 같은 통찰력 덕분에 저자는 저자의 논문을 보다 세련되고 체계적으로 다듬을 수가 있었다.

마지막으로, 홍진기법률연구재단은 부족한 저자의 논문이 단행본으로 발간될 기회를 주었다. 홍진기법률연구재단은 대한민국 법학 발전을 위하여

---

2) 이후 홍진기법률연구재단은 저자의 위 박사 논문을 2021년도 우수 박사 논문으로 선정하였고, 더 나아가 저자의 위 박사 논문이 본 책으로 발간되게 해 주었다.
3) 즉, 본 책은 저자의 위 학위논문 내용을 그대로 옮긴 것이기에, 독자들은 본 책을 읽기 전에 '본 책은 2021년 8월 이후의 법령 및 판결례들을 담고 있지는 않다'라는 점을 먼저 인지하여야 할 것이다.

항상 애쓰고 있는데, 홍진기법률연구재단의 사업이 앞으로도 많은 열매를
맺을 수 있기를 기원한다.

목 차

제1장

서론

제1절 연구의 주제와 목적

20세기에 개발된 컴퓨터와 인터넷은 현대 사회에 급속히 대중화되었다. 이러한 디지털 기술의 발전은 사람들의 생활에 긍정적인 변화를 가져왔다. 사람들은 컴퓨터를 이용하여 여러 가지 작업들을 손쉽게 해낼 수 있게 되었으며, 인터넷을 통하여 세상과 편리하게 소통할 수 있게 되었다.

하지만 이와 같은 디지털 기술의 발전은 시민의 사생활의 비밀과 자유에 심각한 문제를 야기하게 되었다. 시민의 대부분의 일상이 대량의 디지털 정보로 저장되게 되었기에, 이러한 정보의 유출은 정보 주체의 프라이버시권에 대한 중대한 침해로 이어지기 때문이다.

이러한 프라이버시권 침해에 대응하기 위하여 미국에서는 일찍이 정보 프라이버시권이라는 개념이 생성되었다. 또한 대한민국의 헌법재판소 역시 개인정보자기결정권이라는 개념을 승인하고 발전시켰는데, 대한민국의 개인정보자기결정권은 미국에서의 정보 프라이버시권에 대응하는 개념이라고 할 수 있다.

정보 프라이버시권의 침해는 크게 보아 두 가지의 경우로 나누어 살펴볼 수 있다. 먼저, 정보 주체의 정보 프라이버시권 침해는 정부 또는 민간 기업의 개인정보 수집 및 이용 등에 의하여 발생할 수 있다. 국가 기관의 행정 과정 등에서 국민의 개인정보가 대량으로 수집되는 것은 필연적이며, 기업 또한 영업을 해 나가는 과정에서 고객의 개인정보를 수집할 수밖에 없다. 따라서 개인 정보를 수집한 정부 또는 기업이 정보 주체의 정보 프라이버시권을 침해하는 경우가 있다.

다음으로, 정보 주체의 정보 프라이버시권은 국가 수사기관의 강제수사 과정에서 침해될 수 있다. 수사기관은 수사 과정에서 정보 주체에 대하여 강제처분4)을 행사하여야 하는 경우가 있는데, 이 과정에서 수사기관이 위헌·위법적인 강제처분을 하는 경우가 발생하기 때문이다.

그런데, 위와 같은 정보 프라이버시권 침해의 유형 중 '국가 수사기관의 강제처분에 의한 정보 프라이버시권 침해'는 그 침해의 정도가 특히 높다. 수사기관은 강제처분 과정에서 수사의 목적과 관련 없는 개인정보까지 수집할 수가 있으며, 이는 최초 수사의 목적과 관련 없는 별건 수사로 이어질 위험이 크기 때문이다. 이러한 문제는 대량 감시 사회의 우려로까지 이어지게 된다.

이러한 '형사상 강제처분에서의 정보 프라이버시권 침해 상황'을 맞이하여 대한민국은 여러 가지 측면에서 이에 대응해왔다. 예를 들어, 국회는 형사소송법과 통신비밀보호법을 개정하였으며, 헌법재판소는 통신비밀보호법에 대한 헌법불합치결정을 수차례 하였다. 또한 대법원은 정보 저장매체에 대한 압수·수색과 관련하여 수사기관의 무관 정보 취득을 제한하는 판결을 계속 선고하여 왔다.

그러나 강제처분과 관련한 대한민국의 법제는 아직까지도 정보 주체의 정보 프라이버시권을 충분히 보장하지 못하고 있는 것으로 보인다. 또한 학계에서도 수사기관의 무관 정보 취득을 제한하려는 논의가 이루어지고 있긴 하지만, 정보 프라이버시권 보장의 시각에서 강제처분의 남용에 대한 통제 방안을 통시적, 총체적으로 다룬 논문은 보이지 않는다.

본 논문은 이러한 문제 의식을 바탕으로, '디지털 정보에 대한 강제처분에서의 정보 프라이버시권을 보장하는 방안'을 찾고자 하였다.5)6)

---

4) 수사의 방법으로는 임의수사와 강제수사가 있으며, 강제수사란 강제처분에 의한 수사를 말하고, 임의수사는 강제수사 이외의 수사이다.[이상 이은모/김정환, 형사소송법 (제8판), 박영사 (2021), 212-213면 참조. 이 문헌은 이하 '이은모/김정환 (2021)'으로 약칭한다.] 본 논문에서 사용하는 '강제처분'은 강제수사에서의 강제처분임을 밝힌다.
5) 강제처분의 대표적인 예로는 형사소송법상의 압수·수색이 있다. 이외에 통신비밀보호법상의 통신제한조치 등도 대상자의 기본권을 제한한다는 점에서 강제처분에 해당한

물리적인 환경을 기반으로 발생하였던 범죄가 점차 온라인을 통하여 이루어지고 있기에, 수사기관이 확보하여야 하는 증거는 디지털 정보로 남겨지게 되었다. 따라서 수사기관이 디지털 정보를 취득하는 것은 실체적 진실 발견을 위하여 불가피하게 되었다. 그러나 디지털 정보는 담고 있는 정보가 매우 방대하다. 즉, 수사기관이 디지털 정보를 취득하는 과정에서 강제처분 권한을 남용한다면, 피처분자가 입게 되는 피해는 기존의 아날로그 수사와는 비교할 수 없을 정도로 크다고 할 것이다. 강제처분 대상자의 정보 프라이버시권을 보장하기 위한 방안을 모색하는 것은 이러한 이유에서 그 의의가 크다고 할 것이며, 앞으로 디지털화가 가속화됨에 따라 그 중요성은 계속 증대될 것이다.

제2절 연구의 방법과 내용

Ⅰ. 연구의 방법

본 논문은 '디지털 정보에 대한 강제처분에서의 정보 프라이버시권 보장 동향'에 대한 미국과 대한민국 양국의 법제와 판결 등을 정밀하게 비교하는 방식으로써 본 논문의 연구를 진행하기로 한다. 본 논문이 이와 같은 비

다[이상 이승호/이인영/심희기/김정환, 형사소송법강의(제2판), 박영사 (2020), 220면 참조]. 본 논문에서는 형사소송법과 통신비밀보호법상의 강제처분을 주된 대상으로 논의하고자 한다. 또한 정확히 강제처분에 해당하는 법률은 아니지만, 전기통신사업법(통신자료 요청 제도), 위치정보의 보호 및 이용 등에 관한 법률(위치정보 이용 수사) 등도 검토하고자 한다.
6) 본 논문에서는 개인정보자기결정권이 아닌 정보 프라이버시권이라는 개념을 사용하였다. 이에 대한 이유는 제2장 제3절에서 후술하였다.

교법적 방식을 사용한 이유는 다음과 같다.

첫째, 미국은 컴퓨터와 인터넷 기술의 발전이 빨랐던 만큼, 정보 프라이버시권 보장의 역사 또한 오래되었다고 볼 수 있다. 따라서 미국에서의 정보 프라이버시권 보장 역사를 살피는 것은 우리에게 시사하는 바가 크다. 특히 최근 미국에서는 강제처분 과정에서의 정보 프라이버시권 보장과 관련한 새로운 동향이 일어나고 있는데, 이러한 미국의 최신 동향을 우리의 경우와 면밀히 비교해 볼 필요가 있다.

둘째, 정보 프라이버시권 보장과 관련된 대한민국의 법제나 판결 중에는 미국의 동향으로부터 영향을 받은 것들이 있다. 따라서 이와 같은 대한민국 사례들의 의미를 제대로 이해하기 위해서는 이와 관련된 미국의 사례들을 면밀히 비교해 보는 것이 필요하다고 보인다. 이러한 작업을 통하여 정보 프라이버시권 보장 방안과 관련하여 대한민국의 현 위치를 정확히 짚어보고, 이를 기초로 추가로 논의되어야 할 개선책들을 정확히 도출해 낼 수 있다.

셋째, 대한민국은 정보 프라이버시권 보장과 관련한 독자적인 법 제도와 법원 판결례들을 정립해 왔는데, 양국 사례의 비교를 통하여 이와 같은 대한민국의 고유한 동향들을 밝히는 것이 필요하다고 판단된다. 이는 정보 프라이버시권 보장을 위한 대한민국 고유의 개선 방안으로 기능할 수 있을 것이다.

II. 연구의 내용

앞서 살펴본 연구 방법론을 바탕으로 하여, 본 논문은 제1장의 서론 및 제8장의 결론을 포함한 총 8장으로 연구를 진행하였다. 각 장의 핵심 내용은 다음과 같다.

제1장에서는 연구의 목적과 구체적인 연구 방법을 밝힌 후, 국내의 선행연구와 디지털 정보의 개념을 분석하였다. 그리고 강제처분의 개념을 검토하고, 미국과 대한민국의 영장주의에 대해서도 논의하였다.

제2장에서는 미국의 정보 프라이버시권과 대한민국의 개인정보자기결정권의 성립 역사를 검토하였다. 또한 정보 프라이버시권 또는 개인정보자기결정권의 침해에 대한 양국의 대응 동향을 분석하였다.

본 장에서는 이를 바탕으로 '디지털 정보에 대한 강제처분에서의 정보프라이버시권 보장 동향'과 관련하여 양국이 유사한 동향을 보이고 있음을 확인하였고, 이를 '① 영장주의 보호 대상의 확대 및 통신비밀 보호의 강화, ② 영장 발부 요건의 엄격화, ③ 영장 집행 과정에서의 절차적 통제 강화, ④ 강제처분 과정에서 우연히 발견된 별건 정보의 취득 제한, ⑤ 압수처분에 대한 사후 위법성 판단의 엄격화'라는 5가지 유형으로 쟁점화하였다.

제3장에서는 영장주의 적용 대상의 확대 및 통신비밀 보호의 강화와 관련한 양국의 동향을 살펴보았다. 미국 연방대법원은 정보 프라이버시권 보호를 위하여 수정헌법 제4조(영장주의)의 보호 대상을 계속 넓혀 왔는데, 이는 특히 통신비밀의 보호와 밀접한 관련이 있다. 대한민국 역시 미국과 유사하게 통신비밀에 대한 보호를 강화해 왔다.

본 장에서는 이와 관련하여 미국 법원과 대한민국 헌법재판소의 판결(결정)을 면밀히 비교한 후, 대한민국의 통신비밀보호법과 전기통신사업법의 개선방안을 제시하였다.

제4장에서는 영장 발부 요건의 엄격화와 관련한 양국의 동향을 살펴보았다. 미국의 수정헌법 제4조는 영장 발부에 특정성 요건을 요구하고 있는데, 미국의 법원은 이러한 특정성 요건을 엄격히 적용하여 디지털 정보에 대한 압수·수색 영장이 포괄 영장이 되지 않도록 하고 있다. 대한민국은 형사소송법 개정을 통하여 압수·수색 영장 청구의 요건으로서 '해당 사건과의 관련성' 등을 명문으로 요구하게 되었는데, 이는 영장 발부 단계에서의

정보 프라이버시권 보장 동향이라고 볼 수 있다.

본 장에서는 이와 같은 양국 동향의 비교를 바탕으로 하여 '정보에 대한 압수·수색 영장은 압수 대상 정보의 유형이 특정되어 발부되어야 한다'라는 취지를 담은 대한민국 형사소송법 개정안을 제시하였다.

제5장에서는 영장 집행 과정에서의 절차적 통제 강화와 관련된 양국의 동향을 살펴보았다. 미국에서는 영장 발부 법원을 중심으로 영장 집행 방식을 사전에 제한하는 움직임이 일어나고 있다. 이는 영장 집행 과정에서의 무관 정보 탐색 및 취득을 방지하는 기능을 한다. 대한민국에서는 대법원 결정과 형사소송법 규정을 중심으로 하여 영장 집행을 통제해 왔다. 대법원은 2011. 5. 26.자 2009모1190 결정(전교조 사건)을 통하여 정보 저장매체에 대한 영장 집행의 방식을 제한하였으며, 국회는 2011년에 형사소송법을 개정하여 정보 저장매체의 영장 집행 방식을 명문으로 제한하였다. 이러한 대법원 결정과 형사소송법 개정은 영장 집행 과정에서의 무관 정보 탐색을 막기 위한 목적에서 이루어졌으며, 이러한 취지를 배경으로 하여 대한민국의 영장 발부 법원은 영장 발부 시 압수의 대상 및 방법을 사전에 제한하여 오고 있다. 또한 대법원은 압수·수색 종료 시점을 확대하여 정보 저장매체가 수사기관의 사무실로 반출된 경우에도 압수·수색의 통제를 계속하고자 하였으며, 압수·수색 과정에서의 정보 주체의 참여권 또한 강화하였다.

본 장에서는 이와 같은 양국 동향의 비교를 바탕으로 하여 영장 집행에 대한 적극적인 사전 제한이 이루어져야 함을 주장하였고, 이와 관련하여 '전자정보에 대한압수·수색 영장 발부 시에는 법원이 구체적인 영장 집행 방안을 기재하여 영장을 발부하여야 한다'라는 취지의 형사소송법 개정방안을 제시하였다. 그리고 본 장에서는 실질적인 참여권을 보장하기 위한 방안을 살펴보았다. 이외에도 본 장에서는 압수·수색 절차의 종료 시점이 갖는 중요성을 검토한 후, 압수·수색 절차의 종료 이후에는 압수·수색 절차의 종료 시점이 기록되고 무관 정보는 지체없이 폐기되어야 한다'라는 취지를 담은 대한민국 형사소송법 개정안을 제시하였다.

제6장에서는 강제처분 과정에서 우연히 발견된 별건 정보의 취득 제한과 관련된 양국의 동향을 살펴보았다. 미국에서는 디지털 정보에 대해서는 영장주의 예외 이론의 적용을 배제하거나 축소하는 동향을 보이고 있다. 이와 관련한 대표적인 사례로서는 '디지털 정보에 대한 체포에 수반한 수색 이론, 플레인 뷰 이론, 국경 수색 예외 이론의 적용을 배제하거나 제한한 미국 법원의 판결들'이 있다. 대한민국의 대법원은 수사기관이 관련성이 인정되지 않는 정보를 압수한 경우, 이에 대한 증거능력을 부정하여 왔다. 이와 관련하여 대법원은 수사기관이 관련성 없는 별건 정보를 우연히 발견한 경우에, 해당 별건 정보를 취득하기 위하여 수사기관이 준수하여야 하는 절차도 제시한 바 있다. 또한 대한민국의 일부 하급심 법원에서는 정보 저장매체에 대한 영장 없는 압수·수색(임의제출 제도 등)을 제한하는 판결을 선고하고 있는데, 이와 관련한 대표적인 사례로서는 '현행범 체포 현장에서의 임의제출 형식의 압수를 제한한 판결'과 '긴급체포 현장에서의 임의제출 형식의 압수를 제한한 판결'이 있다.

본 장에서는 이와 같은 양국 동향의 비교를 바탕으로 하여 관련성 판단 기준의 구체화 방안을 검토하였고, '우연히 발견한 무관 정보에 대한 영장 발부 기준을 구체화하는 취지'의 형사소송법 개정안을 제안하였다. 또한 '긴급 압수·수색 등의 상황에서 수사기관은 원칙적으로 정보 저장매체 자체에 대한 압수만이 가능하다'라는 취지의 형사소송법 개정안을 제시하였다.

제7장에서는 '압수처분에 대한 사후 위법성 판단의 엄격화'와 관련된 양국의 동향을 살펴보았다. 미국의 연방 제2항소법원은 U.S. v. Ganias 판결[7]에서 수사기관의 무관 정보 삭제(purge) 의무를 인정하여 수사기관의 압수

---

7) United States v. Ganias, 755 F.3d 125 (2d Cir. 2014).

처분을 위법하다고 판단하였다. 이는 압수된 Ganias의 컴퓨터 파일 정보에 대하여 위법수집증거배제법칙이 엄격히 적용되는 결과로 이어진다. 대한민국의 대법원은 대법원 2015. 7. 16.자 2011모1839 전원합의체 결정(종근당 사건)에서 후행 처분(제2·3 처분)에 해당하는 전자정보의 복제·출력 과정의 위법이 중대하다고 보고, 전체적으로 제1 영장에 기한 압수·수색까지 취소하였다. 즉, 대법원은 후행 처분(제2·3 처분)의 위법을 이유로 적법하였던 제1처분까지 취소하였다. 이 역시 디지털 증거의 압수 처분에 대한 사후 위법성 판단이 엄격히 적용된 사례로 평가할 수 있다. 한편, 미국의 U.S. v. Ganias 판결과 대한민국 대법원의 2015. 7. 16.자 2011모1839 전원합의체 결정(종근당 사건)[8]에서는 '수사기관의 무관 정보 삭제 의무'가 논의되었다는 점에서도 의의가 있다.

본 장에서는 먼저 이와 같은 양국 판결을 검토하였다. 그리고 '전자정보에 대해서는 위법수집증거배제법칙이 보다 엄격히 적용되어야 한다'라는 점을 지적하였고, 또한 '압수·수색 절차 종료 이후의 법원에 의한 적극적인 사후 통제 방안'을 제안하였다.

제8장은 결론으로서 앞선 논의 내용을 종합하고 정리하였다.

---

8) 본 결정에서의 김용덕 대법관(별개의견)과 권순일 대법관(제1처분에 관한 반대의견)은 '압수·수색 영장의 집행 종료 이후에는 (영장에 의하여 취득된) 이미징 복제본이 삭제·폐기되어야 한다'라는 취지를 명시적으로 밝혔다.

제3절 국내의 선행 연구

I. 국내 선행 연구의 유형별 분석

디지털 정보에 대한 강제처분과 관련하여 지금까지 국내에서는 많은 수의 논문들이 발표되었다. 이러한 국내 논문들을 5가지로 분류하면 다음과 같다.

첫 번째로, 디지털 증거의 진정성(동일성) 입증 문제를 논하는 논문이 있다.[9] 디지털 정보는 그 특성상 위조와 변조가 매우 용이하다. 이와 관련하여 재판과정에서 '수사기관이 증거를 위조 또는 변조하였는지의 여부'가 쟁점이 되는 경우가 계속 발생하고 있다. 따라서 이 유형의 논문들은 디지털 증거의 진정성(동일성) 입증을 어떠한 방식으로 하며, 또한 어느 정도의 단계까지 하여야 하는가에 대하여 논하고 있다. 즉, 이 유형의 논문들은 디지털 증거의 증거능력 인정 문제를 다루고 있는 것이다. 또한 이 유형의 논문들은 유체물 증거와는 다른 디지털 증거 자체의 특수성 문제를 논하는 경우가 많다.

두 번째로는, 디지털 증거의 전문법칙 문제(성립의 진정 등을 어떻게 해

---

9) 이와 관련한 논문들로는, 강철하, "디지털證據 許容性(Admissibility)에 관한 美國 判例 動向", 디지털 포렌식 연구 제2호 (2008. 6.); 권오걸, "디지털증거의 개념·특성 및 증거능력의 요건", IT와 법 연구 제5집 (2011. 2.); 김재봉, "디지털 증거의 증거능력요건으로서 동일성과 그 확보방법", 법학논총 31권1호, 한양대학교 법학연구소, (2014); 박용철, "디지털 증거의 증거능력 요건 중 무결성 및 동일성에 대하여 - 대법원 2018. 2. 8. 선고 2017도13263 판결 -", 法曹 통권 728호 (2018); 오길영, "디지털 검증의 현재와 그 부당성 -소위 왕재산 사건을 대상으로-", 민주법학 제48권 (2012); 이상원, "전자증거와 원본증거의 법칙", 형사법의 신동향 제36호 (2012); 이숙연, "디지털증거의 증거능력", 저스티스 통권 제161호 (2017); 이원상, "디지털 증거의 체계적인 무결성 확보방안 - 왕재산 사건을 중심으로 -", 형사법의 신동향 제43호 (2014) 등이 있다.

결할 것인지)를 다루는 논문이 있다.[10] 본 유형의 논문에서는 정보 저장매
체 등을 압수·수색하여 획득한 (전자)문건의 전문법칙 문제를 어떻게 해결
하여야 할 것인지를 논의하고 있다. 기존 형사소송법은 유체물 문건을 대
상으로 전문법칙을 규정하였기에, 전자 문건에 대한 성립의 진정 등을 입
증하기가 상대적으로 어려워졌다. 따라서 본 유형의 논문 중에는 '전문법
칙을 디지털 정보에 맞게 해석하여, 수사기관의 전문증거 사용의 범위를
보다 유연성 있게 해주려는 방안'을 논의하는 경우가 많다. 또한 이러한 유
형의 논문들은 디지털 증거의 증거능력 문제를 다룬다는 점에서 위 첫 번
째 유형의 논문들과 유사한 부분이 있다. 따라서 이러한 유형의 논문들은
첫 번째 유형과 두 번째 유형에 나오는 쟁점 모두를 다루는 경우가 많다.

　세 번째로는, 디지털 증거에 대한 강제처분의 방식과 관련하여, 새로운
제도 도입론을 논의하는 논문들이 있다.[11] 이러한 논의들은 보통 '현행 형

---

10) 이와 관련한 논문들로는, 김정한, "형사소송법 제313조 개정 유감", 형사법의 신동향
　제53호 (2016); 김희균, "이메일 계정 속 첨부파일의 증거능력", 형사소송 이론과 실
　무 제7권 제2호 (2015); 노명선, "개정 형사소송법 제313조의 해석과 입법 개선", 법
　조 제65권 제9호 (2016); 노수환, "디지털증거의 진정성립 증명과 증거능력- 형사소송
　법 제313조 제1항의 해석과 관련한 판례의 비판적 검토 -", 법조 제64권 제8호 (2015);
　설민수, "전자적 문서에 대한 증거조사, 증거능력과 전문법칙- 미국법을 통해 본 비교
　법적 접근 -" 인권과정의 376호 (2007. 12.); 심희기, "전자증거의 진정성과 전문법칙
　의 적용", 형사판례연구 제22권 (2014); 오길영, "문서파일의 증거능력 － 원세훈 사
　건 대법원 판결에 대한 평석을 중심으로 －", 민주법학 제59호 (2015. 11.); 정웅석,
　"개정법상 진술서 등의 증거능력에 관한 고찰", 저스티스 통권 제158-3호 (2017. 2.)
　등이 있다.
11) 이와 관련한 논문들로는, 김기범/이관희/장윤식/이상진, "정보영장 제도 도입방안 연
　구", 경찰학연구 제11권 제3호 (2011); 박웅신/이경렬, "다크넷 범죄현상과 형사법적
　대응방안", 형사법의 신동향 제58호 (2018); 손동권, "새로이 입법화된 디지털 증거의
　압수·수색제도에 관한 연구 - 특히 추가적 보완입법의 문제 -", 형사정책 제23권 제2
　호 (2011. 12.); 이용, "디지털 증거의 보전명령제도에 관한고찰", 법조 제64권 제12호
　(2015); 이원상, "클라우드 컴퓨팅 환경에서의 디지털 증거 확보를 위한 소고", 형사
　법의 신동향 제38호 (2013); 이윤제, "디지털 증거 압수·수색영장의 집행에 있어서의
　협력의무", 형사법연구 제24권 제2호 (2012); 전치홍, "디지털 증거의 역외 압수수색

사소송법상의 압수·수색 규정이 유체물을 대상으로 만들어진 까닭에, 수사기관의 강제처분 권한에 흠결이 발생했다'라는 인식을 기반으로 한다. 따라서 이 유형의 논문들은 대부분 '실체적 진실 발견과 수사 효율성을 위하여 디지털 수사에서의 새로운 강제수사 방식이 도입되어야 한다'라는 입법론적 방향을 제시하고 있다.

네 번째로는, 통신비밀보호법 또는 전기통신사업법상의 강제처분과 관련된 제도의 적법성과 개선방안에 대한 논의를 하는 논문들이 있다.[12] 최근에 수사기관이 형사소송법상의 강제처분 규정(압수·수색) 외에도 통신비밀보호법 또는 전기통신사업법상의 근거 법규를 수사에 활용하는 경우가 대폭 증가하고 있다. 이는 통신기술의 발달 및 사용 증대에 기인한 것인데, 이러한 수사 기법의 적법성에 대한 논의가 학계에서 계속하여 이어지고 있다. 위치정보를 이용한 수사의 적법성을 논의하는 논문도 이 범주에 해당

에 관한 최신 쟁점 - 미국의 사례 및 법제를 중심으로 -", 형사소송 이론과 실무 제10권 제2호 (2018. 12.); 조성훈, 역외 전자정보 압수·수색 연구, 박영사 (2020) 등이 있다.

[12] 이와 관련한 논문들로는, 민만기, "인터넷 패킷감청의 법적 성격 및 허용 가능성 검토", 형사법의 신동향 통권 제53호 (2016. 12.); 박경신, "한국과 미국의 통신감시 상황의 양적 비교 및 최근의 변천 - 기지국수사, 대량감시, 통신자료제공, 피감시자통지를 중심으로 -", 아주법학 제9권 제1호 (2015. 5.); 박민우, "통신자료 제공요청의 법적 성격과 합리적인 제도 개선 방향 - 영장주의 및 사후통지의 도입 여부와 관련하여 -", 법조 제65권 제7호 (2016); 박종현, "「통신비밀보호법」 상 통신사실 확인자료 제공 관련 조항들에 대한 헌법적 검토 - 2018. 6. 28. 2012헌마191등 결정례와 2018. 6. 28. 2012헌마538 결정례에 대한 검토를 중심으로 -", 헌법학연구 제25권 제2호 (2019. 6.); 오길영, "국가정보원의 패킷감청론에 대한 비판 - 국가정보원 답변서에 대한 반박을 중심으로 한 위헌론의 기초이론 -", 민주법학 제48호 (2012. 3.); 오동석, "통신자료 취득행위의 헌법적 검토", 경찰법연구 제18권 제1호 (2020); 정준현, "패킷감청의 필요성과 정당성에 관한 법적 검토", 홍익법학 제18권 제1호 (2017. 2.); 정한중, "적법하게 취득한 통신사실 확인자료와 관련성 있는 범죄 - 대법원 2017. 1. 25. 선고 2016도13489 판결 -", 법조 제66권 제2호 (2017. 4.); 차진아, "범죄수사를 위한 통신사실 확인자료 제공요청의 문제점과 개선방안", 법조 제67권 제2호 (2018. 4.); 이흔재, "형사절차상 휴대전화의 강제처분에 대한 연구", 박사학위 논문, 연세대학교 (2020) 등이 있다.

한다고 할 것이다. 통신기술이 고도로 발달함에 따라서 통신 정보에는 정보 주체의 방대하고 민감한 사생활 정보가 담기게 되었다. 따라서 이러한 유형의 논문들 중에는 '수사기관의 강제처분 권한을 제한하고 정보 주체의 기본권을 보장하려는 취지'의 논문들이 많다.

다섯 번째로는, 디지털 증거에 대한 형사소송법상 압수·수색 절차의 적법성을 다루는 논문들이 있다.[13] 형사소송법상의 압수·수색 조항이 강제처분의 대표적인 근거 법률인 관계로, 디지털 정보에 대한 강제처분과 관련하여서는 이러한 유형에 해당하는 논문들이 상당수 발표되었다. 이러한 논문들 중에는 '강제처분 대상자의 권리 보호에 중점을 둔 유형'도 있고, 반대로 '실체적 진실 발견과 관련한 수사기관의 수사 효율성 보장과 범죄 예방의 측면에 중점을 둔 유형'도 있다. 또한 본 논문들 중에는 위 네 번째 유형(통신비밀보호법, 전기통신사업법 등과 관련한 강제처분을 논의하는

---

13) 이와 관련한 논문들로는, 김성룡, "전자정보에 대한 이른바 '별건 압수·수색' - 대법원 2015. 7. 16. 선고 2011모1839 전원합의체 결정의 평석을 겸하여 -", 형사법의 신동향 통권 제49호 (2015. 12.); 노명선, "디지털 증거의 압수·수색에 관한 판례 동향과 비교법적 고찰", 형사법의 신동향 통권 제43호 (2014. 6.); 박민우, "디지털증거 압수·수색에서의 적법절차", 박사학위 논문, 고려대학교 (2016); 박병민/서용성, 디지털 증거 압수수색 개선방안에 관한 연구 - 법률 개정에 관한 논의를 중심으로 -, 대법원 사법정책연구원 (2021); 손지영/김주석, 압수·수색 절차의 개선방안에 관한 연구, 대법원 사법정책연구원 (2016); 오기두, "전자정보의 수색·검증, 압수에 관한 개정 형사소송법의 함의", 형사소송 이론과 실무 제4권 제1호 (2012. 6.); 이숙연, "전자정보에 대한 압수수색과 기본권, 그리고 영장주의에 관하여 - 대법원 2011모1190 결정에 대한 평석을 중심으로 한 연구 -", 헌법학연구 제18권 제1호 (2012. 3.); 이완규, "압수물의 범죄사실과의 관련성과 적법한 압수물의 증거사용 범위", 형사판례연구[23], (2015); 이완규, "디지털 증거 압수 절차상 피압수자 참여 방식과 관련성 범위 밖의 별건 증거 압수 방법", 형사법의 신동향 통권 제48호 (2015. 9.); 조국, "컴퓨터 전자기록에 대한 대물적 강제처분의 해석론적 쟁점", 형사정책 제22권 제1호 (2010. 7.); 조기영, "사전영장 없는 휴대전화 압수수색의 허용 여부", 동북아법연구 제9권 제3호 (2016. 1.); 홍진표, "디지털 증거에 대한 압수수색 영장제도의 실무적 개선방안 고찰", 사법 제50호, 사법발전재단 (2019) 등이 있다.

유형)의 쟁점까지도 일부 포함하여 논하는 경우가 있다.

Ⅱ. 국내 선행 논문과 본 논문의 차이점

앞서 살펴본 첫 번째 유형의 논문들은 디지털 증거의 진정성(동일성) 입증 문제를 논하고 있고, 두 번째 유형의 논문들은 디지털 증거의 전문법칙 문제(성립의 진정 등을 어떻게 해결할 것인지)를 다루고 있다. 이러한 첫 번째 유형과 두 번째 유형의 논문들은 모두 '압수된 디지털 증거의 증거능력 문제를 다룬다'라는 공통점이 있다.

이에 반해 본 논문은 디지털 정보에 대한 정보 프라이버시권 보장 방안을 논하고 있다. 즉, 본 논문은 '강제처분 과정에서 무관 정보가 무분별하게 탐색되는 문제'를 해결하고자 하였다. 이러한 점에서 본 논문은 위 첫 번째 및 두 번째 유형과는 구별된다.

다음으로, 앞서 살펴본 세 번째 유형의 논문들은 대부분 '실체적 진실 발견과 수사 효율성을 위하여 디지털 수사와 관련한 새로운 강제수사 방식이 도입되어야 한다'라는 내용을 담고 있다. 이는 정보 주체의 정보 프라이버시권 보장이 아닌 수사기관의 수사 효율성에 중점을 둔 논문으로 볼 수 있을 것이다. 이러한 이유에서, 정보 프라이버시권 보장 방안을 논하는 본 논문은 앞선 세 번째 유형의 논문들과도 구별이 된다.

마지막으로, 네 번째 유형의 논문들(통신비밀보호법 또는 전기통신사업법상의 강제처분 제도의 적법성과 개선방안을 논하는 논문들)과 다섯 번째 유형의 논문들(디지털 증거에 대한 형사소송법상 압수·수색 절차의 적법성을 다루는 논문들) 중에서 '수사기관의 강제처분 권한을 제한하고 정보 주체의 기본권을 보장하려는 취지'의 논문들은 본 논문과 유사한 논의를 담고 있다.

다만, 그러한 논문들도 다음과 같은 이유에서 본 논문과는 차이가 있다.

첫째, 본 논문은 앞선 선행 논문들과는 달리, 정보 프라이버시권이라는 개념을 큰 축으로 하여 정보 주체의 권리 보장 방안을 모색하였다. 이를 위해 본 논문은 제2장에서 정보 프라이버시권(개인정보자기결정권)의 역사와 개념 등을 구체적으로 논의하였다. 즉, 본 논문은 '정보 프라이버시권(개인정보자기결정권) 개념의 생성 역사와 의의에 대한 상세한 논의' 역시 담고 있는 것이다.

둘째, 본 논문은 앞선 선행 논문들과는 달리, '통신비밀보호법과 전기통신사업법상의 강제처분, 그리고 형사소송법상의 압수·수색 처분 모두'에 대한 포괄적인 논의를 하고 있다. 물론 형사소송법과 통신비밀보호법, 그리고 전기통신사업법까지 모두 다룬 선행 논문이 전혀 없는 것은 아니다. 그러나 본 논문은 앞선 논문들과 달리 '영장주의 적용 대상의 확대 및 통신비밀 보호의 강화, 영장 발부 요건의 엄격화, 영장 집행 과정에서의 절차적 통제 강화, 강제처분 과정에서 우연히 발견된 별건 정보의 취득 제한, 압수처분에 대한 사후 위법성 판단의 엄격화'라는 5가지 동향(쟁점)을 중심으로 하여 '통신비밀보호법, 전기통신사업법, 형사소송법, 위치정보의 보호 및 이용 등에 관한 법률' 등을 면밀히 검토하였다.

셋째, 본 논문은 미국과의 비교를 중심으로 하여 정보 프라이버시권 보장 방안을 도출하였다. 물론 다수의 선행 논문들이 미국의 사례를 소개한 바 있다. 그러나 본 논문은 '미국의 사례를 매우 상세하게 소개함과 동시에 이를 대한민국의 관련 사례와 면밀히 비교 분석하였다'라는 특징이 있다. 이와 관련하여 본 논문에서는 정보 프라이버시권 보장 방안과 관련한 미국의 동향을 '영장주의 적용 대상의 확대 및 통신비밀 보호의 강화, 영장 발부 요건의 엄격화, 영장 집행 과정에서의 절차적 통제 강화, 강제처분 과정에서 우연히 발견된 별건 정보의 취득 제한, 압수처분에 대한 사후 위법성 판단의 엄격화'라는 5가지 동향(쟁점)으로 구분하여 대한민국의 사례와 구체적으로 비교 분석하였다. 즉, 본 논문은 미국의 사례를 단편적으로 소개한 선행 논문들과는 달리 '미국에서의 정보 프라이버시권 보장 동향을 5가지 쟁점을 중심으로 통시적이고 체계적으로 검토하였다'라는 특징이 있다.

참고로, 본 논문이 거의 완성되었던 시점(본 학위 논문에 대한 심사가 예정되어 있었던 시점)인 2021년 3월에 "박병민/서용성, 디지털 증거 압수수색 개선방안에 관한 연구 - 법률 개정에 관한 논의를 중심으로 -, 대법원 사법정책연구원 (2021)"[이 문헌은 이하 '박병민/서용성 (2021)'으로 약칭한다]이 발간된 바 있다. 또한 2016년도에는 "손지영/김주석, 압수·수색 절차의 개선방안에 관한 연구, 대법원 사법정책연구원 (2016)"[이 문헌은 이하 '손지영/김주석 (2016)'으로 약칭한다]이 발간된 바 있다. 이 두 문헌(연구서)들은 '디지털 증거에 대한 형사소송법상 압수·수색 절차를 논의하고 있다'라는 점에서 기본적으로는 다섯 번째 유형의 선행 연구에 해당하지만, '통신비밀보호법 등과 관련한 내용도 일부 포함하고 있다'라는 점에서는 네 번째 유형의 선행 연구에 해당하기도 한다. 그런데, 위 두 연구 논문은 '형사소송법상 압수·수색 절차와 함께 통신비밀보호법 등에 대한 내용도 다루고 있다'라는 점, '미국의 관련 사례 등도 논하고 있다'라는 점 등에서 본 논문과 유사한 점이 있다. 그러나 본 논문은 다음의 점들에서 위 두 문헌(연구서)들[박병민/서용성 (2021), 손지영/김주석 (2016)]과는 구분된다.

첫째, 본 논문은 위 두 연구서들[박병민/서용성 (2021), 손지영/김주석 (2016)]과는 달리 정보 프라이버시권의 역사와 개념을 논의의 출발점으로서 상세히 서술하였다. 이를 바탕으로 본 논문은 형사상 강제처분에서의 정보 프라이버시권 보장 방안을 중점적으로 논하였다.

둘째, 박병민/서용성 (2021)은 '원격지 압수수색, 협력의무, 제출명령' 등과 같은 새로운 제도 도입론을 논하고 있으며(이는 앞서 살펴본 세 번째 유형의 선행 연구와 관련이 있다), 손지영/김주석 (2016)은 유체물 압수와

관련한 쟁점들도 다루고 있다. 그러나 본 논문은 정보 프라이버시권 보장
에 관한 쟁점에 집중하기 위하여 위와 같은 새로운 제도 도입론 등은 다루
지 않았다.

셋째, 위 두 연구서들[박병민/서용성 (2021) 및 손지영/김주석 (2016)]은
형사소송법상의 압수·수색에 논의의 중점을 두고 있고, 통신비밀 보호에
관련한 내용의 비중이 상대적으로 적다. 그러나 본 논문은 본 논문의 제3
장에서 '통신비밀 보호의 강화와 관련한 쟁점들'을 '영장주의 보호 대상의
확대'라는 쟁점과 함께 깊이 있게 논의하였다.

넷째, 위 두 연구서들[박병민/서용성 (2021) 및 손지영/김주석 (2016)]은
미국 외에도 독일, 일본, 유럽평의회(Council of Europe) 등의 사례도 비교
법적으로 논하고 있다. 이에 반해 본 논문은 미국의 사례에만 논의를 집중
하였다. 따라서 본 논문은 위 두 연구서들[박병민/서용성 (2021) 및 손지영/
김주석 (2016)]에 비하여 미국 사례(판결)의 내용을 보다 상세히 소개하고
분석하였고, 본 논문이 소개한 미국 사례(판결)의 양도 위 두 연구서들보다
많다. 특히 본 논문은 '영장의 특정성 요건, 영장집행의 사전제한, 영장주의
의 예외이론' 등과 관련한 미국의 논의와 사례들을 상세히 담고 있다.

다섯째, 위 두 연구서들[박병민/서용성 (2021) 및 손지영/김주석 (2016)]
은 미국, 독일, 일본 등과 같은 비교법적 사항들을 대한민국과는 별개의 장
(또는 절)으로 나누어 소개하였고, 디지털 증거 압수·수색에 대한 개선방안
역시 별개의 장으로 나누어서 서술하였다. 이에 반하여 본 논문은 대한민
국과 미국의 비교를 보다 선명하게 드러내기 위하여, 각각의 장에서 미국
과 대한민국을 함께 비교하는 방식을 취하였다. 또한 각 장에서는 미국과
의 비교에 덧붙여서 디지털 정보에 대한 강제처분의 개선방안도 함께 서술
하였다. 이를 위하여 본 논문은 앞서 살펴본 5가지 동향(쟁점)[14]으로 각 장

---

14) 영장주의 적용 대상의 확대 및 통신비밀 보호의 강화, 영장 발부 요건의 엄격화, 영장
집행 과정에서의 절차적 통제 강화, 강제처분 과정에서 우연히 발견된 별건 정보의

을 구성하였다는 특징이 있다.

제4절 디지털 정보의 개념

I. 선행 연구와 기존 판결에서의 용어법

본 논문은 '디지털 정보'라는 개념을 바탕으로 하여, 이러한 디지털 정보에 대한 강제처분에서의 정보 프라이버시권 보장 방안을 모색하고자 하였다. 그런데 앞선 선행 연구와 판결례들을 살펴보면, 강제처분의 대상인 정보를 다양하게 지칭하고 있음을 확인할 수 있다. 따라서 정보 프라이버시권의 개념을 논하기에 앞서서,15) 강제처분의 대상인 정보를 지칭하는 각 용어들을 정리할 필요가 있다. 이를 살펴보면 다음과 같다.

첫째, 전자정보라는 용어가 있다. 이는 대법원 판결례에서 주로 사용되고 있으며,16) 또한 법원의 압수·수색 영장 발부시에 첨부되는 별지에서도 사용된다.17) 이 외에도 대한민국의 대검찰청 예규[디지털 증거의 수집·분

취득 제한, 압수처분에 대한 사후 위법성 판단의 엄격화

15) 정보 프라이버시권(개인정보자기결정권)의 개념 및 본 논문이 정보 프라이버시권이라는 용어를 사용하는 이유에 대해서는 제2장에서 후술한다.

16) "전자정보에 대한 압수·수색영장의 집행에 있어서는 원칙적으로 영장 발부의 사유로 된 혐의사실과 관련된 부분만을 문서 출력물로 수집하거나 수사기관이 휴대한 저장매체에 해당 파일을 복사하는 방식으로 이루어져야 하고" 이상 대법원 2011. 5. 26.자 2009모1190 결정(전교조 사건); "수사기관의 전자정보에 대한 압수·수색은 원칙적으로 영장 발부의 사유로 된 범죄 혐의사실과 관련된 부분만을 문서 출력물로 수집하거나 수사기관이 휴대한 저장매체에 해당 파일을 복제하는 방식으로 이루어져야 하고" 이상 대법원 2015. 7. 16.자 2011모1839 전원합의체 결정(종근당 사건) 등.

17) 법원은 수사기관의 무관 정보 탐색을 막기 위하여 정보에 대한 압수 방식을 제한하는 취지의 "압수 대상 및 방법의 제한"이라는 제목의 별지를 첨부하고 있는데, 이러한

석 및 관리 규정(대검찰청 예규 제1151호)]와 경찰청 훈령[디지털 증거의 처리 등에 관한 규칙(경찰청훈령 제975호)]에서도 전자정보의 개념이 사용되고 있다.[18]

둘째, 디지털 증거(Digital Evidence)라는 용어가 있다. 이는 대한민국과 미국의 학계에서 널리 쓰이는 표현이다.[19] 또한 대한민국의 대검찰청 예규 [디지털 증거의 수집·분석 및 관리 규정(대검찰청 예규 제1151호)]와 경찰청 훈령[디지털 증거의 처리 등에 관한 규칙(경찰청훈령 제975호)]에서도 디지털 증거라는 개념이 사용되고 있다.[20]

별지는 "전자정보"라는 용어를 사용하고 있다. 이상 홍진표, "디지털 증거에 대한 압수수색 영장제도의 실무적 개선방안 고찰", 사법 제50호, 사법발전재단 (2019), 119-125면 참조.

18) 참고로, 디지털 증거의 수집·분석 및 관리 규정(대검찰청 예규 제1151호) 제3조 제1호는 "'전자정보'란 정보저장매체등에 기억된 정보를 말한다."라고 전자정보를 정의하고 있으며, 디지털 증거의 처리 등에 관한 규칙(경찰청훈령 제975호) 제2조 제1호는 "'전자정보'란 전기적 또는 자기적 방법으로 저장되거나 네트워크 및 유·무선 통신 등을 통해 전송되는 정보를 말한다."라고 전자정보를 정의하고 있다.

19) 앞선 각주 6-10에서 소개한 국내 선행 연구들의 다수가 디지털 증거라는 용어를 사용하고 있다. 또한 미국에서도 디지털 증거(Digital Evidence)라는 용어가 학계에서 많이 사용되고 있는데, 이와 관련한 논문을 몇 가지 소개하면 다음과 같다. Orin S. Kerr, "EXECUTING WARRANTS FOR DIGITAL EVIDENCE: THE CASE FOR USE RESTRICTIONS ON NONRESPONSIVE DATA", 48 Tex. Tech L. Rev. 1, 2-3 (2015), RayMing Chang, "WHY THE PLAIN VIEW DOCTRINE SHOULD NOT APPLY TO DIGITAL EVIDENCE", 12 Suffolk J. Trial & App. Advoc. 31 (2007), Major Paul M. Ervasti, "IS THE PARTICULARITY REQUIREMENT OF THE FOURTH AMENDMENT PARTICULAR ENOUGH FOR DIGITAL EVIDENCE?", 2015-OCT Army Law. 3 (2015).

20) 참고로, 디지털 증거의 수집·분석 및 관리 규정(대검찰청 예규 제1151호) 제3조 제2호는 "'디지털 증거'란 범죄와 관련하여 디지털 형태로 저장되거나 전송되는 증거로서의 가치가 있는 정보를 말한다."라고 디지털 증거를 정의하고 있으며, 디지털 증거의 처리 등에 관한 규칙(경찰청훈령 제975호) 제2조 제3호는 "'디지털 증거'란 범죄와 관련하여 증거로서의 가치가 있는 전자정보를 말한다."라고 디지털 증거를 정의하고 있다.

셋째, 전자증거(electronic evidence)라는 용어도 있다. 이는 일부 대법원 판결에서 사용되었으며,[21] 대한민국과 미국의 학계에서도 사용되고 있다.[22]

넷째, 디지털 정보(digital information)라는 용어도 사용된다. 이는 미국의 일부 대법원 판결[23]과 논문[24]에서 사용되었으며, 대한민국의 일부 논문[25]에서도 사용되었다.

다섯째, 디지털 데이터(digital data)[26]라는 용어도 사용되었다.

---

21) "원심판결 이유를 위 법리와 기록에 비추어 살펴보면, 원심의 이러한 판단은 정당한 것으로 수긍할 수 있고, 거기에 전자증거의 무결성·동일성 그리고 신뢰성에 대한 입증 방법이나 그 입증의 정도 등에 관한 법리를 오해한 위법이 없으며" 이상 대법원 2013. 7. 26. 선고 2013도2511 판결.

22) 전자증거라는 용어를 사용한 국내 논문으로서는 심희기, "전자증거의 진정성과 전문 법칙의 적용", 형사판례연구 제22권 (2014), 오현석, "전자증거의 선별압수와 매체압수에 관한 연구", 석사학위 논문, 서울대학교 (2019), 김종구, "영장주의의 예외와 휴대폰 전자증거 수색의 한계 - 미국의 United States v. Cano 판례 (2019)와 관련하여 -", IT와 법 연구 제21집 (2020. 8.), 이경렬/설재윤, "전자증거의 적법한 압수와 별건 증거사용에 관한 실무 연구", 법조 제68권 제1호 (2019. 2.) 등이 있다. 또한 전자증거 (electronic evidence)라는 용어를 사용한 미국 문헌 등으로는 U.S. Department of Justice, SEARCHING AND SEIZING COMPUTERS AND OBTAINING ELECTRONIC EVIDENCE IN CRIMINAL INVESTIGATIONS (3d ed. 2009), Steven Goode, "THE ADMISSIBILITY OF ELECTRONIC EVIDENCE", 29 Rev. Litig. 1 (2009), Jonathan D. Frieden/Leigh M. Murray, "THE ADMISSIBILITY OF ELECTRONIC EVIDENCE UNDER THE FEDERAL RULES OF EVIDENCE", 17 Rich. J.L. & Tech. 5 (2010) 등이 있다.

23) "These two cases raise a common question: whether the police may, without a warrant, search digital information on a cell phone seized from an individual who has been arrested." 이상 Riley v. California, 573 U.S. 373 (2014). 378면

24) Stewart James Alvis, "CRIMINAL PROCEDURE--SEARCH INCIDENT TO ARREST--WARRANTLESS COLLECTION OF DIGITAL INFORMATION FROM CELL PHONES DEEMED UNCONSTITUTIONAL", 45 Cumb. L. Rev. 211 (2014-2015) 등.

25) 박혁수, "디지털 정보 압수·수색의 실무상 쟁점", 형사법의 신동향 통권 제44호 (2014. 9.), 전승수, "디지털 정보에 대한 압수수색영장의 집행 - 대법원 2011. 5. 26.자 2009모1190 결정 -", 법조 제61권 제7호 (2012. 7.) 등.

여섯째, 전자기록27)라는 용어도 선행 연구에서 발견된다.

II. 본 논문의 용어 선택

본 논문에서는 '디지털 정보(digital information)'라는 용어를 사용하였다. 그 이유는 다음과 같다.

먼저, 본 논문은 오늘날의 정보 저장매체(컴퓨터 또는 휴대폰 등)에 저장된 정보를 주된 논의의 대상으로 하고 있다. 이와 같은 오늘날의 저장매체는 디지털 저장매체라는 특징이 있으며, 이는 예전의 아날로그(analog) 시대의 저장매체와 명확히 대비가 된다. 그런데 전자(electronic)라는 개념은 아날로그(analog) 형식과 명백히 구분되지 않는다. 따라서 본 논문에서는 전자(electronic)라는 용어 대신 디지털(digital)이라는 개념을 선택하였다.

다음으로, 본 논문은 정보 프라이버시권 보장이라는 궁극적인 목적에 도달하는 것을 전제로 하여 형사상 강제처분을 논하고 있다. 따라서 증거(evidence)라는 개념 대신 정보(information)라는 용어를 선택하였다. 증거(evidence)라는 개념보다는 정보(information)라는 용어가 본 논문의 주제에 좀 더 부합한다고 판단하였기 때문이다. 특히 본 논문의 제2장은 정보 프라이버시권(개인정보자기결정권) 보장의 역사와 개념에 대해서도 자세히 서술하고 있는데, 이때의 정보는 형사소송법상 증거 가치 있는 정보에 한

---

26) Stephen Moccia, "BITS, BYTES, AND CONSTITUTIONAL RIGHTS: NAVIGATING DIGITAL DATA AND THE FOURTH AMENDMENT", 46 Fordham Urb. L.J. 162 (2019); Evan Caminker, "LOCATION TRACKING AND DIGITAL DATA: CAN CARPENTER BUILD A STABLE PRIVACY DOCTRINE?", 2018 Sup. Ct. Rev. 411 (2018) 등.

27) 조국, "컴퓨터 전자기록에 대한 대물적 강제처분의 해석론적 쟁점", 형사정책 제22권 제1호 (2010. 7.).

정되지 않는다.

참고로, 앞서 살펴보았듯이 대법원은 (전자) '정보'라는 용어를 주로 사용하고 있으며, 형사소송법의 압수·수색과 관련한 조문28)에도 역시 정보라는 단어가 규정되어 있다. 따라서 정보(information)라는 용어는 대법원 판결례 및 형사소송법 규정에 비추어 보아도 자연스럽다고 판단된다.

다만, 앞서 살펴보았듯이 선행 연구들과 법원 판결들이 디지털 정보 이외의 다양한 용어들(전자정보, 디지털 증거, 전자증거, 디지털 데이터, 전자기록 등)을 사용하고 있는 관계로, 본 논문에서는 맥락에 맞추어 위 해당 용어들 역시 적절히 사용하기로 한다.

한편, 앞서 살펴본 디지털 정보와 관련된 용어들 외에도, 개인정보라는 용어도 현재 많이 활용되고 있다. 따라서 디지털 정보와 개인정보와의 개념 구별도 필요하다.29) 개인정보 보호법 제2조 제1호는 개인정보를 "살아 있는 개인에 관한 정보"로서 '제2조 제1호 각 목의 어느 하나에 해당하는 정보'라고 규정하고 있다.30) 이에 따르면 개인정보가 디지털 정보의 속성

---

28) 형사소송법 제106조(압수) ③ 법원은 압수의 목적물이 컴퓨터용디스크, 그 밖에 이와 비슷한 정보저장매체(이하 이 항에서 "정보저장매체등"이라 한다)인 경우에는 기억된 정보의 범위를 정하여 출력하거나 복제하여 제출받아야 한다. 다만, 범위를 정하여 출력 또는 복제하는 방법이 불가능하거나 압수의 목적을 달성하기에 현저히 곤란하다고 인정되는 때에는 정보저장매체등을 압수할 수 있다.
　　④ 법원은 제3항에 따라 정보를 제공받은 경우「개인정보 보호법」제2조제3호에 따른 정보주체에게 해당 사실을 지체 없이 알려야 한다.

29) 전지연, "개인정보보호 관련법제의 형사정책적 검토", 형사정책연구 제16권 제3호, 한국형사정책연구원 (2005. 가을호.), 41-45면에서는 이를 지적하며, 개인정보와 전자적 정보를 구분하고 개인정보와 전자적 정보에 대한 개념 정의를 내리고 있다.

30) 개인정보 보호법 제2조(정의) 이 법에서 사용하는 용어의 뜻은 다음과 같다. 1. "개인정보"란 살아 있는 개인에 관한 정보로서 다음 각 목의 어느 하나에 해당하는 정보를 말한다. 가. 성명, 주민등록번호 및 영상 등을 통하여 개인을 알아볼 수 있는 정보 나. 해당 정보만으로는 특정 개인을 알아볼 수 없더라도 다른 정보와 쉽게 결합하여 알아볼 수 있는 정보 이 경우 쉽게 결합할 수 있는지 여부는 다른 정보의 입수 가능성 등 개인을 알아보는 데 소요되는 시간, 비용, 기술 등을 합리적으로 고려하여야

을 반드시 포함한다고 볼 수는 없다. 물론, 개인정보는 현대 사회에서 흔히 디지털 정보로 저장되고 있기에, 개인정보라는 용어의 사용이 논의의 흐름상 부자연스러운 것은 아니다. 다만 본 논문에서는 용어의 통일성을 위하여, 개인정보라는 용어 대신에 디지털 정보라는 용어를 사용하기로 한다.

제5절 강제처분의 개념과 영장주의

I. 강제처분의 개념과 구별 기준

본 논문은 디지털 정보에 대한 강제처분 과정에서의 정보 프라이버시권 보장 방안을 논하고 있으므로, 강제처분(강제수사)의 개념을 먼저 정립할 필요가 있다. 형사소송법 제199조 제1항은 "강제처분은 이 법률에 특별한 규정이 있는 경우에 한하며, 필요한 최소한도의 범위 안에서만 하여야 한다."라고 규정하고 있는데,[31] 이를 강제처분(강제수사)법정주의라고 한다.[32] 또한 강제처분에 의한 수사는 강제수사에 해당하고 강제수사가 아닌 수사는 임의수사에 해당하는데, 강제수사와 임의수사의 구별에 대한 학설은 크게 형식설, 실질설, 적법절차기준설로 구분할 수 있다.[33][34] 이를 간단

한다. 다. 가목 또는 나목을 제1호의2에 따라 가명처리함으로써 원래의 상태로 복원하기 위한 추가 정보의 사용·결합 없이는 특정 개인을 알아볼 수 없는 정보(이하 "가명정보"라 한다)

31) 제199조(수사와 필요한 조사) ①수사에 관하여는 그 목적을 달성하기 위하여 필요한 조사를 할 수 있다. 다만, 강제처분은 이 법률에 특별한 규정이 있는 경우에 한하며, 필요한 최소한도의 범위 안에서만 하여야 한다.

32) 이은모/김정환 (2021), 214면.

33) 신동운, 간추린 신형사소송법(제13판), 법문사 (2021), 121면.

34) 참고로, 강제수사와 임의수사의 구별(강제처분의 개념과 구별 기준)에 대한 법제사적

히 검토하면 다음과 같다.

먼저, 형식설은 형사소송법이 명시적으로 규정하고 있는 강제처분의 유형만이 강제수사라는 견해로서, 이에 의하면 형사소송법에 규정된 수사방법인 체포·구속(제200의2 이하), 압수·수색·검증(제215조 이하), 증거보전(제184조), 공무소에의 조회(제199조 제2항), 증인신문의 청구(제221조의2) 등만 강제수사에 해당한다.35) 즉, 이러한 명문의 규정에 의하여 상대방(대상자)에게 물리적 강제력을 행사하거나 의무를 부담하게 하는 경우가 강제수사라는 것이다.

다음으로, 실질설은 상대방(대상자)의 의사에 반하여 실질적으로 상대방의 법익을 침해하는 처분이 강제수사라는 견해로서, 이에 의하면 상대방의 법익을 침해하지 않는 수사는 임의수사에 해당하게 된다.36) 즉, 이 견해는 실질적 기준에 따라서 강제수사와 임의수사를 구분한다.

마지막으로, 적법절차기준설은 수사기관이 헌법상 개별적으로 명시된 기본권을 침해하거나 또는 헌법상 명시되지 않았더라도 법공동체가 공유하는 최저한도의 기본적 인권을 침해할 우려가 있는 때에는 강제수사에 해당한다는 견해이다.37) 즉, 이 견해는 국민의 기본적 인권 침해를 방지하고자 하는 헌법과 형사소송법의 적법절차 원칙을 바탕으로 하고 있다.

본 논문은 통신기술 등의 발달에 따른 새로운 수사 기법을 논의의 대상으로 하고 있는데, 이는 형식설에 의하면 강제처분에 해당하지 않을 여지가 크다. 따라서 본 논문은 실질설 또는 적법절차기준설의 입장에 따라, 위와 같은 새로운 수사기법들이 강제처분(강제수사)에 해당한다는 전제에서

검토는 김희옥/박일환 편집대표, 주석 형사소송법 (II) (제5판), 한국사법행정학회 (2017), 96-104면(이완규 집필)에 상세히 논의되어 있다.

35) 권오걸, 형사소송법, 형설출판사 (2010), 220-222면.

36) 이은모/김정환 (2021), 213-214면; 이재상/조균석/이창온, 형사소송법(제13판), 박영사 (2021), 240-241면; 이창현, 형사소송법(제6판), 도서출판 정독 (2020), 276면.

37) 신동운, 신형사소송법(제5판), 법문사 (2014), 224-225면.

논의를 진행하고자 한다.

Ⅱ. 대한민국의 영장주의와 미국의 수정헌법 제4조

본 논문은 강제처분을 제한하기 위한 법 원칙으로서 대한민국과 미국의 영장주의를 중점적으로 다루고 있다. 따라서 대한민국과 미국의 영장주의를 먼저 검토할 필요가 있다.

대한민국은 헌법 제12조 제3항에서 "체포·구속·압수 또는 수색을 할 때에는 적법한 절차에 따라 검사의 신청에 의하여 법관이 발부한 영장을 제시하여야 한다. 다만, 현행범인인 경우와 장기 3년 이상의 형에 해당하는 죄를 범하고 도피 또는 증거인멸의 염려가 있을 때에는 사후에 영장을 청구할 수 있다."라고 규정하고 있다.[38] 따라서 대한민국의 수사기관은 법원 또는 법관이 발부한 적법한 사전 영장에 의하여 강제처분을 하여야 하며, 사후영장은 헌법과 형사소송법에 규정된 예외적인 경우에 한하여 엄격히 허용된다.

미국은 수정헌법 제4조가 우리의 영장주의와 같은 기능을 하고 있다. 미국 수정헌법 제4조란 압수 및 수색에 관련된 조항으로서, "불합리한 수색과 압수에 대하여 신체, 주거, 서류, 물건의 안전을 확보할 시민의 권리는 침해되어서는 아니된다. 그리고 선서나 확약에 의하여 인정되는 상당한 이유 없이 영장이 발부되어서는 안 되며, 영장은 수색할 장소와 압수(체포)할 물건이나 사람을 특정하여 발부되어야 한다."라는 2개의 부분(조문)으로 규정되어 있다.[39] 또한 이는 전통적으로 포괄영장을 금지하는 기능을 하여왔

---

38) 이외에도 헌법 제16조에서도 "모든 국민은 주거의 자유를 침해받지 아니한다. 주거에 대한 압수나 수색을 할 때에는 검사의 신청에 의하여 법관이 발부한 영장을 제시하여야 한다."라고 하여 영장주의를 천명하고 있다.

다.[40] 그런데 이러한 수정헌법 제4조는 영장 없는 수색과 압수를 명시적으로 금지하고 있지 않은 관계로, 미국에서는 '압수와 수색에 영장이 없더라도 궁극적으로 합리성이 있으면 된다'라는 견해 또는 연방대법원 판결들이 있다.[41] 수정헌법 제4조의 첫 부분은 영장 없는 수색과 압수가 아닌 불합리한 수색과 압수만을 금지하고 있고, 두 번째 부분은 영장이 발부된 경우에 해당 영장의 요건을 규정하고 있을 뿐 영장이 언제 발부되어야 하는지를 정하고 있지는 않기 때문이다.[42]

또한 미국의 연방대법원은 체포에 수반한 수색 이론, 플레인 뷰 이론, 국경 수색 예외 이론 등과 같은 영장주의의 예외 이론을 계속하여 인정하여 왔다.[43]

이처럼 대한민국의 영장주의와 미국의 영장주의(수정헌법 제4조)는 그 구체적 내용이 일치하지 않는 바, 이를 감안하여 양국의 제도 또는 판결들

---

39) 해당 조항의 원문은 다음과 같다. "The right of the people to be secure in their persons, houses, papers, and effects, against unreasonable searches and seizures, shall not be violated, and no Warrants shall issue, but upon probable cause, supported by Oath or affirmation, and particularly describing the place to be searched, and the persons or things to be seized."

40) 수정헌법 제4조를 이해하기 위해서는 미국의 식민지 시기의 역사부터 살펴보아야 한다. 미국이 영국의 식민지배를 받을 당시, 영국 정부는 영국 정부에 반대하는 시민을 색출하고자 하였다. 이때 영국 정부는 일반 영장(general warrant)을 통하여 미국 시민들의 집을 무분별하게 수색하였고, 이는 미국 수정헌법 제4조의 제정으로 이어지게 된다. 1791년에 승인된 수정헌법 제4조는 정부의 불합리한(unreasonable) 압수 및 수색을 금지하고 있으며, 영장의 집행대상 등을 구체화할 것을 요구하여 일반영장(general warrant)을 금지하고 있다. 또한 영장은 상당한 이유(probable cause)에 의하여 발부되어야 함을 규정하고 있다.

41) 이지영(연구책임자), 전자정보 수집·이용 및 전자감시와 프라이버시의 보호 - 미 연방헌법 수정 제4조를 중심으로 -, 헌법재판소 헌법재판연구원 (2015), 27-30면 참조. 이 문헌은 이하 '이지영 (2015)'으로 약칭한다.

42) 이지영 (2015), 27-30면 참조.

43) 위 영장주의 예외 이론들에 대한 논의는 제6장 제1절에서 추후 하기로 한다.

을 검토할 필요가 있다. 따라서 이와 같은 양국의 차이점을 분명히 드러내기 위하여, 본 논문은 미국의 판결들을 상세하고 자세히 분석하기로 한다.

제2장

정보 프라이버시권의 역사 및 의의

제1절 미국

Ⅰ. 프라이버시권 개념의 탄생과 정립

1. 프라이버시권 논의의 시작

정보 프라이버시권 개념은 프라이버시권 개념에서 출발한다. 따라서 미국의 정보 프라이버시권에 대하여 이해하기 위해서는 미국의 전통적인 프라이버시권을 먼저 살펴볼 필요가 있다.

미국 헌법은 프라이버시권을 명문으로 인정하지 않고 있다. 다만 미국에서 프라이버시(pricacy)는 오래 전부터 존재한 개념으로서, Samuel D. Warren와 Louis D. Brandeis가 "The Right to Privacy"라는 논문[44]을 발표한 후에 이는 법적 권리로서 획기적인 발전을 하게 된다. 당시 언론들은 개인에 대한 선정적인 보도 등을 통하여 가십(gossip)을 추구하는 행태를 보였는데, 위 논문은 이에 대한 비판적인 시각을 배경으로 하여 작성되었다.[45] 언론이 선정적인 개인정보를 보도하였는데, 해당 보도가 진실이며 언론과 해당 개인과의 사이에 보도를 금지하는 계약이 존재하지 않는다면 위 보도로 피해를 입은 개인을 구제할 방법이 존재하지 않았기 때문이다.[46]

---

44) Samuel D. Warren & Louis D. Brandeis, "The Right to Privacy", 4 HARV. L. REV. 193 (1890). 이 논문은 이하 'Samuel D. Warren & Louis D. Brandeis (1890)'으로 약칭한다.

45) Samuel D. Warren & Louis D. Brandeis (1890), 196면.

46) Daniel J. Solove, "A Brief History of Information Privacy Law in PROSKAUER ON PRIVACY", PLI (2006), 1-11면. 이 문헌은 이하 'Daniel J. Solove (2006)'으로 약칭한다.

Samuel D. Warren와 Louis D. Brandeis는 프라이버시를 "혼자 있을 권리 (right to be let alone)"라고 정의하였고,[47] 이러한 "혼자 있을 권리(right to be let alone)"에 근거하여 개인의 사생활을 보호하고자 하였다.[48]

2. 프라이버시권의 발전

1902년 뉴욕 항소 법원(New York Court of Appeals)에서는 위 프라이버시권과 관련한 소송이 있었다.[49] Roberson의 동의 없이 Roberson의 얼굴이 광고에 사용되었고, 이에 대해 Roberson은 '타인들이 자신을 알아봄으로 인하여 굴욕감을 느꼈다'라고 주장하며 소를 제기하였다. 이 사건에서 재판부는 '이러한 사안에 대한 선례가 없으며, 이는 입법부에 의하여 해결되어야 한다'라는 취지에서 Roberson의 주장을 받아들이지 않았다. 이 판결의 문제점을 해소하고자 뉴욕주는 1903년에 프라이버시권 침해에 대응하는 입법(현재의 N.Y. CIV. RIGHTS LAW §§ 50‐51.)을 하였다. 이제 프라이버시권이 입법으로서 확립되어 나가게 된 것이다.

1905년에 조지아주 대법원(Georgia Supreme Court)은 Pavesich v. New England Life Ins. Co. 사건[50]에서 자연법(natural law)에 근거하여 프라이버시권을 인정하였다. 이제 주 법원들이 프라이버시권을 판결로서 확립하여 나가게 된 것이다. 이후 Melvin 사건[51](캘리포니아 주 판결)에서도 프라이버시권이 승인되며, 이후 대부분의 주가 판례법상으로 프라이버시권을 승인하게 되었다.[52]

---

47) Daniel J. Solove, "CONCEPTUALIZING PRIVACY", 90 Calif. L. Rev. 1087, 1100 (2002). 이 논문은 이하 'Daniel J. Solove (2002)'로 약칭한다.
48) Samuel D. Warren & Louis D. Brandeis (1890), 205면.
49) Roberson v. Rochester Folding Box Co., 64 N.E. 442 (N.Y. 1902).
50) Pavesich v. New England Life Ins. Co., 50 S.E. 68 (Ga. 1905).
51) Melvin v. Reid, (1931) 112 Cal.App. 285.

이후 미국 전 지역에서는 프라이버시 침해에 대한 법원 판례가 상당히 많이 쌓였고, 이에 불법행위론의 유명한 학자인 William Prosser는 1960년도에 해당 판례들을 '은둔(seclusion)에의 침입, 사적 사항의 공개, 허위 공표, 개인적 사항의 유용(appropriation)'의 4가지 유형으로 구분하기도 하였다.[53]

3. 프라이버시권의 헌법상 승인

미국에서의 프라이버시 논의는 Samuel D. Warren와 Louis D. Brandeis의 "The Right to Privacy" 논문 이후 많은 발전을 이루게 되는데, 이후 연방대법원은 1965년도의 Griswold v. Connecticut[54] 사건에서 프라이버시를 헌법상의 권리로서 인정하게 된다. 본 사건에서는 피임기구의 사용을 금지하는 Connecticut 주법이 문제되었는데, 연방대법원은 미국 헌법 권리장전(the Bill of Rights) 조항들의 주변부(penumbras)에서 프라이버시권을 도출해 내었다.[55] Griswold v. Connecticut 판결 이전에는 프라이버시권이 수정헌법상의 개별 조항들을 통하여 보호되었는데, 연방대법원은 Griswold v. Connecticut 판결을 통하여 프라이버시권(right to privacy)을 일반적인 헌법상의 권리로 승인한 것이다.[56] 이후 연방대법원은 1973년의 Roe v. Wade 판결[57]에서 '프라이버시권은 임신한 여성의 낙태권을 포함한다'라고 판

---

52) 권순엽, "프라이버시권리의 발전과정에 대한 연구 - 미국 연방최고법원의 판례를 중심으로 -", 석사학위 논문, 경희대학교 (1995), 36-38면.

53) Daniel J. Solove (2006), 1-14면.

54) Griswold v. Connecticut, 381 U.S. 479 (1965).

55) Griswold v. Connecticut, 381 U.S. 479, 484 (1965).

56) Richard C. Turkington, "LEGACY OF THE WARREN AND BRANDEIS ARTICLE: THE EMERGING UNENCUMBERED CONSTITUTIONAL RIGHT TO INFORMATIONAL PRIVACY", 10 N. Ill. U. L. Rev. 479, 496 (1990); 최희경, "미국 헌법상 정보 프라이버시권", 이화여자대학교 법학논집 제19권 제2호 (2014. 12.), 33-34면.

시58)하는 등 프라이버시권을 확고히 발전시켜 나가게 된다.

II. 정보 프라이버시 개념의 등장과 정립

1. 컴퓨터의 발달과 정보 프라이버시권 개념의 등장

1946년에 개발된 컴퓨터는 정보의 수집과 처리를 획기적으로 발달시켰고, 이는 프라이버시에 대한 미국인들의 심각한 우려로 이어지게 되었다.59) 이러한 시대상을 바탕으로 미국에서는 이른바 정보 프라이버시(informational privacy 또는 information privacy)라는 개념이 탄생하였다.60)

연방대법원은 '1977년도의 Whalen v. Roe 판결, 1977년도의 Nixon v. Adm'r of Gen. Servs. 판결, 2011년도의 NASA v. Nelson 판결'에서 정보 프라이버시의 문제를 다루었다. 다만, 연방대법원은 이 3개의 판결에서 정보 프라이버시 침해를 인정하지 않았으며, 또한 정보 프라이버시권의 명확한 정의와 한계도 밝히지 않았다. 이하 연방대법원의 해당 판결들을 살펴보기로 한다.

---

57) Roe v. Wade, 410 U.S. 113 (1973)

58) Roe v. Wade, 410 U.S. 113, 153 (1973)

59) Daniel J. Solove (2006), 1-24면.

60) Alan F. Westin 교수는 1967년의 "Privacy and Freedom"란 책에서 프라이버시권 (privacy)의 속성으로서 정보(information) 통제권의 측면을 주장하였는데, 이는 이후 정보 프라이버시권과 관련한 논의를 촉발하게 된다. 이상 권태상, "개인정보 보호와 인격권 - 사법(私法) 측면에서의 검토 -", 이화여자대학교 법학논집 제17권 제4호 (2013. 6.), 80면 참조.

2. 연방대법원 판결

가. Whalen v. Roe 판결 (1977년)

1977년도의 Whalen v. Roe 판결[61]은 정보 프라이버시(informational privacy)와 관련한 최초의 연방대법원 판결로 평가된다.[62] 본 사건의 사실관계는 다음과 같다. 뉴욕주는 약물 사용을 통제하기 위하여 '특정한 종류의 약물을 처방 받는 경우에 일정한 사항들(의사, 약국명, 환자 이름 등)을 뉴욕 정부 측에 보고하도록 하는 법'을 시행하였다. 뉴욕 정부 측에 보고된 자료는 컴퓨터 처리를 위하여 마그네틱 테잎(magnetic tapes)으로 기록되었으며, 해당 자료들은 출입이 통제된 방에 보존되며 일정한 기간이 지난 후에는 파기되었다.

이후 이 법의 적용을 받게 된 의사와 환자들은 그들의 프라이버시가 침해되었다는 이유로 해당 법의 무효를 주장하였다. '정부 측에 기록된 약물 사용 내역이 공중에 공개될 우려가 있기에, 환자나 의사들은 해당 약물의 사용을 주저하게 될 수 있다'라는 것이 이 법의 무효를 주장하는 측의 핵심 요지였다.[63]

이에 대하여 연방대법원은 '이 법이 허용될 수 없을 정도의 프라이버시 침해를 야기하지는 않는다'라고 판단하였다.[64] 또한 연방대법원은 '이 법에 의하여 약물의 사용이 전면적으로 제한되지 않았고, 약물의 사용을 위하여 정부의 승인이 필요한 것도 아니라는 점'에서, '개인이 약물의 사용을 자율적으로 결정할 권리가 침해되지도 않았다'라고 보았다.[65]

---

61) Whalen v. Roe, 429 U.S. 589 (1977). 이 판결은 이하 'Whalen v. Roe (1977)'으로 약칭한다.

62) Scott Skinner-Thompson, "OUTING PRIVACY", 110 Nw. U. L. Rev. 159, 178 (2015). 이 논문은 이하 'Scott Skinner-Thompson (2015)'으로 약칭한다.

63) Whalen v. Roe (1977), 600면.

64) Whalen v. Roe (1977), 602면.

다만 연방대법원은 '대량의 개인정보가 정부기관의 컴퓨터 등에 축적됨으로 인하여 개인의 프라이버시가 침해될 수 있다'라고 언급함으로서,[66] 컴퓨터의 발달로 인한 프라이버시 침해 문제를 인식하고 있음을 보여주었다. 그러나 본 사건에서 연방대법원은 프라이버시 침해를 인정하지 않았다.

나. Nixon v. Adm'r of Gen. Servs. 판결 (1977년)

Nixon v. Adm'r of Gen. Servs 판결[67]에서는 대통령 기록 및 자료 보존에 관한 법(Presidential Recordings and Materials Preservation Act)의 위헌성 여부가 다투어졌다. 위 법에서는 전직 대통령이었던 닉슨(Richard M. Nixon)의 방대한 문서와 테잎 기록들이 관련 정부 기관에 보관되어야 함을 규정하고 있었다. 그런데 해당 문서와 기록들에는 닉슨 대통령의 사적인 정보들이 포함되어 있었다. 이에 대하여 닉스 대통령은 해당 법에 의하여 자신의 프라이버시가 침해되었음을 주장하였다. 특히 닉슨 대통령은 '위 법은 그의 모든 대통령 기록물들을 압수·수색할 수 있게 하므로, 결국 헌법에 의하여 금지되는 포괄 영장이 발부되는 것과 다름 없다'라는 취지의 주장을 하였다.[68]

원심 법원(District Court of the District of Columbia)은 위 법이 합헌이라고 판단하였고, 미국 연방대법원은 이러한 원심법원의 판단이 옳다고 결론내렸다. 연방대법원의 주요 논리는 다음과 같다. 먼저, 연방대법원은 Whalen v. Roe 사건을 인용하면서, '개인은 프라이버시권을 통하여 사적인 자료의 노출을 피할 수 있다'라고 보았다.[69] 그리고 대통령도 이러한 프라

---

65) Whalen v. Roe (1977), 603면.

66) Whalen v. Roe (1977), 605면.

67) Nixon v. Adm'r of Gen. Servs., 433 U.S. 425 (1977). 이 판결은 이하 'Nixon v. Adm'r of Gen. Servs. (1977)'으로 약칭한다.

68) Nixon v. Adm'r of Gen. Servs. (1977), 460면.

69) Nixon v. Adm'r of Gen. Servs. (1977), 457면.

이버시권을 가지고 있다고 판단하였다.[70] 그러나 연방대법원은 닉슨 대통령의 프라이버시는 공익(public interest)과 비교형량 되어야 한다는 전제 하에서, 닉슨 대통령의 프라이버시 이익은 Whalen v. Roe 사건에서의 프라이버시 이익보다 적다고 보았다.[71]

다. NASA v. Nelson 판결 (2011년)[72]

이 사건의 사실관계 및 소송경과는 다음과 같다.

상무부(Department of Commerce)의 지침에 따라서, 나사(The National Aeronautics and Space Administration) 제트추진 연구실(Jet Propulsion Laboratory) 소속의 계약직 직원들은 신원 조사(standard federal background check)의 대상이 되었다.[73] 신원 조사는 NACI(National Agency Check with Inquiries)라는 양식에 의하여 진행되는데, NACI의 절차는 SF‐85(Standard Form 85, the Questionnaire for Non‐Sensitive Positions)라는 문답지를 신원 조사의 대상자들이 작성하는 것과 Form 42(Investigative Request for Personal Information)라는 정보 조사를 조사 대상자의 이전 고용주 등에게 하는 것으로 구성이 되었다.

SF‐85 문답지는 조사 대상자의 이름, 주소, 군 경력 등의 정보를 요구하는데, 이에는 직원들이 불법 약물을 사용하거나 소지했었는지의 여부 등에 대한 질문도 있었다. 약물 관련 사실이 있는 직원들은 해당 내용까지 구체적으로 밝혀야 하였다.

Form 42 조사는 조사 대상자가 작성하는 것이 아니라, 조사 대상자의 이

---

70) Nixon v. Adm'r of Gen. Servs. (1977), 457면.
71) Nixon v. Adm'r of Gen. Servs. (1977), 458면.
72) NASA v. Nelson, 131 S. Ct. 746 (2011). 이 판결은 이하 'NASA v. Nelson (2011)'으로 약칭한다.
73) 원래 연방 공무원(federal civil servant)만 신원 조사의 대상이었으나, 미국 911테러 이후 보안을 강화하기 위한 차원에서 계약직 직원들도 신원 조사의 대상이 되었다.

전 고용주 등에게 조사 대상자의 정직성 등에 관하여 개방형 질문을 하는 것으로 진행이 되었다. 해당 질문에는 '조사 대상자가 위법 행위를 한 사실이 있는지, 재정 상태가 어떤지, 술이나 약물 남용 사실이 있는지, 정신적으로 문제가 없는지' 등의 사항들이 포함되어 있었다.

이와 같은 신원 조사의 대상이 된 계약직 직원들은 자신들의 정보 프라이버시권(a constitutional right to informational privacy)이 침해되었음을 주장하며, 이 사건 소를 제기하였다. 1심은 원고들의 주장을 받아들이지 않았으나, 항소심인 연방 제9항소법원은 원고들의 항소를 받아들였다. 그러나 연방대법원은 원고들의 주장을 배척하고, 연방 제9항소법원의 판결을 파기하였다.

연방대법원의 판결 요지는 다음과 같다.

먼저, 연방대법원은 '이 사안에서의 신원조사는 정부가 통치권을 행사한 것이라고 볼 수 없고, 내부 운영(internal operation)의 관리 목적에서 이루어졌다'라고 보았다.[74] 피고용인을 관리하는 경우에는 통치권을 행사하는 경우보다 정부의 재량이 더 크다고 본 것이다.[75] 또한 내부 운영(internal operation)의 측면에서 SF‒85 조사와 Form 42는 그 조사의 내용도 합리적이라고 판단하였다.[76]

또한 연방대법원은 프라이버시법(Privacy Act)에 의하여 원고들의 프라이버시가 보호될 수 있다는 사실에 주목하였다. 프라이버시법(Privacy Act)은 신원조사과정에서 수집되는 모든 정보에 대하여 적용되는데, 이 법에 따르면 정부는 수집한 정보를 법이 정한 목적에 한하여만 보유하여야 하며 정보주체의 사전 서면 동의 없이는 해당 정보를 공개할 수 없게 되어 있기

---

74) NASA v. Nelson (2011), 757면.
75) NASA v. Nelson (2011), 757-758면.
76) NASA v. Nelson (2011), 750면.

때문이다.[77] 물론 프라이버시법에는 공개 금지에 대한 예외 조항이 존재하기 때문에, 수집된 정보에 대한 충분한 보호가 보장되기 어려울 여지가 있다. 그러나 연방대법원은 그러한 예외 조항이 정보 유출의 과도한 위험으로 이어지지는 않는다고 판단하였다.[78]

연방대법원은 이러한 논거를 토대로 "정부의 신원조사가 헌법상의 정보 프라이버시권리(a constitutional right to informational privacy)를 침해하지 않는다"라고 결론 내렸다.[79]

3. 정보 프라이버시권 정립의 한계

연방대법원은 1977년도의 Whalen v. Roe 판결에서 프라이버시의 영역(zone of privacy)에는 "개인정보의 노출을 피할 이익(the individual interest in avoiding disclosure of personal matters)"이 있다고 보았는데, 이는 정보 프라이버시를 의미한다.[80] 그러나 본 사건에서 연방대법원은 프라이버시 침해를 인정하지 않았고, 그로 인하여 '정보 프라이버시권이 존재하는지의 여부와 해당 권리의 내용과 한계에 대한 판단'을 명시적으로 하지 않았다.[81]

이후 정보 프라이버시가 문제된 1977년도의 Nixon v. Adm'r of Gen. Servs. 사건에서도 연방대법원은 앞선 Whalen v. Roe 사건에서와 같이 '정보 프라이버시가 헌법상 인정되는지'의 여부에 대하여 명확히 판단하지 않았다. 이러한 연방대법원의 입장은 2011년도의 NASA v. Nelson 사건에서도 이어졌다.

---

77) NASA v. Nelson (2011), 762면.

78) NASA v. Nelson (2011), 763면.

79) NASA v. Nelson (2011), 763-764면.

80) Daniel J. Solove (2006), 1-23 및 1-24면.

81) Scott Skinner-Thompson (2015), 180면.

이처럼 연방대법원은 정보 프라이버시가 문제 되었던 3개의 사건에서 정보 프라이버시권의 침해를 인정하지 않았고, 정보 프라이버시권의 인정 근거와 한계 등도 명확히 밝히지 않았다. 이러한 연방대법원의 태도에 대하여 미국 학계에서는 '연방대법원은 정보 프라이버시권을 (명확히) 승인 (recognizing)하지 않고, 다만 정보 프라이버시권이 존재한다는 가정 (assume)을 하고 있다'라고 평가한다.[82]

연방대법원의 이와 같은 모호한 태도로 인하여 연방 항소법원들은 정보 프라이버시권의 침해를 판단하는 방법 등에서 일관적인 기준을 제시하지 못하고 있으며, 이는 정보 프라이버시권의 존재 및 내용 등과 관련한 혼란으로 이어지고 있다.[83] 이러한 이유로 미국의 학계에서는 헌법상 보호되는 정보 프라이버시권과 관련한 명확한 기준을 설정하여야 한다는 주장이 나오고 있다.[84]

참고로, '정보 보호(data protection)가 기본권(fundamental right)으로서 보장되는 유럽에 비하면 미국의 정보 보호(data protection)는 미흡하다'라는 평가가 있으며, 이는 '표현의 자유(수정헌법 제1조)를 개인정보 보호에 비하여 더 중요시하는 미국의 전통'과도 관련이 있다.[85] 개인정보 보호는 정보의 비공개와 관련이 있지만, 이에 반하여 표현의 자유는 정보의 공개와

---

82) Scott Skinner-Thompson (2015), 177-178면.
83) Scott Skinner-Thompson (2015), 184-186면.
84) Scott Skinner-Thompson 교수는 헌법상 정보 프라이버시권을 명확히 하여야 하는 이유로서 다음과 같은 세 가지 논거를 들고 있다. "첫째, 컴퓨터 기술의 발달로 인하여 향후 정보 프라이버시 침해 사례가 증대될 것이다. 둘째, 증대되는 정보 프라이버시 침해에 비하여 법원은 정보 프라이버시 보호를 위한 적절한 기준을 제시하지 못하고 있다. 셋째, '타인에게 제공한 정보에 대하여는 프라이버시 보호를 제공하지 않는다' 는 미국의 제3자 이론(the third-party doctrine)으로 인하여 정보 프라이버시 보호가 제대로 이루어지지 않고 있다." 이상 Scott Skinner-Thompson (2015), 189-204면 참조.
85) Woodrow Hartzog/Neil Richards, "PRIVACY'S CONSTITUTIONAL MOMENT AND THE LIMITS OF DATA PROTECTION", 61 B.C. L. Rev. 1687, 1727-1731 (2020). 이 논문은 이하 'Woodrow Hartzog/Neil Richards (2020)'으로 약칭한다.

밀접한 관련이 있기 때문이다.[86]

4. 개인정보통제권으로서의 정보 프라이버시 발전

미국에서는 정보 프라이버시의 개념이 다양하게 정의되고 있는데, 보통은 정보 주체의 개인정보 통제권의 측면으로 설명되고 있다.[87] 특히, 클린턴 대통령 당시의 정보 인프라 태스크 포스(President Clinton's Information Infrastructure Task Force)는 정보 프라이버시(Information privacy)를 "개인정보 - 개인을 식별할 수 있는 정보 - 가 수집되고, 공개되고, 사용되는 조건을 통제하는 개인의 권리주장(claim)이다"라고 정의한 바 있다.[88]

연방대법원 역시 1989년도의 U.S. Dept. of Justice v. Reporters Committee For Freedom of Press 판결[89]에서 정보 주체의 자신에 대한 정보 통제권을 프라이버시의 일부로서 인정하였다.[90]

본 사안에서 원고는 'CBS 뉴스 기자(CBS news correspondent)'와 '언론

---

86) Woodrow Hartzog/Neil Richards (2020), 1729-1731면.
87) 김선희(연구책임자), 미국의 정보 프라이버시권과 알 권리에 관한 연구, 헌법재판소 헌법재판연구원 (2018), 31-32면. 이 문헌은 이하 '김선희 (2018)'으로 약칭한다. 참고로, 김선희 (2018), 31-33면에는 미국에서의 정보 프라이버시에 대한 다양한 정의가 잘 소개되어 있다.
88) "an individual's claim to control the terms under which personal information - information identifiable to the individual - is acquired, disclosed, and used." President Clinton's Information Infrastructure Task Force (IITF): Principles for Providing and Using Personal Information 5 (1995). 이상 Daniel J. Solove (2002), 1110면에서 재인용함.
89) U.S. Dept. of Justice v. Reporters Committee For Freedom of Press, 489 U.S. 749 (1989).
90) 다만 본 판결은 정보 프라이버시권이 아닌, 시민의 알권리(정보 공개청구권)가 직접적으로 문제된 사안이었다. 본 사건에 대한 기타 쟁점들에 대한 구체적인 설명은 김선희 (2018), 116-119면에 잘 소개되어 있다.

의 자유를 위한 기자 단체(Reporters Committee for Freedom of the Press)'
로서, 이들은 Medico라는 가족의 구성원들에 대한 범죄 정보들을 얻고자
하였다. Medico라는 가족의 구성원들에게는 '부패한 국회의원과의 부적절
한 계약을 통하여 부당한 방위 계약(defense contracts)을 체결했다'라는 혐
의가 있었기 때문이다. 이에 원고들은 연방정보공개법(Freedom of
Information Act)에 근거하여 법무부(Department of Justice)와 연방수사국
(FBI)에게 위 범죄정보들에 대한 정보공개청구를 하였다. 그러나 정부는 공
개 청구된 정보들 중 일부의 정보만 원고들에게 공개하였고, 나머지 정보
에 대한 정보 공개를 거부하였다. 이에 원고들은 법원에 소를 제기하였다.
이에 대하여 연방대법원은 '연방수사국(FBI)이 위 관련 자료들을 공개하는
것은 (Medico의) 프라이버시 침해(unwarranted invasion of personal privacy)
를 가져온다. 따라서 연방정보공개법(Freedom of Information Act)의 면제
(예외) 조항에 따라서 해당 자료는 공개될 수 없다'라고 판시하여 정부의
손을 들어주었다.

특히 연방대법원은 본 판결에서 "프라이버시권(privacy)을 통하여 개인은
자신에 대한 정보를 통제할 수 있다."[91]라고 설시하여, 프라이버시권에 개
인정보에 대한 통제(control)권이 포함되어 있음을 밝혔다.

이렇듯 미국에서는 정보 기술의 발달에 따라서 정보 프라이버시권에 대
한 논의가 활발히 전개되었고, 연방대법원 역시 정보 프라이버시의 존재를
가정하였다. 또한, 일반적으로 미국의 정보 프라이버시권은 정보 통제권의
의미로 정의된다. 다만 연방대법원은 아직 정보 프라이버시권을 전면적으
로 확립하지는 않은 상태이기에, 이에 대한 한계가 지적되고 있다.

---

91) "privacy encompass the individual's control of information concerning his or her
person.". 이상 U.S. Dept. of Justice v. Reporters Committee For Freedom of Press,
489 U.S. 749, 763 (1989).

III. 정보 프라이버시권 침해에 대한 대응

앞서 살펴보았듯이, 미국에서는 프라이버시권의 확립에 이어서 정보 프라이버시권 개념의 생성과 발전이 이루어졌다. 그런데 정보 기술이 급격히 발전함에 따라 미국에서는 이러한 정보 프라이버시권의 침해 우려가 계속 증대되었다. 이는 크게 두 가지의 경우로 나누어 살펴볼 수 있다.

먼저, 정보 주체의 정보 프라이버시권 침해는 정부 또는 민간 기업의 개인 정보 수집 및 이용 등에 의하여 발생할 수 있다. 국가 기관의 행정 과정 등에서 국민에 대한 개인정보가 대량으로 수집되는 것은 필연적이며, 또한 기업 역시 영업 과정에서 고객의 정보를 일정 부분 수집할 수밖에 없기 때문이다.

다음으로, 정보 주체의 정보 프라이버시권은 국가 수사기관의 강제수사 과정에서 침해될 수 있다. 형사상 강제처분은 국민의 기본권 제한을 필연적으로 수반하기 때문이다.

이에 대한 미국의 대응을 간략히 살펴보면 다음과 같다.

우선, 정부 또는 민간 기업의 개인 정보 수집 및 처리 등에 의한 정보 프라이버시권 침해에 대응하기 위하여 미국 의회는 여러 가지 법률들을 제정해왔다. 예를 들어, 미국 의회는 1970년도에 고객의 신용 정보를 보호하기 위하여 공정신용정보법(Fair Credit Reporting Act)을 제정하였으며, 1974년도에는 프라이버시법(Privacy Act)[92]을 제정하여 연방 정부의 정보 수집과 사용을 규율하였고, 1978년도에는 금융개인정보보호법(Right to Financial Privacy Act)을 제정하여 고객의 금융정보에 대한 일정한 보호를 하고자 하였다.[93] 이후 미국 의회는 현재에 이르기까지 다양한 분야에서 개별 법률을 제정하여 정보 주체의 정보 프라이버시권을 보호하였다.[94]

---

92) Pub. L. No. 93-579, 88 Stat. 1896
93) Daniel J. Solove (2006), 1-26면, 1-28면, 1-30면.

다음으로, 국가 수사기관에 의한 강제수사 과정에서의 정보 프라이버시권 침해에 대응하기 위하여 연방 의회는 통신비밀 보호 관련 법률들을 제정하였고 미국 법원은 수정헌법 제4조 상의 권리에 충실한 판결들을 선고해 왔다.

예를 들어 미국 의회는 통신감청 등으로부터 시민의 프라이버시권을 보다 충실히 보호하고자 1934년도에 연방통신법(Federal Communications Act) 605조(section 605)를 입법하였고, 1968년도에는 종합범죄통제 및 안전한 거리 법(Omnibus Crime Control and Safe Streets Act)을 입법하였으며, 1986년도에는 전자통신프라이버시법(Electronic Communications Privacy Act)을 제정하였다.95)

또한 미국 수정헌법 제4조와 관련한 대표적인 연방대법원 판결로는 1967년도의 Katz v. United States 판결96)이 있다. 본 판결에서 연방대법원은 불법 침입 이론(trespass doctrine)을 파기하였다.97) 본 사건에서 연방대법원은 수정헌법 제4조의 보호 대상을 물리적 범위 이외의 것에까지 확대하여 정보 프라이버시 보호에 충실하고자 한 것이다. 이후에도 연방대법원은 수정헌법 제4조의 적용이 문제된 사건에서 정보 프라이버시권 보장에 합치하는 판결들을 연이어 선고해 왔다.98) 예를 들어, 연방대법원은 2012년도의 United States v. Jones 판결에서 'GPS 추적 장치를 사용한 수사기관의 수사가 수색에 해당한다'라고 보았으며, 2014년도의 Riley v. California

---

94) 1970년대 이후의 미국의 정보 프라이버시 보호 법제 연혁은 Daniel J. Solove (2006), 1-26면 이하 참조.

95) Daniel J. Solove (2006), 1-19면, 1-23면, 1-34면, 1-35면.

96) Katz v. United States, 389 U.S. 347 (1967). 이 판결은 이하 'Katz v. United States (1967)'으로 약칭한다.

97) Katz v. United States (1967), 352-353면.

98) 미국에서는 정보 프라이버시권의 개념이 명확히 정립되기 이전부터 정보 프라이버시권에 해당하는 시민의 권리가 수정헌법 제4조와 기타 연방법을 통하여 보장되어왔음을 알 수 있다.

판결에서는 '경찰이 체포에 수반한 수색으로 영장 없이 휴대폰을 수색할 수 없다'라고 판시하였다. 또한 2018년도의 Carpenter v. United States 판결에서는 '수사기관이 Carpenter의 휴대폰 위치정보(CSLI)를 취득한 행위는 수정헌법 제4조의 수색에 해당한다'라고 보았다.

본 논문은 '국가 수사기관에 의한 강제수사 과정에서의 정보 프라이버시권 침해 문제'를 해결하고자 함에 목적이 있다. 따라서 '강제수사 과정에서의 정보 프라이버시권 침해 문제에 대한 미국의 대응 동향'은 제3장 이하에서 추후 자세히 검토하기로 한다.

구체적으로는 먼저 영장주의 적용 대상의 확대 및 통신비밀 보호의 강화와 관련하여, 미국 수정헌법 제4조 보호 대상의 확대(제3장 제2절), 미국 통신비밀 보호의 확대(제3장 제3절)를 분석하겠다. 또한 영장 발부 요건의 엄격화와 관련하여 영장의 특정성 요건 엄격화에 의한 정보 프라이버시권 보호(제4장 제1절)를 검토하고, 영장 집행 과정에서의 절차적 통제 강화와 관련하여 영장 발부 법원을 중심으로 한 사전 제한 움직임(제5장 제1절)을 논의하겠다. 그리고 강제처분 과정에서 우연히 발견된 별건 정보의 취득 제한과 관련하여 영장주의 예외의 적용 범위 축소 동향을 검토하고(제6장 제1절), 압수처분에 대한 사후 위법성 판단의 엄격화와 관련하여 미국의 U.S. v. Ganias 판결을 논의하고자 한다(제7장 제2절).

제2절 대한민국

I. 프라이버시권(사생활의 비밀과 자유)의 성립

우리 헌법은 프라이버시란 용어를 명문으로 두고 있지 않으며, 또한 정보 프라이버시권 역시 명문으로 인정하고 있지 않다. 다만 우리 헌법의 제17조[99]가 사생활의 비밀과 자유를 명문으로 보장하고 있는데, 이는 미국에서의 프라이버시권에 해당한다고 볼 수 있다. 따라서 미국에서의 프라이버시권에 해당하는 권리가 우리 헌법에서는 사생활의 비밀과 자유권(헌법 제17조)으로서 직접 규정되어 있는 것이다. 사생활의 비밀과 자유권은 1980년 제5공화국 헌법에서 도입된 것인데, 우리는 미국과 달리 직접적인 근거 규정을 가지고 있는 것이 특징이라고 할 수 있다.[100]

또한 '헌법 제10조[101]의 인간존엄성과 행복추구권, 헌법 제14조[102]의 거주·이전의 자유, 헌법 제16조[103]의 주거의 자유, 헌법 제18조[104]의 통신의 비밀' 역시 프라이버시권 보장의 근거 규정이라고 볼 수 있다. 이처럼 우리 헌법은 프라이버시권을 사생활의 비밀과 자유권 등으로 직접적으로 규정하고 있다는 것이 특징이다.

---

99) 헌법 제17조 모든 국민은 사생활의 비밀과 자유를 침해받지 아니한다.
100) 한편 우리나라는 1980년 헌법 개정에 의하여 프라이버시권이 명문으로 인정되기 이전에도 헌법상 프라이버시권이 인정되었다고 볼 수 있는데, 프라이버시권의 헌법상 근거에 대해서는 견해가 일치되지 않았다. 이상 권건보, 개인정보보호와 자기정보통제권, 경인문화사 (2005), 71-72면 참조. 이 문헌은 이하 '권건보 (2005)'으로 약칭한다.
101) 헌법 제10조 모든 국민은 인간으로서의 존엄과 가치를 가지며, 행복을 추구할 권리를 가진다. 국가는 개인이 가지는 불가침의 기본적 인권을 확인하고 이를 보장할 의무를 진다.
102) 헌법 제14조 모든 국민은 거주·이전의 자유를 가진다.
103) 헌법 제16조 모든 국민은 주거의 자유를 침해받지 아니한다. 주거에 대한 압수나 수색을 할 때에는 검사의 신청에 의하여 법관이 발부한 영장을 제시하여야 한다.
104) 헌법 제18조 모든 국민은 통신의 비밀을 침해받지 아니한다.

II. 개인정보자기결정권의 등장과 성립

1. 정보화 사회의 도래와 개인정보자기결정권 개념의 등장

앞서 살펴보았듯이 미국에서는 컴퓨터의 급속한 발달에 따른 개인정보 침해에 대응하기 위하여 정보 프라이버시권이란 개념이 등장하였다. 우리 역시 1970년대 말 이후 정보화 사회의 도래에 따라서 정보 프라이버시를 보호하기 위하여 자기정보통제권의 개념을 논의하기 시작하였고,105) 이는 추후 헌법재판소가 개인정보자기결정권이라는 용어를 정립하는 것으로 이어지게 된다.106)

헌법재판소 결정 이전에도 대한민국의 법원은 정보 프라이버시권에 해당하는 개념인 '자신의 정보를 스스로 통제할 수 있는 권리'를 일찍이 인정하였다. 이와 관련한 판결로는 서울고등법원 1995. 8. 24. 선고 94구39262 판결, 대법원 1998. 7. 24. 선고 96다42789 판결(구 국군보안사령부의 민간인 사찰 사건)이 있다. 이후 헌법재판소는 2005년도의 주민등록법 제17조의8등 위헌확인 사건107)에서 개인정보자기결정권을 명시적으로 인정하였다. 또한 같은 해인 2005년도에 선고된 교육정보시스템(NEIS) 위헌확인사건108)에서 개인정보자기결정권을 재차 확인함과 동시에 그 헌법적 근거 또

---

105) 권건보 (2005), 76면.
106) 개인정보자기결정권이라는 용어는 헌법재판소에서 사용하는 용어이나, 국내 학계에서는 이와 관련하여 '자기정보통제권, 개인정보통제권, 자기정보결정권, 정보의 자결권, 정보자기결정권' 등의 여러 가지 용어를 사용하고 있다. 이상 권건보 (2005), 88-89면 참조. 또한 권건보 (2005), 89-90면에서는 위 다양한 용어들을 '자기정보통제권'과 '정보자기결정권'의 두 가지 범주로 구분하고 있는데, '전자는 개인정보의 흐름에 대한 통제에 주목한 용어이고, 후자는 개인정보에 대한 자기 결정의 특성에 중점을 두고 있는 용어이다'라는 취지로 설명한다.
107) 헌법재판소 2005. 5. 26. 선고 99헌마513,2004헌마190(병합) 결정 [주민등록법제17조의8등위헌확인등].

한 구체화하였다.

이후 대법원은 전자정보에 대한 압수·수색이 문제된 사안인 대법원 2015. 7. 16.자 2011모1839 전원합의체 결정(종근당 사건)에서 "전자정보에 대한 압수·수색은 사생활의 비밀과 자유, 정보에 대한 자기결정권, 재산권 등을 침해할 우려가 크므로"라고 판시하여, '정보에 대한 자기결정권 보호 는 형사상 강제처분 영역에서도 지켜져야 한다'라는 점을 확인하였다.

이처럼 우리는 정보화 사회의 도래에 따라서 개인정보자기결정권이라는 개념을 기본권으로 발전시켜 왔는데,109) 이는 미국에서 논의된 정보 프라 이버시권이라는 용어에 상응하는 개념이라고 할 수 있다.110) 이러한 개인

---

108) 헌법재판소 2005. 7. 21. 선고 2003헌마282,425(병합) 결정 [개인정보수집등위헌확인].

109) 참고로, 한상훈, "개인정보의 법적보호", 경찰법연구 제2호, 한국경찰법학회 (2004), 210면에서는 프라이버시권이 개인정보에 대한 권리 및 사적 사항에 대한 자기결정 권까지 포함하는 넓은 개념이라고 보고 있다. 또한 전상현, "개인정보자기결정권의 헌법상 근거와 보호영역", 저스티스 통권 제169호 (2018. 12.), 19-26면[이 논문은 이 하 '전상현 (2018)'으로 약칭한다]도 '프라이버시권(사생활의 비밀과 자유권)은 자기 정보에 대한 통제권을 포함하는 개념이다'라는 취지의 견해를 밝히고 있다. 이러한 견해에 따르면, 프라이버시권이 개인정보자기결정권의 내용도 포함하고 있다고도 볼 수 있을 것이다. 다만, 전상현 (2018), 28-31면에서는 "정보의 성질 자체는 사생활 의 비밀과 자유를 직접 제한하지 않는 중립적인 정보이지만 그 수집과 이용 등에 대한 통제의 필요성은 인정되는 정보"에 대한 통제권의 필요성과 "기존의 사생활의 비밀과 자유 조항의 효력으로는 인정하기 어려웠던 적극적인 청구권을 포함하는 권 리"가 필요한 까닭에 개인정보자기결정권이 생성되었다고 보고 있는데, 이러한 점이 프라이버시권(사생활의 비밀과 자유권)과 개인정보자기결정권의 차이점이라고 할 수 있다. 한편, 헌법재판소는 개인정보자기결정권의 헌법상 근거를 헌법 제17조(사 생활의 비밀과 자유), 헌법 제10조 제1문(인간의 존엄과 가치 및 행복추구권에 근거 를 둔 일반적 인격권) 등에서 구하는데, 이는 후술한다.

110) 비교법적으로 정보자기결정권은 독일 연방헌법재판소의 인구조사판결(BVerGE 65,1)을 통해서 그 논의가 활발히 이루어졌다. 또한 우리 헌법재판소와 대법원이 정 립한 개인정보자기결정권 개념은 위 인구조사판결에서의 정보자기결정권과 상당히 유사하기에, 독일에서 형성된 정보자기결정권의 영향을 받았다고 평가된다. 이상 채 성희, "개인정보자기결정권과 잊혀진 헌법재판소 결정들을 위한 변명", 정보법학 제 20권 제3호 (2017. 1.), 306-307면 참조. 따라서 비교법적으로 우리의 개인정보자기

정보자기결정권은 '정보의 수집 단계'보다는 '수집된 정보를 이용하고 처리하는 단계'에서 주로 문제가 된다는 것이 특징이다.[111] 이하 관련 법원 판결과 헌법재판소 결정들을 자세히 검토하기로 한다.

2. 관련 판결

가. 서울고등법원 1995. 8. 24. 선고 94구39262 판결

서울고등법원 1995. 8. 24. 선고 94구39262 판결[112]은 "사생활의 비밀과 자유의 불가침권"의 내용 중에 "자신에 관한 정보를 스스로 관리·통제할 수 있는 권리"가 있다고 설시하여, 국내에서 1970년대 말 이후 논의되어 온 정보 프라이버시권을 '사생활의 비밀과 자유권(헌법 제17조)'를 근거로 하여 인정하였다.[113] 본 사건에서 원고[시민단체(바른언론을 위한 시민연합)의 정책실 간사]는 언론사 세무조사결과에 대하여 서울지방국세청장(피고)에게 정보공개청구를 하였다. 그러나 피고는 '세무조사와 관련된 자들의 사생활이 침해된다는 이유' 등을 들어 이에 대해 비공개처분을 하였다. 이에 원고는 위 비공개결정의 취소(정보공개청구거부처분의 취소)를 구하는 소를 제기하게 되었다.

서울고등법원은 피고의 이 사건 처분이 정당하다고 보아 원고의 청구를 기각하였는데,[114] 이와 관련하여 '정보주체가 자신에 관한 정보를 스스로

결정권은 미국에서 형성된 정보 프라이버시권보다는 독일에서 형성된 정보자기결정권의 개념과 유사한 측면이 있다.

111) 전광석, 한국헌법론(제16판), 집현재 (2021), 346-347면.

112) 서울고등법원 1995. 8. 24. 선고 94구39262 판결 [정보공개청구거부처분취소].

113) 권건보 (2005), 81면에서는 본 판결에 대하여 '현대적 프라이버시권(정보 프라이버시권)을 수용한 최초의 국내 판결이다'는 취지로 평가하고 있다.

114) 본 판결에서 재판부는 "결국 피고의 세무조사결과가 공개되는 것은 국민의 알 권리 충족이라는 이익보다 사생활의 비밀침해라는 인격권을 침해하는 결과를 초래하는

통제할 수 있는 권리를 인정하였다'라는 점에서 의의가 있다.

재판부는 본 판결에서 "일반적으로 조세비밀 그 자체는 기본권으로의 지위를 가지지 못하나, 법인도 기본권의 주체가 되며 헌법 제17조에서 모든 국민은 사생활의 비밀과 자유를 침해받지 아니한다고 규정하고 있어 조세비밀이 사생활과 관련되는 한 기본권으로 보호됨이 마땅하다고 할 것인데(조세비밀의 기본권 보호의 도구로서의 기본권 유사의 성질), 사생활의 비밀과 자유의 불가침은 사생활의 내용을 공개당하지 아니할 권리, 사생활의 자유로운 형성과 전개를 방해받지 아니할 권리, 그리고 자신에 관한 정보를 스스로 관리·통제할 수 있는 권리 등을 내용으로 하는 권리로서 인격권·자유권의 일종인데 오늘날 정보화 사회가 급속히 진행되면서 그 보호가 절실하며 이를 국가가 보호하여 주지 아니하는 경우 기본권이 바로 침해를 받는 직접적 권리인 데 반하여"라고 판시하였다. 재판부는 '사생활의 비밀과 자유권(헌법 제17조)'를 근거로 하여 정보 프라이버시권을 설시한 것이다.

나. 대법원 1998. 7. 24. 선고 96다42789 판결(구 국군보안사령부의 민간인 사찰 사건)

구 국군보안사령부의 소속 군인과 군무원들이 민간인의 신분을 가진 원고들의 사생활에 대하여 미행, 도청 등을 통하여 지속적인 사찰을 하였고, 이에 대하여 원고들이 '인간으로서의 존엄과 가치 및 행복추구권, 사생활의 비밀과 자유, 통신 및 주거의 자유 등'의 침해를 받았음을 주장하며 대한민국을 상대로 정신적 손해에 대한 손해 배상을 청구한 사건이다.

점에서 불가능하다고 보지 아니할 수 없으니 피고가 위 지침에 의거하여 세무조사결과의 공개가 납세자 본인은 물론 기업경영의 기밀이 유출되어 납세자의 경영활동에 미치는 영향이 크고 조사과정에서 당국을 믿고 조사에 협조한 납세자와의 신뢰관계가 무너지게 되어 원활한 세정운영에 저해를 받을 염려가 있다는 이유로 한 이 사건 처분은 적법하다고 하겠다."라고 판시하여, '사생활의 비밀과 자유권'과 원고의 '알 권리'를 비교형량 하였다.

이에 대하여 대법원은 "헌법 제10조는 "모든 국민은 인간으로서의 존엄과 가치를 가지며, 행복을 추구할 권리를 가진다. 국가는 개인이 가지는 불가침의 기본적 인권을 확인하고 이를 보장할 의무를 진다."고 규정하고, 헌법 제17조는 "모든 국민은 사생활의 비밀과 자유를 침해받지 아니한다."라고 규정하고 있는바, 이들 헌법 규정은 개인의 사생활 활동이 타인으로부터 침해되거나 사생활이 함부로 공개되지 아니할 소극적인 권리는 물론, 오늘날 고도로 정보화된 현대사회에서 자신에 대한 정보를 자율적으로 통제할 수 있는 적극적인 권리까지도 보장하려는 데에 그 취지가 있는 것으로 해석되는바, 원심이 적법하게 확정한 바와 같이, 피고 산하 국군보안사령부가 군과 관련된 첩보 수집, 특정한 군사법원 관할 범죄의 수사 등 법령에 규정된 직무범위를 벗어나 민간인인 원고들을 대상으로 평소의 동향을 감시·파악할 목적으로 지속적으로 개인의 집회·결사에 관한 활동이나 사생활에 관한 정보를 미행, 망원 활용, 탐문채집 등의 방법으로 비밀리에 수집·관리하였다면, 이는 헌법에 의하여 보장된 원고들의 기본권을 침해한 것으로서 불법행위를 구성한다고 하지 않을 수 없다."라고 판시하여, 대한민국의 손해배상 책임을 인정하였다.

이 판결에서 대법원은 "자신에 대한 정보를 자율적으로 통제할 수 있는 적극적인 권리"를 인정하였기에, 이제 정보 프라이버시권이 대법원 판결을 통해서도 정립이 된 것이다.

다. 헌법재판소 2005. 5. 26. 선고 99헌마513,2004헌마190(병합) 결정 (주민등록법 제17조의8등 위헌확인 사건)

이 사건에서 청구인들은 '주민등록증을 발급받을 당시 주민등록증발급신청서에 열 손가락의 지문정보를 날인하는 것'과 관련하여, '지문정보가 경찰청장에 의하여 보관·전산화 되면 인간의 존엄과 가치, 행복추구권, 인격권, 신체의 자유, 사생활의 비밀과 자유, 개인정보자기결정권 등이 침해된다'라는 이유에서 헌법소원심판을 청구하였다.

헌법재판소는 본 결정에서 "이 사건 지문날인제도에 의한 개인정보자기결정권의 제한은 과잉금지의 원칙의 위배 여부를 판단함에 있어 고려되어야 할 목적의 정당성, 방법의 적정성, 피해의 최소성 및 법익의 균형성 등 모든 요건을 충족하였다고 보여지므로, 이 사건 지문날인제도가 과잉금지의 원칙에 위배하여 청구인들의 개인정보자기결정권을 침해하였다고 볼 수 없다."라고 보아 합헌 결정을 하였다.

그러나 헌법재판소는 이 사건 심판청구와 가장 밀접한 관련을 맺고 있는 기본권으로서 개인정보자기결정권을 인정하였고, 이로써 우리의 정보 프라이버시권 논의가 헌법재판소의 개인정보자기결정권을 통하여 확립되게 되었다는 점에서 의의가 있다.115)

헌법재판소는 본 결정에서 개인정보자기결정권을 "자신에 관한 정보가 언제 누구에게 어느 범위까지 알려지고 또 이용되도록 할 것인지를 그 정보주체가 스스로 결정할 수 있는 권리"라고 정의하였다. 또한 개인정보자기결정권의 보호대상이 되는 개인정보를 "개인의 신체, 신념, 사회적 지위, 신분 등과 같이 개인의 인격주체성을 특징짓는 사항으로서 그 개인의 동일성을 식별할 수 있게 하는 일체의 정보"라고 보았으며, "반드시 개인의 내밀한 영역이나 사사(私事)의 영역에 속하는 정보에 국한되지 않고 공적 생

---

115) 참고로, 헌법재판소는 "개인정보자기결정권의 헌법상 근거로는 헌법 제17조의 사생활의 비밀과 자유, 헌법 제10조 제1문의 인간의 존엄과 가치 및 행복추구권에 근거를 둔 일반적 인격권 또는 위 조문들과 동시에 우리 헌법의 자유민주적 기본질서 규정 또는 국민주권원리와 민주주의원리 등을 고려할 수 있으나, 개인정보자기결정권으로 보호하려는 내용을 위 각 기본권들 및 헌법원리들 중 일부에 완전히 포섭시키는 것은 불가능하다고 할 것이므로, 그 헌법적 근거를 굳이 어느 한 두개에 국한시키는 것은 바람직하지 않은 것으로 보이고, 오히려 개인정보자기결정권은 이들을 이념적 기초로 하는 독자적 기본권으로서 헌법에 명시되지 아니한 기본권이라고 보아야 할 것이다."라고 설시하여, 개인정보자기결정권의 헌법상 근거를 헌법의 특정한 조항에서 구하지 않았다.

활에서 형성되었거나 이미 공개된 개인정보까지 포함한다."라고 설시하여 개인정보의 범위를 사적인 정보에 한정하지 않았다.

한편 헌법재판소는 본 결정에서 개인정보자기결정권을 헌법상 새로운 독자적 기본권으로 승인하는 이유에 대하여도 구체적으로 설시하였다. 헌법재판소는 먼저 '컴퓨터와 통신기술의 발달에 따른 정보화 사회의 도래'가 "개인정보의 수집·처리와 관련한 사생활보호라는 새로운 차원의 헌법문제"로 이어지게 되었다고 보았다. 또한 헌법재판소는 "오늘날 현대사회는 개인의 인적 사항이나 생활상의 각종 정보가 정보주체의 의사와는 전혀 무관하게 타인의 수중에서 무한대로 집적되고 이용 또는 공개될 수 있는 새로운 정보환경에 처하게 되었고, 개인정보의 수집·처리에 있어서의 국가적 역량의 강화로 국가의 개인에 대한 감시능력이 현격히 증대되어 국가가 개인의 일상사를 낱낱이 파악할 수 있게 되었다."라고 설시하여, 감시 사회에 대한 우려가 개인정보자기결정권을 헌법상 기본권으로 승인하게 된 주된 이유임을 밝히고 있다.

라. 헌법재판소 2005. 7. 21. 선고 2003헌마282,425(병합) 결정[교육정보시스템(NEIS) 위헌확인사건]

주민등록법 제17조의8등 위헌확인 사건 이후 헌법재판소는 교육정보시스템(NEIS) 위헌확인사건에서 개인정보자기결정권을 다시 다루게 된다. 본 사건은 서울특별시 교육감 등이 졸업생의 성명, 생년월일 및 졸업일자 등의 정보를 교육정보시스템(NEIS)에 보유하자, 이에 청구인들이 위 행위로 인하여 기본권을 침해당하였음을 주장하며 헌법재판소에 헌법소원심판을 청구한 사안이다.

헌법재판소는 본 결정에서 개인정보자기결정권의 의의와 보호되는 개인정보의 범위를 앞선 주민등록법 제17조의8등 위헌확인 사건을 인용하여 재차 확립하였다.[116]

한편, 헌법재판소는 본 결정에서 "인간의 존엄과 가치, 행복추구권을 규정한 헌법 제10조 제1문에서 도출되는 일반적 인격권 및 헌법 제17조의 사생활의 비밀과 자유에 의하여 보장되는 개인정보자기결정권은 자신에 관한 정보가 언제 누구에게 어느 범위까지 알려지고 또 이용되도록 할 것인지를 그 정보주체가 스스로 결정할 수 있는 권리이다."라고 판시하여, 앞선 주민등록법 제17조의8등 위헌확인 사건과는 달리 개인정보자기결정권의 헌법적 근거를 헌법 제10조 제1문과 제17조에서 구하고 있다.

마. 대법원 2015. 7. 16.자 2011모1839 전원합의체 결정(종근당 사건)

본 판결에서는 정보 저장매체에 대한 압수·수색의 위법성 여부가 문제되었다. 본 사건의 수사기관은 '특정경제범죄가중처벌등에관한법률위반(배임) 혐의로 발부받은 압수·수색 영장(제1 영장)에 근거하여 정보 저장매체에 대한 탐색을 진행하는 과정'에서 준항고인 등에게 참여권 등을 부여하지 않았기 때문이다. 또한 수사기관은 제1 영장에 근거하여 정보를 탐색하던 도중에 우연히 약사법 위반 혐의 등(별건 혐의)에 대한 정보를 발견하였다. 이에 수사기관은 별개의 압수·수색영장(제2 영장)을 발부받아 약사법 위반 혐의 등에 대한 증거를 압수하였는데, 수사기관은 그 과정에서도 준항고인 등에게 참여권 등을 부여하지 않았다.

본 사건의 대법원(다수의견)은 결과적으로 위 압수·수색 모두를 위법하

---

116) 본 사건에서 헌법재판소는 피청구인들의 행위(청구인의 정보를 NEIS 전산시스템에 보유하는 행위)가 청구인의 개인정보자기결정권을 제한한다고 보았다. 다만, 헌법재판소는 피청구인들의 행위가 공공기관의개인정보보호에관한법률 제5조에 근거하고 있다고 보아서 법률유보원칙에 위배되지 않는다고 판단하였으며, 또한 '피청구인들은 공공기관의개인정보보호에관한법률의 개인정보 보호 규정 내에서 보유목적 달성에 필요한 최소한도의 정보만을 보유하고 있다'라는 이유에서 피청구인들의 행위가 비례성 원칙도 충족한다고 보았다. 이러한 이유에서 헌법재판소는 청구인들의 심판청구를 기각하였다.

다고 보았다. 그리고 대법원(다수의견)은 그 과정에서 "오늘날 기업 또는 개인의 업무는 컴퓨터나 서버 등 정보처리시스템 없이 유지되기 어려우며, 전자정보가 저장된 저장매체는 대부분 대용량이어서 압수·수색영장 발부의 사유로 된 범죄혐의와 관련이 없는 개인의 일상생활이나 기업경영에 관한 정보가 광범위하게 포함되어 있다. 이러한 전자정보에 대한 압수·수색은 사생활의 비밀과 자유, 정보에 대한 자기결정권, 재산권 등을 침해할 우려가 크므로 포괄적으로 이루어져서는 아니 되고 비례의 원칙에 따라 필요한 최소한의 범위 내에서 이루어져야 한다."라고 판시하여, '전자정보에 대한 압수·수색이 정보에 대한 자기결정권을 침해할 우려가 크다'라는 점을 지적하였다.

본 결정을 통하여 대법원의 다수의견은 '정보에 대한 자기결정권의 보장'을 '수사기관의 형사상 강제처분(압수·수색)의 영역'에서도 명시적으로 강조하였다.

특히 '제1·2·3 처분에 관한 다수의견에 대한 대법관 이인복, 대법관 이상훈, 대법관 김소영의 보충의견'은 "과거에 국가에 의한 부당한 공권력의 행사로부터 신체의 자유가 소중하였듯이 정보화 사회에서 전자정보에 대한 자기결정권은 소중한 것이다. 나아가 불법적인 압수·수색으로부터의 자유, 사생활의 자유는 오랜 역사적 경험과 연원을 두고 우리 헌법이 보장하고 있는 중요한 헌법적 가치이기도 하다."라고 설시하여, '오늘날의 전자정보에 대한 자기결정권'의 중요성을 '전통적인 신체의 자유'에 비견하기도 하였다.

III. 개인정보자기결정권 침해에 대한 대응

앞서 살펴보았듯이, 우리는 개인정보자기결정권을 확립하였고, 이는 미국의 정보 프라이버시권에 해당한다. 이러한 개인정보자기결정권은 헌법재판소의 결정례에 따르면 "자신에 관한 정보가 언제 누구에게 어느 범위까지 알려지고 또 이용되도록 할 것인지를 그 정보주체가 스스로 결정할 수 있는 권리"라고 정의할 수 있다.

그런데 컴퓨터와 통신 기술의 급격한 발전에 따라서 대한민국에서도 개인정보자기결정권의 침해 우려가 지속적으로 증대되어 왔다.

앞선 미국의 경우와 같이, 대한민국에서도 개인정보자기결정권의 침해 요인은 두 가지의 경우로 나누어 살펴볼 수 있다.

먼저, 정보 주체의 개인정보자기결정권 침해는 정부 또는 민간 기업에 의한 개인정보 수집 및 이용 등에 의하여 발생할 수 있다. 국가 기관의 행정 과정 등에서는 국민의 개인정보가 대량으로 수집될 수밖에 없으며, 또한 기업 역시 영업 과정에서 고객의 정보를 일정 부분 수집하고 처리하게 되기 때문이다.

다음으로, 정보 주체의 개인정보자기결정권은 국가 수사기관의 강제수사 과정에서 침해될 수 있다. 형사상 강제처분과정에서 국민의 기본권 제한은 필연적으로 수반되기 때문이다.

이에 대한 대한민국의 대응을 간략히 살펴보면 다음과 같다.

우선, '정부 또는 민간 기업의 개인정보 수집 및 처리 등에 의한 정보 프라이버시권 침해'에 대응하기 위하여 대한민국 국회는 여러 가지 법률들을 제정하였다. 구체적으로 살펴보면 1949년도의 변호사법, 1962년도의 의료법, 1961년도의 공증인법 등에서는 직무상 지득한 비밀 등을 누설하지 못하게 하는 등 개인정보의 보호와 관련한 조항을 두었다.[117] 또한 1980년도에 제정 및 시행된 "형의실효등에관한법률"은 범죄기록의 작성과 관리에

---

117) 개인정보보호와 관련한 대한민국의 기타 입법현황 관련하여서는 이창범/윤주연, 각 국의 개인정보피해구제제도 비교연구, 개인정보분쟁조정위원회 (2003), 43면의 표 3-1 참조.

관한 법률인데, 이 역시 넓게 보면 개인 정보의 처리와 관련한 입법으로 볼 수 있다.[118]

1990년대에 들어서면서 국회는 개인정보 보호에 보다 직접적으로 중점을 둔 개별법들을 만들기 시작한다. 이러한 개별법으로는 공공기관의 개인정보보호와 관련하여서는 "공공기관의개인정보보호에관한법률"(1994년 제정, 1995년 시행)이 있고, 신용정보의 보호와 관련하여서는 "신용정보의이용및보호에관한법률"(1995년)이 입법되었으며, 정보통신망과 관련하여서는 "정보통신망이용촉진등에관한법률"(1999년 개정법)이, 위치정보의 보호와 관련하여서는 "위치정보의보호및이용등에관한법률"(2005년)이 만들어졌다.[119] 한편, 개인정보보호에 관한 기본법으로서 2011년 3월에 개인정보보호법이 본회의를 통과하였고 이는 2011년 9월부터 시행되게 되었다.[120] 이러한 개인정보보호법은 이후 여러 차례의 개정 과정을 거치면서 현재에 이르고 있으며, 대한민국의 개인정보자기결정권 보장과 관련하여 중요한 역할을 하고 있다.

다음으로, 국가 수사기관에 의한 강제수사 과정에서의 개인정보자기결정권 침해에 대응하기 위하여 대한민국 국회는 통신의 비밀 보호와 관련한 법률들을 제정 및 개정하였고, 형사소송법상의 압수·수색 조항도 개정하였다. 또한 대한민국 대법원은 형사소송법상의 압수·수색 조항을 정보 주체의 개인정보자기결정권 보장에 합치될 수 있도록 해석하였고, 이와 관련한 판결(결정)들을 연이어 선고하였다.

본 논문은 '국가 수사기관에 의한 강제수사 과정에서의 정보 프라이버시

---

118) 김주영/손형섭, 개인정보 보호법의 이해 -이론·판례와 해설-, 법문사 (2012), 112면.
119) 권건보, "개인정보보호의 헌법적 기초와 과제", 「저스티스」 통권 제144호 (2014. 10.), 36면.
120) 개인정보보호법 제정과 관련한 국회(17대 및 18대)에서의 논의 과정은 권건보, "개인정보보호의 입법체계와 감독기구 정비 방안", 헌법학연구 제20권 제2호 (2014. 6.), 39-42면 참조.

권 침해 문제'를 해결하고자 함에 목적이 있다. 따라서 '강제수사 과정에서의 정보 프라이버시권(개인정보자기결정권) 침해 문제에 대한 대한민국의 대응 동향'은 제3장 이하에서 자세히 후술하기로 한다.

구체적으로는 먼저 '영장주의 적용 대상의 확대 및 통신비밀 보호의 강화'와 관련하여, 영장주의 적용 대상의 확대(GPS 위치정보 관련)에 대한 대한민국의 논의(제3장 제4절)를 분석하고, 통신비밀의 보호를 강화하는 대한민국의 동향(제3장 제5절)에 대해서도 검토하겠다. 또한 영장 발부 요건의 엄격화와 관련하여 압수·수색 영장의 특정성 요건과 관련성 요건을 분석하고(제4장 제2절), 영장 집행 과정에서의 절차적 통제 강화와 관련하여 '정보 저장매체에 대한 압수·수색 영장 집행 방식의 제한, 압수·수색 통제의 시간적 범위의 확대, 참여권 강화 동향'에 대하여 검토하겠다(제5장 제2절). 그리고 강제처분 과정에서 우연히 발견된 별건 정보의 취득 제한과 관련하여 '관련성 원칙의 구체화(우연히 발견한 별건 증거의 취득 제한), 정보 저장매체에 대한 영장 없는 압수·수색(임의제출 제도 등)의 제한'에 대하여 분석하고(제6장 제2절), 압수처분에 대한 사후 위법성 판단의 엄격화와 관련한 대한민국 대법원의 결정(종근당 사건)에 대해서도 검토하겠다(제7장 제3절).

제3절 소결

본 장에서는 정보 프라이버시권(개인정보자기결정권) 개념의 등장과 정립 과정에 대하여 살펴보았다. 미국에서는 프라이버시권의 논의에서부터 출발하여 정보 프라이버시권 개념이 생성되었다. 또한 대한민국에서는 자기정보통제권의 개념이 학계와 법원 등에 의하여 논의되다가, 2005년 헌법재판소의 결정으로 개인정보자기결정권의 개념이 명확히 승인되었다. 그리고 미국과 대한민국은 관련 법제와 판결 등을 통하여 정보 프라이버시권 또는 개인정보자기결정권을 보호해 왔다.

한편, 미국의 연방대법원은 정보 프라이버시의 개념에 대한 명시적인 정의를 내리고 있지 않지 않지만, 클린턴 대통령 당시의 정보 인프라 태스크 포스(President Clinton's Information Infrastructure Task Force)에 따르면 정보 프라이버시(Information privacy)는 "개인 정보 - 개인을 식별할 수 있는 정보 - 가 수집되고, 공개되고, 사용되는 조건을 통제하는 개인의 권리주장(claim)이다"라고 정의될 수 있겠다.121)122)

또한 대한민국의 개인정보자기결정권은 헌법재판소의 결정례에 따라서 "자신에 관한 정보가 언제 누구에게 어느 범위까지 알려지고 또 이용되도록 할 것인지를 그 정보주체가 스스로 결정할 수 있는 권리"라고 정의할 수 있다.123)

이처럼 미국은 정보 프라이버시라는 용어로, 대한민국에서는 개인정보자기결정권이라는 용어로 정보에 대한 개인의 권리를 보호해 왔다.124) 이와

---

121) "an individual's claim to control the terms under which personal information - information identifiable to the individual - is acquired, disclosed, and used." President Clinton's Information Infrastructure Task Force (IITF): Principles for Providing and Using Personal Information 5 (1995). 이상 Daniel J. Solove (2002), 1110면에서 재인용함.

122) Jerry Kang, "INFORMATION PRIVACY IN CYBERSPACE TRANSACTIONS", 50 Stan. L. Rev. 1193, 1205-1206 (1998)에서는 '정보 인프라 태스크 포스(IITF)의 정보 프라이버시 개념 정의가 미국에서 논의되어 온 정보 프라이버시의 논의와 일치하며, 향후에 정부와 민간 부문 및 학계에 영향을 미칠 가능성이 높다'라고 평가하고 있다.

123) 헌법재판소 2005. 5. 26. 선고 99헌마513,2004헌마190(병합) 전원재판부 [주민등록법 제17조의8등위헌확인등].

124) 앞서 살펴보았듯이, 대한민국의 헌법재판소와 대법원이 정립한 개인정보자기결정권의 개념은 독일에서 형성된 정보자기결정권의 영향을 받았다고 평가된다.

관련하여 본 논문에서는 개인정보자기결정권이라는 용어 대신, 정보 프라이버시권이라는 용어를 사용하기로 한다. 그 이유는 다음과 같다.

첫째, 본 논문은 '형사상 강제수사 과정에서 대량의 정보가 수사기관에 의하여 수집되는 것'과 관련한 문제를 다루고 있다. 이는 적극적인 개인정보자기결정권의 영역보다는 전통적인 사생활 비밀권(프라이버시권)의 영역에서 다루는 것이 자연스럽다. 형사상의 강제처분 과정에서는 '정보 주체의 개인정보 결정권을 어디까지 인정하여야 하는지의 여부'보다는 '정보 주체의 사생활 비밀권(프라이버시권)을 (수사 목적을 위하여) 어디까지 제한할 수 있는지'의 여부를 논하는 것이 좀 더 자연스럽기 때문이다. 따라서 본 논문의 연구 목적에는 '사생활 비밀권(프라이버시권)'의 용어가 포함된 '정보 프라이버시권'이라는 개념이 더 적합하다고 판단하였다.

둘째, 대한민국에서는 개인정보자기결정권의 개념이 주로 헌법학의 영역에서 사용되어왔다. 즉, 대한민국에서의 개인정보자기결정권은 '수사기관의 강제수사를 통제하는 측면'보다는 '정부 기관 또는 민간기업의 개인정보 보유와 처리'를 규율하는 것을 중심으로 논의되어 온 것이다. 그런데, 형사상 강제수사 과정에서는 '정부 기관의 개인정보 보유에 대한 정보 주체의 결정권'의 측면보다는, '사생활의 침해를 당하지 않을 권리 및 개인정보 통제의 권리(예를 들어 무관 정보 압수 처분에 대한 정보 주체의 삭제 요구권) 등'이 보다 문제가 된다. 따라서 '개인정보에 대한 통제권'을 포함한 다양한 의미가 내포된 '정보 프라이버시권'이라는 용어가 형사상 강제수사의 영역에서는 더 적합하다고 판단하였다.

셋째, 유럽에서는 개인정보자기결정권(right to informational self-determination)의 개념이 정보 보호(data protection) 법제의 발달로 이어졌고, 유럽 연합(EU)에서는 이러한 '정보 보호(data protection)'라는 용어가 개인정보 보호와 관련된 기본권(fundamental right)으로서 자리 잡았다.125) 즉, '개인정보자기결정권'이라는 용어가 생성된 유럽(독일)에서도 최근 '정보

보호(data protection)'라는 용어를 중심으로 개인정보 보호의 논의가 전개되고 있기에, 비교법적으로도 '개인정보자기결정권'이라는 용어만 특별히 사용할 이유는 없다고 생각된다.126)

한편, 대한민국의 헌법 제17조127)는 '사생활의 비밀과 자유'를 명문으로 보장하고 있는데, 이는 미국에서의 프라이버시권에 해당한다. 따라서, 대한민국의 헌법 조문에 근거하여 "정보에 대한 사생활의 비밀과 자유"라는 용어를 사용하는 방안도 있을 수 있다. 그러나 이미 대한민국의 법원은 프라이버시라는 용어를 널리 사용하고 있으며, 더 나아가 대한민국의 학계에서도 '정보 프라이버시'라는 용어를 자연스럽게 쓰고 있다.128) 특히 앞에서 살펴본 것과 같이, 비교법적으로도 '프라이버시'라는 개념의 활용도가 높다.129) 따라서 본 논문에서는 '정보에 대한 사생활의 비밀과 자유'라는 용

---

125) European Union Agency for Fundamental Rights/European Court of Human Rights/Council of Europe/European Data Protection Supervisor, Handbook on European data protection law(2018 edition), Publications Office of the European Union (2018), 18-19면.

126) 참고로, 개인정보 보호와 관련하여서 '데이터 프라이버시(Data Privacy)'라는 용어도 현재 학계에서 널리 사용되고 있다. 예를 들어, 정보 프라이버시 법(information privacy law)의 권위자인 Paul M. Schwartz는 Karl-Nikolaus Peifer와 함께 발표한 "TRANSATLANTIC DATA PRIVACY LAW"라는 논문(유럽 연합과 미국 양국의 정보 보호 법제를 비교한 논문)에서, '미국과 유럽의 정보 보호법제를 중립적으로 아우를 수 있는 용어'로서 "data privacy law"라는 개념을 사용하였다. 이상 Paul M. Schwartz/Karl-Nikolaus Peifer, "TRANSATLANTIC DATA PRIVACY LAW", 106 Geo. L.J. 115, 122 (2017).

127) 헌법 제17조 모든 국민은 사생활의 비밀과 자유를 침해받지 아니한다.

128) 예를 들어, 김선희 (2018), 1면의 각주 2에서는 "정보 프라이버시는 데이터 프라이버시 혹은 개인정보자기결정권(개인정보자기통제권)으로 명명되기도 한다."라고 설명하고, 이후의 논의를 '개인정보자기결정권'이라는 용어 대신 '정보 프라이버시'의 용어를 중심으로 이어간다. 다만 위 문헌에서는 본 논문과 달리 '개인정보자기결정권과 정보 프라이버시의 상세한 비교'를 추가적으로 하고 있지는 않다.

129) 정보 프라이버시(Information privacy)와 데이터 프라이버시(Data Privacy)라는 용어들이 모두 프라이버시(privacy)의 개념을 사용하고 있다. 참고로, "디지털 프라이버

어보다는 '정보 프라이버시권'이라는 용어가 보다 적절하다고 판단하였다.

　이상과 같은 이유에서 본 논문은 '디지털 정보에 대한 강제처분에서의 정보 프라이버시권 보장 방안'을 살펴보았다. 그리고 그 과정에서 미국과의 구체적인 비교법적 연구를 진행하였다. 형사상 강제처분에서의 정보 프라이버시권 보장과 관련하여, 유사한 동향들이 양국에서 발견되었기 때문이다. 이러한 양국의 유사한 동향들은 다음과 같다.

　첫째, 양국은 모두 영장주의의 적용 대상을 확대하는 동향을 보이고 있는데, 특히 이는 통신비밀의 보호 강화와 관련이 깊다.

　둘째, 양국은 모두 영장의 발부 단계에서 영장 발부 요건을 엄격히 하는 동향을 보이고 있다.

　셋째, 영장의 집행 과정의 측면에서 살펴보면, 양국은 모두 영장 집행 과정의 절차적 통제를 강화하는 동향을 보인다.

　넷째, 양국은 모두 강제처분 과정에서 우연히 발견된 별건 정보의 취득을 제한하는 동향을 보이고 있다. 최근 미국의 일부 법원들은 영장주의 예외 이론의 적용을 디지털 정보에 대해서는 배제하거나 축소하여, 영장 집행 과정에서 우연히 발견된 별건 정보의 취득을 제한하고 있다. 대한민국의 대법원 역시 관련성이 인정되지 않는 정보가 압수된 경우, 이에 대한 증거능력을 부정하여왔다. 또한 대한민국의 일부 하급심 법원은 강제처분 과정에서의 정보 저장매체에 대한 영장 없는 압수·수색(임의제출 제도 등)을 제한하는 판결을 선고하고 있다.

시(Digital Privacy)"라는 용어도 현재 사용되고 있다. 예를 들어, 수정헌법 제4조와 관련한 미국 연방대법원 판결의 동향을 분석한 문헌인 Michael C. Gizzi/R.Craig Curtis, The Fourth Amendment in Flux : The Roberts Court, Crime Control, and Digital Privacy, Kansas : University Press of Kansas (2016)에서는 "디지털 프라이버시(Digital Privacy)"라는 개념을 사용하고 있다.

다섯째, 디지털 정보의 압수 처분에 대한 사후 위법성 판단과 관련하여, 양국에서는 위법성 판단을 엄격히 하는 동향이 나타나고 있다.

이상과 같은 양국의 동향을 영장 집행의 시간적 흐름에 따라서 요약하면, 양국 모두 강제처분에서의 정보 프라이버시권 보장을 위하여 ① 영장주의의 적용 대상을 확대하여 수사기관이 영장 없이 통신 정보 등과 같은 민감한 개인 정보를 취득할 수 없도록 하고, ② 정보에 대한 영장이 청구된 경우에는 해당 영장의 발부 요건을 엄격히 하며, ③ 발부된 영장의 집행 단계에서는 발부된 영장과 무관한 정보가 탐색되지 않도록 절차적 통제를 가하며, ④ 발부된 영장의 집행 과정 중에서 '발부된 영장과 무관한 정보(별건 정보)'가 발견된 경우에는 새로운 영장 없이는 해당 무관 정보(별건 정보)를 취득하지 못하게 하며, ⑤ 영장 집행이 완료된 이후에는 압수 처분에 대한 사후 위법성 판단을 엄격히 하고 있는 것이다.

이와 같은 양국의 동향을 본 논문에서는 '① 영장주의 적용 대상의 확대 및 통신비밀 보호의 강화, ② 영장 발부 요건의 엄격화, ③ 영장 집행 과정에서의 절차적 통제 강화, ④ 강제처분 과정에서 우연히 발견된 별건 정보의 취득 제한, ⑤ 압수처분에 대한 사후 위법성 판단의 엄격화'라는 5가지 유형의 명칭으로 부르기로 한다.

이하 본 논문의 다음 장부터는 위 각 유형들에 대한 양국의 동향을 개별 장의 단위로 나누어 차례로 비교 검토하였다.[130] 또한 각 장에서는 '형사상

---

130) 본 논문에서는 '영장 발부 및 집행, 그리고 사후 위법성 판단'이라는 시간적 흐름의 순서에 기반하여 각 장을 배치하였다. 특히 본 논문은 '강제처분 과정에서 우연히 발견된 별건 정보의 취득 제한'을 '영장 집행 과정에서의 절차적 통제 강화' 이후에 서술하였는데, 그 이유는 '강제처분 과정에서 우연히 발견된 별건 정보의 취득 제한'에 해당하는 사례가 '영장이 집행된 후 또는 강제처분(현행범 체포 또는 긴급체포 등)이 시작된 후의 단계'에서 문제 되는 경우가 많기 때문이다. 즉, '영장 집행 과정에서의 절차적 통제 강화'와 관련된 사례가 '강제처분 과정에서 우연히 발견된 별건

강제처분 과정에서의 정보 프라이버시권을 보장하기 위하여 대한민국이 나아가야 할 방향'을 같이 모색하였다.

정보의 취득 제한'의 사례보다 시간적으로 선행한다고 판단하였다. 예컨대 '미국에서의 체포에 수반한 수색, 플레인 뷰 이론 등의 사례와 대한민국에서의 우연히 발견한 증거의 탐색 사례, 긴급체포 상황에서의 휴대폰 임의제출 사례'는 적법한 영장의 집행(또는 압수가 체포에 수반하여 가능하게 된 상황) 이후에 발생한 경우이다.

제3장

영장주의 적용 대상의 확대 및 통신비밀 보호의 강화

제1절 개관

형사상 강제처분에서의 정보 프라이버시권 보호 동향과 관련하여, 미국에서는 수정헌법 제4조를 먼저 살펴볼 필요가 있다. 수정헌법 제4조는 현대의 정보화 사회에서 대량 정보 수집의 위험성에 대응하는 원리로 기능해왔기 때문이다.[131] 미국 수정헌법 제4조란 압수 및 수색에 관련된 조항으로서, 정부의 불합리한 압수 및 수색을 금지하고 있으며, 이는 전통적으로 포괄영장을 금지하는 기능을 하여왔다.[132][133] 이러한 수정헌법 제4조의 적용과 관련하여, 미국 연방대법원은 강제수사 대상자의 정보 프라이버시권 보장에 부합하는 판결들을 연이어 선고하였다.

그런데 수정헌법 제4조의 보호가 적용되기 위해서는 '강제처분의 대상이 수정헌법 제4조의 보호 대상에도 포섭되어야 한다'라는 한계가 있다. 이

---

131) Orin S. Kerr, "EXECUTING WARRANTS FOR DIGITAL EVIDENCE: THE CASE FOR USE RESTRICTIONS ON NONRESPONSIVE DATA", 48 Tex. Tech L. Rev. 1, 2-3 (2015).

132) 해당 조항의 전문은 다음과 같다. "The right of the people to be secure in their persons, houses, papers, and effects, against unreasonable searches and seizures, shall not be violated, and no Warrants shall issue, but upon probable cause, supported by Oath or affirmation, and particularly describing the place to be searched, and the persons or things to be seized."

133) 수정헌법 제4조를 이해하기 위해서는 미국의 식민지 시기의 역사부터 살펴보아야 한다. 미국이 영국의 식민지배를 받을 당시, 영국 정부는 영국 정부에 반대하는 시민을 색출하고자 하였다. 이때 영국 정부는 일반 영장(general warrant)을 통하여 미국 시민들의 집을 무분별하게 수색하였고, 이는 미국 수정헌법 제4조의 제정으로 이어지게 된다. 1791년에 승인된 수정헌법 제4조는 정부의 불합리한(unreasonable) 압수 및 수색을 금지하고 있으며, 영장의 집행대상 등을 구체화할 것을 요구하여 일반영장(general warrant)을 금지하고 있다. 또한 영장은 상당한 이유(probable cause)에 의하여 발부되어야 함을 규정하고 있다.

와 관련하여 미국 연방대법원은 정보 프라이버시권 보호를 위하여 수정헌법 제4조(영장주의)의 보호 대상을 계속 넓혀 왔다.[134]

한편, 수정헌법 제4조 보호 범위의 확대는 통신 비밀과 밀접한 관련을 맺고 있다. 현대 사회에 접어 들면서 통신 기술이 비약적으로 발전하였고, 이에 수사기관은 통신 기술을 수사의 도구로서 활용하여 통신 비밀을 대량으로 취득하기 시작하였기 때문이다. 따라서 미국의 법원은 이와 같은 새로운 수사기법을 수정헌법 제4조의 제한에 포섭하고자 하였다. 그 결과 미국 법원들은 통신비밀 보호에 관련된 법들을 수정헌법 제4조(영장주의)의 취지에 맞추어 엄격하게 해석해왔다.[135]

대한민국에서는 위치추적 수사와 같은 새로운 수사방식의 적법성이 학계에서 논의되고 있는데, 이는 수정헌법 제4조 보호 대상의 확대와 관련한 미국의 논의와 유사하다고 볼 수 있다.[136]

또한 대한민국의 국회는 통신사실 확인자료의 취득에 검사장의 승인을 요구하던 통신비밀보호법을 개정하여, 통신사실 확인자료 취득의 요건으로 법원의 허가를 얻도록 하였다. 법원의 허가는 영장주의와 유사한 기능을 한다는 점에서, 이 역시 영장주의 확대의 동향에 포함된다. 그리고 대한민국의 헌법재판소는 위치추적 수사를 포함한 여러 강제수사 방식에 대하여 위헌 결정을 한 바 있는데, 이는 통신비밀을 보호하고자 한 미국 법원들의 사례와 궤를 같이 한다.[137]

본 장 제2절에서는 수정헌법 제4조의 보호 대상을 확대한 미국 연방대법원의 판결들을 살펴보겠다. 또한 제3절에서는 수정헌법 제4조의 보호 대상과 밀접한 관계에 있는 통신 비밀의 보호 동향에 대해서도 미국 판결 및

---

134) 이와 관련한 사항은 본 장(제3장) 제2절에서 후술한다.
135) 이와 관련한 사항은 본 장(제3장) 제3절에서 후술한다.
136) 이와 관련한 사항은 본 장(제3장) 제4절에서 후술한다.
137) 이와 관련한 사항은 본 장(제3장) 제5절에서 후술한다.

법제를 중심으로 분석해 보겠다. 이후 제4절에서는 대한민국에서의 영장주의 보호대상 확대와 관련한 논의로서 위치추적 수사에 대해서 검토하겠다. 그리고 제5절에서는 대한민국의 통신비밀보호법 역시 헌법재판소의 위헌 결정례를 중심으로 살펴보고자 한다. 이를 바탕으로 제6절에서는 영장주의 보호 대상의 확대 및 통신비밀 보호의 강화와 관련한 양국의 동향을 비교 검토하고자 한다. 그 후 마지막 제7절에서는 대한민국의 통신비밀보호법과 전기통신사업법의 개선방안을 도출하고자 한다.

제2절 미국 수정헌법 제4조 보호 대상의 확대

Ⅰ. 불법 침입 이론과 제3자 이론

1. 전통적 불법 침입 이론(trespass doctrine)

전통적으로 '수정헌법 제4조가 의미하는 수색은 수사기관이 물리적 장소 등[138]에 대한 침입을 하였을 경우에만 일어난다'라고 이해되었는데, 이를 불법 침입 이론이라고 한다(trespass doctrine).[139] 이는 1928년도의 Olmstead v. United States 사건[140]에서 잘 드러나 있다.

---

138) 이는 구체적으로는 수정헌법 제4조 문구에 나와있는 "신체, 주거, 서류, 물건 (persons, houses, papers, and effects)"에 해당한다.

139) Michael C. Gizzi/R.Craig Curtis, The Fourth Amendment in Flux : The Roberts Court, Crime Control, and Digital Privacy, Kansas : University Press of Kansas (2016), 27면.

140) Olmstead v. United States, 277 U.S. 438 (1928). 이 판결은 이하 'Olmstead v. United States (1928)'으로 약칭한다.

Olmstead는 여러 사람들과 공동으로 금주법(National Prohibition Act)을 위반한 혐의로 기소되었는데, 수사과정에서 수사기관은 Olmstead의 혐의 사실을 입증할 증거를 공모자들의 전화 통신에 관한 감청을 통하여 획득하였다. 이때 수사기관은 공모자들의 전화선에 몰래 전선을 연결하는 방식으로 위 통신 내용을 감청하였는데, 공모자들의 거주지 밖에서 전화선을 연결하였을 뿐 공모자들의 거주지에 대한 물리적인 침입을 하지는 않았다. 그런데 이후 재판과정에서는 수사기관의 위와 같은 감청행위가 수색에 해당하는지가 문제 되었다.

이에 대하여 연방대법원의 다수의견은 '수사기관은 피고인들의 거주지에 침입한 바가 없었다'라는 사실에 중점을 두고, '이 사건 감청행위는 수정헌법 제4조에서의 수색에 해당하지 않는다'라고 판시하였다.141) 즉, 연방대법원의 다수의견에 의하면 수사 대상자의 거주지에 물리적인 침입이 있어야만 수정헌법 제4조 상의 수색이 존재하기에, 수정헌법 제4조의 적용 범위가 축소되는 결과로 이어지게 된다. 이에 연방의회는 1934년에 연방통신법(Federal Communications Act) 605조(section 605)를 입법하여 수사기관의 감청에서 시민의 프라이버시를 보호하고자 하였으나 이는 효과적이지 못하였고, 감청 남용의 문제는 연방대법원이 Katz v. United States 판결142)을 선고하게 될 때까지 이어지게 된다.143)

참고로, 수정헌법 제4조의 적용과 관련하여 물리적 침입을 요건으로 한 다수의견에 대하여 Brandeis 대법관144)은 반대의견을 제시하였다. Brandeis 대법관은 반대의견에서 '수정헌법 제4조가 처음 채택되었을 당시에 비하여

---

141) Olmstead v. United States (1928), 464-466면.
142) Katz v. United States (1967).
143) Callie Haslag, "TECHNOLOGY OR PRIVACY: SHOULD YOU REALLY HAVE TO CHOOSE ONLY ONE?", 83 Mo. L. Rev. 1027, 1032-1033 (2018).
144) 앞서 살펴본 논문인 "The Right to Privacy"의 공동 저자이다.

사회가 많이 바뀌었다'라는 사실을 전제한 후, '정부는 과거와 비교할 수 없을 만큼의 효과적인 방법으로 개인의 프라이버시 사항들을 수집할 수 있다'라는 사실을 지적하였다.[145] Brandeis 대법관의 소수의견은 기술 변화가 초래하는 개인의 프라이버시 침해를 수정헌법 제4조 법리를 통하여 해결하고자 한 것으로서, 이는 추후 불법 침입 이론을 폐기한 1967년 Katz v. United States 판결의 다수의견으로 이어진다는 점에서 의의가 있다.

2. 불법 침입 이론(trespass doctrine)의 폐기

미국의 연방대법원은 1967년도의 Katz v. United States 판결에서 불법 침입 이론(trespass doctrine)을 파기하였다.[146] 이 사건에서 Katz는 불법 도박 관련 혐의를 받고 있었는데, 연방 수사관은 Katz가 전화 부스(phone booth)에서 통화를 하는 틈을 타서 해당 부스에 도청 장치를 설치하였다. 그러나 이때 연방 수사기관은 해당 도청 장치를 설치하는 것에 대하여 영장을 받은 사실이 없었다. 그 후 Katz는 도박 관련 혐의로 기소되었고, 수사기관은 위와 같이 몰래 녹음한 전화 통화 내용을 증거로 제출하였다. 이 사건에서 연방대법원은 '수정헌법 제4조는 불합리한(unreasonable) 압수와 수색으로부터 장소가 아닌 사람(people)을 보호한다'라는 전제에서, '도청 장치가 전화 부스의 바깥쪽에 설치되었기에 전화 부스 내부에 대한 침해가 없었던 이 사건'에서 수사기관의 수정헌법 제4조 침해를 인정하였다.[147]

즉, 연방대법원은 본 판결에서 "시민이 사적인 것으로 보호하고자 하는 것은, 대중에게 개방된 장소라고 할지라도 헌법적으로 보호된다.(But what he seeks to preserve as private, even in an area accessible to the public, may

---

145) Olmstead v. United States (1928), 473면.
146) Katz v. United States (1967), 352-353면.
147) Katz v. United States (1967), 351-353면.

be constitutionally protected.)"[148]라고 판시하여, 수정헌법 제4조의 보호 대상을 물리적 범위 이외의 것에까지 확대한 것이다.

참고로 이 사건에서 Harlan 대법관은 보충의견(concurring opinion)을 통하여 수정헌법 제4조의 보호가 적용되기 위한 기준을 제시한 바 있다. Harlan 대법관은 "[이 사건 전화 부스에서도] 시민은 헌법상 보호받는 프라이버시에 대한 합리적인 기대(reasonable expectation of privacy)를 가진다"라는 것을 밝히고, 이처럼 보호되는 프라이버시의 판단 기준으로서 "첫 번째로 시민이 프라이버시에 대한 주관적인 기대를 실질적으로 드러냈어야 하고, 두 번째로 [프라이버시에 대한 해당 시민의] 그 기대가 사회에서도 합리적(reasonable)이라고 판단되어야 한다"라고 보았다.[149] 이는 이후 법원이 '수색이 일어났는지(시민의 프라이버시가 침해되었는지)의 여부'를 판단하는 주요한 기준으로 자리잡게 된다.[150]

3. 제3자 이론 (수정헌법 제4조 보호 범위의 축소)

Katz v. United States 판결을 선고한 미국 연방대법원은 영장주의의 확립을 공고히 했지만, 이후의 미국 연방대법원은 1980년대와 1990년대를 거치면서 영장주의의 예외를 많이 허용하는 등 프라이버시 보호에 보수적인 판결들을 선고하였다.[151] 특히 연방대법원은 수정헌법 제4조 보호 범위와 관

---

148) Katz v. United States (1967), 351면.

149) Katz v. United States (1967), 360-361면.

150) Michael C. Gizzi/R.Craig Curtis, The Fourth Amendment in Flux : The Roberts Court, Crime Control, and Digital Privacy, Kansas : University Press of Kansas (2016), 35-36면.

151) Benjamin J. Priester, "A WARRANT REQUIREMENT RESURGENCE? THE FOURTH AMENDMENT IN THE ROBERTS COURT", 93 St. John's L. Rev. 89, 94-95 (2019).

런하여 이른바 제3자 이론(The Third Party Doctrine)을 확립하는 판결을 선고하여, 정보 프라이버시권에 대한 수정헌법 제4조의 보호 범위를 축소하게 된다.

먼저, 연방대법원은 1976년도의 United States v. Miller 판결[152]에서 은행 기록에 대한 수정헌법 제4조의 적용을 배제하였다. 이 사건에서 Miller는 불법 증류주(distilled spirits) 소지와 세금 탈루 혐의 등으로 기소되었다. 수사기관은 수사 과정에서 영장 없이 소환장(subpoenas)으로 Miller의 은행 거래 기록들을 은행들로부터 넘겨받았다. 이에 대하여 Miller는 재판과정에서 '소환장에 의하여 확보된 은행 거래 기록들은 위법하게 압수된 증거이다'라고 주장하며, 은행 기록들에 대한 증거배제를 재판부에 요청하였다. Miller는 '압수수색이 물리적 침해에만 인정되는 것이 아니다'라는 취지의 Katz v. United States, 389 U.S. 347 (1967) 판결을 인용하며, '수사기관이 취득한 Miller의 은행 거래 기록에 대하여 Miller는 프라이버시에 대한 합리적 기대(reasonable expectation of privacy)를 가지고 있다'라고 주장하였다.[153]

그러나 이에 대하여 연방대법원은 'Miller는 은행 거래 기록들을 자발적으로 은행에 제공하였고 해당 기록들은 이미 은행 직원들에게 노출된 것들이다'라는 취지에서 'Miller는 해당 은행 거래 기록들에 대하여 프라이버시에 대한 기대(expectation of privacy)를 적법하게 가지고 있지 않다'라고 하여 Miller의 주장을 배척하였다.[154] 이러한 연방대법원의 판결에 따르면, '정보 주체가 제3자(이 사건에서는 은행)에게 제공한 정보를 수사기관이 해당 제3자(이 사건에서는 은행)로부터 넘겨받는 행위'에 대해서는 수정헌법 제4조의 보호가 미치지 않게 된다.

---

152) United States v. Miller, 425 U.S. 435 (1976). 이 판결은 이하 'United States v. Miller (1976)'으로 약칭한다.
153) United States v. Miller (1976), 442면.
154) United States v. Miller (1976). 442면.

이후 연방대법원은 1979년도의 Smith v. Maryland 판결155)에서도 '전화 회사 서비스를 통한 전화 번호 기록 내역이 수정헌법 제4조에 의하여 보호되지 않는다'라고 판시하여, 제3자 이론(The Third Party Doctrine)을 확립하게 된다. 이 사건에서 Smith는 강도 혐의로 기소되었는데, 수사기관은 Smith를 용의자로 체포하는 과정에서 Smith의 통화 정보 기록들을 이용하였다. 즉, 수사기관은 강도 범행의 용의자로서 Smith를 의심하였고, 이에 수사기관은 영장 없이 Smith가 가입한 전화 회사를 상대로 '전화 회사 내에 전화 이용 상황 기록 장치(pen register)를 설치하여 Smith의 전화 통화 정보들을 확보하여 줄 것'을 요청하였다. 전화 회사는 수사기관의 요청에 응하여 Smith의 전화 통화 정보들을 기록하여 수사기관에게 넘겨 주었는데, 해당 전화 통화 기록에는 'Smith가 피해자에게 전화를 건 내역'이 담겨 있었다. 이후 수사기관은 영장을 발부받아 Smith의 집을 압수·수색하였고, 강도 혐의와 관련한 증거들을 확보하여 Smith를 기소하기에 이르렀다. Smith는 재판과정에서 '수사기관은 영장 없이 전화 이용 상황 기록 장치(pen register)를 이용하여 관련 자료들을 확보하였으므로 이는 위법하며, 따라서 전화 이용 상황 기록 장치(pen register)로부터 비롯된 모든 증거들을 배제해 달라'라는 요청을 재판부에 하였다.

재판부는 이에 대하여, Katz v. United States, 389 U.S. 347 (1967) 판결에서 Harlan 대법관이 제시한 2가지 기준에 근거한 판단을 하였다. 먼저, 재판부는 '전화 서비스 이용자들은 전화 서비스 이용을 위하여 자신들의 통화 정보를 전화 회사에 넘겼다는 점, 전화 회사가 이 정보들을 수집하여 전화료 청구나 범죄성 전화 대응에 사용한다는 것을 전화 서비스 이용자들이 인식하고 있다는 점' 등을 종합하여, '전화 통화 기록과 관련한 전화 서비스 이용자들의 프라이버시에 대한 주관적 기대(subjective expectations)'를

---

155) Smith v. Maryland, 442 U.S. 735 (1979). 이 판결은 이하 'Smith v. Maryland (1979)'으로 약칭한다.

인정할 수 없다고 하였다.156) 또한 재판부는 'Smith는 전화 회사가 자신의 전화 통화 정보를 경찰에게 제출할 수도 있다는 사실을 알고 있었음에도, 이를 감수하고서 자신의 전화 정보를 전화 회사에게 넘기고 전화 서비스를 이용하였다'라는 전제 하에서, '설사 Smith가 자신의 전화가 비공개로 유지될 것이라는 주관적 기대(subjective expectation)를 품고 있었다고 할지라도, 이러한 기대는 사회가 합리적(reasonable)이라고 용인할 수 있는 것이 아니다'라고 판시하였다.157) 재판부는 이러한 이유에서 '본 사건의 피고인(Smith)은 전화 통화 정보와 관련하여 프라이버시에 대한 적법한 기대(actual expectation of privacy)가 있다고 할 수 없고, 따라서 수사기관이 전화 이용 상황 기록 장치(pen register)를 통하여 피고인의 전화 통화 정보를 취득한 행위는 수정헌법 제4조에서의 수색에 해당하지 않으며, 수사기관에게는 영장이 필요하지 않았다'라고 판결하였다.158)

이렇듯 미국의 연방대법원은 제3자 이론을 통하여 정보 주체의 '프라이버시에 대한 합리적인 기대(reasonable expectation of privacy)'를 축소하였다.

II. 정보통신 기술의 발전에 따른 수정헌법 제4조 보호 대상의 확대

1. 정보통신 기술의 발전에 따른 정보 프라이버시권 침해의 우려

미국의 연방대법원은 제3자 이론을 통하여 정보 주체의 '프라이버시에

---

156) Smith v. Maryland (1979), 742-743면.
157) Smith v. Maryland (1979), 743-744면.
158) Smith v. Maryland (1979), 745-746면.

대한 합리적인 기대(reasonable expectation of privacy)'를 축소하였다. 이 같은 제3자 이론(The Third Party Doctrine)에 따르면 경찰이 은행 고객 기록이나 전화 회사의 통화 기록을 수집하는 행위는 수정헌법 제4조가 보호하는 수색에 해당하지 않기에, 수사기관은 사전 영장 없이도 위 기록들을 수집할 수 있게 된다.159)

그런데 제3자 이론이 정립된 1970년대에 비교하여 볼 때, 현대 사회에서의 제3자(통신 사업자 등)가 처리하는 개인 정보는 그 양이 매우 방대하다. 또한 처리의 대상이 되는 개인정보는 매우 민감한 정보까지 포함하고 있다. 따라서 정보 프라이버시권이 침해될 우려가 매우 높아지게 되었다.

이러한 우려와 관련하여, 연방대법원은 2012년도의 United States v. Jones 판결과 2018년도의 Carpenter v. U.S. 판결에서 정보 프라이버시권 보호에 충실한 판결을 선고하였는데, 두 개의 판결은 모두 수정헌법 제4조의 보호 영역을 확대하였다는 점에서 공통점이 있다. 구체적으로 연방대법원은 United States v. Jones 판결에서 GPS 장치를 통한 위치추적 수사를 수정헌법 제4조의 적용 범위에 포섭시켰으며, Carpenter v. U.S. 판결에서는 제3자 이론의 적용 범위를 축소시켰다.

2. United States v. Jones 판결160)

가. 사실관계 및 소송경과

수사기관은 나이트 클럽 소유자인 Antoine Jones를 마약 밀매의 혐의로

---

159) Benjamin J. Priester, "A WARRANT REQUIREMENT RESURGENCE? THE FOURTH AMENDMENT IN THE ROBERTS COURT", 93 St. John's L. Rev. 89, 111 (2019).

160) United States v. Jones, 565 U.S. 400 (2012). 이 판결은 이하 'United States v. Jones (2012)'으로 약칭한다.

수사하기 시작했다. 이때 수사관은 나이트 클럽 정문에 카메라를 장착하거나 혹은 Jones의 핸드폰에 대한 도청을 하는 등 다양한 수사기법을 활용하였다. 이렇게 취득한 정보를 바탕으로, 수사기관은 Jones의 아내 차량에 전자추적장치를 부착하는 내용의 영장을 발부받게 된다. 해당 영장에 의하면 전자추적장치는 일정한 지역(District of Columbia)에서 10일 이내의 기한에서만 집행이 가능하였다. 그런데 수사기관은 District of Columbia가 아닌 Maryland에서 11일째 되는 날에 GPS 추적장치를 위 차량에 부착하였다.

수사기관은 그 후 28일 동안 위 장치를 이용하여 자동차의 위치를 추적하였다. 이 당시 수사기관은 위성 신호를 통하여 자동차의 위치를 50에서 100피트(feet) 이내의 근접도로 파악할 수 있었다. 이때 수집된 증거는 2,000여 페이지에 달했다.

수사기관은 이를 통해 Jones를 마약 밀매 혐의로 기소하였다. Jones는 재판 이전에 수사기관이 GPS를 통하여 얻은 증거를 배제해 달라는 취지의 증거배제신청(filed a motion to suppress evidence)을 하였다. 지방 법원은 Jones의 거주지 차고에 차량이 주차되어 있는 동안 얻은 데이터에 대해서만 위 신청을 받아들였고, 그 이외의 데이터에 대해서는 Jones의 주장을 받아들이지 않았다. 이 사건 차량이 공공도로를 운행할 당시에는 해당 차량의 위치에 대한 합리적인 프라이버시 기대권(reasonable expectation of privacy)이 존재하지 않는다는 것이 그 이유였다.

그 후 Jones는 1심에서 유죄 판결을 선고받았고, 컬럼비아 순회 항소 법원에 항소하였다. 항소심 재판부는 1심의 재판을 파기하였다. GPS 장치를 통하여 수집된 증거는 영장이 없이 위법하게 수집된 증거이므로, 수정헌법 제4조에 의할 때 증거로 사용될 수 없다는 것이 그 이유였다. 이후 '수사기관이 유효한 영장 없이 자동차에 GPS 장치를 부착하고 자동차의 동선을 파악한 행위가 수정헌법 제4조에 위배되는지의 여부'가 연방대법원에서 다루어지게 되었다.

나. 연방대법원 판결 요지

연방대법원은 '수사기관이 자동차에 GPS 장치를 부착하는 행위'와 'GPS 장치를 사용하여 해당 자동차의 동선을 파악하는 행위' 모두가 수색에 해당한다고 판단하고,[161] 만장일치로 컬럼비아 순회 항소 법원의 판결을 유지하였다. 다만 재판부는 이 사건에서 수색이 있었는지를 판단하는 방식으로서 Katz 판결이 확립한 '프라이버시에 대한 합리적인 기대(reasonable expectation of privacy)가 존재하였는지 여부'를 사용하지 않았고, 전통적인 불법 침입 이론(trespass doctrine)을 사용하였다. 재판부는 '수사기관은 GPS 장치를 자동차에 부착하면서 자동차라는 사적인 장소에 무단으로 침입하였다'라는 취지의 논리에 입각하고 있기 때문이다.[162] 재판부는 그 과정에서 'Katz 판결에서의 프라이버시에 대한 합리적인 기대(reasonable expectation of privacy) 이론은 전통적인 불법 침입 이론을 완전히 대체한 것이 아니다'[163]라는 취지로 판시하여, 본 판결이 기존의 Katz 판결과 모순되지 않는다는 점도 밝혔다.

한편, 4명의 연방대법관은 이 사건의 보충의견(concurring opinion)[164]에서, '불법 침입 이론(trespass doctrine)이 아니라 프라이버시에 대한 합리적인 기대(reasonable expectations of privacy) 이론에 따라서 이 사건 GPS 장치 부착행위를 판단하여야 한다'고 보았다.[165] 또한 Sotomayor 대법관은 보충의견(concurring opinion)에서 '디지털 세상에서는 사람들이 막대한 양의 정보를 제3자에게 넘기고 있다'라는 현실을 지적한 후, '제3자 이론을 재고(reconsider)할 필요가 있다'라는 점까지도 밝혔다.[166]

---

161) United States v. Jones (2012), 404면.
162) United States v. Jones (2012), 404-410면.
163) United States v. Jones (2012), 409면.
164) Sotomayor 대법관과 Alito 대법관이 보충의견을 내었는데, Alito 대법관의 보충의견에는 Ginsburg 대법관, Breyer 대법관, Kagan 대법관도 의견을 같이하였다.
165) United States v. Jones (2012), 419-420면.

3. Carpenter v. U.S. 판결[167]

가. 사실관계

2011년에 경찰관은 강도 용의자 4명을 체포하였다. 그리고 수사기관은 용의자 한 명으로부터 강도 용의자들이 지난 4달에 걸쳐서 9개의 상점들에 대한 강도행각을 벌였다는 자백을 얻게 되었다. 그 용의자는 강도 사건들에 대한 15명의 공범들 정보를 수사기관에게 제공하였다. 해당 정보 중에는 공범들의 휴대전화 번호도 포함되어 있었다. 또한 수사기관은 용의자 본인의 전화 기록도 검토하여, 강도 공범에 대한 수사를 이어나갔다.

한편, 핸드폰은 cell sites라고 불리어지는 무선 안테나에 지속적으로 연결되어서 그 기능을 수행한다. 핸드폰이 cell site에 연결될 때마다 cell-site location information(이하 'CSLI'라고 한다)라는 정보가 생성된다. 이 CSLI 정보는 그 당시의 시간 정보와 함께 생성이 된다. 통신 사업자는 이 정보를 그들의 영업 목적으로 수집하고 저장한다.

검사는 수사 과정에서 위와 같은 휴대폰 정보들을 얻기 위하여, 저장통신법(SCA)상의 법원 명령(court order)을 법원에 신청하였다. 검사는 해당 법원 명령을 통하여 Carpenter와 그 외의 다른 용의자들의 휴대전화 정보를 얻으려고 한 것이다. 이에 대하여 연방 치안판사(Federal Magistrate Judges)는 Carpenter의 4개월 동안의 cell-site 정보를 제출할 것을 내용으로 하는 법원 명령을 발부하게 된다.

이 법원 명령에 의하여 수사기관은 통신 사업자로부터 Carpenter의 휴대전화 관련 기록을 얻었는데, 여기에는 127일 동안의 Carpenter의 위치정보가 포함되어 있었다. 또한 이러한 127일 동안의 데이터 정보는 12,898개의

---

166) United States v. Jones (2012), 417면.

167) Carpenter v. United States 138 S. Ct. 2206 (2018). 이 판결은 이하 'Carpenter v. United States (2018)'으로 약칭한다.

위치 정보를 포함하고 있었다.

나. 소송경과

이후 Carpenter는 강도 혐의 등으로 기소가 되었다. 재판에 앞서서 Carpenter는 수사기관의 위와 같은 정보 취득은 수정헌법 제4조 위반이라는 주장을 하였다. 왜냐하면 이 사건에서 수사기관은 상당한 이유에 기초한 사전 영장을 발부받지 않았기 때문이다. 그러나 지방법원(District Court)은 이러한 주장을 받아들이지 않았다.

수사기관은 위와 같은 위치정보에 기반하여, 4개의 강도 범행 현장 인근에 Carpenter가 위치해 있었음을 입증하였다. 수사기관은 해당 정보를 통하여 Carpenter가 강도 범행 당시 그곳에 있었음을 입증한 것이다. 이로 인하여 Carpenter는 유죄 판결을 받게 되었다.

이후 Carpenter는 항소하였는데, 항소심(The Court of Appeals for the Sixth Circuit) 역시 수사기관의 손을 들어주었다. 항소심 법원은 'Carpenter는 수사기관이 수집한 위치정보에 대하여 프라이버시의 합리적 기대(reasonable expectation of privacy)가 없다'라고 보았다. Carpenter가 자신의 정보를 자발적으로 통신 사업자와 공유했다는 것이 그 이유였다. 항소심 법원은 이른바 제3자 이론에 기반하여 '휴대전화 통신의 이용자는 통신을 위하여 자발적으로 자신의 cell-site 정보를 통신 사업자에게 양도하였기에 이 사건 Carpenter의 CSLI 정보는 수정헌법 제4조의 보호를 받지 않는다'라고 판시한 것이다. 이후 Carpenter는 연방대법원에 상고하였다.

다. 연방대법원 판결 요지

재판부는 이 사건의 논점이 '위치정보에 대하여 시민의 프라이버시권(reasonable expectation of privacy)이 인정되는지의 여부, 이 사건 위치 정보에 대하여 제3자 이론이 적용되어야 하는지 여부'의 두 가지라고 보았다.

그리고 재판부는 이와 같은 두 가지 논점이 동시에 문제된 사례에 대하여 판결한 전례가 없었음을 지적하고,[168][169] '현대 사회는 수정헌법 제4조를 고도의 위치정보에 어떻게 적용하여야 하는지의 문제에 직면하였다'[170]라는 물음에서 문제 해결의 논의를 시작하였다.

우선, 재판부는 '이 사건 CSLI 정보에 대하여 Carpenter는 프라이버시에 대한 적법한 기대(legitimate expectation of privacy)를 가진다'라고 판단하였는데, 해당 이유를 요약하면 다음과 같다.

첫째, 수사기관은 127일 동안의 방대한 핸드폰 위치정보를 수집하였다. 그런데 이러한 CSLI는 GPS 정보와 결합하여 Carpenter의 구체적 위치정보뿐만 아니라 사생활 정보까지 포함하고 있으며, 수사기관은 그러한 CSLI를 GPS 정보와 마찬가지로 매우 손쉽게 확보할 수 있었다.[171]

둘째, '자동차 GPS 장치와는 달리 사람들은 휴대폰을 항상 휴대하고 다닌다는 점, 기술의 발달로 인하여 휴대폰 위치정보(CSLI)의 정확도가 GPS 추적에 못지않게 되었다는 점' 등을 종합할 때, 수사기관이 휴대폰 위치정보(CSLI)를 수집함으로써 발생하는 프라이버시 침해에 대한 우려는 Jones 판결에서의 GPS 장치 경우보다 더 크다고 보아야 한다.[172]

다음으로, 재판부는 'CSLI는 제3자에게 넘겨진 정보이기 때문에, Carpenter는 CSLI에 대하여 프라이버시에 대한 기대를 주장할 수 없다'라

---

168) Carpenter v. United States (2018), 2214-2215면.

169) 다만, 앞서 살펴본 바와 같이, 연방대법원은 위치정보와 제3자 이론 각각에 대해서는 이미 판결한 바 있다. 이와 관련하여 재판부는 위치정보와 관련하여서는 United States v. Knotts, 460 U.S. 276 (1983) 판결, United States v. Jones (2012) 판결을, 제3자 보유 정보에 관한 판결(이른바 제3자 이론)로는 United States v. Miller (1976) 판결과 Smith v. Maryland (1979) 판결을 전례로 들었다. 이상 Carpenter v. United States (2018), 2214-2216면.

170) Carpenter v. United States (2018), 2216면.

171) Carpenter v. United States (2018), 2217-2218면.

172) Carpenter v. United States (2018), 2218-2219면.

는 취지의 정부 주장(이른바 제3자 이론)을 받아들이지 않았는데, 그 이유를 요약하면 아래와 같다.

첫째, 정보 기술 발달로 인하여 오늘날의 CSLI는 막대한 양의 개인정보를 담고 있기 때문에, Smith 판결과 Miller 판결에서의 제3자 이론을 본 사건에 그대로 적용할 수는 없다.[173] 본 사안의 CSLI는 Carpenter의 구체적인 정보들을 장기간에 걸쳐 담고 있을 수 있기 때문에, 단순한 은행 거래 기록과 전화 통화기록이 문제된 Smith 판결 및 Miller 판결과는 근본적으로 다르기 때문이다.

둘째, 이 사건의 CSLI에 대하여 제3자 이론이 적용되려면 정보 주체가 자신의 정보를 자발적으로 통신업체에 넘겼어야 했다. 그런데, '현대인은 사회생활을 하기 위하여 휴대폰을 어쩔 수 없이 가지고 다닐 수밖에 없다'라는 현실을 고려하면, '수사기관에게 자신의 위치 정보가 넘겨지는 위험까지 휴대전화 이용자들이 자발적으로 감수하고서 휴대전화를 이용하였다'라고 볼 수가 없다.[174]

이상과 같은 논리에 따라 재판부는 'CSLI에 대하여 Carpenter가 프라이버시에 대한 적법한 기대(legitimate expectation of privacy)를 가진다'라고 보았고, 따라서 수사기관이 Carpenter의 휴대폰 위치정보(CSLI)를 취득한 행위는 수정헌법 제4조의 수색에 해당한다고 보았다.[175]

그런데도 수사기관은 영장이 아니라 저장통신법(Stored Communications Act)상의 법원 명령(court order)으로 Carpenter의 위치정보들(cell-site records)을 취득하였다.[176] 따라서 연방대법원은 이와 같은 수사기관의 행위가 수

---

173) Carpenter v. United States (2018), 2219-2220면.
174) Carpenter v. United States (2018), 2220면.
175) Carpenter v. United States (2018), 2217면.
176) 저장통신법[18 U.S.C. § 2703(d)]상의 법원 명령(court order)은 수사기관이 '해당 정보가 진행 중인 수사와 관련이 있다는 점에 대한 합리적인 근거(reasonable grounds)'만 보여주면 취득할 수 있으므로, 영장 발부를 위하여 필요한 요건[상당한 이유

정헌법 제4조 위반이라고 판단하였고, 항소심 판결을 파기 환송하였다.[177]

다만, 재판부는 '실시간 CSLI(real-time CSLI) 취득 수사, 특정 간격 동안 특정 셀 사이트(cell site)에 연결된 모든 장치에 대하여 정보를 취득하는 수사(tower dumps), 보안 카메라(security cameras)에 기록된 정보 취득, 외교 또는 국가 안보와 관련한 정보 취득 기술' 등에 대하여까지 본 판결이 적용되는 것은 아니라고 하여, 본 판결의 의미를 일정 부분 제한하였다.[178] 또한 재판부는 '도주하는 용의자를 추적하기 위한 경우, 긴박한 위험에 놓인 사람을 보호하기 위한 경우, 증거가 멸실되는 것을 막기 위한 경우 등에는 수사기관이 영장 없이도 CSLI 정보를 수색할 수 있다'라고 하여, 긴급한 상황의 경우에는 수사기관이 영장 없이 CSLI 정보를 취득할 여지를 남겨 놓았다.[179]

4. Jones 판결과 Carpenter 판결의 의의 (위치정보 수사와 관련하여)

가. 위치정보 활용 수사의 유형

과학기술의 발전에 따라서 위치정보[180]를 활용한 수사가 최근 등장하고

(probable cause)]에 비하여 그 발급 요건이 완화되어 있다. 이상 Carpenter v. United States (2018), 2221면.

177) 연방대법관들의 의견은 5대4로 갈리었다. 4명의 연방대법관들이 반대의견을 내었으나, 다수인 5명의 의견에 따라 연방대법원은 Carpenter의 손을 들어주었다. 법정의견은 로버츠 대법원장(Chief Justice Roberts)이 작성하였다.

178) Carpenter v. United States (2018), 2220면.

179) Carpenter v. United States (2018), 2222-2223면.

180) 참고로, 대한민국의 위치정보의 보호 및 이용 등에 관한 법률은 제2조 제1호에서 위치정보에 대한 정의를 규정하고 있다. 이는 다음과 같다. "'위치정보'라 함은 이동성이 있는 물건 또는 개인이 특정한 시간에 존재하거나 존재하였던 장소에 관한 정보로서 「전기통신사업법」 제2조제2호 및 제3호에 따른 전기통신설비 및 전기통신회

있는데, 이는 크게 2가지의 종류로 나누어 살펴볼 수 있다.

먼저, 수사기관은 위치정보를 탐색할 수 있는 기계를 수사 대상자의 차량 등에 직접 부착하여 수사 대상자의 위치정보를 얻을 수 있다. 예를 들어 수사기관은 비퍼(beeper) 또는 GPS 추적 장치를 수사 대상자의 차량에 부착하여, 수사 대상자의 위치 정보를 파악할 수 있다.

다음으로, 수사기관은 위치정보 탐색 기계를 직접 부착하지 않는 방법으로도 수사 대상자의 위치정보를 얻을 수 있다. 예를 들어, 수사기관은 수사 대상자의 휴대폰 발신기지국 정보를 통신사로부터 확보할 수도 있고, 또는 수사 대상자의 휴대폰 등에서 생성되는 GPS 정보를 통신사 또는 위치정보 사업자로부터 획득할 수도 있다.

이 중 Jones 판결은 전자의 경우에, Carpenter 판결은 후자의 경우에 해당한다.

나. Jones 판결의 의의

'위치정보 장치를 수사기관이 직접 부착하는 경우'에 미국에서 활용되는 전자 부착 기계는 인공위성을 이용한 위치확인시스템인 GPS 추적 장치가 대표적이지만, 미국에서는 그 이전에 비퍼(beeper)라는 전자기계를 사용하여 피의자의 위치 파악에 활용하였다. 비퍼(beeper)란 무선신호를 발송하는 기계로서, 수사기관은 비퍼(beeper)를 피의자의 차량에 부착하여 해당 차량을 미행하는 방식으로 피의자의 위치를 근거리에서 감시할 수 있다. 연방대법원은 Jones 판결 이전에도 이러한 비퍼(beeper)를 이용한 수사의 적법성에 대한 판단을 한 바 있는데, United States v. Knotts 판결[181]과 United

---

선설비를 이용하여 수집된 것을 말한다."

181) United States v. Knotts, 460 U.S. 276 (1983) 본 사안에서 수사기관은 비퍼를 사용하여 용의자의 차량을 추적하였다. 다만 이 과정에서 수사기관은 공공도로를 따라서 용의자의 차량을 추적하였다. 이에 대하여 연방대법원은 '공공도로를 지나는 시민은

States v. Karo 판결[182]이 대표적인 판결들이다. 이후 GPS(Global Positioning System) 기술이 발전함에 따라서, 미국의 수사기관은 GPS 추적 장치를 위치정보 획득의 수단으로 활용하게 되었다. 그런데 GPS 추적 장치는 비퍼(beeper) 장치와 달리 수집할 수 있는 위치정보의 양이 막대하고, 해당 정보의 정확도 또한 상당히 높다. 또한 수사기관은 GPS 추적 장치가 부착된 차량 등을 쫓아가지 않고서도 해당 위치 정보를 실시간으로 손쉽게 확보할 수 있다.

따라서 미국에서는 GPS 추적 장치를 부착하는 수사의 적법성에 대하여 논란이 계속 되었는데,[183] 이에 대하여 미국 연방대법원은 2012년도의 Jones 판결을 통하여 '수사기관이 자동차에 GPS 장치를 부착하는 행위'와 'GPS 장치를 사용하여 해당 자동차의 동선을 파악하는 행위' 모두가 수색에 해당한다고 판단한 것이다. 이러한 연방대법원의 Jones 판결 이후 미국의 일부 하급심 법원들은 정보에 대한 제3자 이론(third-party doctrine)의 적용을 거부하는 판결들을 선고하고 있다고 한다.[184] 이처럼 Jones 판결을 통하여 시민의 정보 프라이버시가 수사기관의 위치추적으로부터 수정헌법 제4조로 한층 보호될 수 있게 되었다.

그의 위치에 대한 프라이버시 기대권이 없다'라고 보고, '이 사건 비퍼(beeper) 장치의 사용이 영장 없이 가능하다'라고 판단하였다.

182) United States v. Karo, 468 U.S. 705 (1984) 본 사안에서 수사기관은 에테르(ether) 캔(can)에 비퍼(beeper)를 부착하여 수사에 활용하였는데, 이 과정에서 수사기관은 비퍼(beeper)로 집 내부까지 감시하였다. 이에 대하여 연방대법원은 수사기관이 영장 없이 집 안을 감시하였다고 보고, 이러한 비퍼 장치(beeper device)의 사용은 위법한 수색에 해당한다고 판시하였다.

183) Jones 판결 이전에 GPS 추적 장치 부착 수사의 적법성을 다룬 연방 법원과 주 법원의 판결에 대해서는 김종구, "GPS 추적장치를 이용한 수사의 적법성 - 미연방대법원 판례의 변천과 관련하여 -", 법학논총 제34집 숭실대학교 법학연구소 (2015. 7.), 173-177면 참조.

184) Callie Haslag, "TECHNOLOGY OR PRIVACY: SHOULD YOU REALLY HAVE TO CHOOSE ONLY ONE?", 83 Mo. L. Rev. 1027, 1040-1041 (2018).

다. Carpenter 판결의 의의

통신 기술의 발달로 인하여, 시민들은 자신의 일상에 대한 위치정보를 실시간 기록하며 살아가고 있다. 앞서 살펴보았듯이 수사기관은 위치정보 탐색 기계를 수사 대상자에게 직접 부착하지 않아도 통신사 등의 제3자를 통하여 위치정보를 손쉽게 넘겨받을 수 있게 되었다. 이와 같은 위치정보는 휴대전화 이용 과정에서 통신사 기지국의 발신기지국 기록으로 생성될 수 있으며, 또는 자동차 네비게이션이나 휴대폰 GPS 서비스 사용으로 인한 GPS 위치정보로 만들어질 수도 있다. 이러한 통신 기술의 발달은 정보 주체의 정보 프라이버시권에 대한 위협으로 이어지게 된다.[185]

Carpenter 판결은 이중 통신사의 기지국에서 생성되는 과거의 위치정보에 대하여 제3자 이론의 적용을 부정한 것이다. 즉, 연방대법원의 Carpenter 판결로 인하여 수사 대상자의 일상에서 생성되는 개인 위치정보들이 수정헌법 제4조의 보호를 받을 수 있게 되었다. 현대인들의 대부분의 정보들이 통신회사 등에 저장된다는 점에서, 제3자 이론의 적용 제한은 정보 프라이버시권 보장의 측면에서 의미가 크다고 하겠다.[186]

참고로, 휴대폰에서 생성된 GPS 정보를 활용한 수사에 대한 판결로는 연방 제6항소법원의 United States v. Skinner 판결[187]이 있다. 본 사안에서 수사기관은 'Skinner의 기지국 정보(cell site information)와 실시간 GPS 정

---

185) 특히 이중 GPS 위치정보는 발신기지국 정보에 비하여 정확도가 훨씬 높다. 수사기관은 위치추적 장치를 수사 대상자에게 직접 부착하지 않아도, 이러한 높은 정확도의 GPS 위치정보를 제3자로부터 손쉽게 넘겨받을 수 있는 것이다. 대한민국에서도 수사기관은 이와 같은 위치 정보를 통신사(전기통신사업자), 위치정보사업자, 위치기반서비스업자 등으로부터 넘겨받아서 강제수사 과정에서 활용할 수 있다.

186) 참고로, 본 연방대법원 판결 이전에도 하급심 법원인 연방 제6항소법원은 제3자 이론과 관련한 쟁점을 이미 다룬 바 있다[United States v. Warshak, 631 F.3d 266 (6th Cir. 2010)]. 이 판결의 구체적인 내용은 본장(제3장) 제3절(미국 통신비밀 보호의 확대)에서 검토하기로 한다.

187) United States v. Skinner, No. 09-6497 (6th Cir. Aug. 14, 2012).

보(GPS real-time location) 등을 Skinner의 통신사로부터 획득하는 취지'의 법원 명령(court order)을 통하여 영장 없이 Skinner의 GPS 정보를 수집하였다. 이에 대하여 연방 제6항소법원은 'Skinner는 자발적으로 휴대폰을 사용하였기에 프라이버시에 대한 합리적 기대권을 주장할 수 없다'라는 취지에서 '수사기관이 영장 없이 Skinner의 위치정보를 수집할 수 있다'라고 판시하였다.[188]

제3절 미국 통신비밀 보호의 확대

Ⅰ. 통신비밀 보호의 전개

1. 통신비밀 보호의 역사

앞서 살펴보았듯이, 미국 의회는 통신감청 등으로부터 시민의 프라이버시권을 보다 충실히 보호하고자 1934년에 연방통신법(Federal Communications Act) 605조(section 605)를 입법하였고, 1968년에는 종합범죄통제 및 안전한 거리 법(Omnibus Crime Control and Safe Streets Act)을 입법하였으며, 1986년에 전자통신프라이버시법(Electronic Communications Privacy Act)을 입법하였다.[189]

통신 비밀을 보호한 중요한 연방대법원 판결로는 Berger v. New York, 388 U.S. 41 (1967) 판결과 Katz v. United States, 389 U.S. 347 (1967) 판결

---

188) 기타 Skinner 사건의 자세한 설명은 이상경, "정보통신기기의 위치추적에 대한 헌법적 통제에 관한 소고", 헌법재판연구 제6권 제1호 (2019. 6.), 106-110면 참조.
189) Daniel J. Solove (2006), 1-19면, 1-23면, 1-34면, 1-35면.

이 있다. Berger v. New York 판결에서 연방대법원은 도청을 허가하는 명령(order)의 발부 근거가 된 뉴욕 형사소송법(New York Code of Criminal Procedure) 관련 규정에 대하여 위헌 판결을 내렸다. 위 뉴욕 형사소송법(New York Code of Criminal Procedure) 관련 규정이 수정헌법 제4조에 위배된다는 것이 그 이유이다. 또한 연방대법원은 Katz v. United States 판결에서 불법 침입 이론(trespass doctrine)을 폐기하고 전화 부스 내의 전화 통화에 대한 수정헌법 제4조의 보호를 인정하였다.190)

이후 연방의회(Congress)는 Berger v. New York 판결과 Katz v. United States 판결의 취지에 따라서 연방 수사기관의 도청(wiretap) 수사를 규제하고자 하였고, 이는 1968년도의 종합범죄통제 및 안전한 거리 법(Title III of the Omnibus Crime Control and Safe Streets Act) 제정으로 이어진다.191) 종합범죄통제 및 안전한 거리 법(Omnibus Crime Control and Safe Streets Act)의 제3편(Title III)은 도청(wiretap)에 대한 규제를 확대하여, 연방(federal) 공무원뿐만 아니라 주 공무원(state officials)과 사인(private parties)에 대해서까지도 도청 규제가 가능하게 하였다.192)

1986년에 제정된 전자통신프라이버시법(Electronic Communications Privacy Act)은 우리의 통신비밀보호법과 유사한 규정을 담고 있는 미국의 연방법이다. 컴퓨터 등을 통한 전기통신기술이 발달함에 따라서 1968년에 제정된 종합범죄통제 및 안전한 거리 법(Omnibus Crime Control and Safe Streets Act)의 도청 규제로는 정보 프라이버시가 충실히 보호되지 못하였기에, 의회는 전자통신프라이버시법(ECPA)을 제정하게 된 것이다. 특히 전자

---

190) 앞서 살펴본 바와 같이, 본 사건에서 수사기관은 도청장치를 전화 부스의 바깥쪽에 설치하였다. 즉, 전화 부스 내부에 대한 침해는 없었지만, 연방대법원은 수사기관의 행위에 대하여 수정헌법 제4조 침해를 인정하였다.

191) Emily Berman, "DIGITAL SEARCHES, THE FOURTH AMENDMENT, AND THE MAGISTRATES' REVOLT", 68 Emory L.J. 49, 67-68 (2018).

192) Daniel J. Solove (2006), 1-23면.

통신프라이버시법은 제2장(Title II)에서 저장 통신법(Stored Communications Act)을 두고 있는데, 수사기관은 저장 통신법(Stored Communications Act)을 통해서 제3자(인터넷 서비스 제공자 등)로부터 수사에 필요한 저장 정보(이메일 등)를 취득하고 있다. 예를 들어, 앞서 살펴본 Carpenter v. U.S. 판결 사안에서의 수사기관은 저장통신법(SCA)상의 법원 명령(court order)을 통하여 Carpenter의 위치정보(cell-site location information)를 수집한 바 있다.

이하 전자통신프라이버시법(Electronic Communications Privacy Act)의 내용들을 간략히 살펴본 후, Berger v. New York 판결의 구체적인 내용을 검토해 보겠다.

2. 전자통신프라이버시법의 주요 내용

전자통신프라이버시법(ECPA)은 도청법(Wiretap Act)을 개정하여 구두 통신과 유선 통신(oral and wire communications)뿐만 아니라 전자 통신 (electronic communications)에도 도청법(Wiretap Act)의 보호가 적용되도록 하였고, 또한 전화 이용 내역 기록 장치에 관한 법(Pen Register and Trap and Trace Statute)을 제정하여 전화 기록과 인터넷 메타데이터(metadata) 등의 비내용정보(non-content)도 규율되게 하였다.[193] 특히 전자통신프라이버시법(ECPA)은 저장 통신법(Stored Communications Act)을 제정하는 내용을 담고 있는데, 저장 통신법은 전자통신서비스(electronic communication services)나 원격 컴퓨터 서비스(remote computing services)를 제공하는 업체가 소유하는 이용자의 저장(stored) 정보를 보호하는 법이다.[194]

구체적으로 살펴보면, 저장통신법은 제2703조에서 정부가 저장서비스

---

193) Mario Trujillo, "COMPUTER CRIMES", 56 Am. Crim. L. Rev. 615, 649-650 (2019). 이 논문은 이하 'Mario Trujillo (2019)'으로 약칭한다.

194) Mario Trujillo (2019), 650면.

제공자(providers)로부터 정보를 얻는 방법을 '소환장(subpoena), 정보 주체에게 사전 통지를 조건으로 하는 소환장(a subpoena with prior notice to the customer), 법원명령[2703(d) court order], 정보 주체에게 사전 통지를 조건으로 하는 법원 명령[court order with prior notice to the customer], 수색 영장(search warrant)'의 5가지 방법으로 규정하고 있다.[195)196]

3. 관련 판결 (Berger v. New York[197])

가. 사실관계

Berger는 뉴욕 주 주류 청장(Chairman of the New York State Liquor Authority)에게 뇌물을 제공하려고 한 혐의로 기소되어 유죄판결을 받았다. 그런데 Berger의 유죄를 입증한 증거는 수사기관이 도청을 통해서 획득한 것들이었다. 당시 수사기관은 뉴욕 형사소송법(New York Code of Criminal Procedure) § 813-a에 근거하여 법원으로부터 도청 허가(order)를 받았다. 이러한 뉴욕 형사 소송법(New York Code of Criminal Procedure) § 813-a에 근거한 도청 허가(order)는 "범죄의 증거를 얻을 수 있다고 믿을 수 있는 합리적인 근거"가 지방 검사(district attorney) 등의 선서 또는 확약(oath or affirmation)에 의하여 소명되어야 발부되었다. 또한 해당 도청 허가는 60일의 기한 내에서 도청 장치를 설치할 수 있도록 발부 되었으며, 만약 수사기관이 공익을 위한 목적을 소명하면 해당 기한은 추가로 60일이 더 연장될

---

195) Mario Trujillo (2019), 656면.
196) 참고로, 저장통신법 제2702조 (Section 2702)는 인터넷 서비스 제공자 등이 자발적으로 자신의 고객 정보를 제공할 수 있는 경우를 규정하고 있으며, 제2703조(Section 2703)는 정부가 인터넷 서비스 제공자에게 고객 정보의 제출을 강제할 수 있는 경우를 규정하고 있다.
197) Berger v. New York, 388 U.S. 41 (1967). 이 판결은 이하 'Berger v. New York (1967)'으로 약칭한다.

수 있었다. 그런데 위 뉴욕 형사소송법은 도청 대상자에 대하여 도청 사실을 통지할 의무를 규정하고 있지 않았으며, 추후 법원에 영장을 반환할 의무(도청으로 획득한 증거를 법원에 추후 설명할 의무) 또한 규정하고 있지 않았다. 특히, 수사기관은 도청 허가를 받기 위해서 도청의 대상이 되는 사람을 특정하기만 하면 될 뿐, 도청의 대상이 될 통신에 대한 구체적인 설명을 법원에 할 필요도 없었다.

재판 과정에서 위 뉴욕 형사소송법 도청 규정(eavesdrop statute)의 위헌성이 문제 되었는데, 원심은 해당 규정을 합헌으로 판단하였다. 이후 본 사건은 연방대법원에 상고되었다.

나. 연방대법원 판결 요지

연방대법원은 '위 뉴욕 형사소송법 규정이 수정헌법 제4조와 제14조에 위배된다'라고 판단하고, 원심 판결을 파기하였다. 연방대법원이 위 뉴욕 형사소송법 규정을 위헌이라고 판단한 이유를 간략히 정리하면 다음과 같다.

첫 번째로, 연방대법원은 '위 뉴욕 형사소송법 규정이 수정헌법 제4조상의 특정성(particularization) 원칙을 위반하였다'라고 보았다.[198] 위 뉴욕 형사소송법 규정은 '도청을 통해서 범죄의 증거가 수집될 것이다'라는 합리적인 근거만 있다면 도청을 허용하고 있었으므로, 도청의 대상이 된 범죄에 대한 특정성 요건 충족이 요구되지 않았기 때문이다.

두 번째로, 연방대법원은 '수사기관이 위 뉴욕 형사소송법 규정에 근거하여 수사 대상 범죄와는 무관한 사람들의 대화들까지 수집할 수 있다'라는 문제점을 지적하였다.[199] 도청 장치가 설치된 장소에는 많은 사람들이 오고 가기 마련이고 도청의 기간 역시 2개월이라는 긴 시간 동안 지속되기

---

198) Berger v. New York (1967), 55-56면.
199) Berger v. New York (1967), 59면.

때문에, 범죄 수사와 무관한 사람들의 대화가 무차별적으로 수집될 수밖에 없기 때문이다.

세 번째로, 연방대법원은 위 뉴욕 형사소송법상의 도청 연장 규정(2개월의 추가 연장 요건)에 문제가 있다고 보았다. 해당 규정은 도청을 계속 하여야 하는 상당한 이유(probable cause)를 요구하지 않고, 단순히 공익(public interest)상의 필요만을 요건으로 하여 도청의 연장을 허용하고 있기 때문이다.[200]

네 번째로, 연방대법원은 '수사기관의 도청 목적이 충족된 경우(수사기관이 수사 목적상 필요했던 대화들을 모두 수집한 경우)에 해당 도청의 종결을 명하는 시간적 한계(termination date)가 위 뉴욕 형사소송법에 설정되어 있지 않다'라는 사실을 문제점으로 지적하였다.[201] 이로 인하여 도청의 종결이 순전히 수사기관의 재량에 종속되기 때문이다.

마지막으로, 연방대법원은 '도청과 관련한 통지 조항이 존재하지 않으며 이에 대한 특별한 보완 규정도 없다는 점, 도청으로 수집된 자료에 대한 법원의 사후 통제가 결여되어 있다는 점'을 위 뉴욕 형사소송법 도청 규정의 위헌 요소로 지적하였다.[202]

II. 통신비밀 보호의 강화 동향

1. 통신비밀 보호의 확대 움직임

21세기에 접어들면서 미국 사회에서는 통신 기술의 급속한 발전이 있었

---

200) Berger v. New York (1967), 59면.

201) Berger v. New York (1967), 59-60면.

202) Berger v. New York (1967), 60면.

지만, 1986년에 입법된 전자통신프라이버시법(ECPA)은 통신기술의 발달에 맞추어 개정이 이루어지지 못하였다. 예를 들어, '수사기관이 저장 서비스 제공자가 저장하고 있는 통신 정보를 취득할 수 있는 요건'을 규정하고 있는 저장통신법 제2703조는 '해당 저장 정보가 저장된 기간이 180일 이하인 경우'에는 수사기관에게 영장(warrant)의 취득을 요구하고 있지만, '해당 저장 정보가 180일을 초과하여 저장된 정보'라면 수사기관이 행정 소환장 또는 법원 명령(administrative subpoena or court order)만으로도 해당 정보를 취득할 수 있도록 하고 있다.203)

미국에서는 이와 같은 전자통신프라이버시법(ECPA)이 시민들의 프라이버시를 제대로 보호하지 못한다는 비판이 생겨났으며, 이에 하원이 '수사기관이 전자 통신의 내용 정보를 취득하기 위해서는 해당 통신의 보관 기간과 보관 장소 등의 구분 없이 상당한 이유(probable cause)에 근거한 영장을 얻을 것'을 규정하는 저장 통신법 개정 법안[Email Privacy Act (H.R. 699)]을 2016년 4월에 통과시키기도 하였다.204)

또한 미국 법원은 저장통신법(SCA) 규정들의 위헌성을 판단한 바 있기에, 이에 주목할 필요가 있다. 연방 제6항소법원은 '수사기관이 영장 없이 피고인의 이메일 내용 정보를 수집한 사안'인 United States v. Warshak 사건에서 '정부가 영장 없이도 이메일 정보를 수집할 수 있게 하는 취지의 저장통신법(SCA) 규정은 위헌이다'라고 판시하였기 때문이다.205)

이는 저장통신법(SCA)의 위헌성을 판단한 최초의 법원 판결로 평가된다.206) 다만, 저장통신법(SCA) 규정에 대하여 위헌 결정을 한 연방 제6항

---

203) Mario Trujillo (2019), 656면.

204) Mario Trujillo (2019), 650-651면 참조. 다만 위 법안은 이후 상원에서 통과되지 못하였다. 이상 Mario Trujillo (2019), 651면 참조.

205) United States v. Warshak, 631 F.3d 266, 288 (6th Cir. 2010).

206) Armin Tadayon, "PRESERVATION REQUESTS AND THE FOURTH AMENDMENT", 44 Seattle U. L. Rev. 105, 107 (2020).

소법원의 United States v. Warshak 판결의 취지는 연방 제6항소법원(Sixth Circuit)의 관할에만 미친다는 한계가 있다. 이에 United States v. Warshak 판결의 취지를 미국 전 지역으로 확대하기 위해서 '연방 의회가 저장통신법(SCA) 규정을 개정하거나, 또는 연방대법원이 United States v. Warshak 판결의 취지를 따르는 판결을 선고해 주어야 한다'라는 주장[207]이 제기되고 있다.

한편, 주(State) 차원에서는 미국의 캘리포니아 주가 캘리포니아 전자통신프라이버시법(California Electronic Communications Privacy Act)[208]을 제정하여 2016년 1월 1일부터 시행하고 있다. 이 법은 '수색의 대상이 영장에 구체적으로 기재되도록 요구한다는 점, 영장의 목적과 관계없이 수집된 정보는 법원의 명령 없이는 사용할 수 없게 한다는 점, 무관 정보가 압수된 경우에 판사가 이를 파기할 것을 명령할 수 있다는 점' 등이 특징이다.[209][210]

이처럼 미국에서는 통신 비밀의 보호를 강화하는 동향이 연방 또는 주 차원에서 일어나고 있다.

---

207) Casey Perry, "U.S. V. WARSHAK: WILL FOURTH AMENDMENT PROTECTION BE DELIVERED TO YOUR INBOX?", 12 N.C. J. L. & Tech. 345, 365-366 (2011).

208) CAL. PENAL CODE § 1546

209) Susan Freiwald, "AT THE PRIVACY VANGUARD: CALIFORNIA'S ELECTRONIC COMMUNICATIONS PRIVACY ACT (CALECPA)", 33 Berkeley Tech. L.J. 131, 154-155 (2018).

210) 캘리포니아 전자통신프라이버시법의 주요 내용을 소개한 국내 문헌으로는 손지영/김주석 (2016), 137-139면 참조.

2. 관련 판결 (United States v. Warshak)[211]

가. 사실관계

Warshak은 성기능 향상용 약초 보충제(herbal supplement purported to enhance male sexual performance)를 판매하는 회사를 설립하였는데, 이후 자신의 어머니와 친구, 기타 가족 구성원 등을 직원으로 고용하여 회사를 운영하였다. 그런데 Warshak은 회사를 경영하는 과정에서 판매 수익을 증대할 목적으로 자신의 회사가 판매하는 약품의 효능을 허위로 광고하고, 물품을 구매한 고객의 물품 만족도 자료를 조작하였다. 또한, 신용 거래 계약을 맺고 있는 은행에 거짓 정보를 제출하여 자신들의 신용도를 속이기도 하였다.

수사기관은 이와 같은 Warshak의 범죄 혐의에 대한 수사를 진행하였는데, 그 과정에서 수사기관은 'Warshak이 NuVox라는 인터넷 서비스 사업자의 이메일 서비스 등을 이용한다'는 사실을 알게 되었다. 이에 수사기관은 저장통신법(SCA)상의 여러 조항들을 이용하여 Warshak의 이메일 등을 NuVox로부터 넘겨받았는데, 그 주요 과정은 다음과 같다.

먼저, 수사기관은 저장통신법(SCA) 2703(f)조에 근거하여 NuVox에게 'Warshak가 장래에 수신하거나 발신할 모든 이메일을 보존할 것'을 요청하였다. NuVox는 위와 같은 수사기관의 요청에 따라서 Warshak의 이메일에 대해서 보존조치를 취하였다. 이때 NuVox는 위와 같은 보존 조치가 이루어지는 것을 Warshak에게 통보하지 않았으며, 또한 NuVox가 보존한 해당 이메일은 대략 27,000개에 달하였다. 이후 수사기관은 저장통신법(SCA) 2703(b)조 및 2703(d)조에 근거하여 NuVox가 보존한 위 이메일 등을

---

211) United States v. Warshak, 631 F.3d 266 (6th Cir. 2010). 이 판결은 이하 'United States v. Warshak (6th Cir. 2010)'으로 약칭한다.

NuVox로부터 제출받았다.

한편, 'Warshak 및 그의 어머니, 그리고 Warshak의 회사'는 '우편 사기 (mail fraud), 은행 사기(bank fraud), 돈 세탁(money laundering)' 등의 혐의로 기소되었다. 수사기관이 NuVox로부터 획득한 이메일의 내용 정보에는 Warshak의 범죄 혐의와 관련한 민감 정보들이 들어있었기에, Warshak는 재판 과정에서 이와 같은 정보들에 대한 증거배제를 신청하였다. 그러나 재판부가 이를 받아들이지 않아서 해당 이메일 내용들은 Warshak의 유죄를 입증할 증거로 사용되었고, 지방법원(district court)은 피고인들에게 유죄를 선고하였다. 이에 Warshak를 포함한 피고인들은 연방 제6항소법원(Sixth Circuit)에 항소하였다. 항소심에서 Warshak은 '수사기관이 영장없이 Warshak의 이메일을 수집한 것은 수정헌법 제4조에 위배된다'라는 주장을 하였다.

나. 연방 제6항소법원의 판결 요지

먼저 항소심 재판부는 '이메일에는 프라이버시에 대한 기대권(expectation of privacy)이 존재한다'라고 판단하였는데, 그 주요 요지를 정리하면 다음과 같다.

첫째, Warshak는 자신의 이메일이 감시의 대상이 되지 않을 것이라고 생각했으며, 현대 사회 역시 이메일에 대한 수정헌법 제4조의 보호를 기대하고 있다.[212] 이와 관련하여 재판부는 '이메일은 기존의 우편물이나 전화와 같은 역할을 현대 사회에서 수행하고 있다'라는 점과 '이메일이 현대인의 필수품으로 기능하고 있다'라는 점 등에 주목하였다.

둘째, NuVox 서비스 이용계약(subscriber agreement)에 의하면 제3자 (NuVox)가 Warshak의 이메일 내용 정보에 접근할 수 있도록 되어 있는데, 재

---

212) United States v. Warshak (6th Cir. 2010), 284-286면.

판부는 '그러한 사실(서비스 이용계약의 체결)이 Warshak가 자신의 이메일에 대하여 가지고 있는 프라이버시권을 축소시키지도 않는다'라고 보았다.213)

셋째, 재판부는 재판부의 위와 같은 결정이 '프라이버시에 대한 기대권(expectation of privacy)을 부정한 연방대법원의 United States v. Miller 판결'214)과도 구분된다고 보았다. 이 사건에서의 이메일 정보들은 그 내용이 은밀하고 그 양도 너무나 방대하다는 점에서 은행 거래 정보에 비할 수가 없으며, 또한 NuVox는 이메일의 중개자(intermediary)에 불과하였다는 점에서 고객의 정보를 확정적으로 수취하였던 위 은행 사례와는 비교할 수가 없기 때문이다.215)

다음으로, 항소심 재판부는 '수사기관이 영장없이 Warshak 이메일의 내용 정보를 수집한 것은 수정헌법 제4조에 위배된다'라고 보았다. 이메일 이용자들은 이메일의 내용 정보(contents of emails)에 대하여 프라이버시에 대한 합리적인 기대권(reasonable expectation of privacy)을 가지고 있기에, 정부는 상당한 이유(probable cause)에 기반한 영장을 발부받지 않으면 인터넷 서비스 사업자(Internet Service Provider)에게 고객의 이메일 내용 정보 제출을 강요할 수 없기 때문이다.216) 특히 항소심 재판부는 이와 관련하여 '정부가 영장 없이도 이메일 정보를 수집할 수 있게 하는 취지의 저장통신법(SCA) 규정은 위헌(unconstitutional)이다'라고 판시하였다.217)

---

213) United States v. Warshak (6th Cir. 2010), 286-287면.

214) United States v. Miller (1976) 연방대법원은 이 사건에서 '은행의 고객들은 은행이 가지고 있는 자신의 거래 기록들에 대하여 프라이버시에 대한 합리적인 기대를 주장할 수 없다'라고 보았다. 은행의 고객들은 자신의 정보를 자발적으로 은행에게 제공하였기 때문이다.

215) United States v. Warshak (6th Cir. 2010), 288면.

216) United States v. Warshak (6th Cir. 2010), 288면.

217) United States v. Warshak (6th Cir. 2010), 288면.

그러나 항소심 재판부는 수사기관의 수정헌법 제4조 위반을 인정하였음에도 불구하고, 이메일 증거에 대한 Warshak의 증거 배제요청은 받아들이지 않았다. 재판부는 '수사기관이 저장통신법(SCA) 규정을 선의(good faith)로 이용하였기에, 수사기관의 증거 수집행위에는 선의의 예외 이론이 적용된다'라고 판단하였기 때문이다. 구체적으로 재판부는 '1986년에 제정된 저장통신법(Stored Communications Act)이 지금까지 위헌판단을 받은 바가 없다'라는 점에서 '이 사건 수사기관이 저장통신법(SCA)의 위헌성을 분명하게 인식할 수 없었다'라고 판단하였다.218)

한편, 재판과정에서 Warshak은 '이메일 정보 취득과정에서 수사기관이 저장통신법(SCA)의 관련 규정들을 위반하였기 때문에 수사기관의 이메일 정보 취득에는 선의의 예외 이론이 적용될 수 없다'라고 주장하며 수사기관의 저장통신법(SCA) 위반 행위로서 '통지 조항(notice provisions) 미준수, 저장통신법(SCA) 2703(f)조 상에서는 허용되지 않는 장래의 이메일 취득, 저장통신법(SCA) 2703(d)조 상의 법원 명령(order)에 필요한 소명 부족' 등을 들었다.

이에 대해서 먼저 재판부는 '정부의 통지 조항 미준수 사실'을 인정하였다. 그러나 재판부는 '수사기관의 통지 조항 미준수 행위는 수사기관이 이미 이메일을 획득한 이후에 일어난 것이므로, 이는 이미 획득된 이메일 정보의 증거능력에 영향을 주지 않는다'라고 판단하였다.219) 위법수집증거배제 법칙은 수사기관의 위법 행위를 억제하려는 데에 목적이 있는 것인데, 이 사건 이메일 수집은 수사기관의 위법행위(통지 조항 미준수) 이전에 일어났기 때문이다.

다음으로 재판부는 '수사기관은 저장통신법(SCA) 2703(b)조 및 2703(d)

---

218) United States v. Warshak (6th Cir. 2010), 289면.
219) United States v. Warshak (6th Cir. 2010), 289-290면.

조에 근거하여 이메일 정보를 수집하였기에, 수사기관이 저장통신법(SCA) 2703(f)조를 위반하였는지의 여부와는 무관하게 이 사건에는 선의의 예외 이론이 적용된다'라고 판시하였다.[220] 저장통신법(SCA) 2703(f)조는 '수사기관의 증거 보존 요청이 있는 경우에 전기통신사업자(electronic communication services) 등이 이에 응하여 관련 정보들(증거들)을 보존(preserve)하여야 할 의무'를 규정하고 있다. 이와 관련하여 Warshak은 '저장통신법(SCA) 2703(f)조에 근거하여 NuVox는 과거의 이메일(이미 생성된 이메일)만 보존할 수 있으며, 수사기관이 본 사건에서와 같은 장래의 이메일을 취득하고자 하였다면 수사기관은 다른 법률(Wiretap Act and Pen/Trap statute)의 근거 규정을 이용하였어야 하였다'라고 주장한 것이다.[221] 그러나 재판부는 수사기관의 선의 여부를 저장통신법(SCA) 2703(b)조 및 2703(d)조에 국한하여 판단하였고, 따라서 수사기관이 저장통신법(SCA) 2703(f)조를 위반하였는지의 여부에 대한 구체적인 판단에는 나아가지 않았다.

또한, 재판부는 '2703(d)조 상의 법원 명령(order)발부에 필요한 소명[222]을 수사기관이 다하지 못하였다'는 Warshak의 주장 역시 '수사기관은 Warshak가 소유한 회사의 직원들에 대한 진술 자료(interview)를 통하여 Warshak의 이메일이 이사건 범죄 행위와 연관되어 있음을 소명하였다'라는 이유에서 받아들이지 않았다.[223]

이상과 같은 이유에서 연방 제6항소법원 재판부는 '수사기관이 수정헌

---

220) United States v. Warshak (6th Cir. 2010), 290면.
221) United States v. Warshak (6th Cir. 2010), 290면.
222) "유선 또는 전자 통신의 내용이 진행 중인 범죄 수사와 관련이 있고 중요하다고 믿을 수 있는 합당한 근거가 있음을 보여주는 구체적이고 명확한(specific and articulable) 사실"에 대한 소명을 말한다. 이상 United States v. Warshak (6th Cir. 2010), 290-291면.
223) United States v. Warshak (6th Cir. 2010), 291면.

법 제4조를 위반하여 Warshak의 이메일 내용 정보를 수집하였다'라고 판단하였다. 그러나 재판부는 수사기관의 위 이메일 정보 수집이 선의(good faith)의 예외에 해당한다고 보아, 결과적으로 해당 정보들에 대한 Warshak의 증거배제 요청을 받아들이지 않았다.

제4절 영장주의 적용 대상의 확대에 대한 대한민국의 논의 (GPS 위치정보와 관련하여)

Ⅰ. 문제의 소재

과학기술의 발전에 따라서 위치정보[224]를 활용한 수사가 최근 등장하고 있는데, 이와 관련한 앞선 미국(제2절)의 사례를 정리하면 다음과 같다.

우선, 위치정보 수사는 '위치정보 탐색 기계를 수사 대상자의 차량 등에 직접 부착하는 방법'으로 진행될 수 있는데, 이러한 유형의 위치정보 수사는 구체적으로 '비퍼(beeper) 부착 수사'와 'GPS 추적장치 부착 수사'로 다시 구분할 수 있다.

'비퍼(beeper) 부착 수사'와 관련한 대표적인 연방대법원 판결로는 United States v. Knotts 판결 (1983년)과 United States v. Karo 판결 (1984년)이 있다. 또한 'GPS 추적 장치 부착 수사'와 관련한 미국 연방대법원의

---

224) 대한민국의 위치정보의 보호 및 이용 등에 관한 법률은 제2조 제1호에서 위치정보에 대한 정의를 규정하고 있다. 이는 다음과 같다. "'위치정보'라 함은 이동성이 있는 물건 또는 개인이 특정한 시간에 존재하거나 존재하였던 장소에 관한 정보로서 「전기통신사업법」 제2조제2호 및 제3호에 따른 전기통신설비 및 전기통신회선설비를 이용하여 수집된 것을 말한다."

판결로는 Jones판결이 있다.

다음으로, 위치정보 수사는 '위치정보 탐색 기계를 수사 대상자의 차량 등에 직접 부착하지 않는 방법'으로도 진행될 수 있는데, 이러한 유형의 위치정보 수사는 구체적으로 '수사기관이 수사 대상자의 휴대폰 발신기지국 정보를 통신사로부터 확보하는 방법'과 '수사기관이 수사 대상자의 휴대폰 등에서 생성되는 GPS 정보를 통신사 또는 위치정보사업자로부터 획득하는 방법'으로 다시 구분할 수 있다.

미국 연방대법원은 Carpenter 판결을 통하여 '휴대폰 발신기지국 정보를 활용한 수사'에 대한 판단을 한 바 있다. 또한 하급심 판결이긴 하지만 미국의 연방 제6항소법원은 United States v. Skinner 판결을 통하여 '수사 대상자의 휴대폰 등에서 생성되는 GPS 정보를 활용한 수사'에 대한 판단을 한 바 있다.

이상과 같은 '위치정보 활용 수사'와 관련한 대한민국의 동향을 비교법적으로 살펴보면, 대한민국의 헌법재판소는 2018. 6. 28. 선고 2012헌마191, 550(병합), 2014헌마357(병합) 결정을 통해서 '위치정보 추적수사에 대한 합헌성 판단'을 한 바 있다. 이러한 헌법재판소 결정에서 문제가 된 위치정보 추적수사는 앞서 살펴본 4가지의 미국 사례 중에서 '위치정보 탐색 기계를 수사 대상자의 차량 등에 직접 부착하지 않는 방법'에 해당하며, 구체적으로는 '수사기관이 수사 대상자의 휴대폰 발신기지국 정보를 통신사로부터 확보하는 방법'에 해당한다고 할 것이다.

그런데 대한민국의 헌법재판소와 대법원은 '이외의 나머지 3가지 유형에 해당하는 위치추적 수사'와 관련한 결정(판결)을 내린 바가 없다. 특히 대한민국에서는 GPS 위치정보 수집의 적법성을 직접적으로 다룬 법원 판결이 존재하지 않는다.[225] 우리나라에서는 강제수사 과정에서의 GPS 위치정보 취득을 허용하는 명시적인 규정이 존재하지 않기 때문에 GPS 위치정

보 수집을 이용한 강제수사가 거의 행해지고 있지 않기 때문이다.226)227)

물론 경찰관서가 GPS 위치정보 취득을 할 수 있는 법 규정으로서 '위치정보의 보호 및 이용 등에 관한 법률 제29조 제2항'228)이 있다. 그러나 이는 경찰관서가 '긴급 구조의 목적'에서 개인 위치정보를 제공받을 수 있도록 규정하고 있을 뿐이므로, 대한민국의 수사기관은 위 법에 근거하여 '강제수사의 목적'으로 개인 위치정보를 제공받을 수는 없다. 따라서 수사기관은 '통신비밀보호법상의 통신사실 확인자료 제공 제도'를 통하여 '수사

---

225) 김지온/박원규, "수사상 GPS위치추적기 활용을 위한 법적연구", 한국치안행정논집 제15권 제2호 (2018), 85면. 이 논문은 이하 '김지온/박원규 (2018)'으로 약칭한다.

226) 최대호, "수사목적 GPS 위치추적의 적법성", 법학논고 제62집 경북대학교 법학연구원 (2018. 7.), 215면.

227) GPS 정보를 활용한 강제수사가 전혀 없었던 것은 아니다. 대한민국에서도 GPS 위치추적기 부착을 활용한 소수의 강제수사 사례가 있었는데, 이 경우 수사기관은 법원의 압수수색 영장을 발부받아서 수사를 진행하였다고 한다. 이 경우 수사기관은 영장신청서상 '압수할 물건'에는 '(향후 수신될) GPS 정보', '수색, 검증할 장소, 신체, 물건'으로는 '(향후 수신될 위치정보가 저장될 서버가 위치해 있는) 해당 위치기반서비스사업자의 주소지 등'을 기재하였다. 즉 압수수색 영장은 '위치기반서비스사업자의 서버를 수색하여 실시간 GPS 정보를 압수하는 것'으로 발부되었고, 'GPS 위치추적기 부착행위 자체'에 대한 허가 사항은 기재되어 있지 않았다고 한다. 이상 김지온/박원규 (2018), 87-92면 참조.

228) 국가경찰과 자치경찰의 조직 및 운영에 관한 법률」에 따른 경찰청·시·도경찰청·경찰서(이하 "경찰관서"라한다)는 위치정보사업자에게 다음 각 호의 어느 하나에 해당하는 개인위치정보의 제공을 요청할 수 있다. 다만, 제1호에 따라 경찰관서가 다른 사람의 생명·신체를 보호하기 위하여 구조를 요청한 자(이하 "목격자"라 한다)의 개인위치정보를 제공받으려면 목격자의 동의를 받아야 한다.
　1. 생명·신체를 위협하는 급박한 위험으로부터 자신 또는 다른 사람 등 구조가 필요한 사람(이하 "구조받을 사람"이라 한다)을 보호하기 위하여 구조를 요청한 경우 구조를 요청한 자의 개인위치정보
　2. 구조받을 사람이 다른 사람에게 구조를 요청한 경우 구조받을 사람의 개인위치정보
　3. 「실종아동등의 보호 및 지원에 관한 법률」 제2조제2호에 따른 실종아동등(이하 "실종아동등"이라 한다)의 생명·신체를 보호하기 위하여 같은 법 제2조제3호에 따른 보호자(이하 "보호자"라 한다)가 실종아동등에 대한 긴급구조를 요청한 경우 실종아동등의 개인위치정보

목적의 위치정보'를 수집하고 있는 것이다. 다만 통신비밀보호법상의 통신 사실 확인자료 제공 제도는 수사기관에게 'GPS 위치정보'가 아닌 '휴대폰 의 위치가 담긴 발신기지국의 위치추적자료'를 수집할 수 있도록 규정하고 있을 뿐이다.

이하 본 절에서는 이러한 GPS 위치정보 수사와 관련한 대한민국 학계의 논의를 살펴보고자 한다. 미국에서는 연방대법원의 Jones판결이 'GPS 추적 장치 부착 수사와 관련한 쟁점'을 다루었고, 또한 연방 제6항소법원의 United States v. Skinner 판결이 '수사 대상자의 휴대폰 등에서 생성되는 GPS 정보를 활용한 수사'를 다루었다. 따라서 이와 관련한 대한민국의 학 계 논의를 검토하는 것이 의미가 있을 것으로 판단된다. 특히, 'GPS 정보 를 활용한 수사에 대한 논의'는 '영장주의 적용 대상의 확대'와 관련한 쟁 점을 담고 있다. 따라서 이러한 대한민국의 논의는 비교법적으로 '미국에 서의 수정헌법 제4조 보호 대상의 확대'라는 동향과 동일한 맥락에 있다고 볼 수 있다.

참고로, 뒤에서 살펴볼 '통신사실 확인자료 제공 요청에 대하여 법원의 허가를 요하게 하는 통신비밀보호법 개정'도 '영장주의 적용 대상의 확대' 와 관련된 대한민국의 동향에 포함된다고 볼 수 있다. 다만 본 장 제5절에 서 '통신비밀 보호의 강화에 대한 대한민국의 동향'을 별도로 서술하는 관 계로, 이에 대한 논의는 제5절에서 하기로 한다. 또한 앞서 살펴본 헌법재판 소 2018. 6. 28. 선고 2012헌마191, 550(병합), 2014헌마357(병합) 결정(위치 정보 추적수사 사건) 역시 통신비밀과 관련된 제5절에서 논의하기로 한다.

II. GPS 위치정보 이용 수사의 적법성에 대한 학계의 논의

대한민국에서는 학계를 중심으로 'GPS 위치정보를 이용한 강제수사가 가능한지 여부', 그리고 'GPS 위치정보를 이용한 강제수사에 대한 개선 입법을 어떻게 하여야 하는지의 여부'에 대한 논의가 이어지고 있다. 이를 간략히 정리하면 다음과 같다.[229]

먼저, 'GPS 위치정보를 이용한 수사가 가능한지의 여부'와 관련하여서는 '압수수색 영장을 발부받아서 진행할 수 있다'라는 견해[230]와 '현행법에는 GPS 위치정보를 수집할 수 있는 법적 근거가 없으므로 강제수사 법정주의 원칙상 GPS 위치정보에 대한 강제수사는 불가능하고, 이는 개선 입법으로 해결하여야 한다'라는 견해[231]로 크게 나눌 수 있다.

그런데 이 중 'GPS 위치정보를 이용한 강제수사는 압수·수색 영장의 발

---

229) 앞서 살펴보았듯이, 수사기관은 'GPS 장치를 직접 부착하는 방식'과 'GPS 정보를 통신사 등에서 넘겨받는 방식(이 경우는 수사기관의 GPS 장치 부착 행위가 없다)'으로 GPS 정보를 수집할 수 있다. 그런데 'GPS 장치를 직접 부착하는 방식의 경우'에도 수사기관은 '부착된 GPS 장치에서 생성되는 위치정보'를 해당 GPS 장치 서비스를 제공하는 통신사 등을 통해 수집하므로, 결국 두 경우의 적법성 논의는 동일하게 귀결된다고 볼 수 있다. 다만, 엄밀히 따지면 'GPS 장치를 직접 부착하는 방식'의 경우에는 'GPS 장치 자체의 부착행위'에 대한 적법성 논의가 추가로 진행되어야 한다. 그러나 이하 소개하는 국내 논의들은 'GPS 장치 자체의 부착행위'에 대한 논의는 빠져있는 것으로 보인다.

230) 이윤제, "GPS 위치정보와 영장주의", 법학논총 제20권 제1호, 조선대학교 법학연구원 (2013. 4.), 457-461면(참고로 이 견해에서는 수색영장을 통하여 GPS 위치정보에 대한 강제수사가 가능하다고 주장한다); 김종구, "위치추적장치(GPS단말기)를 이용한 수사와 영장주의 - 미국과 일본의 판례를 중심으로 -", 비교형사법연구 제17권 제4호 (2015), 108-110면.

231) 김지온/박원규 (2018), 98-99면. 다만 이 견해에서도 '범죄의 다양한 변화에 대처하기 위하여, GPS 위치정보에 대한 강제수사를 허용하는 입법이 이루어지기 전까지만 법원의 영장을 통하여 GPS 위치정보에 대한 강제수사를 허용하자'라고 주장한다.

부를 통하여 진행할 수 있다'라는 견해에 대해서는 '압수·수색 영장이 발부되려면 압수 대상(압수할 물건)이 특정되어야 하는데 장래에 발생할 실시간 GPS 위치정보는 특정이 불가능하므로, GPS 위치정보에 대한 압수·수색 영장은 영장주의의 정신에 비추어 허용되기 어렵다'라는 비판을 받는다.232) 즉, 'GPS 위치정보를 이용한 강제수사'는 개선 입법이 없는 한 그 적법성 문제가 완전히 해결되기가 어려운 것이다. 따라서 대한민국에서는 'GPS 위치정보에 대한 강제수사의 근거를 입법으로 해결하자'라는 논의가 계속 이어지고 있다.

이러한 개선 입법에 대한 견해는 크게 3가지의 유형으로 나눌 수 있다.

첫째, 'GPS 위치정보의 수집은 정보통신과 유사하므로, 통신사실 확인자료와 통신제한조치가 규정된 통신비밀보호법에 그 근거 조항을 두어야 한다'라는 견해233)가 있다.

둘째, 'GPS 위치정보가 통신비밀보호법상의 전기통신의 개념에 포함되기는 무리가 있다'라는 전제에서, '형사소송에서의 일반법인 형사소송법에 근거 규정을 두어야 한다'라는 견해234)가 있다.

셋째, 'GPS 위치정보의 수집에 대한 규정을 담고 있는 위치정보의 보호 및 이용 등에 관한 법률에 규정하자'라는 견해235)가 있다.

---

232) 양종모, "GPS 위치정보 활용 수사에 관한 고찰", 법학연구 제24권 제1호 (2016. 1.), 239-240면.

233) 이윤제, "GPS 위치정보와 영장주의", 법학논총 제20권 제1호 조선대학교 법학연구원 (2013. 4.), 461-462면; 최대호, "수사목적 GPS 위치추적의 적법성", 법학논고 제62집 경북대학교 법학연구원 (2018. 7.), 244면.

234) 김지온/박원규 (2018), 100면 및 108면.

235) 이원상, "형사사법에 있어 개인위치정보에 대한 고찰: 긴급구조 및 수사를 중심으로", 형사정책연구 제23권 제2호 (2012. 여름), 122면. 이 견해는 '통신비밀보호법을 개정하거나 위치정보보호법에 별도의 규정을 신설하는 방안을 통하여 GPS 위치정보에 대한 강제수사의 근거를 마련할 수 있다'라는 입장이다.

참고로, 대한민국의 통신비밀보호법은 제2조 제11호의 가목 내지 사목에서 '통신사실 확인자료의 범위'를 정하고 있다. 이중 바목에서는 '정보통신망에 접속된 정보통신기기의 위치를 확인할 수 있는 발신기지국의 위치추적자료'를, 사목에서는 '컴퓨터통신 또는 인터넷의 사용자가 정보통신망에 접속하기 위하여 사용하는 정보통신기기의 위치를 확인할 수 있는 접속지의 추적자료'를 규정하고 있다. 이러한 바목과 사목의 자료는 위치정보라는 점에서 GPS 위치정보와 유사한 면이 있다. 따라서 수사상 GPS 위치정보의 수집 근거가 통신비밀보호법에 규정되는 것이 형식적으로는 자연스러운 면이 있다.

그러나 통신비밀보호법 제2조 제11호는 통신사실 확인자료가 전기통신사실에 관한 자료여야 한다고 규정하고 있기에, GPS 위치정보를 전기'통신'의 개념에 포섭하기에는 곤란한 측면이 있다. 통신비밀보호법의 목적[236]은 통신비밀을 보호하는 데에 있는데, GPS 위치정보는 기계 사이의 정보에 해당하기 때문이다.[237] 따라서 통신비밀보호법에 위치정보의 개념이 규정되어 있긴 하지만, 그와 같은 위치정보 규정에 '수사상 GPS 위치정보의 수집'에 대한 근거 규정을 두는 것은 어려운 점이 있다.

한편, 통신비밀보호법은 수사기관의 통신 정보 수집에 일반적으로 적용되는 근거법이며, 형사소송법은 강제수사와 관련한 기본법이다. 따라서 위치정보에 관한 법인 위치정보의 보호 및 이용 등에 관한 법률보다는 형사소송법 또는 통신비밀보호법에 관련 규정을 입법하는 것이 법 체계상 보다 적합하다고 판단된다. GPS 위치정보의 특수성으로 인하여, 이와 관련한 논

---

[236] 통신비밀보호법 제1조(목적) 이 법은 통신 및 대화의 비밀과 자유에 대한 제한은 그 대상을 한정하고 엄격한 법적 절차를 거치도록 함으로써 통신비밀을 보호하고 통신의 자유를 신장함을 목적으로 한다.

[237] 이윤제, "GPS 위치정보와 영장주의", 법학논총 제20권 제1호, 조선대학교 법학연구원 (2013. 4.), 446면.

의는 향후 대한민국에서는 계속 이어질 것으로 보이기에, 국회는 수사 목적의 GPS 위치정보 수집에 대한 명확한 근거 규정을 마련해야 할 것이다.

제5절 대한민국의 통신비밀 보호 강화

Ⅰ. 개관

국민의 통신 및 대화의 비밀과 자유를 보장하기 위하여 1993. 12. 27.에 통신비밀보호법이 제정되었다. 이러한 통신비밀보호법은 1994. 6. 28.부터 시행되었으며, 이후 여러 차례의 개정 과정을 거쳐서 현재에 이르고 있다.

수사기관은 통신비밀보호법에 근거하여 강제수사(통신사실 확인자료 제공 요청 또는 통신제한조치)를 하고 있는데, 이러한 통신비밀보호법상의 강제처분은 형사소송법상의 강제처분(압수·수색)과 더불어 수사기관의 주요한 강제수사(강제처분) 권한으로 기능해 왔다. 그러나 통신 기술의 발달로 인하여 수사기관이 통신비밀보호법상의 강제처분으로 취득할 수 있는 정보들이 방대해졌고, 이는 정보 프라이버시권의 침해 우려로 이어졌다. 이러한 문제점에 대한 대한민국 국회와 헌법재판소의 대응을 시간 순으로 요약하면 다음과 같다.

첫 번째로, 국회는 2001. 12. 29.의 통신비밀보호법 개정으로 통신사실 확인자료의 취득에 대한 법적 근거를 마련하였고, 2005. 5. 26.의 통신비밀보호법 개정을 통하여 통신비밀통신사실 확인자료를 취득하려면 관할 지방법원 또는 지원의 허가를 받도록 하였다.

두 번째로, 헌법재판소는 2010. 12. 28. 선고 2009헌가30 결정을 통하여 '통신제한조치의 총연장기간이나 총연장횟수를 제한하지 않고 계속해서 통신제한조치가 연장될 수 있도록 한 구 통신비밀보호법'에 대하여 헌법불합치 결정을 내렸다. 통신비밀보호법상의 통신제한조치[238] 중 전기통신의 감청은 "전기통신이 이루어지고 있는 상황에서 실시간으로 그 전기통신의 내용을 지득·채록하는 경우와 통신의 송·수신을 직접적으로 방해하는 경우를 의미하는 것"[239]으로서, 다른 강제처분에 비하여 정보 주체의 정보 프라이버시권에 대한 제한 효과가 큰 것이 특징이다. 통신비밀보호법의 통신제한조치(감청) 규정이 정보 주체의 권리 보호에 미흡하다는 지적이 있었고, 이에 헌법재판소는 헌법불합치결정을 내리게 된 것이다.

세 번째로, 헌법재판소는 2018. 6. 28. 선고 2012헌마538 결정(기지국 수사 사건)과 2018. 6. 28. 선고 2012헌마191, 550(병합), 2014헌마357(병합) 결정(위치정보추적수사 사건)을 통해서 통신사실 확인자료 제공요청 제도의 요청 조항과 통지 조항들에 대해서 헌법불합치 결정을 내렸다. 전통적으로는 통신의 내용을 취득하는 감청이 통신의 비내용적 정보에 대한 통신사실 확인자료 제공에 비하여 기본권 제한의 강도가 크다고 인식되었고, 따라서 감청에 비하여 통신사실 확인자료 제공 요건은 완화된 요건으로 규정되어 있었다.[240] 그러나 통신기술의 발달로 인하여 통신사실 확인자료 제공 제도에 의한 정보 프라이버시권 침해 우려가 매우 높아졌다. 이러한 배경에서 헌법재판소는 통신사실 확인자료 제공 제도에 대한 헌법불합치 결정을 내리게 된 것이다.

네 번째로, 헌법재판소는 2018. 8. 30. 선고 2016헌마263 결정(인터넷 감청 사건)을 통하여 '통신감청제도에는 인터넷 감청[241]으로 취득된 자료에

---

238) 통신제한조치에는 '우편물의 검열' 또는 '전기통신의 감청'이 있다(통신비밀보호법 제3조 제2항)

239) 대법원 2016. 10. 13. 선고 2016도8137 판결

240) 이호중, "총체적 헌법불합치, 통신비밀보호법의 전면적인 개정을 위하여", 박주민 국회의원 등 주최 통신비밀보호법 개선을 위한 토론회(2018. 11. 19.) 발제문, 17-18면.

241) 인터넷 감청이란 인터넷 회선을 통하여 이루어지는 전기통신에 대한 감청을 의미한

대한 사후 통제 규정이 제대로 마련되어 있지 않다'라는 등의 이유에서 인터넷 감청의 근거가 된 통신비밀보호법 조항에 대하여 헌법불합치 결정을 내렸다. 최근 인터넷 통신이 발전함에 따라 수사기관의 인터넷 감청을 통한 정보 수집이 점차 늘어나고 있다. 이와 관련하여 '인터넷 회선 감청의 기술적 특성상 포괄 감청이 될 수밖에 없으므로(감청 대상자를 선별하여 감청하는 것이 불가능하므로), 패킷 감청 자체는 위헌이고 중단되어야 한다는 주장'242)이 지속적으로 발생하였는데, 이에 관한 중요한 결정을 헌법재판소가 선고한 것이다.

다섯 번째로, 국회는 위와 같은 4차례의 헌법불합치 결정의 취지를 따르고자 2019년 12월과 2020년 3월의 2차례에 걸쳐서 통신비밀보호법을 개정하였다. 구체적으로 살펴보면, 국회는 2019년 12월에 통신비밀보호법을 개정하여 위 4가지의 헌법불합치 결정 중 '헌법재판소 2018. 8. 30. 선고 2016헌마263 결정(인터넷 감청 헌법불합치 결정)'을 제외한 나머지 3가지 헌법불합치 결정에 따라서 통신비밀보호법을 개정하였다. 이후 국회는 2020년 3월에 다시 통신비밀보호법을 개정하여 '헌법재판소 2018. 8. 30. 선고 2016헌마263 결정(인터넷 감청 헌법불합치)'에 따라 통신비밀보호법을 개

다. 헌법재판소는 인터넷 감청을 '전기통신의 감청의 하나(인터넷 회선을 통하여 송·수신되는 전기통신에 대한 감청)'로 파악하고 있다(헌법재판소 2018. 8. 30. 선고 2016헌마263 결정). 한편, 헌법재판소 2018. 8. 30. 선고 2016헌마263 결정에 의하면, 인터넷 회선 감청은 '검사가 통신비밀보호법상의 해당 요건을 구비하여 법원으로부터 특정 인터넷회선에 대한 통신제한조치허가를 받고, 수사기관이 허가서 상의 인터넷 회선을 운영하는 전기통신사업자에게 감청 협조를 구하는 방법(이때 전기통신사업자는 인터넷 회선을 통하여 흐르는 '패킷'을 확보하여 재조합하는 기술로 해당 내용을 파악)'으로 이루어진다고 한다.

242) 오길영, "국가정보원의 패킷감청론에 대한 비판 - 국가정보원 답변서에 대한 반박을 중심으로 한 위헌론의 기초이론 -", 민주법학 제48호 (2012. 3.), 366-368면. 또한 이호중, "총체적 헌법불합치, 통신비밀보호법의 전면적인 개정을 위하여", 박주민 국회의원 등 주최 통신비밀보호법 개선을 위한 토론회(2018. 11. 19.) 발제문, 40면의 '인터넷 감청이 헌법상 용인되기 어렵다'라는 취지의 주장도 동일한 맥락이다.

정하였다.

본 절에서는 이상과 같은 대한민국 국회의 통신비밀보호법 개정 사례들과 헌법재판소의 헌법불합치 결정례들을 '통신제한조치에 대한 통제'와 '통신사실 확인자료 취득에 대한 통제'로 구분하여 구체적으로 검토하기로 한다.

II. 통신제한조치에 대한 통제

1. 제한 없는 통신 감청 연장 제도에 대한 헌법불합치결정[243)]

가. 사실관계 및 제청신청인 주장의 요지

제청신청인(피고인)들은 2009. 6. 24. 국가보안법상 잠입·탈출(제6조), 찬양·고무죄(제7조) 등으로 구속 기소되었고, 서울중앙지방법원에서 재판 계속 중이었다.

수사기관은 수사 과정에서 통신제한조치를 통하여 제청신청인들의 유죄를 입증하기 위한 증거를 수집하였고, 이에 검사는 재판 과정에서 피고인들의 유죄를 입증하기 위한 증거로서 '통신제한조치의 허가 및 그 연장허가를 통하여 수집한 이메일, 녹취자료(전화녹음), 팩스 자료 등'을 제청법원에 제출하고자 하였다. 해당 증거자료들은 대부분이 총 14회(총 30개월)에 걸쳐 연장된 통신제한조치를 통하여 수집된 것인데, 당시 통신비밀보호법은 통신제한조치기간의 연장을 허가함에 있어 제한을 두고 있지 않았다.

이에 제청신청인은 '통신제한조치기간의 연장 허가에 제한이 없는 통신비밀보호법(2001. 12. 29 법률 제6546호로 개정된 것) 제6조 제7항 단서[244)]

---

243) 헌법재판소 2010. 12. 28. 선고 2009헌가30 결정.

244) "다만 제5조 제1항의 허가요건이 존속하는 경우에는 제1항 및 제2항의 절차에 따라

가 적법절차, 영장주의, 과잉금지 원칙을 위반하여 피고인들의 사생활의 비밀과 통신의 자유를 부당히 침해한다'라는 이유로 제청법원에 위헌법률심판제청신청을 하였다.

제청법원은 '통신비밀보호법 제6조 제7항 단서가 피고인들의 사생활의 자유와 통신의 비밀을 침해하여 위헌이라고 인정할 만한 상당한 이유가 있다'라는 이유에서 위 제청신청을 받아들였고, 2009. 11. 27. 이 사건 위헌법률심판제청을 하였다.

나. 헌법재판소 결정의 요지

헌법재판소는 "통신제한조치를 법원의 허가를 전제로 2월의 범위 내에서 연장할 수 있도록 한 것은 통신제한조치를 취하였음에도 불구하고 여전히 법 제5조 제1항 통신제한조치의 허가요건이 존속하는 경우에 효과적으로 범죄수사목적을 달성하여 국가안전보장과 질서유지를 도모하기 위한 것으로서 그 입법목적의 정당성이 인정되고, 이 사건 통신제한조치기간의 연장은 이와 같은 입법목적을 달성하기 위한 적합한 수단이라고 할 수 있다."라고 설시하여, 이 사건 법률조항245)의 '입법목적의 정당성 및 수단의 적합성'은 인정하였다.

그러나 헌법재판소는 다음과 같은 이유에서 이 사건 법률조항이 '침해의 최소성 원칙과 법익 균형성 원칙'에 위반된다고 보았다.

먼저, 침해의 최소성 원칙 관련하여, 헌법재판소는 "최소한의 연장기간 동안 범죄혐의를 입증할 증거를 수집하지 못하였다면 범죄혐의가 없는 것으로 보거나 범죄혐의가 있어도 그 입증수단이 과도한 것으로 보아 통신제한조치를 중단하여야 한다. 만약 위와 같이 최소한의 연장기간 동안 범죄

소명자료를 첨부하여 2월의 범위안에서 통신제한조치기간의 연장을 청구할 수 있다."
245) 통신비밀보호법(2001. 12. 29 법률 제6546호로 개정된 것) 제6조 제7항 단서 중 전기통신에 관한 '통신제한조치기간의 연장'에 관한 부분

혐의를 입증하지 못하는 경우 통신제한조치를 중단하게 한다고 하여도, 여전히 통신제한조치를 해야 할 필요가 있으면 법원에 새로운 통신제한조치의 허가를 청구할 수 있으므로 이로써 수사목적을 달성하는데 충분하다.”라고 설시한 후, “통신제한조치가 연장될 수 있는 총기간이나 연장횟수를 제한하는 방식으로 통신제한조치 기간의 연장이 허가될 수 있는 기간을 한정하는 것”이 “충분히 수사목적을 달성할 수 있는 수단”이라고 판단하였다.

이와 관련하여 헌법재판소는 “이 사건 법률조항에 총연장기간이나 총연장횟수를 제한하는 규정을 두지 않고서도 법원이 그때그때 사안을 고려하여 통신제한조치 기간의 연장이 남용되는 것을 충분히 통제할 수 있다”라는 예상 반론에 대하여도, ‘기간연장의 허가를 청구하는 것은 새롭게 통신제한조치를 청구하는 것에 비하여 절차가 완화되어 있다는 점, 기간연장의 청구가 실제로 기각되는 일이 실무상 매우 드물다는 점’을 들어서 “기간연장의 청구를 실질적으로 심사하여 통제하는 것이 사실상 어렵다”라고 보았다.

더 나아가 헌법재판소는 “통신제한조치의 경우 감청 당시에 개인이 감청사실을 알 수 없기 때문에 방어권을 행사하기 어려운 상황이라는 점에서 영장을 통해 압수·수색의 사실을 고지 받고 시행되는 압수·수색의 경우보다 오히려 그 기본권의 제한의 정도가 더욱 큼에도 불구하고 통신제한조치의 허가청구의 기각률은 압수·수색영장청구의 기각률보다 현저하게 낮으며, 통신제한조치기간의 연장청구의 기각률은 통상 통신제한조치의 허가청구의 기각률의 반에도 채 미치지 못하는 실무를 고려해 보더라도 통신제한조치기간의 연장허가청구에 대한 법원의 통제가 제대로 이루어지지 않고 있음을 확인할 수 있다.”라고 설시하여, ‘유사한 대물적 강제처분인 압수·수색 영장 제도에서의 법원 통제에 비교해 보면 통신제한조치기간의 연장허가청구에 대한 법원의 통제가 제대로 이루어지지 않는다’라는 사실을 특히 지적하였다.

이와 같은 논리에서 헌법재판소는 ‘통신제한조치의 기간연장절차의 남용을 통제하는 데에 한계가 있는 이 사건 법률조항이 침해의 최소성 원칙을 위반하였다'라고 보았다.

다음으로, 법익 균형성 원칙과 관련하여 헌법재판소는 "통신제한조치가 내려진 피의자나 피내사자는 자신이 감청을 당하고 있다는 사실을 모르는 기본권제한의 특성상 방어권을 행사하기 어려운 상태에 있으므로 통신제한조치기간의 연장을 허가함에 있어 횟수나 기간제한을 두지 않는다면 수사와 전혀 관계없는 개인의 내밀한 사생활의 비밀이 침해당할 우려가 심히 크고, 나아가 피의자나 피내사자뿐만 아니라 그들과 전자적 방식으로 접촉한 제3자의 수사와 관련 없는 내밀한 사생활의 비밀도 침해당할 우려도 심히 크다."라는 점을 지적하였다. 또한 헌법재판소는 '수사기관이 통신제한조치기간의 연장을 통하여 추구하고자 하는 수사목적은 새로운 통신제한조치의 청구를 통해서도 충분히 실현될 수 있다'라고 보았고, 이를 바탕으로 헌법재판소는 이 사건 법률조항이 법익균형성을 갖추지 못했다고 보았다.

이와 같은 논리를 바탕으로 헌법재판소는 '이 사건 법률조항이 과잉금지원칙에 위반하여 청구인의 통신의 비밀을 침해하였다'라고 판단하여, 이 사건 법률조항에 대하여 헌법불합치결정을 내렸다. 다만 헌법재판소는 "헌법재판소가 단순위헌결정을 선고하여 당장 이 사건 법률조항의 효력을 상실시킬 경우 통신제한조치 연장허가의 법적 근거가 상실하게 되어 수사목적상 필요한 정당한 통신제한조치의 연장허가도 가능하지 않게 되는 법적 공백상태가 발생한다."라고 설시하여, 이 사건 법률조항에 대하여 2011. 12. 31.을 시한으로 잠정적용명령을 내렸다.

다. 검토

통신비밀보호법상의 통신제한조치[246] 중 전기통신의 감청은 다른 강제처분에 비하여 정보 주체의 정보 프라이버시권에 대한 제한 효과가 크다.

수사기관은 수사 대상자에 대한 정보들을 실시간으로 무분별하게 취합할 수 있기 때문이다. 따라서 통신제한조치에 대한 허용 뿐만 아니라, 이에 대한 연장 요건도 엄격히 규정되어야 할 필요가 있다. 헌법재판소는 이 결정을 통하여 수사기관의 무분별한 통신 제한 조치 기간의 연장에 제동을 걸었기에, 이는 정보 프라이버시권 보장의 측면에서 의의가 크다고 하겠다. 참고로, 이 사건 대상 법률조항은 헌법재판소가 제시한 시한(2011. 12. 31.) 내에 개정되지 못하였고, 2019년 12월의 통신비밀보호법 개정에서 비로소 개선되었다.

2. 인터넷 감청 헌법불합치결정[247]

가. 사실관계 및 청구인 주장의 요지

피청구인 국가정보원장은 청구외 김○윤의 국가보안법위반 범죄 수사를 하는 과정에서 2008년경부터 2015년경까지 법원으로부터 총 35차례의 통신제한조치를 허가받아 집행하였다. 그런데 위 통신제한조치 중에는 청구인 명의로 가입된 '주식회사 에스케이브로드밴드 인터넷회선(서비스번호: ○○○○, ID : ○○○)'에 대한 통신제한조치도 포함되어 있었고, 그 횟수는 2013. 10. 9.부터 2015. 4. 28.까지 사이에 6차례에 달하였다. 또한 해당 통신제한조치는 '인터넷 통신망에서 정보 전송을 위해 쪼개어진 단위인 전기신호 형태의 패킷(packet)을 수사기관이 중간에 확보하여 그 내용을 지득하는 방식(패킷 감청[248])'으로 이루어졌다.

---

246) 통신제한조치에는 '우편물의 검열' 또는 '전기통신의 감청'이 있다(통신비밀보호법 제3조 제2항).

247) 헌법재판소 2018. 8. 30. 선고 2016헌마263 결정.

248) 인터넷 회선 감청(패킷 감청)의 구체적인 집행 방식은 다음과 같은 헌법재판소의 본 사건 결정 이유에 잘 설명되어 있다. "인터넷회선 감청의 구체적 집행 방식은 이 사건 감청집행을 행한 피청구인 국가정보원의 답변에 의하면 다음과 같다. ① 법원으

이에 청구인은 청구인 명의로 가입된 위 인터넷회선의 감청을 목적으로
한 6차례의 통신제한조치에 대한 법원의 허가, 통신제한조치의 허가에 따
른 피청구인 국가정보원장의 감청집행, 통신비밀보호법 제2조 제7호249),
제5조 제2항250), 제6조251)에 대하여 '이는 청구인의 통신의 비밀과 자유,
사생활의 비밀과 자유 등의 기본권을 침해하며 또한 이는 헌법상 영장주의
와 적법절차원칙 등에 위반된다'라고 주장하면서, 2016. 3. 29. 이 사건 헌
법소원심판을 청구하였다.

로부터 특정 피의자 내지 피내사자가 사용하는 인터넷회선에 대해 감청 허가를 얻으
면, 수사기관은 전기통신사업자인 인터넷통신업체에 감청 집행을 위한 협조를 구한다.
② 협조 요청을 받은 인터넷통신업체는 허가 대상인 인터넷회선에 고정 인터넷프로
토콜(Internet Protocol, 이하 'IP'라 한다)을 부여하고, 해당 인터넷회선을 통하여 흐
르는 '패킷'을 중간에 확보하기 위해 패킷의 수집·복제를 위한 장비 내지 국가정보
원이 자체 개발한 인터넷회선감청장비를 연결·설치하는 데 협조한다. ③ 이들 장비
를 통해 해당 인터넷회선을 통과하는 모든 패킷이 중간에 수집·복제되어 국가정보
원 서버로 즉시 전송·저장된다. ④ 이와 같이 수집·저장된 패킷들은 국가정보원이
자체 개발한 처리서버프로그램을 통해 재조합 과정을 거쳐, 열람 가능한 형태로 전
환된다. ⑤ 이 과정에서 패킷의 정보의 내용이 담긴 데이터 영역까지 보는 기술
(Deep Packet Inspection, 'DPI'라고 한다)이 활용되고, 국가정보원의 수사관이 서버
에 접속하여 저장된 파일을 열어 그 내용을 열람·확인하면서 범죄관련성 및 보존
필요성 여부를 판단한다."
249) 제2조(정의) 7. "감청"이라 함은 전기통신에 대하여 당사자의 동의없이 전자장치·기
계장치등을 사용하여 통신의 음향·문언·부호·영상을 청취·공독하여 그 내용을 지
득 또는 채록하거나 전기통신의 송·수신을 방해하는 것을 말한다.
250) 제5조(범죄수사를 위한 통신제한조치의 허가요건) ② 통신제한조치는 제1항의 요건
에 해당하는 자가 발송·수취하거나 송·수신하는 특정한 우편물이나 전기통신 또는
그 해당자가 일정한 기간에 걸쳐 발송·수취하거나 송·수신하는 우편물이나 전기통
신을 대상으로 허가될 수 있다.
251) 제6조(범죄수사를 위한 통신제한조치의 허가절차) ① 검사(군검사를 포함한다. 이하
같다) 는 제5조 제1항의 요건이 구비된 경우에는 법원(軍事法院을 포함한다. 이하 같
다)에 대하여 각 피의자별 또는 각 피내사자별로 통신제한조치를 허가하여 줄 것을
청구할 수 있다. ② 사법경찰관(軍司法警察官을 포함한다. 이하 같다)은 제5조 제1항
의 요건이 구비된 경우에는 검사에 대하여 각 피의자별 또는 각 피내사자별로 통신
제한조치에 대한 허가를 신청하고, 검사는 법원에 대하여 그 허가를 청구할 수 있다.

나. 헌법재판소 결정의 요지

먼저 헌법재판소는 "이 사건 법원의 허가는 통신비밀보호법(이하 '법'이라 한다)에 근거한 소송절차 이외의 파생적 사항에 관한 법원의 공권적 법률판단으로서, 헌법재판소법 제68조 제1항에서 헌법소원의 대상에서 제외하고 있는 법원의 재판에 해당한다."라고 하여, '이 사건 법원의 허가에 대한 심판청구'는 부적법 각하하였다.

다음으로 헌법재판소는 '이 사건 감청집행은 완료되었으므로 이 사건 감청집행에 관한 주관적 권리보호이익은 소멸되었다는 점, 통신비밀보호법 제5조 제2항에 대한 본안 판단에 나아가는 이상 이 사건 감청집행에 대하여 예외적으로 심판청구의 이익을 인정할 이유도 없다는 점'을 들어 '이 사건 감청집행에 대한 심판청구'도 부적법 각하하였다.

그러나 헌법재판소는 통신비밀보호법(1993. 12. 27. 법률 제4650호로 제정된 것) 제5조 제2항 중 '인터넷회선을 통하여 송·수신하는 전기통신'에 관한 부분(이하 '이 사건 법률조항'이라 한다)은 헌법에 합치되지 아니한다고 결정(2020. 3. 31.을 시한으로 입법자의 개선입법이 이루어질 때까지는 계속 적용)하였다. 이러한 이 사건 법률조항에 대한 헌법불합치결정의 이유를 간략히 요약하면 다음과 같다.

먼저 헌법재판소는 "인터넷을 기반으로 하는 정보통신환경에서, 범죄수사에 필요한 경우에 통신기술의 발전에 상응할 수 있도록 수사기관으로 하여금 일정한 요건을 갖추는 경우 인터넷 통신망을 이용하는 전기통신에 대한 감청을 허용할 필요가 있다."라고 보아, 이 사건 법률조항에 대한 목적의 정당성 및 수단의 적합성을 인정하였다.

그러나 헌법재판소는 '침해의 최소성 원칙' 판단에서, "'패킷감청'의 방식으로 이루어지는 인터넷회선 감청은 수사기관이 실제 감청 집행을 하는 단계에서는 해당 인터넷회선을 통하여 흐르는 불특정 다수인의 모든 정보가 패킷 형태로 수집되어 일단 수사기관에 그대로 전송되므로, 다른 통신제한조치에 비하여 감청 집행을 통해 수사기관이 취득하는 자료가 비교할 수 없을 정도로 매우 방대하다는 점에 주목할 필요가 있다."라고 설시하여, '패킷감청으로 인한 수사기관의 취득 자료가 매우 방대하다는 점'에 주목하였다.

특히 이와 관련하여 헌법재판소는 '한 사람이 하나의 인터넷 회선을 사용하지 않고 여러 사람이 하나의 인터넷 회선을 공유하여 사용하는 경우가 대부분이라는 점, 법원이 특정 피의자 내지 피내사자의 전기통신 정보로 인터넷 감청 범위를 제한하여 허가한다고 하더라도 실제 집행 단계에서는 동일한 인터넷회선을 이용한 불특정 다수인의 통신자료까지 수사기관에게 모두 수집된다는 점, 전화감청 등 다른 종류의 전기통신 감청도 범죄수사 관련 내용을 얻기 위해 집행 단계에서 일정 부분 포괄적으로 이루어질 수밖에 없으나 이는 인터넷 회선 감청에 의해 취득하는 자료의 양과 비교할 바가 아니라는 점'을 지적하였다.

또한 헌법재판소는 '수사기관이 인터넷 회선 감청 집행을 통해서 취득한 광범위한 자료가 수사기관이 원래 허가받은 목적과 범위 내에서 제대로 이용·처리되는지의 여부'를 제대로 통제할 법적 장치가 마련되어 있지 않다는 점에도 주목하였다.

특히 이와 관련하여 헌법재판소는 '통신비밀보호법에는 통신제한조치의 허가·집행 등에 관여한 공무원 등의 비밀준수의무(법 제11조)와 통신제한조치로 취득한 자료의 사용제한(법 제12조)만이 규정되어 있고 수사기관이 인터넷 회선 감청 집행으로 취득한 방대한 자료의 처리 절차에 대해서는 아무런 규정이 없는 점, 비교법적으로도 수사기관의 권한 남용을 통제할 수 있는 제도적 장치를 마련하고 있는 입법례가 상당수 있다는 점252), 정

---

252) 이와 관련하여 헌법재판소는 '미국의 전자통신프라이버시법(Electronic Communications Privacy Act, 약칭 'ECPA'), 독일의 형사소송법, 일본의 범죄수사를 위한 통신방수에 관한 법률'을 예시로 들었다.

보 보호에 관한 일반법인 개인정보 보호법이 규정한 수사기관의 의무들(감청 집행으로 취득한 자료를 목적 외의 용도로 활용하거나 제3자에게 제공하는 것을 금지하고 해당 정보가 불필요하게 되었을 때에는 이를 지체 없이 파기하여야 한다는 의무)만으로 위법한 공권력 행사를 충분히 방지할 수 있다고 볼 수는 없는 점'을 지적하였다.

더 나아가 헌법재판소는 "더욱이 법상 통신제한조치의 집행으로 인하여 취득된 전기통신의 내용은 통신제한조치의 목적이 된 법 제5조 제1항에 규정된 범죄 외에 이와 관련되는 범죄를 수사·소추하거나 그 범죄를 예방하기 위하여도 사용이 가능하므로(법 제12조 제1호), 인터넷회선 감청이 특정 범죄수사를 위한 최후의 보충적 수단이 아니라, 애당초 법원으로부터 허가받은 범위를 넘어 특정인의 동향 파악이나 정보수집을 위한 목적으로 수사기관에 의해 남용될 가능성도 배제하기 어렵다."라고 설시하여, 인터넷 회선 감청이 수사기관에 의해 남용될 가능성 역시 지적하였다.

헌법재판소는 이러한 사정들을 종합하여 '인터넷 회선 감청을 통신제한조치 허가 대상 중 하나로 정하고 있는 이 사건 법률조항'이 침해의 최소성 요건을 충족하지 못한다고 보았다.

또한 헌법재판소는 이 사건 법률조항은 법익 균형성의 원칙도 충족하지 못한다고 보았으며, 그 결과 "이 사건 법률조항은 과잉금지원칙에 반하여 청구인의 통신 및 사생활의 비밀과 자유를 침해한다."라고 판단하였다.

다. 검토

인터넷 감청(패킷 감청)에 대해서는 다음과 같이 위헌론과 합헌론이 존재한다. 우선 위헌론은 '인터넷 회선 감청의 기술적 특성상 포괄 감청이 될 수밖에 없으므로(감청 대상자를 선별하여 감청하는 것이 불가능하므로), 패킷 감청 자체는 위헌이고 중단되어야 한다는 주장'[253]이다. 이에 반하여 합헌론은 '전화감청과 패킷감청은 본질적인 면에서 큰 차이가 없고(전화감청

도 집이나 직장전화의 경우에는 구성원 모두가 사용할 수 있기 때문에 제3
자의 대화내용이 감청될 수 있기에), 패킷 감청을 필요한 경우에만 제한적
으로 허용한다면 헌법상 허용될 수 있다'라는 입장이다.[254][255]

헌법재판소는 인터넷 감청(패킷감청) 자체가 허용되지 않는다고 결정하
지는 않았기에, 합헌론의 입장으로 분류할 수 있다. 다만 헌법재판소는 '다
른 통신제한조치에 비하여 수사기관이 패킷 감청을 통하여 취득하는 자료
가 매우 방대하다는 점, 수사기관의 인터넷회선 감청의 집행 과정과 집행
종료 이후의 과정을 감독하는 법적 장치가 없다는 점, 통신제한조치의 집
행으로 인하여 취득된 전기통신의 내용이 특정인의 동향 파악이나 정보수
집을 위한 목적으로 수사기관에 의해 남용될 가능성이 있다는 점'을 주요
논거로 하여 이 사건 인터넷 감청 조항이 과잉금지원칙에 반하여 위헌(헌
법불합치)이라고 본 것이다.

---

253) 오길영, "국가정보원의 패킷감청론에 대한 비판 - 국가정보원 답변서에 대한 반박을
    중심으로 한 위헌론의 기초이론 -", 민주법학 제48호 (2012. 3.), 366-368면. 또한 이
    호중, "총체적 헌법불합치, 통신비밀보호법의 전면적인 개정을 위하여", 박주민 국회
    의원 등 주최 통신비밀보호법 개선을 위한 토론회(2018. 11. 19.) 발제문, 40면의 '인
    터넷 감청이 헌법상 용인되기 어렵다'라는 취지의 주장도 동일한 맥락이다.
254) 권양섭, "인터넷 패킷감청의 허용가능성에 관한 고찰", 법학연구 제39권, 한국법학회
    (2010. 8.), 187-188면.
255) 민만기, "인터넷 패킷감청의 법적 성격 및 허용 가능성 검토", 형사법의 신동향 통권
    제53호 (2016. 12.), 234-259면에서도 '패킷감청은 영장주의, 과잉금지원칙, 적법절
    차원칙의 위반 사항이 없다'라는 합헌론의 견해를 제시하고 있다. 또한 정준현, "패
    킷감청의 필요성과 정당성에 관한 법적 검토", 홍익법학 제18권 제1호 (2017. 2.),
    515-526면에서도 '패킷감청은 범죄의 예방이나 수사를 위하여 국가의 구성원으로서
    수인하여야 할 불가피한 수단이다'라는 등의 논거로 패킷감청제도 자체는 합헌임을
    주장하고 있다.

3. 통신비밀보호법 개정

가. 2019년 12월 통신비밀보호법 개정(통신제한조치 기간연장 관련)[256]

개정법은 제6조 제8항을 신설하여 통신제한조치 기간을 연장하는 경우 총 연장기간이 1년을 초과할 수 없도록 하였다. 다만, 형법과 군형법, 국가보안법 등에서 국가안보와 관련된 범죄 등에 대해서는 통신제한조치의 총 연장기간이 3년을 초과할 수 없도록 예외를 규정하였다.

이상 구법 및 개정법의 비교는 다음과 같다.

구법 제6조	개정법 제6조
⑦통신제한조치의 기간은 2월을 초과하지 못하고, 그 기간중 통신제한조치의 목적이 달성되었을 경우에는 즉시 종료하여야 한다. 다만, 제5조제1항의 허가요건이 존속하는 경우에는 제1항 및 제2항의 절차에 따라 소명자료를 첨부하여 2월의 범위안에서 통신제한조치기간의 연장을 청구할 수 있다.	⑦통신제한조치의 기간은 2개월을 초과하지 못하고, 그 기간 중 통신제한조치의 목적이 달성되었을 경우에는 즉시 종료하여야 한다. 다만, 제5조제1항의 허가요건이 존속하는 경우에는 소명자료를 첨부하여 제1항 또는 제2항에 따라 2개월의 범위에서 통신제한조치기간의 연장을 청구할 수 있다.
⑧법원은 청구가 이유없다고 인정하는 경우에는 청구를 기각하고 이를 청구인에게 통지한다.	⑧ 검사 또는 사법경찰관이 제7항 단서에 따라 통신제한조치의 연장을 청구하는 경우에 통신제한조치의 총 연장기간은 1년을 초과할 수 없다. 다만, 다음 각 호의 어느 하나에 해당하는 범죄의 경우에는 통신제한조치의 총 연장기간이 3년을 초과할 수 없다. 1. 「형법」 제2편 중 제1장 내란의 죄, 제2장 외환의 죄 중 제92조부터 제101조까지의 죄, 제4장 국교에 관한 죄 중 제107조, 제108조,

---

256) 2019년 12월 통신비밀보호법 개정 [시행 2019. 12. 31.] [법률 제16849호, 2019. 12. 31., 일부개정]

	제111조부터 제113조까지의 죄, 제5장 공안을 해하는 죄 중 제114조, 제115조의 죄 및 제6장 폭발물에 관한 죄 2. 「군형법」 제2편 중 제1장 반란의 죄, 제2장 이적의 죄, 제11장 군용물에 관한 죄 및 제12장 위령의 죄 중 제78조·제80조·제81조의 죄 3. 「국가보안법」에 규정된 죄 4. 「군사기밀보호법」에 규정된 죄 5. 「군사기지 및 군사시설보호법」에 규정된 죄
	⑨ 법원은 제1항·제2항 및 제7항 단서에 따른 청구가 이유없다고 인정하는 경우에는 청구를 기각하고 이를 청구인에게 통지한다.

나. 2020년 3월 통신비밀보호법 개정(인터넷 감청 관련)[257]

헌법재판소는 2018. 8. 30. 선고 2016헌마263 결정(인터넷 감청 헌법불합치 결정)에서 통신비밀보호법 제5조 제2항 중 '인터넷 회선을 통하여 송신·수신하는 전기통신'에 관한 부분에 대하여 헌법불합치결정을 내렸다. 당시 헌법재판소의 헌법불합치결정의 주된 취지는 '인터넷 감청(패킷 감청)의 특성상 다른 통신제한조치에 비하여 수사기관이 매우 방대한 자료를 취득한다는 점, 그런데도 수사기관이 감청 집행으로 취득한 자료에 대한 처리와 보관절차 등을 통제할 수 있는 절차가 없다는 점, 수사기관이 인터넷 회선 감청을 다른 목적으로 사용할 위험성이 있다는 점'이었다.

국회는 이러한 헌법재판소 헌법불합치결정에 따라서 2020년 3월에 통신비밀보호법을 개정하여, 제12조의2를 신설하였다. 통신비밀법 제12조의2는 수사기관이 인터넷 회선을 통하여 송신·수신하는 전기통신을 대상으로 통신제한조치를 집행한 경우, 그로 인하여 취득한 자료를 범죄수사나 소추

---

257) 2020년 3월 통신비밀보호법 개정 [시행 2020. 3. 24.] [법률 제17090호, 2020. 3. 24., 일부개정]

등에 사용하거나 사용을 위하여 보관하고자 하는 때에는 보관 등이 필요한 전기통신을 선별하여 통신제한조치를 허가한 법원으로부터 보관 등의 승인을 받도록 하였다(통신비밀법 제12조의2 제1항부터 제4항).

또한 통신비밀법 제12조의2 제5항은 승인청구나 신청을 하지 아니하거나 또는 법원으로부터 승인을 받지 못한 경우 일정한 기한 내에 승인을 받지 못한 전기통신을 폐기하도록 규정하였다.

마지막으로 통신비밀법 제12조의2 제6항은 수사기관이 같은 조 제5항에 따라 통신제한조치로 취득한 전기통신을 폐기한 때에는, 폐기결과보고서를 작성하여 피의자의 수사기록 또는 피내사자의 내사사건기록에 첨부하고 통신제한조치를 허가한 법원에 송부하도록 하였다.

이상 개정법의 신설조항은 다음과 같다.

제12조의2(범죄수사를 위하여 인터넷 회선에 대한 통신제한조치로 취득한 자료의 관리)
① 검사는 인터넷 회선을 통하여 송신·수신하는 전기통신을 대상으로 제6조 또는 제8조(제5조제1항의 요건에 해당하는 사람에 대한 긴급통신제한조치에 한정한다)에 따른 통신제한조치를 집행한 경우 그 전기통신을 제12조제1호에 따라 사용하거나 사용을 위하여 보관(이하 이 조에서 "보관등"이라 한다)하고자 하는 때에는 집행종료일부터 14일 이내에 보관등이 필요한 전기통신을 선별하여 통신제한조치를 허가한 법원에 보관등의 승인을 청구하여야 한다.
② 사법경찰관은 인터넷 회선을 통하여 송신·수신하는 전기통신을 대상으로 제6조 또는 제8조(제5조제1항의 요건에 해당하는 사람에 대한 긴급통신제한조치에 한정한다)에 따른 통신제한조치를 집행한 경우 그 전기통신의 보관등을 하고자 하는 때에는 집행종료일부터 14일 이내에 보관등이 필요한 전기통신을 선별하여 검사에게 보관등의 승인을 신청하고, 검사는 신청일부터 7일 이내에 통신제한조치를 허가한 법원에 그 승인을 청구할 수 있다.
③ 제1항 및 제2항에 따른 승인청구는 통신제한조치의 집행 경위, 취득한 결과의 요지, 보관등이 필요한 이유를 기재한 서면으로 하여야 하며, 다음 각 호의 서류를 첨부하여야 한다.
1. 청구이유에 대한 소명자료
2. 보관등이 필요한 전기통신의 목록

3. 보관등이 필요한 전기통신. 다만, 일정 용량의 파일 단위로 분할하는 등 적절한 방법으로 정보저장매체에 저장·봉인하여 제출하여야 한다.

④ 법원은 청구가 이유 있다고 인정하는 경우에는 보관등을 승인하고 이를 증명하는 서류(이하 이 조에서 "승인서"라 한다)를 발부하며, 청구가 이유 없다고 인정하는 경우에는 청구를 기각하고 이를 청구인에게 통지한다.

⑤ 검사 또는 사법경찰관은 제1항에 따른 청구나 제2항에 따른 신청을 하지 아니하는 경우에는 집행종료일부터 14일(검사가 사법경찰관의 신청을 기각한 경우에는 그 날부터 7일) 이내에 통신제한조치로 취득한 전기통신을 폐기하여야 하고, 법원에 승인청구를 한 경우(취득한 전기통신의 일부에 대해서만 청구한 경우를 포함한다)에는 제4항에 따라 법원으로부터 승인서를 발부받거나 청구기각의 통지를 받은 날부터 7일 이내에 승인을 받지 못한 전기통신을 폐기하여야 한다.

⑥ 검사 또는 사법경찰관은 제5항에 따라 통신제한조치로 취득한 전기통신을 폐기한 때에는 폐기의 이유와 범위 및 일시 등을 기재한 폐기결과보고서를 작성하여 피의자의 수사기록 또는 피내사자의 내사사건기록에 첨부하고, 폐기일부터 7일 이내에 통신제한조치를 허가한 법원에 송부하여야 한다.

III. 통신사실 확인자료 취득에 대한 통제

1. 통신사실 확인자료 취득에 대한 개선 입법

통신비밀보호법은 국민의 통신 및 대화의 비밀과 자유를 보장하기 위하여 1993. 12. 27.에 제정되었다(1994. 6. 28. 시행). 그런데 제정 당시의 통신비밀보호법에는 통신제한조치(감청)에 대한 법적 근거만 규정되어 있었으며, 통신사실 확인자료의 취득과 관련한 조항은 포함되어 있지 않았다. 따라서 당시의 수사관들은 수사에 필요한 통신사실 확인자료를 별도의 법원 허가 없이도(임의수사의 형식) 전기통신사업자로부터 제공 받았다고 한다.[258]

---

258) 이흔재, "형사절차상 휴대전화의 강제처분에 대한 연구", 박사학위 논문, 연세대학교 (2020), 195면.

이에 국회는 2001. 12. 29.에 통신비밀보호법을 개정하여, 통신사실 확인자료의 취득에 대한 법적 근거를 마련하였다(통신비밀보호법 제13조). 그러나 2001. 12. 29. 개정 통신비밀보호법 제13조은 '수사기관이 통신사실 확인자료의 제공을 요청할 수 있는 요건'으로서 '관할지방검찰청 검사장의 승인'을 요구하고 있었다. 즉, 승인(허가)권자가 '법원 등의 중립적 기관'이 아니라는 한계가 있었던 것이다.

이 같은 문제의식 하에서 대한민국 국회는 2005. 5. 26.에 '수사기관이 전기통신사업자에게 통신사실 확인자료의 열람·제출을 요청하는 경우에는 관할 지방법원 또는 지원의 허가를 받아야 하는 것'으로 통신비밀보호법을 개정하였다(제13조 제2항). 또한 2005. 5. 26. 개정 통신비밀보호법에서는 제13조의3이 신설되어, '통신사실 확인자료를 제공받은 수사기관의 정보주체에 대한 통지의무'가 규정되었다는 것이 특징이다.

대한민국 국회는 이와 같은 통신비밀보호법 개정들을 통하여 정보 주체의 정보 프라이버시권 보장을 강화하였다. 특히 국회는 '수사기관의 통신사실 확인자료 취득'에도 '법원의 허가'를 받도록 하여, 통신사실 확인자료에 영장주의와 유사한 보호가 이루어지게 하였다.

2. 기지국 수사 헌법불합치결정[259)]

가. 사실관계 및 청구인 주장의 요지

서울 서초구 ○○동에 있는 ○○회관에서 ○○당 당대표 선출을 위한 예비경선 과정 중 성명불상자의 선거인들에 대한 금품살포 의혹이 언론보도 등을 통해 제기되었다. 이에 수사기관은 '사건 현장에 설치되어 있던 폐쇄회로 텔레비전(CCTV) 자료를 통하여 성명불상자가 이동전화로 통화하

---

259) 헌법재판소 2018. 6. 28. 선고 2012헌마538 결정.

는 시각을 알아낸 후, 법원의 허가를 얻어 전기통신사업자들에게 2011. 12. 26. 17:00부터 17:10 사이 ○○회관을 관할하는 기지국을 이용하여 착·발신한 전화번호, 착·발신 시간, 통화시간, 수·발신 번호 등의 통신사실 확인자료 제공을 요청하고, 전기통신사업자들로부터 청구인을 포함한 총 659명의 통신사실 확인자료를 제공받는 방법(기지국 수사260))'으로 수사를 진행하였다.

인터넷 언론 기자인 청구인은 당시 ○○회관에서 위 예비경선을 취재하였는데, 2012. 3. 20. 피청구인으로부터 위와 같은 통신사실 확인자료 제공 요청 집행사실을 통지받아서 위 수사의 존재를 알게 되었다.

이에 청구인은 '위 수사(기지국 수사) 및 그 근거조항인 통신비밀보호법 제13조 제1항과 제2항261)이 청구인의 통신의 자유, 사생활의 비밀과 자유,

---

260) 본 결정에서 헌법재판소는 "기지국 수사란 특정 시간대 특정 기지국에서 발신된 모든 전화번호 등을 통신사실 확인자료로 제공받는 수사방식이며, 주로 수사기관이 용의자를 특정할 수 없는 연쇄범죄가 발생하거나 동일 사건 단서가 여러 지역에서 시차를 두고 발견된 경우, 사건발생지역 기지국에서 발신된 전화번호들을 추적하여 용의자를 좁혀나가는 수사기법으로 활용된다. 이러한 기지국 수사는 범죄수사를 위한 통신사실 확인자료 제공요청을 규정하고 있는 통신비밀보호법 제13조에 그 법적 근거가 있다.

실무상 기지국 수사는 살인, 유괴·납치, 아동 및 여성에 대한 성폭력범죄 등 강력범죄 등에서 피의자를 특정할 수 없는 연쇄범죄가 발생하였거나 피의자를 특정할 수 없는 동일 사건의 단서가 여러 지역에서 시차를 두고 발견된 경우에 사용하고 있다. 이처럼 특정 시간대 특정 기지국에서 착·발신된 모든 전화번호를 대상으로 착·발신 시간, 통화시간, 착·발신 번호, 통화 횟수 등 통신비밀보호법 제2조 제11호 가목 내지 라목에 해당하는 통신사실 확인자료를 수집하는 특성상 1개의 허가서 당 수천여 개의 전화번호 수가 집계되며, 기지국 단위로 제공받은 전화번호 중 수사에 의미 있는 1-2개 전화번호만을 추출하여 활용하고 있다."라고 설시하여, '기지국 수사에 대한 정의 및 실무 현황 등'을 상세히 설명하였다.

261) 제13조(범죄수사를 위한 통신사실 확인자료제공의 절차) ① 검사 또는 사법경찰관은 수사 또는 형의 집행을 위하여 필요한 경우 전기통신사업법에 의한 전기통신사업자(이하 "전기통신사업자"라 한다)에게 통신사실 확인자료의 열람이나 제출(이하 "통신사실 확인자료제공"이라 한다)을 요청할 수 있다. ② 제1항의 규정에 의한 통신사

개인정보자기결정권 등 기본권을 침해한다'라고 주장하면서, 2012. 6. 14. 이 사건 헌법소원심판을 청구하였다.

이 사건 청구인의 주장을 간단히 요약하면 다음과 같다.

먼저 청구인은 '이 사건 기지국 수사 자체'에 대해서 '기지국 수사는 법률유보원칙 위반이며 청구인의 사생활의 자유, 통신의 자유, 개인정보자기결정권 등의 기본권을 침해한다'라는 주장을 하였다.

다음으로, 청구인은 '기지국 수사를 허용하고 있는 이 사건 요청조항[262]이 명확성 원칙에 반하며 청구인의 사생활의 자유, 통신의 자유, 개인정보자기결정권 등을 침해한다'라고 주장하였다.

마지막으로 청구인은 '이 사건 허가조항[263]이 법원의 영장이 아닌 법원의 허가를 얻도록 하고 있으므로 헌법상 영장주의에 위배된다'라는 주장을 하였다.

나. 헌법재판소 결정의 요지

헌법재판소는 "이 사건 요청조항 및 허가조항의 적법요건을 인정하여 그 위헌 여부에 관한 본안 판단에 나아가는 이상, 이 사건 기지국 수사에 대하여는 심판청구이익을 인정하지 아니한다."라는 이유에서 '이 사건 기

실 확인자료제공을 요청하는 경우에는 요청사유, 해당 가입자와의 연관성 및 필요한 자료의 범위를 기록한 서면으로 관할지방법원(보통군사법원을 포함한다. 이하 같다) 또는 지원의 허가를 받아야 한다. 다만, 관할 지방법원 또는 지원의 허가를 받을 수 없는 긴급한 사유가 있는 때에는 통신사실 확인자료제공을 요청한 후 지체 없이 그 허가를 받아 전기통신사업자에게 송부하여야 한다.

262) 통신비밀보호법(2005. 5. 26. 법률 제7503호로 개정된 것) 제13조 제1항 중 '검사 또는 사법경찰관은 수사를 위하여 필요한 경우 전기통신사업법에 의한 전기통신사업자에게 제2조 제11호 가목 내지 라목의 통신사실 확인자료의 열람이나 제출을 요청할 수 있다' 부분

263) 통신비밀보호법(2005. 5. 26. 법률 제7503호로 개정된 것) 제13조 제2항 본문 중 제2조 제11호 가목 내지 라목의 통신사실 확인자료에 관한 부분

지국 수사에 대한 심판청구'를 각하하였다.

또한 헌법재판소는 "이 사건 허가조항은 기지국 수사의 필요성, 실체진실의 발견 및 신속한 범죄수사의 요청, 통신사실 확인자료의 특성, 수사현실 등을 종합적으로 고려하여, 수사기관으로 하여금 법원의 허가를 받아 특정 시간대 특정 기지국에서 발신된 모든 전화번호 등 통신사실 확인자료의 제공을 요청할 수 있도록 하고 있다. 영장주의의 본질이 강제처분을 함에 있어서는 인적·물적 독립을 보장받는 중립적인 법관이 구체적 판단을 거쳐야만 한다는 데에 있음을 고려할 때, 통신비밀보호법이 정하는 방식에 따라 관할 지방법원 또는 지원의 허가를 받도록 하고 있는 이 사건 허가조항은 실질적으로 영장주의를 충족하고 있다 할 것이다."라고 설시하여, '이 사건 허가조항에 대한 심판청구(청구인 주장 중 영장주의 위반 관련 주장)'를 기각하였다.

그러나 헌법재판소는 통신비밀보호법(2005. 5. 26. 법률 제7503호로 개정된 것) 제13조 제1항 중 '검사 또는 사법경찰관은 수사를 위하여 필요한 경우 전기통신사업법에 의한 전기통신사업자에게 제2조 제11호 가목 내지 라목264)의 통신사실 확인자료의 열람이나 제출을 요청할 수 있다'의 부분(이 사건 요청조항)이 헌법에 합치되지 아니한다고 판시하였는데(해당 법률조항은 2020. 3. 31.을 시한으로 개정될 때까지 계속 적용), 이와 관련한 이유를 간략히 요약하면 다음과 같다.

먼저, 헌법재판소는 "이 사건 요청조항은 수사활동을 보장하기 위한 목

---

264) 제2조(정의) 이 법에서 사용하는 용어의 정의는 다음과 같다.
　　11. "통신사실확인자료"라 함은 다음 각 목의 어느 하나에 해당하는 전기통신사실에 관한 자료를 말한다.
　　가. 가입자의 전기통신일시
　　나. 전기통신개시·종료시간
　　다. 발·착신 통신번호 등 상대방의 가입자번호
　　라. 사용도수

적으로 범죄수사를 위하여 필요한 경우 수사기관이 법원의 허가를 얻어 전기통신사업자에게 해당 가입자의 전기통신일시, 상대방의 전화번호 등 통신사실 확인자료를 제공요청 할 수 있도록 하고 있으므로, 그 입법목적이 정당하고 수단도 적정하다.”라고 설시하여, 이 사건 요청조항의 ‘목적의 정당성과 수단의 적정성’은 인정하였다.

그러나 헌법재판소는 “이동전화를 이용한 통신과 관련하여 필연적으로 발생하는 통신사실 확인자료는 비내용적 정보이기는 하나, 여러 정보의 결합과 분석을 통하여 정보주체에 관한 다양한 정보를 유추해내는 것이 가능하므로 통신내용과 거의 같은 역할을 할 수 있다. 이와 같이 통신사실 확인자료는 비내용적 정보이긴 하지만 강력한 보호가 필요한 민감한 정보로서 통신의 내용과 더불어 통신의 자유를 구성하는 본질적인 요소에 해당하므로, 기지국 수사를 위하여 통신사실 확인자료 제공요청을 하는 경우에는 엄격한 요건 하에 예외적으로 허용하여야 한다.”라고 설시하여 ‘기지국 수사가 엄격한 요건 하에서 예외적으로 허용되어야 한다’라는 사실을 지적하였다.

이를 전제로 헌법재판소는 “기지국 수사의 허용과 관련하여서는, ① 유괴, 납치, 성폭력범죄 등 강력범죄나 국가안보를 위협하는 각종 범죄와 같이 피해자나 피의자의 통신사실 확인자료가 반드시 필요한 범죄로 그 대상을 한정하는 방안, ② 위 중요 범죄와 더불어 통신을 수단으로 하는 범죄 일반을 포함시키는 방안, ③ 위 요건에 더하여 다른 방법으로는 범죄수사가 어려운 경우(보충성)를 요건으로 추가하거나, 또는 위 중요 범죄 이외의 경우에만 보충성을 요건으로 추가하는 방안, ④ 1건의 허가서로 불특정 다수인에 대한 통신사실 확인자료 제공요청을 못하도록 하는 방안 등을 독립적 또는 중첩적으로 검토함으로써, 수사에 지장을 초래하지 않으면서도 불특정 다수의 기본권을 덜 침해하는 수단이 존재한다.”라고 설시하여, ‘수사의 필요성만을 요건으로 규정한 이 사건 요청조항’이 ‘침해의 최소성 원칙’

에 위반된다고 보았다.

또한 헌법재판소는 "이 사건 요청조항이 기지국 수사를 허용함으로써 달성하려는 공익은 수사의 효율성 및 신속성이라 할 것이나, 그것이 앞서 침해의 최소성 부분에서 살펴본 바와 같이 광범위한 통신사실 확인자료가 정보주체의 의사와 무관하게 수사기관에 제공됨으로써 정보주체가 입게 되는 개인정보자기결정권 및 통신의 자유에 대한 중대한 불이익에 비하여 결코 중하다고 보기 어렵다"라고 설시하여, '이 사건 요청 조항은 법익의 균형성 원칙에도 위반된다'라고 보았다.

이와 같은 논리에서 헌법재판소는 "이 사건 요청조항은 과잉금지원칙에 반하여 청구인의 개인정보자기결정권 및 통신의 자유를 침해한다."라고 판단하였다.

다. 검토

기지국 수사에 대해서는 합헌이라는 견해265)와 위헌이라는 견해266)가 나뉘었다. 합헌설에서는 '기지국 수사에서는 수사 과정에서 수집된 정보 중 수사와 관련 없는 제3자의 정보들이 삭제되고 있기에 제3자에 대한 침해가 최소화되고 있다는 점, 통신비밀보호법은 통신사실 확인자료 제공 요청과 관련된 공무원과 통신회사의 직원 등에게 비밀 준수의무를 부과하며 제공 받은 정보의 사용 목적을 엄격하게 제한하고 있다는 점' 등을 들어 기지국 수사가 침해의 최소성 원칙을 충족한다고 보았다.267) 또한 합헌설

---

265) 차진아, "통신비밀보호법 제13조 제1항 및 제2항 등의 합헌성 여부에 대한 검토 - 헌재 2012헌마191등 헌법소원심판청구 사건에 대한 검토를 중심으로 -", 법조 제66권 제4호 (2017. 8.), 266-288면. 이 논문은 이하 '차진아 (2017)'으로 약칭한다.

266) 박경신, "한국과 미국의 통신감시 상황의 양적 비교 및 최근의 변천 - 기지국수사, 대량감시, 통신자료제공, 피감시자통지를 중심으로 -", 아주법학 제9권 제1호 (2015. 5.), 42-50면. 이 논문은 이하 '박경신 (2015)'으로 약칭한다.

267) 차진아 (2017), 280-282면.

은 '통신사실 확인자료의 제공에 의해 침해되는 개인의 법익보다 범죄수사 등을 위한 공익이 더 크다'라는 이유에서 기지국 수사가 법익의 균형성도 충족한다는 입장이었다.[268]

반면에 위헌설에서는 '한국의 기지국 수사에서는 수사기관이 피의자를 알아내기 위하여 혐의 사실과 무관한 대다수의 사람들의 통신 내역을 확보하고 있으며, 그 결과 수사기관은 대다수의 국민을 잠재적 범죄자로 취급하고 있다'라는 이유에서 한국의 기지국 수사가 위헌이라고 주장하였다.[269]

한편, 최근의 수사기관은 통신사실 확인자료의 취득을 통하여 대량의 개인 정보를 취득할 수 있게 되었다. 수사기관이 통신사실 확인자료를 취득함으로써 얻는 정보의 양은 통신비밀보호법상의 통신 감청으로 수집하는 정보의 양에 비하여 결코 적다고 할 수가 없다. 이를 감안하면, 통신사실 확인자료 제공 요청에 대한 통제는 강화될 필요가 있다. 이는 통신사실 확인자료 제공 요청의 요건이 통신비밀보호법상 감청의 요건에 비하여 매우 완화되어 있다는 점에서 더욱 그러하다.

통신비밀보호법 제5조 제1항은 "통신제한조치는 다음 각호의 범죄를 계획 또는 실행하고 있거나 실행하였다고 의심할만한 충분한 이유가 있고 다른 방법으로는 그 범죄의 실행을 저지하거나 범인의 체포 또는 증거의 수집이 어려운 경우에 한하여 허가할 수 있다"라고 규정하여 감청의 허가 요건을 엄격히 정하고 있다. 즉, 감청에는 대상 범죄가 제한되고 보충성("그 범죄의 실행을 저지하거나 범인의 체포 또는 증거의 수집이 어려운 경우")이 요구된다. 그러나 통신비밀보호법 제13조 제1항은 통신사실 확인자료 제공의 요청을 할 수 있는 요건으로서 "수사 또는 형의 집행을 위하여 필요한 경우"만을 규정하였을 뿐이다.

---

268) 차진아 (2017), 282-283면.
269) 박경신 (2015), 45-50면.

특히, 2011년 형사소송법 개정으로 인하여 형사소송법상의 압수·수색에는 관련성이 명시적으로 요구되게 되었기에("피고사건과 관계가 있다고 인정할 수 있는 것에 한정"), 통신사실 확인자료 제공 요청의 요건은 형사소송법상의 압수·수색 요건과 비교해 보아도 법문상 요건이 더 완화되어 있다.

따라서 통신사실 확인자료 제공 요청 제도는 일정한 제한이 필요하다. 다만, 통신사실 확인자료 제공 제도 중 기지국 수사와 실시간 위치 정보 추적 수사의 문제점이 컸기 때문에 시민단체들은 이 두 가지의 통신사실 확인자료 제공 제도를 위주로 하여 개선을 주장하였다고 한다.[270]

이와 관련하여 헌법재판소는 이 사건 결정에서 통신사실 확인자료 제공 요청 조항의 전반이 아니라, 기지국 수사에 한해서 헌법불합치 결정을 내린 것이다.[271] 통신 기술의 발전과 그에 따른 정보 주체의 정보 프라이버시권 침해 위험을 고려할 때, 수사기관의 통신사실 확인자료 취득 권한을 제한하고자 한 헌법재판소의 이 사건 결정은 바람직하다고 판단된다.

3. 위치정보추적수사 헌법불합치결정[272]

가. 사실관계 및 청구인들 주장의 요지

2012헌마191, 550 사건의 청구인들은 '○○중공업이 영도조선소 근로자를 정리 해고한 것에 항의하여 크레인 점거 농성 중이던 김○숙 등을 응원

---

270) 이호중, "총체적 헌법불합치, 통신비밀보호법의 전면적인 개정을 위하여", 박주민 국회의원 등 주최 통신비밀보호법 개선을 위한 토론회(2018. 11. 19.) 발제문, 32면.

271) 참고로, 후술할 '위치정보 추적 수사 헌법불합치 결정'의 경우도 '통신사실 확인자료 제공요청 조항'과 관련된 결정이며, 헌법재판소는 위치정보추적 수사의 경우에도 헌법불합치 결정을 내렸다. 한편, 헌법재판소는 본 사건(기지국 수사 사건)에서는 '요청조항'에 대해서만 헌법불합치 결정을 내렸다. 이는 '통지조항'에 대해서도 헌법불합치 결정을 내린 '위치정보 추적 수사 헌법불합치 결정'과는 차이가 있다.

272) 헌법재판소 2018. 6. 28. 선고 2012헌마191, 550(병합), 2014헌마357(병합) 결정.

하고자 2011. 6. 11.부터 2011. 10. 9. 사이에 희망버스 집회를 개최하였다'라는 취지의 '집회 및 시위에 관한 법률' 위반 등 혐의로 기소된 사람들이다.

또한 2014헌마357 사건의 청구인들은 '국토교통부에서 발표한 철도산업발전방안에 반대하며 2013. 12. 9.부터 2013. 12. 30.까지 파업을 벌여 한국철도공사의 여객·화물 수송업무를 방해하였다'라는 취지의 업무방해혐의로 기소되거나 기소에는 이르지 않은 사람들이다.

그런데 수사기관은 위 사건들의 수사 과정에서 '청구인들에 대한 위치정보 추적자료(통신비밀보호법 제2조 제11호 바목 또는 사목에 해당하는 통신사실 확인자료)'를 전기통신사업자로부터 제공받아서 활용하였다. 이에 청구인들은 '통신비밀보호법 제2조 제11호 바목과 사목273), 제13조 제1항과 제2항274), 제13조의3275)이 청구인들의 통신의 자유, 사생활의 비밀과

---

273) 제2조(정의) 이 법에서 사용하는 용어의 정의는 다음과 같다.
11. "통신사실확인자료"라 함은 다음 각 목의 어느 하나에 해당하는 전기통신사실에 관한 자료를 말한다.
바. 정보통신망에 접속된 정보통신기기의 위치를 확인할 수 있는 발신기지국의 위치추적자료
사. 컴퓨터통신 또는 인터넷의 사용자가 정보통신망에 접속하기 위하여 사용하는 정보통신기기의 위치를 확인할 수 있는 접속지의 추적자료
274) 제13조(범죄수사를 위한 통신사실 확인자료제공의 절차) ① 검사 또는 사법경찰관은 수사 또는 형의 집행을 위하여 필요한 경우 전기통신사업법에 의한 전기통신사업자(이하 "전기통신사업자"라 한다)에게 통신사실 확인자료의 열람이나 제출(이하 "통신사실 확인자료제공"이라 한다)을 요청할 수 있다.② 제1항의 규정에 의한 통신사실 확인자료제공을 요청하는 경우에는 요청사유, 해당 가입자와의 연관성 및 필요한 자료의 범위를 기록한 서면으로 관할 지방법원(보통군사법원을 포함한다. 이하 같다) 또는 지원의 허가를 받아야 한다. 다만, 관할 지방법원 또는 지원의 허가를 받을 수 없는 긴급한 사유가 있는 때에는 통신사실 확인자료제공을 요청한 후 지체 없이 그 허가를 받아 전기통신사업자에게 송부하여야 한다.
275) 제13조의3(범죄수사를 위한 통신사실 확인자료제공의 통지) ① 제13조의 규정에 의하여 통신사실 확인자료제공을 받은 사건에 관하여 공소를 제기하거나, 공소의 제기 또는 입건을 하지 아니하는 처분(기소중지결정을 제외한다)을 한 때에는 그 처분을 한 날부터 30일 이내에 통신사실 확인자료제공을 받은 사실과 제공요청기관 및 그

자유, 개인정보자기결정권 등의 기본권을 침해한다'라고 주장하면서 이 사건 헌법소원심판을 청구하였다.

청구인들 주장의 요지를 간략히 요약하면 다음과 같다.

먼저, 청구인들은 '이 사건 정의조항276)과 요청조항277)이 명확성 원칙에 위배되고 청구인들의 통신의 자유, 사생활의 비밀과 자유, 개인정보자기결정권 등의 기본권을 침해한다'라는 취지의 주장을 하였다.

다음으로, 청구인들은 "위치정보 추적자료 제공요청을 통한 해당 정보주체의 실시간 위치파악은 그 실질이 압수·수색과 동일함에도 불구하고, 이 사건 허가조항278)은 법원의 영장이 아닌 법원의 허가만 얻도록 하고 있으므로 헌법상 영장주의에 위배되며, 양자를 합리적 이유 없이 다르게 취급함으로써 청구인들의 평등권을 침해한다."라고 주장하였다.

마지막으로 청구인들은 이 사건 통지조항279)과 관련하여 '통지내용의 범위 및 한계가 불명확하여 헌법상 명확성원칙에 위배되고, 수사가 진행되는 동안에는 정보주체가 해당 사실을 통지받지 못하며, 사후 통보를 받더라도 제공요청 사유를 알 수 없는 점'을 들어 '이 사건 통지조항이 적법절차원칙에 위배되어 청구인들의 개인정보자기결정권을 침해한다'라고 주장하였다.

기간 등을 서면으로 통지하여야 한다.

276) 통신비밀보호법(2005. 1. 27. 법률 제7371호로 개정된 것) 제2조 제11호의 바목과 사목을 합친 것

277) 통신비밀보호법(2005. 5. 26. 법률 제7503호로 개정된 것) 제13조 제1항 중 '검사 또는 사법경찰관은 수사를 위하여 필요한 경우 전기통신사업법에 의한 전기통신사업자에게 제2조 제11호 바목, 사목의 통신사실 확인자료의 열람이나 제출을 요청할 수 있다'라는 부분

278) 통신비밀보호법(2005. 5. 26. 법률 제7503호로 개정된 것) 제13조 제2항 본문 중 제2조 제11호 바목, 사목의 통신사실 확인자료에 관한 부분

279) 통신비밀보호법(2005. 5. 26. 법률 제7503호로 개정된 것) 제13조의3 제1항 중 제2조 제11호 바목, 사목의 통신사실 확인자료에 관한 부분

나. 헌법재판소 결정 요지

헌법재판소는 "통신비밀보호법(2005. 5. 26. 법률 제7503호로 개정된 것) 제13조 제1항 중 '검사 또는 사법경찰관은 수사를 위하여 필요한 경우 전기통신사업법에 의한 전기통신사업자에게 제2조 제11호 바목, 사목의 통신사실 확인자료의 열람이나 제출을 요청할 수 있다' 부분, 제13조의3 제1항 중 제2조 제11호 바목, 사목의 통신사실 확인자료에 관한 부분"에 대하여 헌법불합치결정을 하였다(해당 법률조항들은 2020. 3. 31.을 시한으로 개정될 때까지 계속 적용). 이러한 헌법재판소의 결정 요지를 '요청조항, 허가조항, 통지조항'을 중심으로 간략히 살펴보면 다음과 같다.

먼저 요청조항과 관련하여 헌법재판소는 "이 사건 요청조항의 '수사를 위하여 필요한 경우'란 '위치정보 추적자료가 범인의 발견이나 범죄사실의 입증에 기여할 개연성이 충분히 소명된다는 전제 하에, 범인을 발견·확보하며 증거를 수집·보전하는 수사기관의 활동을 위하여 그 목적을 달성할 수 있는 범위 안에서 관련 있는 자에 대한 위치정보 추적자료 제공요청이 필요한 경우'를 의미한다고 해석할 수 있다."라고 설시하여, 해당 조항의 취지를 예측할 수 있기에 명확성 원칙에는 위배되지 않는다고 판단하였다. 그러나 헌법재판소는 다음과 같은 이유에서 '이 사건 요청조항에는 침해의 최소성 원칙 위반이 있다'라고 보아 과잉금지 원칙 위반을 인정하였다.

우선 헌법재판소는 "이 사건 요청조항은 '수사를 위하여 필요한 경우'만을 요건으로 하면서 전기통신사업자에게 특정한 피의자·피내사자뿐만 아니라 관련자들에 대한 위치정보 추적자료의 제공요청도 가능하도록 규정하고 있다. 즉, 이 사건 요청조항은 수사기관이 범인의 발견이나 범죄사실의 입증에 기여할 개연성만 있다면, 모든 범죄에 대하여, 수사의 필요성만 있고 보충성이 없는 경우에도, 피의자·피내사자뿐만 아니라 관련자들에 대한 위치정보 추적자료 제공요청도 가능하도록 하고 있다."라고 설시하여,

이 사건 요청조항이 입법목적 달성을 위해 필요한 범위를 벗어나 정보주체의 기본권을 과도하게 제한하고 있다고 보았다.

또한, 헌법재판소는 "① 수사기관이 전기통신사업자로부터 실시간 위치정보 추적자료를 제공받는 경우 또는 불특정 다수에 대한 위치정보 추적자료를 제공받는 경우에는 수사의 필요성뿐만 아니라 보충성이 있을 때, 즉 다른 방법으로는 범죄 실행을 저지하거나 범인의 발견·확보 또는 증거의 수집·보전이 어려운 경우에 한하여, 수사기관이 위치정보 추적자료의 제공을 요청할 수 있게 하는 방법, ② 통신비밀보호법 제5조 제1항에 규정된 통신제한조치가 가능한 범죄 이외의 범죄와 관련해서는 수사의 필요성뿐만 아니라 보충성이 있는 경우에 한하여 수사기관이 위치정보 추적자료의 제공을 요청할 수 있도록 하는 방법 등이 개선입법으로 고려될 수 있다. 이러한 방법 등을 통하여 수사의 신속성 및 효율성을 확보하고 실체적 진실 발견 및 국가형벌권의 적정한 행사라는 이 사건 요청조항의 입법목적을 달성하면서도, 수사기관의 위치정보 추적자료 제공요청의 남용을 방지하고 정보주체의 기본권 보장을 도모할 수 있다."라고 설시하여, 이 사건 요청조항의 입법목적에 지장을 주지 않으면서도 정보주체의 기본권을 덜 침해하는 방법이 여러 가지가 있음을 지적하였다.

마지막으로 헌법재판소는 "수사절차에서 요건이 엄격한 통신제한조치의 활용은 점차 줄어드는 대신 상대적으로 요건이 완화된 통신사실 확인자료의 활용이 빈번해지고 있는 실정이고, 통신제한조치 허가신청에 대한 법원의 기각률은 약 4%인데 반해 통신사실 확인자료 제공요청 허가신청에 대한 법원의 기각률은 약 1%에 불과한데, 이는 이 사건 요청조항이 보충성 등을 요구하지 않은 채 수사의 필요성만을 요건으로 규정하고 있음에도 그 원인이 있다. 따라서 현재와 같이 통신사실 확인자료 제공요청에 대한 요건이 완화되어 있는 상태에서는 법원이 허가를 담당한다는 사정만으로 수사기관의 위치정보 추적자료 제공요청 남용에 대한 통제가 충분히 이루어지고 있다고 할 수 없다.”라고 설시하여, ‘수사기관이 전기통신사업자에게 위치정보 추적자료 제공을 요청할 경우 법원의 허가를 받기는 하나, 법원의 통제가 실질적으로는 불충분하다는 점’을 지적하였다.

헌재판소는 이러한 점들을 이유로 ‘이 사건 요청조항이 침해의 최소성 요건은 물론 법익의 균형성 요건도 충족하지 못한다’라고 보았고, 이에 “이 사건 요청조항은 과잉금지원칙을 위반하여 청구인들의 개인정보자기결정권 및 통신의 자유를 침해한다.”라고 판단하였다.

다음으로 허가조항과 관련하여, 헌법재판소는 “이 사건 허가조항은 강제처분인 위치정보 추적자료 제공요청의 특수성, 이와 관련된 입법연혁과 수사현실, 국민의 법 감정 등을 고려하여, 형사소송법상 압수·수색영장의 특수한 형태로서 수사기관의 위치정보 추적자료 제공요청시 법원의 허가를 받도록 한 것이다.”라고 판시하여 이 사건 허가조항이 영장주의에 위배되지 않는다고 판단하였다.

마지막으로 통지조항과 관련하여, 헌법재판소는 ‘이 사건 통지조항이 규정하는 사후통지가 헌법상 적법절차원칙에 위배되며 청구인들의 개인정보자기결정권을 침해한다’라고 보았는데, 그 이유는 다음과 같다.

우선, 헌법재판소는 “이 사건 통지조항은 수사기관이 전기통신사업자로부터 위치정보 추적자료를 제공받은 사실에 대해, 그 제공과 관련된 사건에 대하여 수사가 계속 진행되거나 기소중지결정이 있는 경우에는 정보주체에게 통지할 의무를 규정하지 않고 있다.

이에 따라, 통신사실 확인자료를 제공받은 사건에 관하여 기소중지결정이 있거나 수사·내사가 장기간 계속되는 경우에는, 정보주체는 그 기간이 아무리 길다 하여도 자신의 위치정보가 범죄수사에 활용되었거나 활용되고 있다는 사실을 알 수 있는 방법이 없다. 또한 이 사건 통지조항은 수사기관이 정보주체에게 위치정보 추적자료의 제공을 통지하는 경우에도 그 사유에 대해서는 통지하지 아니할 수 있도록 함으로써 정보주체는 수사기관으로부터 통신사실 확인자료 제공사실 등에 대해 사후통지를 받더라도 자신의 위치정보 추적자료가 어떠한 사유로 수사기관에게 제공되었는지 전혀 짐작할 수도 없다. 그 결과, 정보주체는 위치정보 추적자료와 관련된 수사기관의 권한남용에 대해 적절한 대응을 할 수 없게 된다.”라고 설시하여, ‘이 사건 통지조항이 정보주체의 절차적 권리와 개인정보자기결정권을 충분히 보장하기에는 미흡하다’라고 보았다.

다음으로 헌법재판소는 “① 통신사실 확인자료를 제공받은 사건에 관하여 기소중지결정이 있거나 수사·내사가 장기간 계속되는 경우에는, 통신사실 확인자료제공 이후 일정한 기간이 경과하면 원칙적으로 수사·내사의 대상인 정보주체에 대해 이를 통지하도록 하되, 통지가 수사에 지장을 초래하는 경우 등에는 사법부 등 객관적·중립적 기관의 허가를 얻어 그 통지를 유예하는 방법, ② 일정한 예외를 전제로 정보주체가 위치정보 추적자료 제공요청 사유의 통지를 신청할 수 있도록 하는 방법, ③ 위치정보 추적자료 제공사실에 대한 통지의무를 위반할 경우 이를 효과적으로 제재할 수 있도록 하는 방법 등이 개선입법으로 고려될 수 있다.”라고 설시하여, ‘수사기관이 위치정보 추적자료 제공사실의 통지와 관련하여, 실체적 진실발견과 국가형벌권의 적정한 행사에 지장을 초래하지 않으면서도 피의자 등 정보주체의 기본권을 덜 침해하는 방법이 가능하다’라는 사실을 지적하였다.

마지막으로, 헌법재판소는 “위치정보 추적자료 제공과 관련된 수사기관의 통지의무의 실효성을 확보하기 위해서는 그 의무위반에 대한 제재조항이 있어야 한다. 그런데 검사 또는 사법경찰관이 통신제한조치의 집행에 관한 통지를 하지 아니하면 3년 이하의 징역 또는 1천만 원 이하의 벌금에 처하도록 하는 것(통신비밀보호법 제17조 제2항 제3호)과는 달리, 통신사실 확인자료 제공과 관련된 수사기관의 통지의무 위반에 대하여는 아무런 제재규정도 마련되어 있지 아니하다. 그 결과, 수사기관이 정보주체에게 위치정보 추적자료 제공과 관련된 통지를 하지 아니하더라도 이를 통제할 방법이 전혀 없고, 실제로 수사기관이 이러한 통지의무를 이행하지 아니한 사례도 상당수 발견된다."라고 설시하여, '수사기관에 대한 제재조항이 없다는 점'에 문제가 있다고 보았다.

다. 검토

헌법재판소는 요청조항에 대해서만 헌법불합치 결정을 한 기지국 수사 결정과는 달리, 위치추적 수사 결정에서는 '요청조항'과 '통지조항' 양자에 대하여 헌법불합치 결정을 내렸다.280) 구체적으로 살펴보면 요청조항에는 과잉금지원칙의 위반으로, 통지조항에는 헌법상 적법절차원칙의 위배를 이유로 헌법불합치 결정이 내려졌다. 그리고 헌법재판소가 위 기지국 수사 결정에서 기지국 수사를 허용하는 방안을 제시한 것처럼, 헌법재판소는 이 사건에서도 위치정보 수사의 요청조항과 통지조항에 대한 대안을 제시하였다.

한편, 위치추적 수사에 관하여 '통신자료를 통한 위치추적 대신에 직접 수사관이 범죄자를 추적하는 것이 불가능한 경우가 많고, 또한 위치추적 수사 실무상 수사관의 직접적인 탐문 수사 활동 등의 이후에 위치추적 조사가 보충적으로 이루어진다'라는 이유에서 위치추적 수사는 위헌이 아니라는 주장이 있다.281) 그러나 앞선 기지국 수사의 경우와 동일한 논리에서, 헌법재판소의 이 사건 결정은 정보 프라이버시권 보호의 측면에서 바람직하다고 할 것이다.

참고로, 위치정보 수사와 관련하여 '위치정보 수집의 경우에는 압수·수

---

280) 참고로, 헌법재판소는 기지국 수사결정에서와 같이 위치추적 수사 결정에서도 영장주의 위반은 인정하지 않았다.

281) 차진아 (2017), 277-278면.

색 요건에 준할 정도의 엄격한 요건이 필요하며, 프라이버시의 보호가 상대적으로 크게 요청되는 실시간 또는 장래의 정보 취득에는 엄격한 통제가 필요하다'라는 취지의 지적이 있다.[282] 이는 통신 기술의 급속한 발달을 고려할 때 정보 주체의 정보 프라이버시권 보호를 위하여 타당한 주장이라고 판단된다.

4. 통신비밀보호법 개정[283]

가. 기지국 수사 및 위치정보 추적자료 요청의 보충성 요건 관련

개정법은 제13조 제2항을 신설하여, 수사기관이 수사를 위하여 다른 방법으로는 범죄의 실행을 저지하기 어렵거나 범인의 발견·확보 또는 증거의 수집·보전이 어려운 경우에만(보충성의 요건) 실시간 추적자료(실시간 위치정보 추적자료)와 특정한 기지국에 대한 통신사실 확인자료를 요청할 수 있도록 하였다.

이상 구법 및 개정법의 비교는 다음과 같다.

구법 제13조	개정법 제13조
②제1항의 규정에 의한 통신사실 확인자료제공을 요청하는 경우에는 요청사유, 해당 가입자와의 연관성 및 필요한 자료의 범위를 기록한 서면으로 관할 지방법원(보통군사법원을 포함한다. 이	② 검사 또는 사법경찰관은 제1항에도 불구하고 수사를 위하여 통신사실확인자료 중 다음 각 호의 어느 하나에 해당하는 자료가 필요한 경우에는 다른 방법으로는 범죄의 실행을 저지하기 어렵거나 범인의 발견·확보 또는 증거

---

282) 이흔재, "미국의 휴대전화에 대한 통신감청 및 위치정보 확인수사의 법제 및 최근 판례에 대한 비교법적 연구", 법학논총 제31권 제3호, 국민대학교 법학연구소, (2019), 233-234면.

283) 2019년 12월 통신비밀보호법 개정 [시행 2019. 12. 31.] [법률 제16849호, 2019. 12. 31., 일부개정]

하 같다) 또는 지원의 허가를 받아야 한다. 다만, 관할 지방법원 또는 지원의 허가를 받을 수 없는 긴급한 사유가 있는 때에는 통신사실 확인자료제공을 요청한 후 지체 없이 그 허가를 받아 전기통신사업자에게 송부하여야 한다.	의 수집·보전이 어려운 경우에만 전기통신사업자에게 해당 자료의 열람이나 제출을 요청할 수 있다. 다만, 제5조제1항 각 호의 어느 하나에 해당하는 범죄 또는 전기통신을 수단으로 하는 범죄에 대한 통신사실확인자료가 필요한 경우에는 제1항에 따라 열람이나 제출을 요청할 수 있다. 1. 제2조제11호바목·사목 중 실시간 추적자료 2. 특정한 기지국에 대한 통신사실확인자료
③제2항 단서의 규정에 의하여 긴급한 사유로 통신사실확인자료를 제공받았으나 지방법원 또는 지원의 허가를 받지 못한 경우에는 지체 없이 제공받은 통신사실확인자료를 폐기하여야 한다.	③제1항 및 제2항에 따라 통신사실 확인자료제공을 요청하는 경우에는 요청사유, 해당 가입자와의 연관성 및 필요한 자료의 범위를 기록한 서면으로 관할 지방법원(보통군사법원을 포함한다. 이하 같다) 또는 지원의 허가를 받아야 한다. 다만, 관할 지방법원 또는 지원의 허가를 받을 수 없는 긴급한 사유가 있는 때에는 통신사실 확인자료제공을 요청한 후 지체 없이 그 허가를 받아 전기통신사업자에게 송부하여야 한다.
	④제3항 단서에 따라 긴급한 사유로 통신사실 확인자료를 제공받았으나 지방법원 또는 지원의 허가를 받지 못한 경우에는 지체 없이 제공받은 통신사실확인자료를 폐기하여야 한다.

나. 통신사실 확인자료제공 후의 통지 제도 등 관련

먼저, 개정법은 제13조의3 제1항에서 '수사기관이 통신사실 확인자료제공을 받은 사실 등을 통신사실 확인자료제공의 대상이 된 당사자에게 통지하는 경우'를 '공소를 제기하거나 공소의 제기 또는 입건을 하지 아니하는 처분을 한 경우는 30일 이내, 기소중지결정·참고인중지결정 처분을 한 경우는 원칙적으로 그 처분을 한 날부터 1년이 경과한 때부터 30일 이내, 수사가 진행 중인 경우에는 통신사실 확인자료제공을 받은 날부터 1년이 경과한 때부터 30일 이내'라는 3가지로 경우로 나누어 규정하였다.

다음으로, 개정법은 제13조의3 제2항에서 '일정한 사유가 있는 경우의 통신사실 확인자료제공 통지의 유예'를 규정하였으며, 같은 조 제3항에서는 '위 유예를 하는 경우 관할 지방검찰청 검사장의 승인을 받을 것'을 규정하였다. 또한 같은 조 제4항에서는 '위 사유가 해소된 때에는 그 날부터 30일 이내에 제13조의3 제1항에 따른 통지를 할 것'을 규정하였다.

이외에도 개정법 제13조의3 제5항은 수사기관으로부터 통신사실 확인자료제공을 받은 사실을 통지받은 당사자가 해당 통신사실 확인자료제공 요청의 사유를 알려주도록 신청할 수 있도록 하였으며, 같은 조 제6항은 수사기관은 원칙적으로 그 신청을 받은 날부터 30일 이내에 해당 통신사실 확인자료제공 요청의 사유를 서면으로 통지하도록 규정하였다.

이상 구법 및 개정법의 비교는 다음과 같다.

구법 제13조의3	개정법 제13조의3
①제13조의 규정에 의하여 통신사실 확인자료제공을 받은 사건에 관하여 공소를 제기하거나, 공소의 제기 또는 입건을 하지 아니하는 처분(기소중지결정을 제외한다)을 한 때에는 그 처분을 한 날부터 30일 이내에 통신사실 확인자료제공을 받은 사실과 제공요청기관 및 그 기간 등을 서면으로 통지하여야 한다.	① 검사 또는 사법경찰관은 제13조에 따라 통신사실 확인자료제공을 받은 사건에 관하여 다음 각 호의 구분에 따라 정한 기간 내에 통신사실 확인자료제공을 받은 사실과 제공요청기관 및 그 기간 등을 통신사실 확인자료제공의 대상이 된 당사자에게 서면으로 통지하여야 한다. 〈개정 2019. 12. 31.〉 1. 공소를 제기하거나, 공소의 제기 또는 입건을 하지 아니하는 처분(기소중지결정·참고인중지결정은 제외한다)을 한 경우: 그 처분을 한 날부터 30일 이내 2. 기소중지결정·참고인중지결정 처분을 한 경우: 그 처분을 한 날부터 1년(제6조제8항 각 호의 어느 하나에 해당하는 범죄인 경우에는 3년)이 경과한 때부터 30일 이내 3. 수사가 진행 중인 경우: 통신사실 확인자료제공을 받은 날부터 1년(제6조제8항 각 호의 어느 하나에 해당하는 범죄인 경우에는 3년)이 경과한 때부터 30일 이내
②제1항에 규정된 사항 외에	② 제1항제2호 및 제3호에도 불구하고 다음 각 호의 어느

통신사실 확인자료제공을 받은 사실 등에 관하여는 제9조의2(동조제3항을 제외한다)의 규정을 준용한다.	하나에 해당하는 사유가 있는 경우에는 그 사유가 해소될 때까지 같은 항에 따른 통지를 유예할 수 있다. 1. 국가의 안전보장, 공공의 안녕질서를 위태롭게 할 우려가 있는 경우 2. 피해자 또는 그 밖의 사건관계인의 생명이나 신체의 안전을 위협할 우려가 있는 경우 3. 증거인멸, 도주, 증인 위협 등 공정한 사법절차의 진행을 방해할 우려가 있는 경우 4. 피의자, 피해자 또는 그 밖의 사건관계인의 명예나 사생활을 침해할 우려가 있는 경우
	③ 검사 또는 사법경찰관은 제2항에 따라 통지를 유예하려는 경우에는 소명자료를 첨부하여 미리 관할 지방검찰청 검사장의 승인을 받아야 한다. 〈신설 2019. 12. 31.〉
	④ 검사 또는 사법경찰관은 제2항 각 호의 사유가 해소된 때에는 그 날부터 30일 이내에 제1항에 따른 통지를 하여야 한다. 〈신설 2019. 12. 31.〉
	⑤ 제1항 또는 제4항에 따라 검사 또는 사법경찰관으로부터 통신사실 확인자료제공을 받은 사실 등을 통지받은 당사자는 해당 통신사실 확인자료제공을 요청한 사유를 알려주도록 서면으로 신청할 수 있다. 〈신설 2019. 12. 31.〉
	⑥ 제5항에 따른 신청을 받은 검사 또는 사법경찰관은 제2항 각 호의 어느 하나에 해당하는 경우를 제외하고는 그 신청을 받은 날부터 30일 이내에 해당 통신사실 확인자료제공 요청의 사유를 서면으로 통지하여야 한다.
	⑦제1항부터 제5항까지에서 규정한 사항 외에 통신사실 확인자료제공을 받은 사실 등에 관하여는 제9조의2(제3항은 제외한다)를 준용한다. 〈개정 2019. 12. 31.〉

제6절 양국의 동향에 대한 비교

Ⅰ. 영장주의 적용 대상의 확대 및 통신비밀 보호의 강화와 관련한 양국의 특징

영장주의 적용 대상의 확대 및 통신비밀보호의 강화와 관련하여, 양국은 일정한 유사점을 보인다. 이를 분석하면 다음과 같다.

첫째, 양국은 모두 영장주의의 적용 대상을 확장하는 동향을 보여왔다. 미국의 연방대법원은 제3자 이론(Third Party Doctrine)을 정립한 판결들을 제외하고는 수정헌법 제4조의 보호 대상을 확대하는 방향으로 정보 프라이버시권 보장을 강화해 왔다. 연방대법원의 Katz v. United States 판결(1967년)은 Olmstead v. United States 판결 (1928년)에서의 불법 침입 이론(trespass doctrine)을 파기하여 '전화 통화 내용을 몰래 녹음한 수사기관의 행위'에 대해서 수정헌법 제4조 침해를 인정하였다. 또한 연방대법원은 2012년도의 United States v. Jones 판결을 통하여 GPS 장치를 통한 위치추적 수사를 수정헌법 제4조의 적용 범위에 포섭시켰다.

대한민국도 미국과 마찬가지로, 영장주의의 적용 대상을 확대하여 왔다. 먼저, 대한민국 국회는 2005. 5. 26.에 '수사기관이 전기통신사업자에게 통신사실 확인자료의 열람·제출을 요청하는 경우에는 관할 지방법원 또는 지원의 허가를 받아야 하는 것'으로 통신비밀보호법을 개정하였다(제13조 제2항). 위 개정법으로 인하여 수사기관은 더 이상 검사장의 승인으로 통신사실 확인자료를 취득할 수가 없으며, 중립적 기관인 법원의 허가를 받아야 하게 된 것이다. 대한민국 국회는 이와 같은 통신비밀보호법 개정을 통하여 통신사실 확인자료에도 영장주의와 유사한 보호가 이루어지게 하였다.

또한 대한민국에서는 'GPS 위치 추적 수사와 같은 신종 수사기법이 강제처분에 해당하는가'라는 논의가 이루어지고 있다. 대한민국은 강제처분 법정주의를 취하고 있기에, GPS 위치 추적 수사가 강제처분에 해당한다면 법적 근거가 필요하다. 이중 통신사실 확인자료에 해당하지 않는 GPS 위치 자료에 대해서는 근거법이 명확히 존재하지 아니하는데, 실무에서는 영장의 발부를 통하여 GPS 위치 자료 수집을 하고 있다. 다만 아직 이와 관련한 대법원 판결은 존재하지 않고, 향후 입법을 통하여 해결되어야 할 필요성이 있다.

둘째, 미국과 대한민국은 모두 통신비밀의 보호를 계속하여 강화하여 왔다. 미국 의회는 1934년에 연방통신법(Federal Communications Act) 605조 (section 605)를 입법하였고, 1968년에는 종합범죄통제 및 안전한 거리 법 (Omnibus Crime Control and Safe Streets Act)을 입법하였으며, 1986년에 전자통신프라이버시법(Electronic Communications Privacy Act)을 입법하였다. 또한 최근 미국 연방의회는 전자통신프라이버시법(Electronic Communications Privacy Act)을 영장주의 원칙에 더욱 부합하게 개정하려는 움직임을 보이고 있다. 특히 미국의 캘리포니아 주는 통신비밀의 보호를 보다 강화한 캘리포니아 전자통신프라이버시법(California Electronic Communications Privacy Act)을 이미 제정하여 시행하고 있다.

다음으로 미국 연방대법원은 Katz v. United States 판결 (1967년), Berger v. New York (1967) 판결, Carpenter v. United States (2018) 판결에서 '도청 또는 휴대폰 위치정보 등과 관련한 통신 비밀'을 보호하는 판결을 선고하였다. 또한 하급심 판결이긴 하나, 제6연방 항소법원은 United States v. Warshak (6th Cir. 2010) 판결에서 '정부가 영장 없이도 이메일 정보를 수집할 수 있게 하는 취지'의 저장통신법(SCA) 규정에 대해서 위헌 판결을 하기도 하였다.[284)]

대한민국 역시 미국과 마찬가지로 통신비밀의 보호를 계속하여 강화하여 왔다. 국회는 '통신사실 확인자료 제공 요청 제도 또는 통신제한조치'와 관련한 정보 프라이버시권 보호를 위하여 통신비밀보호법을 여러 번 개정해 왔다. 또한 헌법재판소 역시 통신비밀보호법에 대하여 여러 차례의 헌법불합치 결정을 내린 바 있다. 이는 미국과 유사한 동향이라고 할 것이다. 특히 뉴욕 형사소송법 도청 규정과 관련한 미국의 Berger v. New York 판결은 다음과 같은 이유에서 통신비밀보호법과 관련한 대한민국 헌법재판소의 결정과 유사한 구조를 보이고 있다.

Berger v. New York 판결[285]에서 연방대법원은 '도청을 허용하는 뉴욕 형사소송법 규정이 수정헌법 제4조와 제14조에 위배된다'라고 판단하였는데, 그 주된 이유는 크게 '도청 요청 조항, 도청 연장 조항, 도청에 대한 사후 통제 조항'으로 나누어 볼 수가 있다. 먼저 도청 요청 조항의 측면에서, 연방대법원은 '도청을 통해서 범죄의 증거가 수집될 것이다'라는 합리적인 근거만 있으면 도청을 허용하는 뉴욕 형사소송법 규정이 수정헌법 제4조상의 특정성(particularization) 원칙에 위배된다고 보았다. 또한 도청 연장 조항의 측면에서, 연방대법원은 '도청을 계속하여야하는 상당한 이유(probable cause)를 요구하지 않고, 단순히 공익(public interest)상의 필요만을 요건으로 하여 도청의 연장을 허용하고 있는 뉴욕 형사소송법상의 도청 연장 규정(2개월의 추가 연장 요건)'에 문제가 있다고 보았다. 마지막으로 도청에 대한 사후 통제 조항으로서, 연방대법원은 '도청과 관련한 통지(notice) 조항이 존재하지 않으며, 이에 대한 특별한 보완 규정도 없다는 점'을 문제로 지적하였으며, 또한 도청으로 수집된 자료에 대한 법원의 사후 통제가 결여되어 있다는 점'을 지적하였다.

본 판결은 1967년도의 판결로서 통신 기술이 오늘날과 같이 발달하기 이전의 사례이나, 그럼에도 불구하고 본 판결은 우리에게 시사하는 바가

---

284) United States v. Warshak (6th Cir. 2010), 288면.
285) Berger v. New York (1967).

크다. 우리 헌법재판소 역시 '통신제한조치의 연장을 제한하지 않은 통신비밀보호법'에 대하여 헌법불합치 결정을 내린 바 있으며, '통신사실 확인자료 제공요청 제도의 요청 조항과 통지 조항 등'에 대해서 헌법불합치 결정을 내렸기 때문이다.

셋째, '수정헌법 제4조 보호 대상의 확대(영장주의 적용 대상의 확대)는 통신비밀보호의 강화와 맞닿아 있다는 점'이 미국과 대한민국 모두에 공통되는 특징이다. 통신기술의 발달은 이를 이용한 새로운 수사기법의 등장으로 이어졌고, 따라서 통신 기술을 활용한 새로운 수사기법에 수정헌법 제4조 보호(영장주의 적용)가 확대될 필요가 생겼기 때문이다.

예를 들어, 1967년도의 Katz v. United States 판결, 2018년도의 Carpenter v. United States 판결 등의 사안은 모두 새로운 통신기술과 맞물려있으며, 따라서 수정헌법 제4조 보호 대상의 확대와 통신비밀보호의 강화라는 두 가지 쟁점이 문제가 되었다.

대한민국에서도 위치정보를 활용한 수사에 영장 등을 요구하고 있는데, 이는 통신비밀보호 강화와도 맞물려있다. 특히 '통신사실 확인자료의 취득에 법원의 허가를 요하게 한 통신비밀보호법 개정'은 '영장주의(법원의 허가)의 적용이 통신사실 확인자료에까지 확대되었다'라는 의미와 동시에 '통신비밀에 대한 보호가 강화되었다'라는 의미 또한 가지고 있다.

한편, 영장주의 적용 대상의 확대 및 통신비밀 보호의 강화와 관련하여, 대한민국과 미국은 차이점도 존재하는데, 이는 제3자 이론(Third Party Doctrine)의 존재 유무에서 기인한다.

미국에서의 수정헌법 제4조 보호 범위의 확대는 제3자 이론과 밀접한 연관이 있다. 따라서 미국의 수정헌법 제4조 보호 확대를 이해하기 위해서는 제3자 이론을 같이 살펴보아야 한다. 그러나 대한민국에는 미국에서와 같은 제3자 이론이 존재하지 않는다. 영장주의 적용 대상의 확대와 관련하여 대한민국에서는 '수사의 대상인 정보가 제3자에게 넘겨진 정보인지의 여부'가 아니라, '해당 수사행위가 강제처분에 해당하는지의 여부'가 논의의 중심이다.[286]

1976년도의 United States v. Miller 판결과 1979년도의 Smith v. Maryland 판결을 중심으로 하여 확립된 미국의 제3자 이론에 의하면 정보 주체가 제3자에게 넘긴 정보에 대해서는 수정헌법 제4조의 보호에 필요한 '정보 주체의 프라이버시에 대한 합리적인 기대(reasonable expectation of privacy)'가 인정되지 않는다. 그러나 앞서 살펴보았듯이, 최근 미국에서는 제3자 이론의 적용을 축소하거나 배제하여 수정헌법 제4조의 보호 범위를 확대하려는 동향이 있다.

이는 먼저 2012년도의 United States v. Jones 판결의 보충의견(concurring opinion)에서 드러난다. 4명의 연방대법관들은 이 사건의 보충의견(concurring opinion)[287]에서, '불법 침입 이론(trespass doctrine)이 아니라 프라이버시에 대한 합리적인 기대(reasonable expectations of privacy) 이론에 따라서 이 사건 GPS 장치 부착행위를 판단하여야 한다'라고 보았다.[288] 특히 Sotomayor 대법관은 보충의견에서 '디지털 세상에서는 사람들이 막대한 양의 정보를 제3자에게 넘기고 있다'라는 현실을 지적한 후, '제3자 이론을 재고(reconsider)할 필요가 있다'라는 점까지도 밝혔다.[289]

더 나아가 연방대법원은 2018년도의 Carpenter v. United States 판결에서 제3자(통신 사업자)에게 넘겨진 과거의 위치정보(cell-site location

---

286) 강제처분의 개념과 구별 기준에 대해서는 제1장 제5절(강제처분의 개념과 영장주의)에서 검토하였다.

287) Sotomayor 대법관과 Alito 대법관이 보충의견을 내었는데, Alito 대법관의 보충의견에는 Ginsburg 대법관, Breyer 대법관, Kagan 대법관도 의견을 같이하였다.

288) United States v. Jones (2012), 419-420면.

289) United States v. Jones (2012), 417면.

information)에 대해서 'Carpenter의 프라이버시에 대한 적법한 기대(legitimate expectation of privacy)'를 인정하였다.

또한 연방 제6항소법원은 2010년도의 United States v. Warshak 판결에서 'Warshak의 이메일에는 프라이버시에 대한 기대권이 존재한다'라고 판단하고, 본 사건에서의 이메일 정보를 1976년도에 선고된 United States v. Miller 판결의 은행기록들과는 구분하였다.

II. 위치추적수사에 대한 양국 판결(결정)의 비교

Carpenter 판결에서의 휴대폰 CSLI 정보는 대한민국 통신비밀보호법상의 발신기지국 위치추적자료에 해당한다고 할 수 있다. 그런데 앞서 살펴보았듯이, 대한민국의 헌법재판소 역시 Carpenter 판결이 선고된 2018년도에 수사기관의 발신기지국 위치추적자료 수집과 관련한 결정[290]을 선고한바가 있다. 두 개의 판결(결정)은 위치정보의 수집이라는 점에서 유사성이 있으므로, 양 판결(결정)을 구체적으로 비교해 볼 필요가 있다.

먼저, 사실관계의 유사점과 차이점을 살펴보면 다음과 같다.

미국의 Carpenter 판결과 한국의 헌법불합치결정은 '수사기관의 위치정보 수집이 문제되었다는 점, 수집이 문제된 정보는 GPS 정보가 아닌 기지국 위치정보'이었다는 점이 동일하다.

그러나 미국의 Carpenter 판결에서는 과거의 위치정보가 문제되었는데 반하여, 한국의 헌법재판소 결정에서는 실시간 위치추적자료가 다루어졌다. 또한 Carpenter 사건에서는 영장이 아닌 저장통신법(SCA)상의 법원 명령(court order)을 근거로 하여 해당 정보를 수집하였다. 그러나 한국은 통

---

290) 헌법재판소 2018. 6. 28. 선고 2012헌마191, 550(병합), 2014헌마357(병합) 결정.

신비밀보호법상의 법원 허가를 통하여 해당 위치정보를 확보하였다.

다음으로, 판결(결정)의 유사점과 차이점을 정리하면 다음과 같다.

우선, 미국의 Carpenter 판결과 한국의 헌법불합치결정은 모두 위치정보의 대량성과 특수성 등에 주목하였다. 이에 양 판결(결정) 모두 '정보 주체의 정보 프라이버시권을 보장하고자 하는 취지의 판결(결정)을 선고하였다'라는 점에서는 동일하다.

그러나 양 판결(결정)은 다음과 같은 차이점이 있다.

첫째, Carpenter 판결에서의 연방대법원은 '제3자 이론의 적용을 배제한 후 CSLI에 대하여 Carpenter가 프라이버시에 대한 적법한 기대를 가진다'라고 보았고, 그 결과 수사기관이 Carpenter의 휴대폰 위치정보(CSLI)를 취득한 행위는 수정헌법 제4조의 수색에 해당한다고 보았다. 이러한 논리에서 연방대법원은 '수사기관이 휴대폰 위치정보(CSLI)를 수집하려면 영장이 필요하다'라고 판결하였다.[291]

이에 반하여 대한민국의 헌법재판소는 통신비밀보호법상의 법원 허가가 "압수·수색영장의 특수한 형태"라는 이유에서 '발신기지국 위치정보 수집을 위하여 법원의 허가를 받도록 한 허가조항은 영장주의에 위배되지 않는다'라고 판단하였다.[292]

둘째, 미국의 Carpenter 판결에서는 '수사기관이 긴급한 상황 등에서는 영장 없이도 CSLI 정보를 수색할 수 있다'라고 판시하며, 수사기관이 영장

---

291) Carpenter v. United States (2018), 2221면.

292) 다만, '통신비밀보호법상의 법원 허가는 법원의 영장발부와는 요건이 다르다'는 점에서, '허가조항은 영장주의 위반이 아니다'라는 헌법재판소의 결정에 대하여 비판하는 견해도 있다. 이상 정하명, "과거 기지국위치정보의 증거능력에 관한 미국 연방대법원 최근 판결례", IT와 法연구 제18집 (2019. 2.), 117면. 참고로, 헌법재판소는 허가조항에 대해서는 합헌이라는 입장이었지만, 반면에 '요청조항'과 '통지조항'에 대해서는 헌법불합치 결정을 내렸다. 구체적으로 살펴보면 요청조항에는 과잉금지원칙의 위반으로, 통지조항에는 헌법상 적법절차원칙의 위배를 이유로 헌법불합치 결정이 내려졌다.

없이 과거의 위치정보를 취득할 수 있는 여지를 남겨 놓았다.[293] 이에 반해 헌법재판소는 헌법불합치 결정을 받은 요청조항과 통지조항에 대한 대안(개선 입법)을 구체적으로 제시하였다는 것이 특징이다.

제7절 소결: 대한민국의 통신비밀 보호를 위한 과제

I. 개정 통신비밀보호법의 문제점과 개선 방안

1. 통신제한조치 제도 관련

가. 개정 통신비밀보호법의 문제점

국회는 2020년 3월에 통신비밀보호법을 개정하여 제12조의2를 신설하였는데, 이는 인터넷 감청(패킷감청) 헌법불합치결정의 취지에 따른 것이다.[294] 위 개정 법률은 다음과 같은 문제점을 가지고 있다.

먼저, 개정법 제12조의2는 인터넷 감청(패킷감청)으로 취득한 자료에 대

---

293) 또한, 앞서 살펴보았듯이, 미국의 연방대법원은 실시간 CSLI(real-time CSLI) 취득 수사(우리의 실시간 위치추적 수사에 해당한다) 등에 대해서는 본 판결의 적용을 배제하였다. 그러나 대한민국의 헌법재판소는 '실시간 위치추적수사'가 문제된 사안에서 관련 통신비밀보호법 조항들에 대한 헌법불합치결정을 내렸다.

294) 통신제한조치와 관련한 국회의 개선 입법은 2019년 12월에도 이루어진 바 있다. 앞서 살펴보았듯이, 국회는 2019년 12월에도 통신비밀보호법을 개정하여 제6조 제8항을 신설하였기 때문이다. 2019년 12월의 통신비밀보호법 개정은 '제한 없는 통신 감청 연장제도에 대한 헌법불합치 결정의 취지'를 따른 것이다[이에 통신제한조치의 총 연장기간이 원칙적으로는 1년, 예외적으로는(통신제한조치의 대상 범죄가 국가안보와 관련된 범죄 등인 경우) 3년을 초과할 수 없게 되었다]. 다만 이하 본 논문에서는 2020년 3월의 통신비밀보호법 개정에 대한 문제점과 개선방안만을 검토하였음을 밝힌다.

하여 사후 통제를 규정하고 있다. 즉, 인터넷 감청(패킷감청)의 사전 통제
(인터넷 감청 허가 요건 관련 통제)나 집행 단계 통제(인터넷 감청 집행 방
식 관련 통제)에 대한 개정은 이루어지지 않았다. 참고로, 이는 통신사실
확인자료 제공 요청 제도와 관련한 2019년 12월의 통신비빌보호법 개정과
는 구별된다. 통신사실 확인자료 제공 요청 제도에 대한 2019년 12월의 개
선 입법은 '요청 조항(사전통제)'과 '통지 조항(사후통제)' 모두에 대해서
개정을 하였기 때문이다.

다음으로, 개정법 제12조의2는 인터넷 감청(패킷감청)에 한정하여 사후
통제를 규정하고 있다. 따라서 위 규정은 인터넷 감청(패킷감청)을 제외한
나머지 일반 통신감청에는 적용이 없다.

마지막으로, 개정법 제12조의2는 인터넷 감청(패킷감청)으로 취득한 자
료에 대한 법원의 사후통제만 규정하였을 뿐, 감청 대상자 스스로의 불복
수단 등은 규정하고 있지 않다.

나. 통신비밀보호법 개선방안

먼저, 감청의 사후 통제를 모든 감청에 대해서 확대할 필요가 있다. 개정
통신비밀보호법이 감청의 사후 통제를 규정하고 있지만, 이는 인터넷 감청
(패킷 감청)에 대해서만 적용이 되기 때문이다. 통신 기술이 발달함에 따라
서, 인터넷 감청(패킷 감청)뿐만 아니라 일반 감청에 의한 정보 프라이버시
침해 우려도 나날이 커지고 있다. 따라서 인터넷 감청 이외의 나머지 일반
감청에 대해서도 법원의 사후 통제를 마련할 필요가 있다.[295]

---

295) 같은 취지의 지적으로서, 민주사회를위한변호사모임 디지털정보위원회/사단법인 정
  보인권연구소/진보네트워크센터/참여연대/천주교인권위원회/한국진보연대, "정보기
  관 감청 통제 통신비밀보호법 정부안(송기헌안)에 대한 시민사회 반대의견 및 대안",
  2020. 2. 20.자 의견서, 3면. 이 의견서는 이하 '통신비밀보호법 정부안(송기헌안)에
  대한 시민사회 의견서 (2020)'으로 약칭한다

다음으로, 감청의 사후 통제를 따르지 않은 수사관에 대한 제재 수단을 마련할 필요가 있다.296) 개정 통신비밀보호법은 인터넷 감청(패킷 감청)에 대한 법원의 사후 통제 절차를 규정하였지만, 이를 따르지 않은 수사관에 대한 제재 조항이 해당 규정에 포함되어 있지 않기 때문이다. 참고로, 헌법재판소는 위치추적수사 헌법불합치 결정에서 "위치정보 추적자료 제공사실에 대한 통지의무를 위반할 경우 이를 효과적으로 제재할 수 있도록 하는 방법"을 개선 입법안으로 제시한 바 있다. 이러한 헌법재판소의 결정 취지는 감청의 사후 통제와 관련하여서도 시사하는 바가 크다. 따라서 법원의 사후 통제를 실효성 있게 하기 위하여, 수사기관에 대한 제재 조항 역시 입법하여야 할 것이다.

2. 통신사실 확인자료 제공 요청제도 관련

가. 개정 통신비밀보호법의 문제점

국회는 2019년 12월에 통신비밀보호법을 개정하여 통신사실 확인자료 제공 요청 제도를 개선하였다. 특히 개정법 제13조의3 제5항은 '통신사실 확인자료제공을 받은 사실 등을 통지받은 정보 주체'에게 '통신사실 확인자료가 제공된 사유의 고지'를 수사기관에게 신청할 수 있도록 하고 있는데, 이는 앞선 위치정보 수사 헌법불합치 결정의 취지를 따른 것으로 볼 수 있다. 그런데 개정 법률은 여전히 다음과 같은 문제점들이 있다.

첫째, 개정 통신비밀보호법 제13조 제2항은 기지국 수사와 위치추적 수사에 대해서만 보충성을 요구하고 있다. 따라서 특정한 기지국에 대한 통신사실 확인자료(기지국 수사의 경우)와 실시간 추적자료(위치추적 수사의

---

296) 같은 취지의 지적으로서, 통신비밀보호법 정부안(송기헌안)에 대한 시민사회 의견서 (2020), 4면.

경우)를 제외한 나머지 경우에는 수사관이 여전히 보충성 요건[297] 없이도 통신사실 확인자료를 요청할 수 있다.

둘째, 개정법은 제13조의3에서 수사기관의 통지의무를 3가지의 경우로 나누어 규정하고 있으며, 이와 관련하여 일정한 예외(통지 유예)를 인정하고 있다. 그런데 개정법은 이와 같은 통지 유예의 승인권자를 '관할 지방검찰청 검사장'으로 규정하였다. 앞선 헌법재판소의 위치정보 수사 헌법불합치 결정은 '사법부 등의 객관적·중립적인 기관을 통지 유예의 허가권자로 하는 방안'을 대안으로 제시하였기에, 개정법의 위 부분은 헌법재판소의 결정 취지를 따르고 있지 않다.

셋째, 헌법재판소는 위치정보 수사 헌법불합치 결정에서 '수사기관이 통지의무를 위반할 경우에 이를 효과적으로 제재할 수 있도록 하는 방안'을 개선 입법으로 제안한 바 있다. 그러나 개정법은 이와 같은 제재 조항을 규정하지 않았다.

나. 통신비밀보호법 개선방안

첫 번째로, 통신사실 확인자료 제공 요청 제도의 '요청 요건'을 보다 강화할 필요가 있다. 개정 통신비밀보호법은 통신사실 확인자료 제공 요청 제도의 '요청 요건'과 관련하여, 위치추적 및 기지국 수사와 관련한 통신사실 확인자료에 대해서만 보충성을 요구하는 것으로 개정하였다. 그러나 정보 프라이버시권 보장 차원에서 위치추적과 기지국 수사를 포함한 모든 통신사실 확인자료 제공 요청에 대하여 보충성이 요구되는 것이 옳다. 통신기술의 발달로 수사기관은 통신사실 확인자료만 가지고도 통신감청에 버금가는 정보를 취득할 수 있기 때문이다. 따라서 보충성 요건을 '실시간 추

---

297) "다른 방법으로는 범죄의 실행을 저지하기 어렵거나 범인의 발견·확보 또는 증거의 수집·보전이 어려운 경우"를 말한다.

적자료 및 특정한 기지국에 대한 통신사실 확인자료'를 포함한 모든 통신사실 확인자료에 요구하는 것이 바람직하다.[298]

두 번째로, 통지조항과 관련하여 개정 통신비밀보호법은 수사기관이 통지 유예를 하는 경우 "관할 지방검찰청 검사장"의 승인을 받도록 하였는데 이는 통지유예의 객관성과 공정성을 담보하지 못한다. 따라서 통지유예는 법원의 허가를 통하여 이루어지도록 통신비밀보호법을 개정하여야 할 것이다.[299] "사법부 등 객관적·중립적 기관의 허가"는 이미 헌법재판소도 제시하였던 대안이기도 하다.

세 번째로, 통지의무를 준수하지 않은 수사관에 대한 제재 조항을 마련할 필요가 있다.[300] 이와 관련하여 이미 헌법재판소는 '수사기관이 통지의무를 위반할 경우에 이를 효과적으로 제재할 수 방법을 대안으로 마련할 것'을 권고한 바 있다. 통신비밀보호법 개정 법률에는 위 제재 조항이 포함되지 않았기에, 향후 개선입법을 통해 헌법재판소 결정 취지에 맞추어 이를 바로 잡을 필요가 있다.

마지막으로, 통신사실 확인자료 제공에 대한 정보 주체의 불복 수단을 규정할 필요가 있다. 정보 주체의 정보 프라이버시를 실질적으로 보장하기 위해서는 위법한 통신사실 확인자료 제공에 대해서 정보 주체가 다툴 수 있어야 하기 때문이다. 이와 관련하여 '통신비밀보호법상의 통신사실 확인자료 제공 통지를 받은 정보주체가 법원에 이의를 제기할 수 있는 절차를

---

298) 같은 취지의 지적으로서 박종현, "「통신비밀보호법」상 통신사실 확인자료 제공관련 조항들에 대한 헌법적 검토 - 2018. 6. 28. 2012헌마191등 결정례와 2018. 6. 28. 2012헌마538 결정례에 대한 검토를 중심으로 -", 헌법학연구 제25권 제2호 (2019. 6.), 37면.

299) 같은 취지의 지적으로서 이혼재, "독일의 휴대전화 위치정보추적수사와 당사자에 대한 통보제도 - 통신비밀보호법 일부개정법률안에 대한 평가와 개선방안을 중심으로 -", 법조 제68권 제4호 (2019. 8.), 521면. 이 논문은 이하 '이혼재 (2019. 8.)'으로 약칭한다.

300) 같은 취지의 지적으로서 이혼재 (2019. 8.), 522-523면.

도입하자'는 견해[301]가 있는데, 이는 타당한 지적이라고 판단된다. 이 견해에서는 '이의청구가 구속적부심과 유사한 성격을 가지고 있다는 전제 하에서 이의 절차의 관할 법원은 구속적부심의 담당 법원으로 하되, 만약 정보주체가 기소되었다면 공판 담당법원이 관할을 가지도록 하자'라고 제안한다.[302] 이 같은 지적은 정보 프라이버시권의 실질적 보호를 위하여 향후 입법적으로 고려되어야 할 것이다.

II. 전기통신사업법의 문제점과 개선 방안

1. 전기통신사업법상의 통신자료 제공 요청제도

수사기관이 전기통신의 이용자에 관련한 정보(통신자료)를 요청하는 제도로서 전기통신사업법상의 통신자료 요청제도(전기통신사업법 제83조 제3항)가 있다. 전기통신사업법 제83조 제3항은 수사기관 등에게 '재판, 수사, 형의 집행 또는 국가안전보장에 대한 위해를 방지하기 위한 정보수집'을 위하여 전기통신사업자에게 통신자료를 요청할 수 있게 하고 있으며, 또한 전기통신사업자에게는 수사기관 등의 위와 같은 요청에 따를 수 있도록 규정하고 있다. 전기통신사업법 제83조 제3항은 위와 같은 통신자료를 '이용자에 관련한 정보'로 한정하고 있으며, 이러한 통신자료로서 '(이용자)의 성명, 주민등록번호, 주소, 전화번호, 아이디, 가입일 또는 해지일'을 규정하고 있다.

위와 같은 통신자료는 전기통신의 이용자에 관련한 정보라는 점에서 통

---

301) 차진아, "범죄수사를 위한 통신사실확인자료 제공요청의 문제점과 개선방안", 법조 제67권 제2호 (2018. 4.), 410-412면. 이 논문은 이하 '차진아 (2018)'으로 약칭한다.
302) 차진아 (2018), 411면.

신의 내용 정보 또는 통신의 사실과 관련된 자료는 아니다. 따라서 전기통
신사업법상의 통신자료 요청제도는 통신의 내용에 관한 정보를 취득하는
제도인 통신제한조치와 구별되며, 통신의 비내용 정보(통신의 이용내역)에
관한 정보를 수집하는 제도인 통신사실 확인자료 제공 요청제도와도 구별
이 된다.

이러한 통신자료제공 제도는 수사기관이 이용자의 신원 정보를 취득할
수 있게 하므로, 정보 주체가 익명으로 통신할 권리가 침해된다는 비판이
있다.303) 따라서 이와 같은 통신자료에 대해서도 정보 프라이버시권 보장
의 측면에서 통신 정보 보호의 경우와 유사한 보호가 필요할 것이다. 따라
서 본 항에서는 이에 대한 개선 방향을 간략히 논의해 보기로 한다.

2. 전기통신사업법상의 통신자료 취득에 대한 문제점

통신비밀보호법은 수사기관이 통신제한조치(감청)를 하거나 통신사실
확인자료를 제공 받는 경우에 법원의 허가를 사전에 받도록 요구하고 있
다. 또한 통신비밀보호법은 수사기관이 통신제한조치(감청)를 하거나 통신
사실 확인자료를 제공받은 경우에, 사후에 해당 처분 대상자(정보 주체)에
대하여 통지할 의무를 부여하고 있다.

그런데 전기통신사업법상의 통신자료 제공 요청제도는 이와 같은 '법원
의 사전 허가와 정보 주체에 대한 사후 통지' 요건이 규정되어 있지 않
다.304) 따라서 통신자료 제공요청 제도는 통신제한조치(감청)나 통신사실

---

303) 박경신 (2015), 51면.

304) 이외에 '전기통신사업법상의 통신자료 제공 요청 제도는 통신비밀보호법상의 통신
사실 확인자료의 요청 제도에 비하여 통신자료 제공 요청을 할 수 있는 요건이 완화
되어 있다'는 비판도 있다. 통신사실 확인자료의 요청 요건과는 달리 전기통신사업
법상의 통신자료 제공 요청 제도에는 필요성 요건이 요구되지 않기 때문이다. 이상
이호중, "총체적 헌법불합치, 통신비밀보호법의 전면적인 개정을 위하여", 박주민 국

확인자료 제공 요청 제도에 비하여 정보 프라이버시권 보호를 위한 적절한 통제가 이루어지고 있지 않다.

이와 같은 통신자료 제공 요청제도에 대해서는 '헌법상 영장주의에 위반되고, 통신의 비밀 등이 침해된다'는 이유에서 헌법소원심판이 청구되기도 하였다. 헌법재판소는 이에 대하여 "이 사건 법률조항은 수사관서의 장이 통신자료의 제공을 요청하면 전기통신사업자는 이에 응할 수 있다는 내용으로, 수사관서의 장이 이용자에 관한 통신자료제공을 요청하더라도 이에 응할 것인지 여부는 전기통신사업자의 재량에 맡겨져 있다. 따라서 수사관서의 장의 통신자료제공 요청과 이에 따른 전기통신사업자의 통신자료 제공 행위가 있어야 비로소 통신자료와 관련된 이용자의 기본권제한 문제가 발생할 수 있는 것이지, 이 사건 법률조항만으로 이용자의 기본권이 직접 침해된다고 할 수 없다."라고 보아 이 사건 헌법소원심판 청구를 각하하였다.[305]

특히 위 결정에서 헌법재판소는 "이 사건 통신자료 취득행위는 강제력이 개입되지 아니한 임의수사에 해당하는 것이어서 헌법재판소법 제68조 제1항에 의한 헌법소원의 대상이 되는 공권력의 행사에 해당하지 아니한다"라고 판시하여, 통신자료 제공 요청에 따른 수사를 임의수사라고 보았다.

그러나 대한민국의 행정당국이 전기통신사업자에게 사실상 미치고 있는 지배력을 감안하면, 이는 비현실적인 결정이라는 비판이 있다.[306] 이러한 비판은 '통신자료 제공 요청 제도를 임의수사로만 볼 수는 없다'라는 논리에서, '통신자료 제공 요청 제도는 영장주의에 위반된다'라는 입장을 바탕으로 하고 있다.[307] 전기통신 사업자가 사실상 수사기관의 수사 협조 요청

회의원 등 주최 통신비밀보호법 개선을 위한 토론회(2018. 11. 19.) 발제문, 20면 참조
305) 헌법재판소 2012. 8. 23. 선고 2010헌마439 [전기통신사업법제54조제3항위헌확인등].
306) 박경신 (2015), 54면; 비슷한 취지의 비판으로서 오동석, "통신자료 취득행위의 헌법적 검토", 경찰법연구 제18권 제1호 (2020), 127-129면. 이 논문은 이하 '오동석 (2020)'으로 약칭한다.
307) 박경신 (2015), 65면; 오동석 (2020), 134-136면.

에 거부하기가 힘든 현실을 감안하면, 이는 타당한 지적이라고 할 것이다. 따라서 정보 프라이버시권 보장을 위하여 전기통신법상의 통신자료 제공 요청제도를 개선할 필요가 있다.

3. 전기통신법상의 통신자료 제공 요청제도에 대한 개선 방향

통신비밀보호법에서의 통신제한조치(감청)와 통신사실 확인자료 제공 요청 제도에는 사전 및 사후 통제가 이루어지고 있다. 전기통신법상의 통신자료 제공 요청제도에도 이와 마찬가지의 통제가 이루어져야 할 것이다. 이미 학계에서는 이와 관련한 논의들이 있었으며, 국회에서도 이미 여러 가지의 개선 입법안들이 발의된 바 있다. 예컨대, '전기통신사업법의 통신 자료 제공 제도가 아닌 형사소송법상의 압수·수색으로 규율하는 방안, 통신자료제공요청 제도를 통신비밀보호법으로 규율하는 방안, 통신자료 제공 요청에 법원 사전 허가 및 당사자 사후 통지를 요구하는 방안' 등이 개정 법률안으로 제시되었다.[308]

이에 반해서, 통신자료제공 요청에 대한 영장주의 도입(사전통제)과 관련하여, '통신자료제공 요청 건수가 매우 방대하기 때문에 현재의 법관 인력 규모로는 대량의 통신자료제공 요청에 대하여 영장 심사를 하기에 어려움이 있다'라는 이유에서 영장주의에 의한 사전 통제에 부정적인 견해가 있다.[309] 또한 '통신 자료 제공에 대하여 사후통지를 의무화한다면 엄청난

---

308) 이와 관련한 입법 안들의 구체적 내용은 이호중, "총체적 헌법불합치, 통신비밀보호법의 전면적인 개정을 위하여", 박주민 국회의원 등 주최 통신비밀보호법 개선을 위한 토론회(2018. 11. 19.) 발제문, 24-27면 참조.

309) 박민우, "통신자료 제공요청의 법적 성격과 합리적인 제도 개선 방향 - 영장주의 및 사후통지의 도입 여부와 관련하여 -", 법조 제65권 제7호 (2016), 154-155면. 이 논문은 이하 '박민우 (2016)'으로 약칭한다. 같은 취지의 비판으로는, 이기수, "수사목적 통신자료 이용의 영장주의 적용 검토", 형사법연구 제29권 제1호 (2017), 107면.

양의 대상자들에 대하여 우편통지를 해야 하고, 또한 그 과정에서 수사의
대상이 되었다는 사실이 가족 등에게 원치 않게 알려질 수 있다'라는 점을
이유로 들어서 통신 자료 제공의 사후 통지에 부정적인 견해가 있다.[310)]
즉, 이와 같은 '사전 통제 및 사후 통지 제도 도입 반대론'은 인력 또는 기
술적 문제와 같은 현실적인 실무 상황을 반영한 것으로 보인다.

그러나 위와 같은 현실적인 문제 상황은 통신자료제공 요청 제도의 개선
과 관련한 적절한 반대 논거가 될 수 없다고 판단된다. 다만 통신자료제공
요청 제도의 개선 과정에서 위와 같은 현실적 어려움을 고려하여야 할 필
요는 있기에, 구체적인 개선 입법에는 실무적인 논의 및 고려가 선행되어
야 한다고 보인다. 따라서 본 논문에서는 '통신자료제공 요청 제도는 통신
사실 확인자료 제공 요청 제도에 설정된 통제에 준하여 개선되어야 한다'
라는 개선 방향만 제시하고자 한다.

---

310) 박민우 (2016), 162면.

제4장

영장 발부 요건의 엄격화

제1절 미국: 영장 발부에서의 특정성 요건 엄격화

I. 영장의 특정성 요건에 의한 정보 프라이버시권 보호

미국에서의 영장은 범죄의 증거, 금제품(contraband), 범죄에 사용된 물건, 체포될 사람 등을 확보하기 위하여 발부된다.311) 수사기관은 법원으로부터 영장을 발부받기 위해서 선서진술서(affidavit)를 제출하여야 하는데, 선서진술서(affidavit)는 영장 발부 대상 범죄의 증거 등이 영장 집행 현장에 존재한다고 믿을 만할 상당한 이유(probable cause)를 담고 있어야 한다.312) 또한 미국 수정헌법 제4조는 영장 발부에 특정성 요건("particularly describing the place to be searched, and the persons or things to be seized")을 요구하고 있는데, 이는 일반 영장(general warrant)이 시민의 프라이버시를 침해한다는 인식에 기초하고 있다. 따라서 미국의 압수·수색 영장에는 수색의 장소와 대상이 구체적으로 기재될 것이 요구된다. 이와 관련하여 미국에서는 디지털 정보에 대한 압수·수색 영장에 대해서는 유체물에 대한 압수·수색 영장보다 특정성 요건을 더 엄격하게 요구하는 경향이 있다. 디지털 정보의 특성상 압수·수색 영장 집행 과정에서 혐의사실과 무관한 정

---

311) Fed. R. Crim. P. 41(c)

   "A warrant may be issued for any of the following:
   (1) evidence of a crime;
   (2) contraband, fruits of crime, or other items illegally possessed;
   (3) property designed for use, intended for use, or used in committing a crime; or
   (4) a person to be arrested or a person who is unlawfully restrained."

312) U.S. Department of Justice, SEARCHING AND SEIZING COMPUTERS AND OBTAINING ELECTRONIC EVIDENCE IN CRIMINAL INVESTIGATIONS (3d ed. 2009), 63-64면. 이 문헌은 이하 'U.S. Department of Justice (2009)'으로 약칭한다.

보까지 수사기관에게 노출될 수 있기 때문이다. 예컨대 미국 법무부 매뉴
얼은 '디지털 정보를 압수·수색하기 위한 영장은 영장 집행의 대상이 된
정보 저장매체를 기재하는 것으로 충분하지 않고, 압수·수색의 대상이 될
디지털 파일의 관련 정보까지 영장에 구체적으로 기재될 것'을 요구한
다.313) 미국 법무부의 압수·수색 매뉴얼은 이와 관련하여 수사기관이 정보
저장매체에 대한 영장을 청구할 때 '영장 집행의 대상인 범죄명, 피의자 정
보'를 적시하되, 가능하다면 관련된 기간까지 한정하고, 압수할 정보의 구
체적인 예시도 함께 기재할 것을 요청하고 있다.314)

　미국 법원 역시 정보 저장매체에 대한 영장의 경우에는 특정성 요건이
특히 중요하다고 판시하고 있다. 예컨대 연방 제10항소법원은 '개인의 문
서들이 컴퓨터에 대량으로 저장됨에 따라서 수사기관은 사생활을 무분별
하게 수색할 수 있게 되었고, 따라서 (영장의) 특정성 요건(particularity
requirement)이 매우 중요하게 되었다.'315)라는 취지를 설시하여 정보 저장
매체에 대한 수색에서의 특정성 원칙을 강조하였다.

　만약 특정성 요건이 지켜지지 않은 영장이 청구된 경우, 미국 법원은 영
장 발부를 거부하기도 한다.316) 또한 특정성 요건이 지켜지지 않은 영장이

---

313) U.S. Department of Justice (2009), 72면.
314) U.S. Department of Justice (2009), 73-74면.
315) U.S. v. Otero, 563 F.3d 1127, 1132 (10th Cir. 2009).
316) In the Matter of APPLICATIONS FOR SEARCH WARRANTS FOR INFORMATION
　　ASSOCIATED WITH TARGET EMAIL ACCOUNTS/SKYPE ACCOUNTS, Nos. 13-
　　MJ-8163-JPO, 13-MJ-8164-DJW, 13-MJ-8165-DJW, 13-MJ-8166-JPO, 13-MJ-
　　8167-DJW, 2013 WL 4647554 (D. Kan. Aug. 27, 2013). 본 사건에서 수사기관은
　　장물 사건을 수사하는 과정에서 구글(Google)을 포함한 5개의 전기통신사업자
　　(electronic communication services)로부터 수사 대상자의 통신 자료를 확보하고자
　　하였다. 이에 수사기관은 '위 5개의 전기통신사업자로부터 위 통신 자료를 취득하는
　　취지'의 수색 영장을 법원에 청구하였는데, 법원은 '영장 신청서가 특정성
　　(particularity) 요건을 결여하고 있다'라는 이유에서 수사기관의 영장 청구를 기각하
　　였다.

발부되고 수사기관이 이에 근거하여 증거를 수집한 경우에는, 법원이 사후
적으로 해당 영장에 대한 수정헌법 제4조 권리의 침해를 인정하기도 한다.
이 경우 법원은 선의의 예외 이론(good faith exception)[317]이 인정되지 않
는 한 영장에 의하여 압수된 증거의 증거능력을 부정할 수 있다. 영장의 이
러한 특정성 요건으로 인하여 영장 청구 및 발부는 혐의사실과 관련된 부
분에 한정되게 되며, 따라서 포괄영장으로부터 정보 프라이버시권이 보호
되는 것이다.

　이하 특정성 요건 위반 인정의 대표적 사례를 살펴보되, 선의의 예외 이
론이 받아들여졌는지의 여부를 나누어서 서술하기로 한다.[318] 미국은 선의
의 예외 이론 등이 있다는 점에서 우리와는 다른 형사소송 구조를 가지고
있기에, 개별 판결의 구체적인 사실관계를 살펴보는 것은 특정성 요건의
의미를 정확히 파악하기 위해서 의미가 있을 것이다.

---

317) 미국에서는 위법수집증거배제법칙(exclusionary rule)의 예외로서 선의의 예외(good
　　faith exception) 이론이 있다. 수사기관이 결함 있는 수색 영장에 근거하여 증거를
　　수집한 경우일지라도, 수사기관이 자신의 증거 수집 행위가 적법했다고 믿을 만한
　　합리적인 이유가 있었다면 해당 증거는 선의의 예외 이론에 의하여 증거로 사용될
　　수 있다. 선의의 예외 이론은 미국 연방대법원의 판결에 의하여 확립되었는데, 대표적
　　인 연방대법원 판결로는 United States v. Leon, 468 U.S. 897 (1984)이 있다. 선의의
　　예외이론을 논한 최신 논문으로는, 김현학, "위법하게 수집한 증거의 예외적 허용에
　　관한 연구 - 선의의 예외를 중심으로 -", 석사학위 논문, 연세대학교 (2021)가 있다.
318) 특정성 요건과 관련한 기타 하급심 판결의 전반적인 동향은 Adam M. Gershowitz,
　　"THE POST-RILEY SEARCH WARRANT: SEARCH PROTOCOLS AND
　　PARTICULARITY IN CELL PHONE SEARCHES", 69 Vand. L. Rev. 585 (2016)
　　참조함. 이 논문은 이하 'Adam M. Gershowitz (2016)'으로 약칭한다.

II. 특정성 요건 위반 인정 판결 (선의의 예외 부정 사례)

1. United States v. Winn 판결[319]

가. 사실관계 및 소송경과

피고인 Winn은 수영장에서 자신의 핸드폰을 이용하여 몰래 여성들(13세와 14세의 어린 여성들)을 상대로 사진 또는 동영상을 촬영하면서, 자신의 성기를 만졌다. 수사관은 Winn에 대하여 공연음란죄(public indecency) 혐의로 수사를 하던 중, Winn이 자신의 핸드폰에 담겨 있는 증거를 인멸할 것을 우려하여 Winn으로부터 해당 핸드폰을 건네받았다. 그리고 수사관은 검사실(St. Clair County State's Attorney's Office)에 비치되어 있는 압수·수색 영장 견본(template)을 이용하여 Winn의 핸드폰에 대한 압수·수색 영장을 신청하였다. 이때 해당 영장은 검사실(St. Clair County State's Attorney's Office)의 검토를 받은 후 신청되었다.

이후 영장이 발부되었고, 수사관은 해당 핸드폰에 담겨있는 디지털 정보들을 추출하였는데, 수사관은 Winn의 핸드폰에서 아동 포르노물을 발견하게 되었다. 그 결과 Winn은 경범죄인 공연음란죄(count of public indecency) 혐의와 중범죄인 아동 포르노 범죄 등의 혐의로 기소되었다.

나. 수정헌법 제4조 위배의 점 관련한 판결 요지

재판 과정에서 피고인 Winn은 위 압수·수색 영장이 특정성 원칙을 위반하였기에 수정헌법 제4조에 위배된다고 주장하였다.[320] 위 압수·수색은 수

---

319) United States v. Winn, 79 F. Supp. 3d 904 (S.D. Ill. 2015). 이 판결은 이하 'United States v. Winn (S.D. Ill. 2015)'으로 약칭한다.

320) United States v. Winn (S.D. Ill. 2015), 918면. 피고인 Winn은 이 외에도 '해당 영장이 9일이 지연되어 청구되었고, 해당 영장에 기재된 범죄명에도 오류(착오로 다른

사관의 최초의 혐의와 관련된 모든 파일들을 압수할 수 있다고 규정하고 있었기 때문이다. 구체적으로 해당 영장은 '공연음란과 관련하여 달력, 폰북(phonebook), SMS 메시지, MMS 메시지, 이메일, 그림, 비디오, 이미지, 오디오 파일, 모든 전화 로그기록들(call logs), 어플 정보, GPS 정보, WIFI 정보, 인터넷 사용 정보, 기타 모든 정보들'에 대하여 수색할 수 있도록 규정되어 있었다.[321]

재판부는 다음과 같은 이유에서 피고인 Winn의 주장을 받아들였다. 우선, 피고인에 대한 사진 촬영 및 공연 음란혐의와 관련하여서는 '사진과 비디오 파일'에 대해서만 영장이 발부되었어야 하는데, 본 영장은 그와 관련 없는 모든 파일에 대해서까지 압수·수색을 허용하였다.[322] 다음으로, 해당 영장은 사건이 일어난 당일의 '사진 또는 비디오'를 압수·수색 하는 것이 목적이기 때문에 '일정한 기간에 대한 사진 또는 비디오'만 압수가 되어야 할 것인데, 본 영장에는 이와 관련된 기간 제한(time frame)이 설정되어 있지 않았다.[323]

다. 선의의 예외 이론 적용 여부 관련한 판결 요지

이와 같은 특정성 요건 결여를 토대로 법원은 본 사건 영장의 수정헌법 제4조 위반을 인정하였다. 이에 대하여 정부는 United States v. Leon 판결[324]에서 확립된 선의의 예외 이론(good faith exception)이 본 사안에 적용되기에, 본 영장은 유효하다고 주장하였다. 위 선의의 예외 이론에 의하면, 수사관이 선의(good faith)에서 압수·수색을 집행하였다면, 해당 압수·

범죄명을 기재)가 있다'는 사실을 지적하며 수정헌법 제4조 위배를 주장하였으나, 이는 받아들여지지 않았다. 이상 United States v. Winn (S.D. Ill. 2015), 913-918면.
321) United States v. Winn (S.D. Ill. 2015), 919면.
322) United States v. Winn (S.D. Ill. 2015), 919-921면.
323) United States v. Winn (S.D. Ill. 2015), 921면.
324) United States v. Leon, 468 U.S. 897 (1984).

수색 영장이 특정성 요건을 충족하지 못한다고 하더라도 해당 압수·수색 영장에 의하여 수집된 증거는 여전히 적법하게 된다.325)

그러나 법원은 정부의 선의의 예외 이론 주장을 받아들이지 않았는데, 그 이유를 요약하면 다음과 같다.

첫째, 영장을 청구한 수사관은 압수·수색 영장 견본(template)을 수정 없이 그대로 사용하여 영장을 청구하였고, 그 결과 사건 당일 피고인의 수영장에서 찍은 사진 및 동영상과는 상관없는 기타 디지털 데이터에 이르기까지 압수·수색 영장을 청구하였다. 따라서 수사관은 부주의(recklessness)하게 특정성 요건을 결여한 영장을 청구하였고, 이로 인하여 피고인 Winn의 프라이버시가 침해되었다.326)

둘째, 검사실의 영장 검토는 엉성하여(quick and cursory) 범죄명, 날짜 등이 틀렸으며, 수사기관이 사용한 압수·수색 영장 견본을 그대로 사용하여 영장 청구가 혐의 사실과 관련 없는 광범위한 정보에까지 이르게 하였다.327)

셋째, 영장을 발부한 판사도 영장 발부와 관련한 자신의 역할을 제대로 수행하지 않았다. 영장 발부 판사는 영장 상의 오류에 대하여 인식하지 못하였고, 또한 혐의 사실과 관련 없는 부분에 관하여 아무런 제한도 하지 않고 영장을 그대로 발부하였기 때문이다.328)

마지막으로, 해당 영장은 외관상 상당히 포괄적으로 압수·수색의 대상을 적시하였기에 합리적인 수사기관이라면 해당 압수·수색 영장이 적법하지 않다는 것을 알 수 있었다. 이 사건에서 압수·수색 영장을 집행한 수사관은 최소 15년 이상의 경험을 가지고 있었기에, 이처럼 무차별적인 압수·수색을 허용하는 영장은 적법하지 않다는 사실을 인식하였어야 했다.329)

---

325) United States v. Winn (S.D. Ill. 2015), 922면.
326) United States v. Winn (S.D. Ill. 2015), 923면.
327) United States v. Winn (S.D. Ill. 2015), 923면.
328) United States v. Winn (S.D. Ill. 2015), 924면.

이와 같은 이유에서 재판부는 수사기관의 선의의 예외 이론 주장을 받아들이지 않았고,330) 피고인의 핸드폰에서 압수·수색 된 증거를 배척하였다.

2. Burns v. United States 판결331)

가. 사실관계

Osuchukwu가 Burns의 어머니 아파트 거실에서 총상을 입고 죽은 채 발견되었다. 경찰관은 사망 신고를 받고 출동하였는데, 경찰 출동 당시 사망 사건 현장에는 Burns와 Burns의 어머니, 그리고 Burns의 사촌이 함께 있었다. 경찰관은 Burns를 상대로 사건을 조사하였다.332) 이때 Burns는 경찰관에게 '자신(Burns)의 가족들이 Osuchukwu를 Burns의 어머니 아파트로 불렀으며, 자신(Burns)은 Osuchukwu가 오기로 한 날 Osuchukwu와 문자메세지를 주고 받으면서 위 아파트에서 Osuchukwu를 기다렸다'라고 대답하였다. 또한 Burns는 'Burns 어머니의 아파트로 오기로 한 Osuchukwu가 나타나지

---

329) United States v. Winn (S.D. Ill. 2015), 924면.

330) 이외에도 재판부는 수사기관이 압수수색 영장의 범위를 넘는 위법한 영장 집행을 통하여 아동 포르노 파일을 수집하였다고 판단하였고, 또한 아동 포르노 파일의 압수가 플레인 뷰(plain view) 이론에 의하여 허용된다는 정부 주장을 배척하였다. 이상 United States v. Winn (S.D. Ill. 2015), 926면 참조.

331) Burns v. United States, 2020 WL 4875294 (D.C. 2020). 이 판결은 이하 'Burns v. United States (D.C. 2020)'으로 약칭한다.

332) 경찰관은 Burns의 어머니에게도 사건의 경위를 물어보았는데, 이에 대해 Burns의 어머니는 '본인(Burns의 어머니)이 위 아파트에 살았던 것은 맞으나 본인(Burns의 어머니)은 다른 곳에서 머물기 위해 위 아파트를 며칠 동안 떠나 있었다'라고 대답하였다. 또한 Burns의 어머니는 '며칠 후 본인(Burns의 어머니)이 위 아파트에 돌아왔을 때 Osuchukwu가 위 아파트의 거실 바닥 위에 의식을 잃은 채로 있는 것을 발견하였고, 이에 본인(Burns의 어머니)이 911에 신고를 했다'라고 말하였다. 그리고 Burns의 어머니는 경찰관에게 '사망한 Osuchukwu는 Burns의 아주 친한 친구이다'라고 말하였다.

않아서 자신(Burns)은 다른 친구를 만나러 가기 위해 위 아파트를 떠났으며, 이때 Burns는 자신(Burns)이 없어도 Osuchukwu가 위 아파트에 들어올 수 있도록 아파트 문을 열어놓고 나갔다'라고 말하였다. 또한 Burns는 경찰관에게'자신(Burns)은 다음날까지 위 아파트에 돌아오지 않았다'라고 말하였다. 이에 경찰관은 추가적인 질문을 Burns에게 하였으나, Burns는 더 이상의 답변을 거부하였다. 이때 경찰관은 Burns가 2개의 핸드폰을 소지하고 있는 것을 발견하였고, 경찰관은 'Burns의 핸드폰에서 Osuchukwu의 살해 사건과 관련된 증거가 발견될 것이라고 믿을 만한 상당한 이유(probable cause)가 있다'라고 판단하였다.[333] 이에 경찰관은 법원에 Burns의 위 핸드폰들에 대한 압수·수색 영장을 청구하였고, 영장 담당 판사는 경찰관의 영장 청구서 내용 그대로 해당 핸드폰들에 대한 압수·수색 영장을 발부하였다.

법원이 발부한 해당 압수·수색 영장은 위 살인 사건과 관련된 거의 모든 자료를 압수·수색 대상으로 하고 있었고, 이에 수사기관은 Burns의 핸드폰에 담긴 방대한 정보를 추출하였다. 특히, 해당 정보 중에는 Burns가 인터넷 검색을 한 정보(인터넷 검색어)들도 포함되어 있었는데, 해당 검색어들 중에서는 '친한 친구를 죽이는 것, 사람을 죽이는 것, 마약 거래에 대한 것, 반 자동 권총(Semi-automatic pistol)에 관한 것' 등과 관련한 질문들이 있었다. 또한 위 검색어들의 검색 시점은 Osuchukwu의 사망일 직전이었음이 밝혀졌다.

또한 Burns의 핸드폰에서는 Burns가 9mm 반자동 권총을 들고 있는 사진이 발견되었는데, 사진상의 권총은 Osuchukwu 살해 사건에서 사용된 권

---

333) 이 당시 아직 경찰관은 Burns를 용의자로 특정한 상태는 아니었다. 그러나 경찰관은 Burns의 핸드폰을 압수·수색하면 '(영장 청구 당시까지는 아직 밝혀지지 않은) 사건을 목격한 증인, 용의자, 공범' 등에 대한 정보를 알아낼 수 있을 것이라고 생각하였다. 이상 Burns v. United States (D.C. 2020), *4 및 *13 참조.

총과 동일한 유형이었다. 그리고 Burns의 인스타그램 계정(Instagram account)에서는 'Burns가 살인 행위 이후에 뉴욕시로 가서 Osuchukwu의 마약들을 팔았고, 해당 수익금으로 새 차를 샀다'라는 취지의 비디오 파일과 기타 게시물들이 발견되었다.

나. 소송 경과

경찰관은 Burns의 핸드폰에서 획득한 증거를 바탕으로 피해자 Osuchukwu의 친구인 Burns를 위 살인사건의 용의자로 지목하였고, Burns는 1급 계획 살인 혐의로 기소되었다. 경찰은 재판과정에서 'Osuchukwu와 함께 마약 거래 사업을 하던 Burns는 Osuchukwu가 마약 사업에서 발생한 수익을 속이고 있다고 생각하였고, 이에 Burns가 Osuchukwu를 살해하였다'라는 취지의 주장을 하였다. 경찰은 이와 같은 Burns의 계획 살인 혐의를 입증하기 위하여 Burns의 핸드폰에서 나온 데이터 자료들을 증거로 제시하였는데, 특히 Burns의 핸드폰에서 압수된 Burns의 인터넷 검색 기록들이 이를 뒷받침할만한 핵심증거였다.

이에 대하여 Burns는 '돈 문제로 Osuchukwu와 언쟁을 하던 중 Osuchukwu가 먼저 자신(Burns)에게 달려들었고, 이에 자신(Burns)은 정당방위 차원에서 Osuchukwu에게 총을 쏜 것일 뿐이다.'라고 반박하였다.

다. 수정헌법 제4조 위배의 점에 대한 판결 요지[334]

Burns는 자신의 핸드폰에서 압수된 모든 데이터 파일에 대한 증거 배제를 신청하였다. Burns는 '경찰관이 집행한 압수·수색 영장은 압수의 대상을 너무 포괄적으로 규정하고 있었고, 상당한 이유(probable cause)에 기반하고 있지 않으며, 또한 특정성 원칙을 위배하였다'라는 취지로 주장하

---

334) 이하 Burns v. United States (D.C. 2020), *8-11 참조.

였다.

이에 대하여 재판부는 Burns의 주장을 받아들였는데, 구체적인 논지는 다음과 같다.

우선, 재판부는 Burns의 핸드폰에서 추출한 정보 중 'Burns와 Osuchukwu 간의 문자 메시지, Burns와 Osuchukwu 간의 전화 통화가 이루어진 시각을 정확히 기록하고 있는 로그(log) 기록, 사건 당일 Burns의 행적을 담고 있는 GPS 기록'에 대해서는 상당한 이유(probable cause)가 있다고 보았다. 그러나 이외의 정보들에 대해서는 상당한 이유(probable cause)가 없다고 보았다. 즉, '스케줄 정보, 여행 정보, 핸드폰에 저장된 Burns의 아이디와 비밀번호 정보들, 문서들, 인터넷 이용 기록들(브라우저 기록, 인터넷 포털상의 인터넷 검색 정보 등)'에 대해서는 상당한 이유(probable cause)가 없다고 본 것이다. 재판부는 이러한 논지에서 본 사건의 영장은 특정성 원칙에도 위반된다고 판단하였다.

한편, 재판부는 본 사건 영장이 특정성 원칙에 위배되게 된 원인으로서 '이 사건 영장을 청구한 경찰관이 기존의 압수·수색 영장 견본(template)을 수정 없이 그대로 사용한 사실'을 지적하였다. 재판부는 '영장 견본 (template)은 영장 청구서 작성의 참고용으로만 활용해야 하며, 영장 견본 (template)은 반드시 개별 사건의 특성에 따라서 수정되어야 한다'라고 보았다. 그런데 이 사건 경찰관은 영장 견본(template)을 그대로 사용하였기 때문에, 영장의 압수·수색 대상이 구체적으로 특정되지 못하게 된 것이다.

마지막으로, 재판부는 특정성 원칙의 충족 여부를 판단하는 기준으로서 '영장 청구 당시의 상황에서 보다 더 구체적으로 영장을 청구하는 것이 가능하였는지의 여부'를 제시하였다. 재판부는 '영장 청구 당시의 수사 진행 상황에 비추어 영장 집행의 대상을 보다 더 구체적으로 기재하는 것이 불가능한 경우에는 해당 영장을 적법하다고 판단할 수도 있다'라는 취지로 판시하여, 특정성 요건의 판단 요소로서 수사기관의 상대적인 수사 활동 측면 역시 고려한 것이다. 그러나 이 사건에서의 경찰관은 영장의 집행 대상을 더 구체적으로 기재할 수가 있었으므로, 재판부는 이 사건 영장이 특정성 요건에 위반된다고 보았다.

재판부는 이와 같은 점을 종합하여 이 사건에서 발부된 압수·수색 영장은 수정헌법 제4조에 위배된다고 판시하였다.

라. 선의의 예외 이론 적용 여부와 관련한 판결 요지[335]

정부는 이 사건 영장 집행과 관련하여 선의의 예외 이론이 적용되어야 하기에, 이 사건 증거가 배제되어서는 안 된다고 주장하였다. 그러나 재판부는 이 사건 영장 발부에 제출된 선서진술서(affidavit)는 뼈대(bare bones)밖에 없을 정도로 너무 부실하기 때문에, 선의의 예외 이론이 적용될 수 없다고 판단하였다. 영장을 청구한 경찰관은 영장 견본(template)의 상용문(boilerplate language)을 그대로 이용하여 영장 청구서를 준비하였고, 선서진술서(affidavit)상의 상당한 이유를 만들기 위한 노력을 하지 않았기 때문이다.

재판부는 또한 이 사건 영장이 미국 연방대법원의 Riley 판결 선고로부터 1년 넘게 지난 후 발부되었다는 사실에 주목하였다. 즉, 재판부는 '핸드폰에 담긴 방대한 개인정보를 중요시하는 Riley 판결이 본 영장 발부 이전에 선고되었기 때문에, 수정헌법 제4조가 핸드폰 수색에 어떻게 적용되는지에 대해서 정상적으로 훈련받은 경찰관이라면 법원이 발부한 이 사건 영장이 무효라는 사실을 알 수 있었다'라고 본 것이다. 또한 재판부는 '경찰당국(Metropolitan Police Department)에게는 경찰관들이 직무 수행 과정에서 수정헌법 제4조를 준수하도록 교육할 의무가 있다'라고 전제 한 후, '경찰 당국이 위 의무를 이행하지 않았다'라고 지적하였다.

---

335) 이하 Burns v. United States (D.C. 2020), *11-13 참조.

이러한 이유에서 재판부는 이 사건 수집 증거에 대하여 선의의 예외 이론 역시 적용되지 않는다고 판시하였다.

III. 특정성 요건 위반 인정 판결 (선의의 예외 긍정 사례)

1. U.S. v. Riccardi 판결

연방 제10항소법원은 2005년도의 U.S. v. Riccardi 사건336)에서 정보 저장매체에 대하여 발부된 영장이 특정성 원칙에 위배된다고 판단하였다.

이 사건에서 Riccardi는 자신을 Missouri 대학의 체육 코치라고 사칭하며, 10대 소년들을 상대로 음란한 전화를 수십 차례 걸었다. 수사기관은 이에 대하여 수사를 시작하였고, 해당 범행의 용의자로서 Riccardi를 지목하게 된다.

이후 수사기관은 Riccardi의 혐의를 입증하기 위하여 '아동과 관련한 Riccardi의 통화기록과 사진, 비디오 등'을 집행 대상으로 하는 첫 번째 압수·수색 영장을 법원으로부터 발부받아 집행하였다. 그런데 수사기관은 첫 번째 영장의 집행 과정에서 혐의 사실과 관련한 증거뿐만 아니라 어린 소년을 대상으로 한 대량의 누드사진 등을 발견하였고, 또한 Riccardi가 컴퓨터를 소유하고 있다는 사실도 알게되었다.337)

이에 수사기관은 Riccardi의 컴퓨터를 집행 대상으로 하는 두 번째 영장을 법원으로부터 발부받아서 집행하였는데, 그 과정에서 아동 포르노 파일들을 압수하였다. 이후 Riccardi는 아동 포르노물 소지 혐의 등으로 기소되었다.

---

336) U.S. v. Riccardi, 405 F.3d 852 (10th Cir. 2005). 이 판결은 이하 'U.S. v. Riccardi (10th Cir. 2005)'으로 약칭한다.
337) U.S. v. Riccardi (10th Cir. 2005). 857-858면.

본 사건에서는 두 번째 영장이 수정헌법 제4조의 특정성 요건을 충족했는지 여부가 쟁점이 되었다. 이 사건에서 두 번째 영장은 압수·수색이 가능한 정보를 특정하지 않고, Riccardi 컴퓨터에 저장된 모든 정보를 압수·수색할 수 있도록 발부되었기 때문이다.[338) 이에 연방 제10항소법원은 특정성 요건이 충족된 1번째 영장과는 달리, 2번째 영장은 Riccardi 컴퓨터의 모든 파일들을 집행 대상으로 했다는 점에서 특정성 요건에 위반된다고 판단하였다.[339)

다만 법원은 다음과 같은 이유로 정부의 선의의 예외 주장을 받아들였다.

우선, 수사기관은 영장 집행 과정 중 Riccardi의 컴퓨터에서 아동 포르노를 발견하자 더 이상의 수색을 중단하고 해당 아동 포르노 파일이 영장의 범위 내에 있는지의 여부를 검사에게 문의하였고, 이에 검사는 해당 아동 포르노 파일이 영장의 집행 범위 내에 있다고 회신해주었다. 이는 수사기관이 영장 집행 과정에서 선의(good faith)를 가지고 영장을 집행하였음을 보여주는 것이다.[340)

또한, 수사관은 영장과 선서진술서(affidavit)에 기재된 집행 대상의 범위 내에서 영장을 집행하였으며, 그 이상의 무차별적인 수색을 하지 않았다.[341)

마지막으로, 이 사건 영장의 흠결이 중대한 정도는 아니었기에, 영장을 집행하는 수사관이 해당 영장의 흠결을 명백히 알아차릴 정도에 해당하지 않았다.[342)

이러한 이유에서 재판부는 수정헌법 제4조 위배를 이유로 2번째 영장을 무효로 보았음에도, 선의의 예외 이론을 적용하여 본 사건 증거의 증거능

---

338) U.S. v. Riccardi (10th Cir. 2005). 858면.
339) U.S. v. Riccardi (10th Cir. 2005). 863면.
340) U.S. v. Riccardi (10th Cir. 2005). 864면.
341) U.S. v. Riccardi (10th Cir. 2005). 864면.
342) U.S. v. Riccardi (10th Cir. 2005), 864면.

력을 인정하였다.

2. United States v. Otero 판결

연방 제10항소법원은 2009년도의 United States v. Otero[343] 판결에서도 수정헌법 제4조 상의 특정성 요건이 충족되지 못하였다는 이유로 수사과정에서 발부된 영장을 무효(invalid)라고 판단하였다.

본 사건에서 우편 배달부였던 Otero는 우편 배달 과정에서 신용카드 등의 우편물을 절취하였다. 수사관은 우편물 도난 사건을 수사하던 중 해당 사건의 용의자로 Otero를 특정하였고, Otero의 거주지를 수색하기 위한 압수수색 영장을 검사실(Assistant United States Attorney)의 검토를 거친 후 법원에 청구하였다. 이에 영장 판사는 해당 영장을 발부하였는데, 해당 영장에는 Otero의 컴퓨터에 저장되어 있는 방대한 파일에 대하여 제한 없이 영장 집행이 가능하도록 되어있었다.[344] 이후 수사관은 피고인 Otero의 컴퓨터에서 혐의 사실과 관련한 증거들을 수집하였고,[345] 이후 피고인 Otero는 신용카드 등의 우편물 절취 혐의로 기소되었다.

피고인 Otero는 재판 과정에서 자신의 컴퓨터에 대하여 발부된 영장은

---

343) United States v. Otero, 563 F.3d 1127 (10th Cir. 2009). 이 판결은 이하 'United States v. Otero (10th Cir. 2009)'으로 약칭한다.

344) 이 사건 영장은 구체적으로는 '(거주지의) 유체물에 대한 압수수색 부분'과 '(거주지의) 컴퓨터 파일에 대한 압수수색 부분'이 구분되어 기재되어 있었는데, 유체물에 대한 압수수색 부분에는 '본 사건 혐의사실과 관련된 유체물에 한정하도록 하는 취지'의 집행 제한이 기재되어 있었다. 그런데 컴퓨터 파일에 대한 압수수색 부분에는 위와 같은 집행 제한 취지가 적시되어 있지 않았다.

345) 영장을 발부받은 수사관은 본인이 직접 해당 컴퓨터상의 파일을 수색하지 않았고, 컴퓨터 파일 탐색을 담당하는 포렌식 분석전문가(forensic computer analyst)에게 해당 컴퓨터를 맡겼다. 이에 포렌식 분석전문가가 이 사건 컴퓨터 파일에 대한 이후의 압수수색을 진행하였다.

특정성 결여로 인하여 무효임을 주장하며, 그로 인한 증거를 배제해 줄 것을 요청하였다. 이에 대해 재판부는 해당 영장은 아무런 제한 없이 Otero의 모든 파일을 수색할 수 있게 발부되었음을 인정하며, 이 사건 영장을 무효로 판시하였다.346)347)

그러나 재판부는 이 사건 수사기관의 행위는 선의의 예외 이론의 적용대상이 된다고 판단하였는데, 주요 이유는 다음과 같다.348) 첫째, 유체물에 대한 압수수색 영장에는 집행 대상을 한정하고 있다. 따라서 통상의 수사관은 유체물에 대한 제한이 컴퓨터 파일에 대한 압수수색까지도 적용된다고 오인할만하다. 둘째, 수사관은 해당 영장이 유효한지 여부를 검사실에 문의까지 하였고, 검사실에서도 해당 영장이 유효하다고 답변하였으며, 영장 담당 판사는 해당 영장을 발부하였다. 셋째, 영장을 발부받은 수사관은 피고인 컴퓨터의 파일 수색 임무를 담당하는 포렌식 분석전문가에게 '영장의 사본, 선서 진술서(affidavit), 이 사건 압수수색 영장이 우편물 도난과 관련되어 있음을 밝히는 설명서' 등을 송부하였기에, 영장 발부 수사관과 포렌식 담당관은 압수수색 영장이 이사건 혐의 사실에 제한된다고 믿을 만한 이유가 있었으며, 압수·수색 영장의 실제 집행 또한 이에 입각하여 이루어졌다.

재판부는 이와 같은 이유에서 컴퓨터 압수수색 영장은 무효(invalid)라고 판단하였지만, 선의의 예외 이론 적용을 긍정하여 해당 증거를 배척하지는 않았다.

---

346) United States v. Otero (10th Cir. 2009), 1132-1133면.

347) 이와 관련하여 정부는 '유체물에 대한 압수·수색 집행 제한은 컴퓨터 파일에 대한 압수·수색까지도 적용되기에, 컴퓨터 파일에 대한 압수·수색 영장은 포괄 영장이 아니다'라는 취지로 주장하였지만, 재판부는 이를 받아들이지 않았다.

348) 이하 United States v. Otero (10th Cir. 2009), 1134-1136면.

Ⅳ. 특정성 요건의 한계

앞서 살펴본 바와 같이 정보 저장매체 압수·수색 영장에서의 특정성 요건은 영장의 포괄 영장화를 막는 역할을 하고 있다. 그러나 이러한 특정성 요건의 기능에는 다음과 같은 한계가 있다.[349]

첫째, 디지털 증거는 파일명 등이 변경되어 저장되거나 숨김 처리가 되어 있을 수 있기에 수사기관은 많은 수의 파일들을 일일이 확인해야 하는 경우가 있으며, 따라서 영장의 특정성 요건이 사안에 따라서 관대하게 인정되는 사례가 많다.[350] 이 경우 법원은 특정성 요건이 충족되었다고 판단하기도 한다. 이와 같은 사례의 예로서는 United States v. Juarez 판결[351]이 있다. 본 사안에서 피고인 Juarez는 몰래 여성의 치마 속을 촬영한 혐의로 현장에서 수사관에게 체포되었다. 수사관은 Juarez의 핸드폰을 압수하였는데, 압수 당시 Juarez의 핸드폰은 비디오 촬영 모드(video-record mode)인 상태였다. 이후 수사관은 Juarez의 핸드폰에 대한 압수·수색영장(1차)을 발부받고 Juarez의 핸드폰을 압수·수색하였다. 당시의 1차 압수·수색영장은 Juarez의 핸드폰 메모리에 담겨 있는 모든 디지털 정보, 디지털 사진과 비

---

349) Adam M. Gershowitz (2016)에서는 논문의 전반적인 내용으로서 '미국 법원이 특정성 요건을 완화하여 영장을 발부하고 있다'라는 취지의 비판을 하고 있다. 이와 관련하여 본 논문은 '위 Adam M. Gershowitz (2016) 논문의 전체 내용들 중 특정성 원칙의 약화와 관련된 부분을 2가지 핵심사항들로 요약하였고, 이러한 2가지 핵심사항들을 아래와 같은 특정성 요건의 2가지 한계로 정리하였다'라는 점을 밝힌다.

350) Adam M. Gershowitz (2016) 601면. 또한 Adam M. Gershowitz (2016), 600-606면에서는 'Riley v. California 판결 (2014년도) 선고 이후에 미국의 하급심 법원들이 디지털 증거 압수·수색 영장의 특정성 원칙을 완화하여 판단한다'라는 동향을 지적하고, 이를 비판하고 있다.

351) United States v. Juarez, No. 12-CR-59 (RRM), 2013 WL 357570 (E.D.N.Y. Jan. 29, 2013). 이 판결은 이하 'United States v. Juarez (E.D.N.Y. Jan. 29, 2013)'으로 약칭한다.

디오 파일에 대하여 압수·수색할 수 있도록 되어 있었다. 수사기관은 1차 압수·수색영장을 집행하는 도중에 아동 포르노 사진을 발견하였고, 이에 2차 및 3차 압수수색영장을 발부받아 Juarez에 대한 아동 포르노 사진 관련 증거를 추가로 확보하였다. 이후 Juarez는 '아동 포르노를 제작할 목적으로 미성년자를 성적인 행위에 유인 및 강요'한 혐의로 기소되었다.

Juarez는 이후 재판과정에서 1차 압수·수색 영장이 수정헌법 제4조의 특정성 요건을 위반하여 무효이므로, 이후의 증거들을 배제하여 달라는 신청을 하였다. 이에 대하여 재판부는 다음과 같은 이유에서 Juarez의 특정성 요건 위반 주장을 받아들이지 않았다. 먼저, 재판부는 압수·수색 영장이 Juarez의 특정 핸드폰으로 정확히 기재되어 있기에 수색 장소에 대한 특정성 요건을 충족한다고 판단하였다.[352] 다음으로, 재판부는 '압수·수색 영장의 집행 대상에 사진과 비디오 파일이 기재되어 있으며, 압수·수색 영장의 대상 범죄와 해당 범죄의 장소가 구체적으로 기재되어 있다'라는 이유에서 압수·수색 대상의 목적물 또한 특정이 되었다고 판단하였다.[353][354]

둘째로, 앞서 살펴보았듯이, 미국에서는 위법수집증거배제법칙(exclusionary rule)의 예외로서 선의의 예외 이론(good faith exception)이 있다. 재판과정에서 디지털 증거 수집의 근거가 된 압수·수색 영장의 특정성 요건 원칙 위반이 문제되면, 정부(수사기관)는 수집된 증거가 선의의 예외 이론의 적용 대상이라는 주장을 한다. 그 결과 재판부는 특정성 원칙의 위배를 인정

---

352) United States v. Juarez (E.D.N.Y. Jan. 29, 2013), *2.

353) United States v. Juarez (E.D.N.Y. Jan. 29, 2013), *4.

354) 이에 대하여, '수사관이 Juarez를 체포하였을 때 Juarez의 핸드폰은 여전히 비디오 촬영모드였기 때문에, 해당 범죄의 증거가 Juarez의 비디오 파일이 아닌 다른 파일에 있을 것이라고 판단할 합리적 근거가 없으므로, Juarez 핸드폰의 모든 디지털 파일에 대하여 영장이 발부된 이 사건 영장은 포괄 영장에 해당한다.'라는 비판이 있다. Adam M. Gershowitz (2016), 637면.

하고서도 해당 사안이 선의의 예외 이론(good faith exception)의 적용 대상
이라고 보아, 수집된 디지털 정보의 증거능력을 인정하기도 한다.[355]

　　이상과 같은 이유에서 영장의 특정성 요건은 압수·수색 과정에서의 정
보 프라이버시권 보장과 관련하여 일정한 한계를 지니고 있다. 그러나 수
사기관이 특정성 요건을 준수하지 않고 영장을 신청한 경우에 압수·수색
영장은 그 자체로 기각될 수 있다. 또한 특정성 요건이 결여된 영장이 발부
된다면 추후 재판과정에서 (선의의 예외 이론이 인정되지 않는다면) 해당
영장에 의하여 압수된 증거가 증거배제될 가능성도 있다. 따라서 수사기관
은 영장 신청시 위와 같은 위험을 피하기 위하여 주의를 기울여야 할 것이
기에, 이는 정보 주체의 정보 프라이버시권을 보장하는 차원에서 의의가
있다고 할 것이다.

제2절 대한민국의 동향

Ⅰ. 대한민국 형사소송법에서의 특정성 요건

　　대한민국의 형사소송법 제114조 제1항은 영장의 방식을 규정하고 있는
데, 2011. 7. 18. 형사소송법 개정 이전의 형사소송법 제114조 제1항은 "압
수·수색영장에는 피고인의 성명, 죄명, 압수할 물건, 수색할 장소, 신체, 물
건, 발부연월일, 유효기간과 그 기간을 경과하면 집행에 착수하지 못하며
영장을 반환하여야 한다는 취지 기타 대법원규칙으로 정한 사항을 기재하
고 재판장 또는 수명법관이 서명날인하여야 한다."라고 규정되어 있었다.

---

355) 이와 관련한 미국 하급심 판결 사례들에 대한 소개는 Adam M. Gershowitz (2016),
　　606-608면 및 612-613면 참조.

이와 관련하여 대한민국 국회는 전기통신과 관련한 포괄 압수를 막기 위한 취지에서 2011. 7. 18.에 위 형사소송법 조항을 개정하였다. 2011. 7. 18. 개정 형사소송법은 제114조 제1항의 단서로서 "다만, 압수·수색할 물건이 전기통신에 관한 것인 경우에는 작성기간을 기재하여야 한다."라는 문구를 추가하는 내용을 담고 있다.

이와 같은 대한민국의 형사소송법은 미국처럼 특정성 요건을 명시적으로 규정하고 있지는 않다. 그러나 형사소송법 제114조는 일반영장을 금지한 것으로 해석되기에, 수사기관은 특정성 요건을 충족하여 법원에 영장을 청구하여야 한다.356) 특히, 2011. 7. 18. 형사소송법 개정으로 신설된 제114조 제1항 단서는 '압수·수색할 물건이 전기통신에 관한 것인 경우'에는 특정성의 원칙을 더욱 강조하고 있다.

II. 대한민국 형사소송법에서의 관련성 요건

1. 관련성 요건 명문화의 배경

2011. 7. 18. 개정 이전의 형사소송법은 압수·수색의 요건으로 필요성만 규정하고 있었고, 관련성(압수·수색의 대상이 피고 사건 또는 해당 사건과 관계가 있을 것)을 요구하지 않았다. 이에 대하여 '피고 사건 또는 해당 사건과 관련이 있는 경우에만 압수·수색을 허용하여 광범위한 압수·수색을 막아야 한다'라는 문제의식이 있었고, 이에 2011년 형사소송법 개정으로 압수·수색의 요건에 관련성 요건이 추가되게 되었다.357)

---

356) 손지영/김주석 (2016), 179면.
357) 김정한, "CCTV 녹화자료의 압수 · 수색에 관한 소고 -특히 대법원 2011.5.26. 선고 2011도1902 판결, 대법원 2015.7.16. 자 2011모1839 전원합의체 결정 취지와 관련하

참고로, 대법원은 이미 2011. 5. 26.자 2009모1190 결정(이른바 전교조 사건)에서 "전자정보에 대한 압수·수색영장의 집행에 있어서는 원칙적으로 영장 발부의 사유로 된 혐의사실과 관련된 부분만을 문서 출력물로 수집하거나 수사기관이 휴대한 저장매체에 해당 파일을 복사하는 방식으로 이루어져야 하고"라고 판시하여, '정보 저장매체에 대한 압수·수색에서는 관련성 요건이 중요하다'라는 점을 지적한 바 있다.

2. 관련성 요건의 내용

대한민국 국회는 2011. 7. 18.에 형사소송법을 개정하여 압수·수색 등의 요건으로서 관련성을 추가하였는데, 그 구체적인 내용을 정리하면 다음과 같다.

우선, 2011. 7. 18. 개정 형사소송법은 법원의 압수·수색 요건으로서 '피고사건과의 관련성'을 추가하였다(형사소송법 제106조 제1항, 제107조 제1항, 제109조 제1항).

다음으로, 2011. 7. 18. 개정 형사소송법은 수사기관의 압수·수색·검증 영장 청구의 요건으로서 '해당 사건과의 관련성' 및 '피의자가 죄를 범하였다고 의심할만한 정황이 있을 것'을 추가하였다(형사소송법 제215조).

이상과 같은 형사소송법 조문 변경 내역을 정리하면 다음과 같다.

여-", 경북대학교 법학연구원 법학논고 제60집 (2017. 11.), 378-379면.

개정 조항	개정 전	개정 후
제106조 제1항	①법원은 필요한 때에는 증거물 또는 몰수할 것으로 사료하는 물건을 압수할 수 있다. 단, 법률에 다른 규정이 있는 때에는 예외로 한다.	①법원은 필요한 때에는 피고사건과 관계가 있다고 인정할 수 있는 것에 한정하여 증거물 또는 몰수할 것으로 사료하는 물건을 압수할 수 있다. 단, 법률에 다른 규정이 있는 때에는 예외로 한다. 〈개정 2011. 7. 18.〉
제107조 제1항	①법원은 피고인이 발송한 것이나 피고인에게 대하여 발송된 우체물 또는 전신에 관한 것으로서 체신관서 기타가 소지 또는 보관하는 물건의 제출을 명하거나 압수를 할 수 있다.	① 법원은 필요한 때에는 피고사건과 관계가 있다고 인정할 수 있는 것에 한정하여 우체물 또는 「통신비밀보호법」 제2조 제3호에 따른 전기통신(이하 "전기통신" 이라 한다)에 관한 것으로서 체신관서, 그 밖의 관련 기관 등이 소지 또는 보관하는 물건의 제출을 명하거나 압수를 할 수 있다.
제109조 제1항	①법원은 필요한 때에는 피고인의 신체, 물건 또는 주거 기타 장소를 수색할수 있다	① 법원은 필요한 때에는 피고사건과 관계가 있다고 인정할 수 있는 것에 한정하여 피고인의 신체, 물건 또는 주거, 그 밖의 장소를 수색할 수 있다. 〈개정 2011. 7. 18.〉
제215조 제1항 및 제2항	①검사는 범죄수사에 필요한 때에는 지방법원판사에게 청구하여 발부받은 영장에 의하여 압수, 수색 또는 검증을 할 수 있다. 〈개정 1980. 12. 18.〉 ②사법경찰관이 범죄수사에 필요한 때에는 검사에게 신청하여 검사의 청구로 지방법원판사가 발부한 영장에 의하여 압수, 수색 또는 검증을 할 수 있다. 〈개정 1980. 12. 18.〉	① 검사는 범죄수사에 필요한 때에는 피의자가 죄를 범하였다고 의심할 만한 정황이 있고 해당 사건과 관계가 있다고 인정할 수 있는 것에 한정하여 지방법원판사에게 청구하여 발부받은 영장에 의하여 압수, 수색 또는 검증을 할 수 있다. ② 사법경찰관이 범죄수사에 필요한 때에는 피의자가 죄를 범하였다고 의심할 만한 정황이 있고 해당 사건과 관계가 있다고 인정할 수 있는 것에 한정하여 검사에게 신청하여 검사의 청구로 지방법원판사가 발부한 영장에 의하여 압수, 수색 또는 검증을 할 수 있다.

제3절 소결: 영장 발부 요건의 개선방안

Ⅰ. 미국과 대한민국의 비교

이상 살펴본 바와 같이 미국과 대한민국의 양국은 디지털 증거에 대한 영장 발부 요건을 강화하는 동향을 보여왔다. 이러한 양국의 특징을 정리해 보면 다음과 같다.

첫째, 미국의 수정헌법 제4조에는 특정성 원칙이 명시적으로 규정되어 있으며, 또한 미국의 법원은 전통적으로 포괄 영장의 금지를 엄격히 요구해왔다. 특히 미국의 법원은 특정성 원칙의 위배를 이유로 하여 정보 저장 매체에서 압수된 디지털 증거의 증거능력을 배제하는 경우가 많다. 이와 관련하여 대한민국의 형사소송법에는 특정성 원칙이 명시적으로 규정되어 있지 않다. 다만, 대한민국의 경우에도 영장 발부의 요건으로서 특정성 원칙이 요구된다고 해석된다.

둘째, 미국의 수정헌법 제4조에는 관련성 요건이 존재하지 않지만, 대한민국의 형사소송법에는 '수사기관의 압수·수색·검증 영장 청구의 요건'으로서 관련성 요건이 명시적으로 규정되어 있다. 특히 대한민국에서는 관련성 요건이 디지털 증거의 압수·수색 과정에서도 지켜져야 하며, 관련성이 없는 증거를 압수하기 위해서는 별도의 영장을 발부받아야만 한다. 대한민국의 대법원은 디지털 정보에 대한 영장주의를 엄격히 적용하고 있기에, 수사기관이 별도의 영장 없이 관련성 없는 정보(무관 정보)를 수집하는 것을 금지하고 있기 때문이다.[358]

참고로, '형사소송법 개정 이전에도 필요성 요건에는 이미 관련성과 비

---

358) 이와 관련한 사항들은 '제6장 강제처분 과정에서 우연히 발견된 별건 정보의 취득 제한'에서 구체적으로 논의하기로 한다.

례성이 포함되어 있었다'라는 전제에서,[359] '수사기관이 관련성 요건에 주의하지 않고 정보 저장매체의 정보들을 과잉 압수하였기 때문에 국회가 관련성 요건을 특별히 명문화한 것이다'라고 보는 견해도 있다.[360] 이러한 견해의 측면에서 바라보면 대한민국의 위와 같은 동향은 '관련성 요건의 재조명'이라고도 지칭할 수 있을 것이다.

II. 특정성 원칙의 구체화와 관련성 요건의 실효성 확보

정보 프라이버시권 보장을 위하여 영장의 발부 요건와 관련하여 다음과 같은 개선 방안을 제시하고자 한다.

첫째, 특정성 원칙 관련하여, 정보 저장매체에 대한 압수·수색 영장의 경우에는 미국의 사례에서와 같이 영장 청구 및 발부 단계에서 특정성 원칙을 보다 구체화할 필요가 있다.

예를 들어 정보 저장매체에 저장되어 있는 특정한 정보에 대한 압수가 필요한 경우, 수사기관은 해당 정보의 유형(사진, 동영상, 문서, 또는 통화기록 등)을 구체적으로 특정하여야 한다. 또한 가능하다면 각 정보 유형들을 '기간 또는 통신 상대방' 등을 중심으로 재차 특정할 필요가 있다. 즉, 단순히 '해당 저장매체에 담겨져 있는 범행 관련 정보' 등의 방식으로 영장을 청구해서는 안 되는 것이다. 만약 수사기관의 영장 청구서가 위와 같은 특정성의 요건을 충족하지 못한 경우라면 영장 담당 판사는 해당 영장을 기각하여야 할 것이다.

이와 관련하여, '모바일 압수·수색 영장에 대한 별지를 별도로 만들어서,

---

359) 이완규, "디지털 증거 압수수색과 관련성 개념의 해석", 법조 제62권 제11호 (2013. 11.), 94면. 이 논문은 이하 '이완규 (2013. 11.)'으로 약칭한다.
360) 이완규 (2013. 11.), 97-98면.

해당 별지 내에서 압수·수색 대상 정보의 시적 범위, 정보의 구체적 종류, 통화 기록의 인적 범위, 검색 방법 등이 구체적으로 특정되도록 하자'는 제안이 있다.361) 이는 '특정성이 결여된 영장 청구 및 발부를 억제할 수 있다'라는 측면에서 영장 발부 실무상 고려해 볼 만한 제안이라고 판단된다.

둘째, 2011. 7. 18. 형사소송법 개정으로 인하여 압수·수색의 요건에 관련성 요건이 추가되었듯이, 특정성 요건을 형사소송법에 명시적으로 입법하는 방안도 생각해 볼 수 있다. 물론 현행 형사소송법도 특정성의 요건이 요구된다고 해석되고 있다. 그러나 현행 형사소송법에는 특정성 요건이 명시적으로 규정되어 있는 것이 아니며, 유체물 압수·수색의 경우를 상정하여 "압수할 물건, 수색할 장소, 신체, 물건" 등에 대한 일반적 사항이 예시되어 있을 뿐이다. 포괄 영장의 발부는 수사기관의 무차별적 수색을 직접적으로 초래한다는 점에서, 정보 저장매체에 대한 압수·수색에서는 특정성 요건을 보다 구체적으로 명문화할 필요가 있다고 보인다. 이와 관련한 개정 제안은 아래 표와 같다.

〈 표 1 〉 특정성 요건의 구체화와 관련한 조문 개정 제안

개정 대상 조항	현행 조항	개정 제안
형사소송법 제114조(영장의 방식) 제1항	①압수·수색영장에는 피고인의 성명, 죄명, 압수할 물건, 수색할 장소, 신체, 물건, 발부년월일, 유효기간과 그 기간을 경과하면 집행에 착수하지 못하며 영장을 반환하여야 한다는 취지 기타 대법원규칙으로 정한 사항을 기재하고	①압수·수색영장에는 피고인의 성명, 죄명, 압수할 물건, 수색할 장소, 신체, 물건, 발부년월일, 유효기간과 그 기간을 경과하면 집행에 착수하지 못하며 영장을 반환하여야 한다는 취지 기타 대법원규칙으로 정한 사항을 기재하고 재판장 또는 수명법관이 서명날인

---

361) 오현석, "모바일 전자증거 압수수색 적법절차, 영장 별지, 수사기관의 전자증거 관리", 국회입법조사처·한국형사정책연구원 공동학술대회, "전자장치 내지 저장매체의 압수수색 영장" 발제문 (2019. 12. 13.), 128-133면.

	재판장 또는 수명법관이 서명 날인하여야 한다. 다만, 압수·수색할 물건이 전기통신에 관한 것인 경우에는 작성기간을 기재하여야 한다.	하여야 한다. 다만, 압수·수색할 물건이 **정보에 관한 것인 경우에는 문서, 사진, 오디오, 동영상, 인터넷 검색 기록 등과 같은 해당 정보의 유형을 기재하여야 하며,** 전기통신에 관한 것인 경우에는 작성기간을 기재하여야 한다.
형사소송규칙 제107조(압수, 수색, 검증 영장청구서의 기재사항) 제1항	①압수, 수색 또는 검증을 위한 영장의 청구서에는 다음 각호의 사항을 기재하여야 한다. 1. 제95조제1호부터 제5호까지에 규정한 사항 2. 압수할 물건, 수색 또는 검증할 장소, 신체나 물건 3. 압수, 수색 또는 검증의 사유 4. 일출전 또는 일몰후에 압수, 수색 또는 검증을 할 필요가 있는 때에는 그 취지 및 사유 5. 법 제216조제3항에 따라 청구하는 경우에는 영장 없이 압수, 수색 또는 검증을 한 일시 및 장소 6. 법 제217조제2항에 따라 청구하는 경우에는 체포한 일시 및 장소와 영장 없이 압수, 수색 또는 검증을 한 일시 및 장소 7. 「통신비밀보호법」제2조제3호에 따른 전기통신을 압수·수색하고자 할 경우 그 작성기간	①압수, 수색 또는 검증을 위한 영장의 청구서에는 다음 각호의 사항을 기재하여야 한다. 1. 제95조제1호부터 제5호까지에 규정한 사항 2. 압수할 물건, 수색 또는 검증할 장소, 신체나 물건, **압수·수색할 물건에 정보에 관한 것이 포함되어 있는 경우에는 문서, 사진, 오디오, 동영상, 인터넷 검색 기록 등과 같은 해당 정보의 유형** 3. 압수, 수색 또는 검증의 사유 4. 일출전 또는 일몰후에 압수, 수색 또는 검증을 할 필요가 있는 때에는 그 취지 및 사유 5. 법 제216조제3항에 따라 청구하는 경우에는 영장 없이 압수, 수색 또는 검증을 한 일시 및 장소 6. 법 제217조제2항에 따라 청구하는 경우에는 체포한 일시 및 장소와 영장 없이 압수, 수색 또는 검증을 한 일시 및 장소 7. 「통신비밀보호법」제2조제3호에 따른 전기통신을 압수·수색하고자 할 경우 그 작성기간

셋째, 관련성 요건 관련하여 관련성 요건이 실제 영장 집행 단계에서도 지켜질 수 있도록 개선할 필요가 있다. 관련성 요건은 영장 발부 단계보다도 영장 집행의 단계에서 그 의의가 크기 때문이다. 영장 발부가 관련된 정보에 특정되어 이루어졌다고 해도, 관련성 원칙은 수사기관이 실제 영장 집행 단계에서 관련된 정보만 수집하여야 의미가 있다. 이와 관련하여 '영장의 별지에 대법원 판례상의 관련성 기준을 기재하여 놓고, 이러한 기준에서 벗어난 디지털 증거가 압수된 경우에는 위법수집증거에 해당한다는 문구를 해당 별지에 명시하자'라는 제안이 있는데,362) 이러한 제안을 고려할 필요가 있다고 생각된다. 영장의 별지에 '관련성 요건을 위배하여 수집된 증거가 위법수집증거에 해당할 수 있다'라는 점을 미리 고지하면, 수사기관의 영장 집행 과정에서의 관련성 원칙 준수를 어느 정도 담보할 수 있기 때문이다.

---

362) 홍진표, "디지털 증거에 대한 압수수색 영장제도의 실무적 개선방안 고찰", 사법 제50호, 사법발전재단 (2019) 136-137면. 이 논문은 이하 '홍진표 (2019)'으로 약칭한다.

제5장

영장 집행 과정에서의 절차적 통제 강화

제1절 미국: 영장 발부 법원을 중심으로 한 사전 제한 움직임

Ⅰ. 사전 제한의 의의와 역할

미국의 수정헌법 제4조[363])에 따르면, 압수·수색 영장은 상당한 이유 (probable cause)를 바탕으로 발부되어야 한다. 또한 압수·수색 영장에는 압수수색의 대상이 특정적으로(particularly) 기재되어야 한다(이른바 포괄영장의 금지). 그러나 '영장 발부 시에 영장의 집행방법까지 법원에 의하여 기재되어야 한다'라는 규정은 존재하지 않는다. 영장 발부의 실무에서도 '발부된 영장의 집행방법과 관련된 제한'이 영장에 기재되지 않는 것이 미국에서의 전통적인 관행이었다.[364])

그러나 미국의 영장 발부 법원은 유체물 증거가 아닌 디지털 증거에 대한 압수·수색 영장에는 '영장의 집행방법'을 사전에 부기하기 시작하였다. 정보 저장매체에는 대량의 정보들이 저장되어 있기에, 수사기관이 영장 집행과정에서 대량의 무관 정보들까지 탐색할 위험이 크기 때문이다. 특히, 수사기관이 영장의 집행방법을 사전(ex ante)에 제한하지 않고 영장을 청구할 경우, 영장 발부 법원은 해당 영장 청구를 기각하기도 한다.[365]) 이처럼

---

363) 해당 조항의 전문은 다음과 같다. "The right of the people to be secure in their persons, houses, papers, and effects, against unreasonable searches and seizures, shall not be violated, and no Warrants shall issue, but upon probable cause, supported by Oath or affirmation, and particularly describing the place to be searched, and the persons or things to be seized."

364) Adam M. Gershowitz (2016), 615면.

365) '영장 신청서(warrant application)에 영장 집행방법의 사전 제한(ex ante limit)이 기재되어 있지 않다'라는 이유에서 영장 청구를 받은 법원이 해당 영장 청구를 기각한 사례들에 대해서는 Emily Berman, "DIGITAL SEARCHES, THE FOURTH

미국에서의 영장 발부 법원은 '영장 집행의 방식 제한'을 사전에 부기하고 있는데, 이는 발부된 영장이 혐의 사실과 관련된 정보(유관정보)에만 집행될 수 있도록 하는 효과를 가져온다.

　대한민국의 영장 발부 법원 역시 최근에 영장 발부시 영장 집행 방법의 제한을 사전에 부기하고 있는데, 그 유형과 역할이 미국의 사전 제한과 맥을 같이 한다고 보인다.366) 따라서 미국의 사전 제한을 살펴보는 것은 우리에게도 시사하는 바가 크다.

　한편, 미국의 모든 법원이 영장 발부의 사전 제한에 적극적인 것은 아니며, 이와 관련한 연방대법원 판결도 존재하지 않는다. 또한, 영장을 집행해야 하는 입장인 미국 법무부는 위와 같은 법원의 영장 사전 제한에 비판의 목소리를 내고 있으며,367) 미국의 학계에서도 영장 집행의 사전 제한을 반대하는 입장이 있다.368) 그러나 미국의 연방대법원이 2014년도에 Riley v. California 판결을 선고한 이후로 영장에 사전 제한을 부기하는 영장 발부 법원의 숫자가 점점 늘어나고 있는 추세라고 하기에,369) 정보 프라이버시

AMENDMENT, AND THE MAGISTRATES' REVOLT", 68 Emory L.J. 49 (2018), 62-65면에 자세히 소개되어 있다.

366) 참고로, 대한민국 대법원은 '정보 저장매체에 대한 압수·수색 방식의 제한'을 대법원 2011. 5. 26.자 2009모1190 결정(전교조 사건)에서부터 지속적으로 해오고 있는데, 이는 '영장 집행 과정에 대한 법원의 통제'라는 점에서 영장 집행방법의 사전 제한과 그 취지가 같다.

367) U.S. Department of Justice (2009), 79-82면.

368) 영장의 사전 제한을 비판하는 대표적인 논문으로는 Orin S. Kerr, "EX ANTE REGULATION OF COMPUTER SEARCH AND SEIZURE", 96 Va. L. Rev. 1241 (2010)가 있다. 이 논문의 요지는 뒤에서 후술하기로 한다. 이 논문은 이하 'Orin S. Kerr (2010)'으로 약칭한다.

369) Adam M. Gershowitz (2016), 617-621면. 참고로, 앞선 제4장 제1절에서 살펴보았듯이, 미국에서는 정보 저장매체에 대한 압수·수색 영장이 특정성 원칙을 위반한 경우라도, 선의의 예외 이론(good faith exception)에 근거하여 해당 영장으로 수집된 정보의 증거사용이 허용되는 경우가 많다. 이와 관련하여 Adam M. Gershowitz (2016), 590-592 및 606-608면에서는 '포괄 영장을 방지하고자 하는 특정성 원칙이 선의의

권 보장 방안으로서 영장의 사전 제한이 기능하는 역할이 크다고 볼 수 있다.

이하 본 절에서는 먼저 사전 제한의 유형을 구체적으로 분류하고 분석해 보기로 한다. 이후 이와 같은 사전 제한의 대표적인 판결들을 자세히 살펴보기로 한다. 미국은 우리와 형사법 체계가 다르므로 사실관계와 소송경과를 구체적으로 살펴보아야 사전 제한의 의미를 각 유형과 관련하여 정확하게 파악할 수 있기 때문이다. 특히, 하나의 판결에서 사전 제한의 여러 가지 유형이 함께 문제 되는 경우가 많은 관계로, 개별적인 판결들을 상세히 검토하는 것이 필요하다고 판단된다. 그리고 마지막으로는 미국에서 사전 제한을 반대하는 견해(사전 제한 반대론)의 요지를 간략히 검토해 보고, 이러한 사전 제한 반대론에 대한 반박론(사전 제한 찬성론)의 요지 또한 간략히 살펴보기로 한다.

II. 사전 제한 유형의 분류 방식

미국의 영장 발부 법원은 정보 저장매체에 대한 영장발부와 관련하여 영장 집행 방법의 제한을 사전에 부가하고 있으며, 이러한 제한은 여러 가지 형태로 나타난다. 이러한 여러 가지 형태의 사전제한을 본 논문에서는 '① 정보 저장매체의 반출 제한, ② 영장 집행기간의 제한, ③ 유관정보 탐색 방법의 제한, ④ 정보 저장매체 압수 이후 법원의 추가 허가 요구, ⑤무관정보 폐기(삭제) 의무의 부여'의 5가지로 유형화하였다. 이하 각 유형의 특징을 구체적으로 살펴보기로 한다.

참고로, 사전 제한의 분류 방식은 학자마다 다를 수 있다. 예컨대, 디지

예외 이론(good faith exception) 때문에 제대로 기능하지 못하고 있다'라는 점을 지적한 후, '영장 발부 법원은 영장 집행의 사전 제한을 통해서 포괄 영장의 위험을 막을 수 있다'라고 주장하였다.

털 증거와 관련한 대표적인 미국 학자인 Orin S. Kerr는 이러한 사전 제한
의 유형을 '압수수색 영장이 집행되는 현장에서 수사기관이 정보 저장매체
자체를 압수(반출)하지 못하게 제한하는 방식(1유형), 반출된 정보 저장매
체에 대한 추후 압수수색[수사기관의 사무실(off site)에서의 수색]에 대하
여 시간 제한을 설정하는 방식(2유형), 정보 저장매체 상의 정보 탐색에 대
하여 서치 프로토콜(search protocol) 등의 수색 제한 방안을 요구하는 방식
(3유형), 압수된 정보 저장매체가 반환 되어야 하는 기한을 설정하는 방식
(4유형)'으로 나누고 있다.[370] 그러나 이와 같은 Orin S. Kerr의 4가지 유형
중에서 2유형과 4유형은 사실상 그 목적이 동일한 것으로도 볼 수 있다. 2
유형과 4유형은 모두 '수사기관의 정보 탐색 기한을 제한하여 수사기관의
무관정보에 대한 무제한적 탐색을 억제한다'라는 측면에서 동일한 목적과
기능을 가지고 있기 때문이다.

따라서 본 논문에서의 '영장 집행기간의 제한'이라는 유형은 'Orin S.
Kerr의 2유형과 4유형' 모두를 포함하는 의미임을 밝힌다. 또한, 미국의 영
장 발부 법원은 '유관 정보 수색에 법원의 추가 허가를 받도록 요구하거나,
또는 수사기관에게 폐기 의무를 부여하는 경우'가 있는데, Orin S. Kerr가
제시한 4가지 유형에는 이와 같은 경우를 정확히 포함하고 있지 않다. 따
라서 본 논문에서는 '정보 저장매체 압수 이후 법원의 추가 허가 요구'와
'무관 정보 폐기(삭제) 의무의 부여'라는 유형의 사전 제한을 추가로 서술
하였다. 이상 '본 논문의 이러한 점들이 Orin S. Kerr의 분류 방식(4가지 유
형)과는 구분이 된다'라는 점을 밝힌다.

---

370) Orin S. Kerr (2010), 1244면. 참고로, "1유형 내지 4유형"이라는 명칭은 필자가 용어
   서술의 편의를 위해서 임의로 부기하였다.

III. 구체적인 사전 제한의 유형

1. 정보 저장매체의 반출 제한

수사기관이 정보 저장매체에 대한 압수수색 영장을 정보 저장매체가 존재하는 현장(on site)이 아닌 수사기관의 사무실에서 집행하는 경우(off site),371)372) 수사기관이 무관 정보를 탐색할 가능성이 더 커지게 된다. 정보 저장매체가 일단 수사기관의 사무실로 옮겨졌기 때문에, 피압수자가 수사기관의 정보 저장매체 탐색을 제한하기가 어려워지기 때문이다. 따라서 미국의 법원은 '영장 집행과정에서 정보 저장매체가 반출되는 상황'을 사전에 제한하고자, '정보 저장매체를 반출하여야 하는 사유를 선서진술서에

---

371) '정보 저장매체에 담겨 있는 정보가 방대한 관계로, 수사기관은 압수수색 현장에서 혐의사실과 관련이 있는 정보를 선별하기가 상당히 어렵다. 따라서 정보 저장매체 내의 디지털 증거에 대한 압수수색은 유체물 압수수색과는 달리 다음과 같은 특수한 절차(2단계)로 진행되는 경우가 많다. 먼저, 수사기관은 압수수색 현장에서 정보 저장매체를 확보하고, 이를 수사기관의 사무실로 옮긴다(1단계 압수수색). 다음으로, 수사기관은 수사기관의 사무실에서(off site) 정보 저장매체의 정보 중 혐의 사실과 관련이 있는 정보만을 추출해 낸다(2단계 압수수색). 이때 2단계 압수수색은 일반적으로 컴퓨터 포렌식 전문가에 의해서 진행이 된다.' 이상 Orin S. Kerr, "Search Warrants in an Era of Digital Evidence", 75 Miss. L.J. 85 (2005), 90-95면 참조. 한편, '포렌식 절차는 이미지 카피본(압수수색의 대상이 된 정보 저장매체의 하드 드라이브를 동일하게 복제한 파일)을 만든(이미징) 후, 해당 이미지 카피본에서 관련 정보를 수색하는 것으로 진행이 된다. 법원은 이러한 2단계 분석(off-site) 과정 역시 수정헌법 제4조의 적용을 받는 수색의 일환으로 보고 있다.' 이상 U.S. Department of Justice (2009), 86면 참조.

372) 대한민국에서도 정보 저장매체를 수사기관의 사무실로 옮기는 경우가 많다. 이와 관련하여 대한민국에서는 압수·수색 집행 방식의 제한(혐의사실과 관련된 부분만을 출력물이나 파일 복사 등의 방식으로 압수해야 하고, 압수대상 저장매체 자체의 외부 반출은 예외적으로만 허용하는 방식의 제한 등)에 관한 논의가 주로 이루어지고 있다. 이에 대해서는 후술한다. 참고로, 대한민국의 디지털 정보 압수방법은 전지연, 사이버범죄론, 박영사 (2021), 452-459면에 구체적으로 서술되어 있다.

합리적으로 기재할 것'을 수사기관에게 요구하기 시작하였다.

예를 들어 연방 제9항소법원은 United States v. Hill 사건에서 '압수수색의 현장(on site)에서 관련 정보만 압수하는 것이 기술적으로 가능한 경우도 있으므로, 수사기관은 정보 저장매체 자체의 압수 및 반출이 필요한 이유에 대하여 영장 발부 판사에게 충분히 선서진술서(affidavit)를 통하여 소명하여야 한다'라고 밝히고, '저장 매체 자체를 반출하여야 하는 합리적인 설명이 선서진술서에 담겨있지 않은 경우에는 영장을 발부할 수 없다'라고 판시하였다.[373]

2. 영장 집행 기간의 제한

정보 저장매체에 대한 영장 집행은 포렌식 절차를 동반하는 경우가 대부분이고, 따라서 영장 집행의 종기가 유체물에 비하여 길어지게 되었다. 이와 관련하여, 영장 집행 기간을 사전에 제한하여 수사기관의 무관 정보 탐색을 제한하려는 법원이 생겨났다.

이와 관련한 사례로서 2013년도의 United States v. Cote[374] 사례가 있다. 해당 사안은 '압수된 정보 저장매체에 대한 수색은 90일 이내에 이루어질 것, 수사기관이 90일 이후에도 수색을 하려면 그에 합당한 근거를 제시하여 법원의 별도 허가를 받을 것'이라는 취지의 영장 집행 시간의 사전 제한을 수사기관이 어긴 사례이다. 이에 대하여 재판부는 '수사기관이 90일의 영장 집행 기간 제한을 위반하였고, 해당 증거가 배제되지 않을 예외 사유도 없다'라는 점에서 수사기관이 기간 제한에 위반하여 획득한 증거의

---

373) U.S. v. Hill, 459 F.3d 966, 975-976 (9th Cir. 2006).

374) United States v. Cote, 72 M.J. 41 (C.A.A.F. 2013). 이 판결의 구체적인 내용에 대해서는 추후 다시 서술하기로 한다. 이 판결은 이하 'United States v. Cote (C.A.A.F. 2013)'으로 약칭한다.

증거능력을 배제하였다.

참고로, 이러한 영장 집행의 기한 제한을 살펴보기 위해서는, 영장 집행
의 기한과 관련된 2009년도의 미국 연방형사소송규칙 개정을 살펴볼 필요
가 있다. 2009년 개정 전 연방형사소송규칙[Fed. R. Crim. P. 41(e)(2)(A)]은
압수·수색 영장의 집행이 10일 이내에 이루어지도록 규정하고 있었다. 그
런데 디지털 정보 저장매체에 대한 압수·수색이 2단계(수사기관 사무실 내
에서의 진행)까지 진행된 경우, 수사기관 사무실에서의 분석 기간 역시 위
10일 이내에 이루어져야 하는지의 문제가 발생하였다. 이에 미국 연방의회
는 2009년도에 '수사기관 사무실 내에서의 정보 탐색 절차는 위와 같은 기
한 제한을 받지 않는 것'으로 연방형사소송규칙을 개정하였다[Fed. R.
Crim. P. 41(e)(2)(b)]. 이후 수사기관은 영장 집행의 사전 기한 제한을 부정
하려는 근거로서 이러한 2009년도의 연방형사소송규칙 개정을 제시하였으
나, 미국 법원은 이를 받아들이지 않았다.375)

위 United States v. Cote 판결은 2009년도 미국 연방형사소송규칙 개정
후의 사례인데, 2009년도 연방형사소송규칙 개정 전의 사례로서는 U.S. v.
Brunette판결376)이 있다. 본 사안에서 수사기관은 Brunette의 아동포르노 소
지 혐의에 대하여 법원으로부터 영장을 발부받았는데, 이때 법원은 '수사
기관이 Brunette의 컴퓨터를 압수한 날로부터 30일 이내에 컴퓨터 내의 유
관 정보 수집을 끝낼 것'을 조건으로 하여 영장을 발부하였다. 수사기관은
1999년 2월 9일에 Brunette의 컴퓨터를 압수하였고, 이후 1999년 3월 9일에
법원으로부터 컴퓨터 수색에 관한 30일의 추가 연장을 허가받았다. 따라서

---

375) 이상과 관련한 자세한 사항은 United States v. Cote (C.A.A.F. 2013) 판결 이유에
    잘 정리되어 있기에, 추후 United States v. Cote (C.A.A.F. 2013) 판결의 판시 이유에
    서 다시 서술하기로 한다.
376) U.S. v. Brunette, 76 F.Supp.2d 30 (D.Maine 1999).

수사기관은 1999년 4월 8일까지 컴퓨터상의 유관정보 수색을 종료하여야
하였는데, 그럼에도 불구하고 수사기관은 1999년 4월 10일에 컴퓨터 수색
을 시작하였다. 법원은 이와 관련하여, '수사기관은 수색 영장과 추가 허가
에 부가된 집행 기한의 제한을 준수하지 못하였고, 수사기관이 집행 기한
을 미준수하게된 합리적인 이유도 존재하지 않는다'는 이유에서 수사기관
이 해당 컴퓨터에서 수집한 증거들의 증거능력을 배척하였다.[377]

　이외에도 영장 발부 법원이 포렌식 수색의 집행 기간을 제한한 사례로서
U.S. v. Mutschelknaus[378]가 있다. 본 사건에서의 영장 발부 판사는 영장 발
부 당시에 '압수한 정보 저장매체에 대한 포렌식 절차가 해당 정보 저장매
체가 압수된 날로부터 60일 이내에 종료되어야 한다'라는 기한 제한을 부
과하였다. 본 사안에서는 수사기관이 해당 기한 내에 포렌식 분석 절차를
완료하였고, 본 판결의 재판부는 해당 영장의 집행으로 수집된 증거의 증
거능력을 인정하였다.

　한편, 영장의 집행기한 종기를 명시적으로 기재하는 경우 외에도 법원이
'증거분석 기간 후 일정한 기간 이내에 컴퓨터를 반환하도록 하는 취지의
영장을 발부하는 사례'도 있는데, 이 역시 기간 제한의 유형에 포함된다고
불 수 있다. 수사기관의 무제한적인 정보 탐색을 기간 제한을 통하여 방지
하는 역할을 하기 때문이다. 이와 관련한 사례로서는 United States v. Maali
판결[379]이 있다. 이 사건에서 수사기관은 불법 고용과 탈세 혐의를 수사하
기 위하여 법원에 영장을 청구하였는데, 해당 영장은 '수사기관은 컴퓨터

---

377) U.S. v. Brunette, 76 F.Supp.2d 30, 42 (D.Maine 1999).
378) U.S. v. Mutschelknaus, 592 F.3d 826 (8th Cir. 2010). 이 판결의 구체적인 내용에
　　대해서는 추후 다시 서술하기로 한다. 이 판결은 이하 'U.S. v. Mutschelknaus (8th
　　Cir. 2010)'으로 약칭한다.
379) United States v. Maali 346 F. Supp. 2d 1226 (M.D. Fla. 2004).

내의 관련 정보들을 수집한 즉시 해당 컴퓨터를 반환하여야 하며, 해당 기
간은 10일을 넘어서는 안 된다'라는 조건 하에 발부되었다.[380]

3. 유관정보 탐색 방법의 제한

정보 저장매체에 대한 유관정보를 탐색하는 방법 자체를 구체적으로 규
제한다면, 수사기관이 무관 정보를 탐색하는 것을 사전에 방지할 수 있다.
이는 정보 저장매체 자체에 대한 현장 압수 및 반출 단계(1단계 압수수색)
보다는 정보 저장매체에 저장되어 있는 정보 탐색 단계(2단계 압수수색)에
서 그 의미가 있다. 정보 저장매체 내에 담겨 있는 정보를 탐색하는 방식은
여러 가지가 있을 수 있기에, 법원은 이를 여러 방식으로 제한하여 무관 정
보의 노출을 막을 수 있기 때문이다. 이러한 유관정보 탐색 방법의 제한은
'특정한 검색 계획(search protocol)[381]의 요구, 독립적인 제3자에 의한 유관
정보 분류 요구, 플레인 뷰(plain view doctrine) 예외 적용의 포기 요구' 등
으로 그 유형이 다양하다.

유관정보 탐색 방법을 제한한 대표적인 미국의 사례로는 United States v.
Comprehensive Drug Testing, Inc. (Comprehensive Drug Testing III) 판결[382]

---

380) United States v. Maali 346 F. Supp. 2d 1226, 1245 (M.D. Fla. 2004).
381) 서치 프로토콜(search protocol)에 대한 정의는 영장 발부법원마다 조금씩 다른데,
    Matter of the Search of Apple iPhone, IMEI 013888003738427, 31 F. Supp. 3d 159
    (2014) 사건의 재판부는 해당 판결 166면에서 서치 프로토콜(search protocol)을 "압
    수가 허용되는 것과 허용되지 않는 것을 분리하기 위하여 수사기관이 사용할 과학적
    방식에 대한 설명(explanation of the scientific methodology)"이라고 정의하였다. 이와
    관련한 서치 프로토콜(search protocol)에 대한 정의들은 Emily Berman, "DIGITAL
    SEARCHES, THE FOURTH AMENDMENT, AND THE MAGISTRATES'
    REVOLT", 68 Emory L.J. 49 (2018), 62면의 각주 53에 소개되어 있다. 참고로, 서
    치 프로토콜(search protocol)에 대한 정의는 조금씩 다를 수 있겠지만, 본 논문에서
    는 "특정한 검색 계획"이라는 의미로 사용하기로 한다.
382) United States v. Comprehensive Drug Testing, Inc. (Comprehensive Drug Testing

이 있다.383) 본 사안에서 연방수사기관은 'Bay Area Lab Cooperative (Balco)라는 회사가 프로야구 선수들에게 스테로이드 약물을 공급한다'는 혐의를 발견하고, 약물 검사 결과를 보유하고 있는 CDT 회사에 대한 압수수색을 진행하였다. 그런데 이때 해당 영장은 집행 대상으로서 '혐의가 있는 10명의 선수들의 자료들'로 한정하고 있었으며, '수사관이 아닌 별도의 컴퓨터 전문가가 관련 정보를 탐색하고 유관정보를 선별하여야 한다'라는 취지의 조건도 부가되어 있었다. 그럼에도 불구하고 수사관은 CDT 회사 컴퓨터를 무차별적으로 탐색하였고, 그 결과 수사기관은 혐의 사실과 무관한 100명이 넘는 운동선수들에 대한 약물 검사 정보를 수집하였다. 이와 관련하여 연방 제9항소법원은 '수사기관이 무관 정보들을 반환해야 한다'는 취지를 판시하며, 이에 덧붙여 '치안판사(Magistrate)는 디지털 증거와 관련된 수사에서 수사기관이 플레인 뷰 이론(plain view doctrine)의 사용을 포기하게 하여야 하고, 유관정보 분류 작업은 전문가(specialized personnel) 또는 독립적인 제3자(independent third party)가 하여야 하며, 수사기관은 유관정보만 확인할 수 있는 방식으로 특정한 검색 계획(search protocol)을 세워야 한다'라는 유관정보 탐색 방법의 제한을 명시하였다.384)

III), 579 F.3d 989 (9th Cir. 2009). 이 판결은 이하 'Comprehensive Drug Testing III (9th Cir. 2009)'으로 약칭한다.

383) 본 사례는 2006년부터 2010년까지 총 4차례에 걸쳐서 판결 선고가 되었기 때문에 그 소송 경과가 복잡하다. 이하 서술의 편의를 위하여, '2006년도 판결에 대해서는 Comprehensive Drug Testing I, 2008년도 판결에 대해서는 Comprehensive Drug Testing II, 2009년도 판결에 대해서는 Comprehensive Drug Testing III, 2010년도 판결에 대해서는 Comprehensive Drug Testing IV'라는 별칭을 부기하기로 한다. 참고로, 위 4차례의 판결에 대해서는 중요성이 높은 2009년도 판결(Comprehensive Drug Testing III)을 중심으로 다시 후술하기로 한다.

384) Comprehensive Drug Testing III (9th Cir. 2009), 1006면. 참고로, 연방 제9항소법원은 '영장과 소환장(subpoena)에는 정보의 삭제 위험성, 해당 정보를 획득하기 위하여 다른 사법적 수단을 사용한 적이 있는지 여부'가 기재되어야 하며, '수사기관은 무관 정보를 삭제하거나 반환하여야 하며, 영장 발부 판사(magistrate)에게 해당 사실을 통

또한 컬럼비아 특별구 연방 지방 법원(United States District Court, District of Columbia)은 '아동 포르노 소지 및 배포 혐의와 관련하여 피의자의 정보 저장매체에 대한 압수·수색 영장이 청구된 사안'에서 '수사기관의 영장 청구서에는 해당 영장의 집행이 어떻게 이루어질지와 관련한 사항(search protocol)이 제대로 기재되어 있지 않다'라고 판단하였고, 이에 '수사기관은 보다 더 구체적이고 정교한 수색 기술을 제시하여야 한다'라는 이유에서 해당 영장 청구를 기각하였다.[385)386)]

4. 정보 저장매체 압수 이후 법원의 추가 허가 요구

정보 저장매체에는 방대한 양의 정보들이 담겨 있는 관계로, 수사기관이 찾고자 하는 유관 정보들이 혐의사실과 관련 없는 수많은 무관 정보와 뒤섞여 있는 경우가 많다. 따라서 수사기관은 정보 저장매체 압수 후 혐의 사실과 유관한 정보들을 선별해 내는 작업을 거치는 것이 대부분인데, 이 과정에서 무관 정보까지 수사기관에게 노출될 위험성이 크다. 이와 관련하여 일부 법원에서는 수정헌법 제4조 위반의 위험성을 피하기 위하여, '정보 저장매체를 압수한 이후에 유관 정보 선별을 위한 법원의 추가적인 허가를

보하여야 한다.'라는 2가지의 제한을 더 제시하였다. 이에 대해서는 추후 관련 판결에서 자세히 살펴보기로 한다.

385) In re the Search of ODYS LOOX Plus Tablet, Serial No. 4707213703415, in Custody of U.S. Postal Inspection Serv., 1400 NY. Ave. NW, Wash., D.C., 28 F. Supp. 3d 40 (D.D.C. 2014), 44-46면. 본 판결의 구체적인 내용에 대해서는 추후 다시 서술하기로 한다.

386) 이와 비슷한 취지의 판결로서 In re the Search of Black iPhone 4, 27 F. Supp. 3d 74 (D.D.C. 2014), 78-80면 참조. 한편 이 판결은 80면에서 '무관 정보 폐기(삭제) 의무의 부여'와 관련한 판시도 한 바 있다. 이 판결의 구체적인 내용에 대해서는 추후 다시 서술하기로 한다. 이 판결은 이하 'In re the Search of Black iPhone 4 (D.D.C. 2014)'으로 약칭한다.

별도로 받을 것'을 권하거나 요구하는 경우가 생겨났다. 이러한 추가적인 영장 요구는 '만약 유관 서류와 무관 서류가 너무나도 뒤엉켜 있는 관계로 수사기관이 유관 서류를 현장(on site)에서 분류하기가 어려운 상황이라면, 수사기관은 해당 서류들을 모두 봉인한 후 추가 수색에 대한 별도의 법원 (magistrate) 허가를 받아야 한다'라고 판시한 U.S. v. Tamura 판결387)에 그 뿌리를 두고 있다.

대표적인 예로, 연방 제10항소법원은 마약 소지 및 판매 혐의에 대한 압수수색 영장 집행 도중 피고인의 컴퓨터 파일에서 아동 포르노 혐의 관련 증거를 확보한 United States v. Carey 사건에서, '컴퓨터 압수수색에서는 유관정보와 무관 정보가 섞여 있을 수 있다는 사실을 유념해야 한다'라고 지적한 후, 위 United States v. Tamura 판결을 인용하며 '이 경우 수사기관은 수색을 중단하고 추가 수색의 방법에 관하여 별도의 법원 허가를 받은 후 유관정보만을 압수하는 방안'을 제시하였다.388) 이후 United States v. Campos 사건에서 법원은 United States v. Carey 판결을 인용하며, 수사기관이 법원의 추가 허가를 받는 것을 바람직한 방향으로 제시하였다.389) 이후

---

387) U.S. v. Tamura, 694 F.2d 591 (9th Cir. 1982), 595-596면. 이 판결의 구체적인 내용에 대해서는 추후 다시 서술하기로 한다. 이 판결은 이하 'U.S. v. Tamura (9th Cir. 1982)'으로 약칭한다.

388) United States v. Carey, 172 F.3d 1268 (10th Cir. 1999), 1275면. 참고로, 본 판결에서는 '회계 관련 증거를 수색하는 수사기관은 특별한 이유 없이 전화 목록이나 워드 파일을 수색할 수 없다'는 취지의 Raphael Winick의 논문[Searches and Seizures of Computers and Computer Data, 8 Harv. J.L. & Tech. 75, (1994) 108면]을 인용하며, '추가 영장 발부 과정에서는 수색할 파일의 구체적인 유형(type)이 영장에 명확히 기재되어야 한다'는 취지를 밝혔다. 이상 본 판결의 1275면 각주 8.

389) United States v. Campos, 221 F.3d 1143 (10th Cir. 2000), 1148면. 본 사건에서 수사기관은 아동 포르노 배포 혐의를 받는 Campos의 컴퓨터를 수색하여 관련 증거를 확보하였는데, 피고인(Campos)은 재판과정에서 '수사기관에게 발부된 압수수색 영장은 지나치게 포괄적이어서(overly broad) 수정헌법 제4조에 위배된다'라고 주장하였다. 이에 대하여 재판부는 'Carey 판결의 사안과 달리 수사관은 영장에서 허용된

United States v. Stierhoff 판결에서도 법원은 United States v. Tamura 판결
과 United States v. Carey 판결을 인용하며 마찬가지의 입장을 밝혔는데,
이는 동의에 의한 컴퓨터 압수수색 사안이라는 점이 특색이다.[390]

　더 나아가 미시간 주 연방지방법원(United States District Court, W.D.
Michigan, Northern Division)에서는 '정보 저장매체에 대한 압수수색 영장
집행 이후, 해당 정보 저장매체 내의 유관정보 선별을 위한 별도의 허가를
받을 것'이라는 사전 제한을 명시적으로 부기한 영장을 발부하였다.[391] 본

　　수색의 범위를 초과하지 않았으며, 수사관의 구체적인 수색 방법이 무엇인지에 대해
　　Campos가 관련 증거도 제시한 바 없다'라는 이유에서 피고인(Campos)의 주장을 받
　　아들이지 않았다. 그러나 재판부는 위 United States v. Carey 판결을 인용하며 '유관
　　증거와 무관증거가 섞여 있는 컴퓨터 압수수색에서는 추가 수색에 관한 별도의 법원
　　허가를 받는 특별한 방식이 요청될 수 있다'라는 취지를 설시하였다. 이상 본 판결의
　　1146-1148면.

390) United States v. Stierhoff, 477 F. Supp. 2d 423 (D.R.I. 2007), 443면. 본 사건에서
　　수사관은 스토킹 관련 증거들을 확보하기 위하여 Stierhoff의 동의를 얻어서 그의 거
　　주지와 컴퓨터 등을 수색하였다. 이때 Stierhoff는 'D: 드라이브(Drive)의 My Files
　　디렉토리(directory)에 있는 Creative Writing 폴더(folder)'에 해당 증거가 들어있을
　　것이라고 얘기하며 수사기관에게 컴퓨터 수색을 허락하였다. 그런데 수사관은 컴퓨
　　터를 외부로 반출한 후의 정보 탐색 과정에서 해당 컴퓨터의 'Offshore folder'내의
　　정보들까지 수색하였고, 여기에서 Stierhoff의 탈세(tax evasion) 혐의와 관련한 증거
　　를 확보하였다(수사기관은 이후 추가 영장을 발부받았다). 이후 Stierhoff은 탈세 혐
　　의로 기소되었는데, 재판부는 수사기관이 'Offshore folder'내의 정보들을 수색한 것
　　은 Stierhoff의 동의를 넘었다고 보고, 이를 바탕으로 획득한 증거를 배제하였다. 또
　　한 재판부는 정부의 플레인 뷰(plain view) 주장과 독립된 출처의 예외(independent
　　source doctrine)주장도 받아들이지 않았다. 'Offshore folder'는 스토킹 범죄와 관련
　　성이 없기에 '수사관은 스토킹 수사를 사실상 중단하고 수색의 범위를 넓혔다'라고
　　보아야 하며, 또한 수사기관이 'Offshore folder'를 검색하지 않았다고 해도 이후의
　　탈세 관련 추가 영장을 받았을 사정이 보이지 않았기 때문이다. 한편, 재판부는 판결
　　이유 443면에서 United States v. Tamura 판결과 United States v. Carey 판결을 인용
　　하며, '유관 정보와 무관정보가 섞여 있는 경우에는 수색을 중단하고 추가 수색의
　　방법에 관하여 별도의 법원 허가를 받아야 한다'라는 취지를 밝혔다.

391) In re the Search of the Premises Known as 1406 N. 2nd Ave., Iron River, Mich.
　　49935, No. 2:05-MJ-28, 2006 WL 709036 (W.D. Mich. Mar. 17, 2006), *1.

사안에서는 아동 포르노 혐의 수사를 하던 FBI 수사관이 특정한 거주지에
존재하는 컴퓨터들에 대한 압수수색 영장을 법원에 신청하였다. 법원은 이
에 응하여 영장을 발부하였지만, '영장 집행 30일 이내에 압수한 해당 컴퓨
터 저장장치(하드 드라이브, CD, DVD, 플로피 디스크, USB 등) 모두를 법
원에게 명확히 밝힐 것, 법원의 추가 허가 없이는 위 압수한 정보 저장매체
에 대한 포렌식 검사(forensics examination)를 금지함, 법원에게 위 압수한
컴퓨터 저장장치 등을 밝힐 때에는 포렌식 검사(forensics examination)에 소
요되는 시간 및 특정한 검색 계획(search protocol)을 제출할 것'이라는 별도
의 명령을 부기하였다. 이에 수사기관은 해당 명령을 철회해 달라는 신청
(Motion to Withdraw Order)을 하였다. 이와 관련하여 재판부는 '특정한 검
색 계획(search protocol)을 제출할 것'이라는 부분은 철회하였고 정부의 나
머지 신청은 기각하였다. 그리고 본 결정의 90일 이내에 정보 저장매체 내
의 유관정보 수색을 마칠 것을 명하였다.392)

한편, In the Matter of the Search of: 3817 W. WEST END, FIRST
FLOOR CHICAGO, ILLINOIS 60621393) 사건에서는 영장 발부 법원이 수
사기관에게 특정한 검색 계획(search protocol)의 제출과 법원의 추가 허가
절차를 동시에 요구하였다는 점이 특징이다. 본 사건에서 수사기관은
Jacqueline Williams의 탈세(tax fraud) 증거를 확보하기 위하여 그녀의 거주
지에 대한 압수수색 영장을 법원에 청구하였다. 이에 대하여 법원은 '수사
기관이 Jacqueline Williams의 거주지를 수색하여 정보 저장매체(컴퓨터 등)
자체를 압수할 수는 있지만, 해당 정보 저장매체(컴퓨터 등)에 저장된 정보
를 탐색하기 위해서는 수사기관이 별도의 특정한 검색 계획(search

---

392) In re the Search of the Premises Known as 1406 N. 2nd Ave., Iron River, Mich.
   49935, No. 2:05-MJ-28, 2006 WL 709036 (W.D. Mich. Mar. 17, 2006), *7.
393) In the Matter of the Search of: 3817 W. WEST END, FIRST FLOOR CHICAGO,
   ILLINOIS 60621., 321 F.Supp.2d 953 (N.D. Illinois 2004).

protocol)³⁹⁴⁾을 법원에 제출하여 승인받아야 한다'라는 취지의 제한이 부기된 영장을 발부하였다. 이에 수사기관은 영장을 집행하여 Jacqueline Williams의 컴퓨터 등을 압수하였고, 이후 법원에 '특정한 검색 계획(search protocol)의 제출 없이도 정보 저장매체내의 정보를 탐색할 수 있게 해달라'는 요청을 하였다. 이에 대해 법원은 '영장 발부 법원은 수사기관에게 특정한 검색 계획(search protocol)을 요구할 권한이 있다'라는 이유에서 수사기관의 위 요청을 받아들이지 않았다. 이 사안에서의 수사기관은 정보 저장매체 내의 정보에 대한 압수수색을 집행하기 위해서 법원에 특정한 검색 계획(search protocol)을 추가적으로 제출하여야 했다. 즉, 수사기관은 정보 저장매체 자체를 압수한 이후에도 법원에 대한 추가 절차를 진행하여야 했던 것이다. 따라서 본 사례 역시 '법원의 추가 허가를 요하는 사전 제한 사례'의 일종으로 분류할 수 있을 것이다.

5. 무관 정보 폐기(삭제) 의무의 부여

정보 저장매체에 저장된 정보에 대한 압수수색은 무관 정보의 압수까지 수반되는 경우가 많다. 이와 관련하여, 영장 발부 법원이 수사기관에게 '정보 저장매체에 대한 압수수색 이후 무관 정보를 즉각 삭제 또는 반환하라'라는 취지의 폐기의무를 명하는 경우가 있다. 이와 관련한 예로 컬럼비아

---

394) 영장 발부 당시 법원은 '수사기관이 컴퓨터에서 압수할 유관정보가 무엇인지, 그리고 수사기관이 무관 정보에 대한 탐색으로 나아가지 않고 해당 유관정보만을 탐색할 방법이 어떤 것인지의 사항들'을 특정한 검색 계획(search protocol)의 내용으로 요구하였다. 이후 법원은 해당 특정한 검색 계획(search protocol)의 예로서 '정보 탐색을 특정한 시간 범위 내로 한정하는 방안(limiting the search to specific time periods) 특정 단어를 사용한 정보 탐색(using key word searches) 방안, 정보 탐색을 텍스트 문서에만 한정하고 그래픽 파일은 제외하는 방안(limiting the search to text files and excluding graphics files)'을 제시하였다.

특별구 연방 지방 법원(United States District Court, District of Columbia)의 다음과 같은 사례들이 있다.

먼저, '총격 사건 용의자의 페이스북(FACEBOOK) 계정과 관련한 정보에 대하여 수사기관이 압수수색 영장을 청구한 사안'에서 법원은 '정보 저장 매체 전체를 반출한 후 해당 저장매체에 대한 사후 탐색을 하는 2단계 압수수색(Two‑Step Process)에서는 수사기관이 무관 정보까지 탐색할 우려가 있다'라는 점을 지적하고, '수사의 목적과 무관한 정보들은 반드시 반환되거나 폐기되어야 한다'라고 명령하였다.[395]

또한, '아동 포르노 배포 및 소지 사건과 관련하여 영장이 청구된 사건'에서 '무관 정보는 즉각 반환되거나 삭제될 것이다'라는 취지가 영장 청구서에 기재되어 있어야 한다고 밝혔다.[396]

특히, '수사기관이 국방(defense) 계약의 리베이트(Kickbacks)와 관련한 수사에서 애플(Apple)사의 특정 이메일 주소에 대하여 압수수색 영장을 청구한 사안'에서 법원은 수사기관의 해당 영장 청구를 기각하였는데, 이와 관련하여 '혐의 사실과 무관한 이메일 정보 등을 반드시 반환하거나 삭제하겠다는 취지가 영장 청구서에 포함되어 있지 않은 사실'을 영장 기각 사유 중의 하나로 설시하였다.[397] 그리고 법원은 '수사기관이 미국 법무부(Department of Justice)의 전자 증거 압수수색 매뉴얼(Searching and Seizing

---

395) In re the Search of Info. Associated with the Facebook Account Identified by the Username Aaron.Alexis that is Stored at Premises Controlled by Facebook, Inc., 21 F. Supp. 3d 1 (D.D.C. 2013), *8-10.

396) In re the Search of Black iPhone 4 (D.D.C. 2014), 80면. 참고로, 앞서 살펴보았듯이 본 판결은 78-80면에서 '유관정보 탐색 방법의 제한'과 관련한 판시도 한 바 있다. 본 판결의 구체적인 내용에 대해서는 추후 다시 서술하기로 한다.

397) In the MATTER OF THE SEARCH OF INFORMATION ASSOCIATED WITH [REDACTED]@MAC.COM THAT IS STORED AT PREMISES CONTROLLED BY APPLE, INC., 25 F. Supp. 3d 1 (D.D.C. 2014), *9. 이 판결은 이하 'APPLE, INC. (D.D.C. 2014)'으로 약칭한다.

Computers and Obtaining Electronic Evidence in Criminal Investigations)에 의존하여 위헌적인 영장 신청서를 제출하고 있다'라는 사실을 지적하며, '수사기관이 해당 법무부 매뉴얼에 맹목적으로 의존하는 것을 반드시 멈추어야 한다'라고 설시하였다.[398)399)]

또한, 앞선 United States v. Comprehensive Drug Testing, Inc. (Comprehensive Drug Testing III) 사건[400)]에서도 법원은 '수사기관은 무관 정보를 삭제하거나 반환하여야 하며, 영장 발부 판사(magistrate)에게 해당 사실을 통보하여야 한다'는 사전 제한을 설정한 바 있다.

IV. 관련 판결

1. United States v. Cote 판결[401)] (영장 집행 기간의 제한)

가. 사실관계 및 소송 경과

인터넷상의 데이터 공유 시스템(peer-to-peer network)을 통한 아동 포르

---

398) APPLE, INC. (D.D.C. 2014), *9.

399) 이후 수사기관은 법원에 영장을 재청구하였는데, 이 역시 법원에서 기각되었다. In the MATTER OF the SEARCH OF INFORMATION ASSOCIATED WITH [REDACTED]@MAC.COM THAT IS STORED AT PREMISES CONTROLLED BY APPLE, INC., 13 F. Supp. 3d 145 (D.D.C. 2014) 참조. 참고로, 법원의 위 기각 결정(재청구된 영장에 대한 기각 결정)에 대해서는 수사기관이 불복하였고, 이에 지방 법원(United States District Court, District of Columbia)은 마침내 영장을 발부하였다. In the MATTER OF the SEARCH OF INFORMATION ASSOCIATED WITH [REDACTED]@MAC.COM THAT IS STORED AT PREMISES CONTROLLED BY APPLE, INC. 13 F. Supp. 3d 157 (D.D.C. 2014) 참조.

400) Comprehensive Drug Testing III (9th Cir. 2009), 1006면.

401) United States v. Cote (C.A.A.F. 2013).

노 공유 범죄를 수사하던 수사관은 IP 주소 추적을 통하여 공군(Airman First Class)으로 근무 중인 Cote가 아동 포르노를 공유하고 있다는 사실을 발견하였다. 수사관은 2008년 7월 1일에 법원에 Cote의 기숙사 방에 대한 압수·수색 영장을 신청하였고, 같은 날 이를 발부받았다. 발부된 영장은 'Cote의 컴퓨터 등'에 대하여 '아동 포르노와 관련한 이미지 파일들'을 압수·수색할 수 있도록 기재되어 있었다.

한편, 해당 영장에는 '수사기관은 영장 발부일로부터 10일 이내에 수색을 할 것, 또한 해당 수색에 의하여 압수된 정보 저장매체에 대한 수색은 90일 이내에 이루어질 것, 수사기관이 90일 이후에도 수색을 하려면 그에 합당한 근거를 제시하여 법원의 별도 허가를 받을 것'이라는 취지의 '집행 시간의 제한'이 적혀 있었다.

수사기관은 2008년 7월 2일에 Cote의 집을 수색하였고, Sony 컴퓨터, HP 컴퓨터, 디지털 카메라, WD 외장 하드 드라이브(WD external hard drive)를 압수하였다. 이후 수사관은 위 컴퓨터 2대에서 아동 포르노 범죄의 증거를 발견하였지만, WD 외장 하드 드라이브의 디지털 파일에 대해서는 수색을 할 수 없었다. WD 외장 하드 드라이브가 고장이 나 있었기 때문이다. 수사관은 WD 외장 하드 드라이브에 대하여 2008년 8월 18일까지 계속하여 수색을 시도하였지만 이는 실패로 끝났고, 결국 이 사건 수사는 군(Air Force) 수사기관에게 인계되었다.

90일의 기간 만료일인 2008년 9월 28일까지도 군(Air Force) 수사기관 역시 위 WD 외장 하드 드라이브의 수색을 하지 못하였는데, 해당 기간 (2008년 9월 28일) 만료 전까지 민간 수사기관과 군 수사기관은 모두 수색에 필요한 시간의 연장을 법원에 신청하지 않았다.

영장이 발부된 날로부터 거의 1년이 지난 2009년 9월 8일에 군 수사기관은 위 WD 외장 하드 드라이브의 저장 파일에 대한 압수·수색(포렌식)에 성공하였고, 포렌식 결과 만들어진 디지털 복제 파일(digital copy)은 다시 민간 수사기관에게 이송이 되었다. 민간 수사기관은 해당 디지털 복제 파일을 분석하여, 아동 포르노 혐의에 대한 증거를 압수하였다. 이후 정부는 위 증거를 바탕으로 Cote의 아동 포르노 혐의에 대한 2번째 추가 기소(Second Additional Charge)를 하게 되었다.

재판 과정에서 Cote는 '수사기관이 90일 이후에 컴퓨터들과 WD 외장 하드 드라이브를 수색하여 압수한 모든 증거들을 배제해 달라'는 신청을 하였다. 이에 군 판사(military judge)는 '영장에서 규정한 90일의 제한 기간 이후에 수사기관이 컴퓨터들과 WD 외장 하드 드라이브를 수색하였으므로, 수색은 적법하지 않다'라는 이유에서 Cote의 주장을 받아들였다.

이에 정부는 군 판사(military judge)의 결정에 대하여 미국 공군 형사 항소 법원(United States Air Force Court of Criminal Appeals)에 이의를 제기하였고, 미국 공군 형사 항소 법원(United States Air Force Court of Criminal Appeals)은 다음과 같은 이유에서 군 판사(military judge)의 증거 배제 결정을 파기하였다. 우선, 두 대의 컴퓨터에서 확보된 증거와 관련하여, '이에 대한 수색은 90일 이내에 이루어졌고 수사기관은 이를 통해 확보한 디지털 정보를 보존한 것에 불과하다'라는 이유로 해당 증거의 증거능력을 인정하였다. 다음으로, WD 외장 하드 드라이브와 관련하여서는 '수사기관이 90일을 초과하여 수색한 것은 인정되지만, 이러한 수색 과정의 하자가 해당 증거의 증거능력을 배제할 정도에 이르지는 않았다'라는 이유에서 해당 증거의 증거능력을 인정하였다. 이에 Cote는 미군 항소법원(U.S. Court of Appeals for the Armed Forces)에 이에 대한 불복을 신청하였지만, 미군 항소법원(U.S. Court of Appeals for the Armed Forces)은 이를 받아들이지 않았고, 압수·수색에서 확보된 모든 증거의 증거능력이 인정된 채로 Cote의 형사재판은 계속되었다. 재판 결과 Cote는 WD 외장 하드 드라이브에서 확보된 증거에 기초한 2번째 추가 기소의 혐의에 대해서만 유죄 판결이 선고되었고, 나머지 혐의에 대해서는 무죄를 선고받았다.

이후 Cote의 항소에 대하여 미국 공군 형사 항소 법원(United States Air Force Court of Criminal Appeals)은 Cote의 유죄 선고를 유지하였으며, 증거 배제 관련 문제에 대해서도 앞선 동일한 이유에서 이를 받아들이지 않았다.

이에 Cote는 미군 항소법원(U.S. Court of Appeals for the Armed Forces)에 대하여 '수사기관이 90일 제한 기한을 위배하여 WD 외장 하드 드라이브를 수색한 것을 인정하였음에도 불구하고, 해당 증거를 증거배제 하지 않은 미국 공군 형사 항소 법원(United States Air Force Court of Criminal Appeals)의 결정'을 파기해 달라는 취지의 항소(appeal)를 하였다.

나. 법원의 판단[402]

재판부는 수사기관의 90일 기한 위배 쟁점을 판단하기에 앞서서, 영장 집행의 기한에 대한 규율을 담고 있는 연방형사소송규칙(Federal Rules of Criminal Procedure)의 관련 규정에 대한 판단을 하였다.

2009년도 이전의 연방형사소송규칙(Federal Rules of Criminal Procedure)은 '압수수색의 집행이 10일 기한 이내에 이루어져야 한다'라고 규정하고 있었다.[403] 그러나 2009년에 41(e)(2)(B)조(section)가 추가되어, 압수수색의 집행에 대한 기한[404] 제한 규정은 '정보 저장매체 자체를 압수하거나 현장에서 복제하는 것'에만 적용이 될 뿐, '그에 따라 압수된 정보 저장매체 등에 대한 이후의 복제 또는 탐색(any later off-site copying or review)'에는 적용이 되지 않게 되었다.[405]

---

402) 이하 United States v. Cote (C.A.A.F. 2013), 44-46면 참조.

403) Fed. R. Crim. P. 41(e)(2)(A)

404) 2009년 개정 이전에는 10일이었으나, 개정 이후에는 14일로 변경되었다.

405) 연방형사소송규칙(Fed. R. Crim. P.) 41(e)(2)(B)의 전문은 다음과 같다. "(B) Warrant Seeking Electronically Stored Information. A warrant under Rule 41(e)(2)(A) may authorize the seizure of electronic storage media or the seizure or copying of

재판부는 이 같은 연방형사소송규칙의 개정이 '정보 저장매체에 대한 압수수색의 경우에는 수사기관이 집행 현장에서 혐의사실과 관련성 있는 증거를 바로 찾기가 어렵기 때문에, 집행 현장 외에서의 추후 탐색(later off-site analysis)이 필요하다'라는 현실을 바탕으로 이루어졌다는 사실은 인정하였다. 그러나 재판부는 '이 사건의 90일 제한 규정은 영장 발부 판사가 별도로 영장에 기재한 제한'이라는 점에서, '위 연방형사소송규칙과는 별개로 판단하여야 한다'라고 보았다. 즉, 연방형사소송규칙(Federal Rules of Criminal Procedure) 41(e)(2)(B)에 의하면 압수된 정보 저장매체의 사후 분석에는 기간 제한이 없는 것이 맞지만, 이 사건의 경우는 이와 별개로 영장 발부 판사가 '90일 이내에 집행을 끝내라'라는 취지의 집행 제한을 영장에 부기하였기에, 수사기관은 이를 지켜야 하는 것이다. 재판부는 또한 '90일의 제한은 영장 발부 판사가 직접 수기로 기재하였다는 점에서 영장의 상용 기재어(boilerplate language of the warrant)가 아니며, 이 사건의 개별 사정에 근거한 합리성 있는 기간 제한이며, 90일 이외의 추가 기간이 필요한 경우에는 영장 기한의 연장 허가가 가능하였다'라는 점을 고려하여 수사기관이 위법한 영장 집행을 하였다고 결론 내렸다.

또한 재판부는 설사 '이 사건의 90일 제한과 같은 별개의 기한 제한이 기재되지 않았다'라고 가정하더라도, '수사기관은 무제한의 사후(off-site) 수색을 할 수 없다'라고 보았다.[406] 연방형사소송규칙과 별개로 수사기관은 수정헌법 제4조의 한계 내에서 사후(off-site) 수색을 진행하여야 하는데, 수정헌법 제4조에 부합하려면 압수수색의 집행 기간이 합리적인 범위 내에

---

electronically stored information. Unless otherwise specified, the warrant authorizes a later review of the media or information consistent with the warrant. The time for executing the warrant in Rule 41(e)(2)(A) and (f)(1)(A) refers to the seizure or on-site copying of the media or information, and not to any later off-site copying or review."

406) United States v. Cote (C.A.A.F. 2013), 44면의 6번 각주.

있어야 하기 때문이다. 재판부는 '영장 집행의 기한과 관련한 2009년도의 연방 형사소송규칙 개정은 (사후 집행의 기한을 없애서) 피압수자의 환부권을 박탈하려는 취지가 아니라, 사후 수색(off-site)의 기한을 일률적으로 규정할 수 없는 어려움에 기인한 것이다'라는 취지의 연방형사소송규칙 자문위원회 주석(Fed.R.Crim.P. 41 advisory committee's note)을 그 근거로 인용하였다.

다만, 재판부는 '수사기관이 90일의 영장 집행 기한 제한을 위반하였다'라는 점이 곧바로 증거 배제로 이어지지는 않는다고 보았다. 즉, 재판부는 '위반의 정도가 사소한 경우'와 '특별한 사정이 존재하였기에 해당 위반 행위를 합리적이라고 볼 수 있는 경우'에는 '해당 증거가 배제되지 않을 수 있다'라고 보았다. 그러나 재판부는 이러한 예외적인 사정의 존재에 대한 입증책임이 정부에게 있다고 판단하였다.

이와 관련하여 정부는 재판 과정에서 위와 같은 예외를 입증하지 못하였다. 또한 수사기관은 해당 영장의 집행 기한 연장을 법원에 요청하지도 않은 상태로 영장 만료일 이후 1년이나 경과한 시점에서 수색을 진행하였는바, 재판부는 이를 '영장 집행 과정에서의 사소한 위반이라고 볼 수 없다'라고 판단하였다.

이러한 점을 종합하여, 재판부는 'WD 외장 하드 드라이브에서 확보된 증거를 배제하는 것이 옳다'라고 판단하였고, 이에 따라 미국 공군 형사 항소 법원(United States Air Force Court of Criminal Appeals)의 판결을 파기하고 2번째 추가 기소를 기각(dismiss)하였다.

2. U.S. v. Mutschelknaus 판결[407] (영장 집행 기간의 제한)

가. 사실관계 및 소송 경과

본 사안에서 수사기관은 Mutschelknaus의 아동 포르노 범죄 혐의에 대한 증거를 확보하기 위하여 2007년 12월 12일에 법원으로부터 'Mutschelknaus의 여자친구의 거주지'에 대한 압수·수색 영장을 발부받았다. 영장 발부 판사는 영장 발부 당시에 '거주지에 대한 압수수색은 영장 발부로부터 10일 이내에 이루어질 것, 거주지에서 압수한 정보 저장매체에 대한 포렌식 절차는 해당 정보 저장매체가 압수된 날로부터 60일 이내에 끝낼 것'이라는 기한 제한을 부과하였다. 해당 거주지에 대한 압수·수색 영장은 2007년 12월 12일에 집행되었고, 그 결과 수사기관은 위 거주지에서 컴퓨터 등의 정보 저장매체를 압수하였다. 이후 수사기관은 해당 정보 저장매체에 대한 포렌식 분석(forensic analysis) 절차를 60일 이내에 완료하였고, 그 과정에서 아동 포르노 범죄의 증거를 확보하였다. 이에 2008년 3월 19일에 Mutschelknaus은 아동 포르노 소지 등의 혐의로 기소되었다.

재판과정에서 Mutschelknaus은 '수사기관의 영장 신청서(search warrant application)에는 범죄 혐의에 대한 상당한 이유(probable cause)가 결여되어 있었다'라는 점과 '연방형사소송규칙 41(e)(2)(A)은 영장 집행이 10일 이내에 종료되어야 한다는 것을 규정하고 있으므로, 영장 발부 법원이 설정한 60일의 기한 제한은 위 연방형사소송규칙에 위배된다'라는 점을 들어 '수사기관이 획득한 증거는 위법수집증거에 해당한다'라고 주장하며 해당 증거에 대한 배제 신청(motion to suppress evidence)을 하였다. 지방법원(district court)은 피고인의 신청을 받아들이지 않았고, 이에 피고인은 항소하였다.

---

407) U.S. v. Mutschelknaus (8th Cir. 2010).

나. 법원의 판단

먼저 재판부는 '수사기관의 영장 신청서에는 영장 발부에 상당한 이유(probable cause)를 형성할 정도의 충분한 혐의 사실 기재가 있었다'는 이유에서 '영장 신청서에는 범죄 혐의에 대한 상당한 이유가 결여되어 있었다'라는 피고인의 주장을 받아들이지 않았다.[408] 이와 관련하여 재판부는 '상당한 이유가 존재하였는지의 여부는 당시의 상황을 종합적으로 판단하여야 한다'라는 입장을 밝혔다.

다음으로 재판부는 '영장 발부 법원이 설정한 60일의 기한 연장은 연방형사소송규칙 41조에 위배된다'라는 피고인의 주장[409] 역시 다음과 같은 이유에서 받아들이지 않았다.[410]

먼저, 재판부는 '설사 수사기관이 증거수집 과정에서 연방형사소송규칙 제41조를 미준수 하였다고 하더라도, 이러한 점이 곧바로 해당 증거에 대한 증거배제로 이어지는 것은 아니다'라고 설시한 후(즉, 연방형사소송규칙

---

408) U.S. v. Mutschelknaus (8th Cir. 2010), 828면.

409) 당시의 해당 규칙은 '발부된 영장은 발부일(issuance)로부터 10일 이내에 집행되어야 (executed) 한다'라고 규정되어 있었다. 참고로, 이에 대하여 정부 측은 '위 규정은 정보 저장매체를 압수한 이후에 실시하는 포렌식 검사(subsequent examinations of seized items)에는 적용되지 않는다'라고 주장하였다. 또한 정부 측은 "정보 저장매체 자체에 대한 압수가 영장 발부일로부터 10일 이내에 종료(집행)되었으므로 연방형사소송규칙 제41조는 지켜졌다"라고 주장하였다. 이상 U.S. v. Mutschelknaus (8th Cir. 2010), 829면.

410) 참고로, 원심인 지방 법원은 '압수된 정보 저장매체에 대한 포렌식 절차가 언제까지 종료되어야 하는지에 대해서 연방형사소송규칙 제41조와 수정헌법 제4조는 규정하고 있지 않다'라는 전제에서 '정보 저장매체에 대한 추가 수색(subsequent search of the computer)인 포렌식 절차는 합리적인 기한(reasonable time) 내에 행해지기만 하면 수정헌법 제4조에 부합한다'라고 보았다. 이러한 전제에서 원심은 '이 사건 포렌식 절차는 합리적인 기한(reasonable amount of time) 이내에 종료되었기에(이 사건 포렌식 절차는 2008년 2월 12일 이전에 종료되었다), 이 사건 증거의 배제는 받아들일 수 없다'라고 판시하였다. 이상 U.S. v. Mutschelknaus, 564 F.Supp.2d 1072 (2008), 1076-1077면.

41조 위배에 대한 직접적인 판단을 하지 않았다), '증거 배제는 수사기관의 적법한 절차에 대한 무시(reckless disregard)가 명백한(evident) 경우에만 인정된다'라고 보았다.411)

이러한 전제에서 재판부는 '컴퓨터 포렌식 조사에는 추가적인 시간이 더 필요하기에 수사기관은 영장 신청 당시 포렌식 조사를 위한 추가적인 기한 연장을 법원에 요청하였다'라고 판단한 후, '수사기관이 영장 집행의 기한 연장을 법원에 요청한 것은 적법 절차에 대한 무시(reckless disregard)로 볼 수 없다'라는 이유에서 'Mutschelknaus의 증거배제 신청을 기각한 원심의 결정'을 옳다고 보았다.412)

3. U.S. v. Tamura 판결413) (정보 저장매체 압수 이후 법원의 추가 허가 요구)414)

가. 사실관계

피고인 Tamura는 Marubeni America Corporation (Marubeni)라는 회사의 소속직원이었으며,Marubeni America Corporation (Marubeni)은 전화 케이블을 수입하여 판매하는 영업을 하는 회사였다. 한편 Marubeni America Corporation (Marubeni)는 Anchorage Telephone Utility (ATU)라는 회사와

---

411) U.S. v. Mutschelknaus (8th Cir. 2010), 829-830면.
412) U.S. v. Mutschelknaus (8th Cir. 2010), 830면.
413) U.S. v. Tamura (9th Cir. 1982).
414) 본 판결은 대량의 서류에 대한 압수·수색 사안으로서, '정보 저장매체'에 대한 압수·수색 사안은 아니다. 그러나 본 판결은 사전 제한의 유형 중 '정보 저장매체 압수 이후 법원의 추가 허가 요구'에 해당하는 판결례에서 중요한 선행 판결로 자주 인용이 되기에, 본 사안을 '정보 저장매체 압수 이후 법원의 추가 허가 요구'와 관련한 사례로서 살펴보기로 한다. 또한 후술할 United States v. Comprehensive Drug Testing, Inc. (Comprehensive Drug Testing Ⅲ) 판결 역시 본 판결을 적극 인용하고 있기에, 본 판결을 먼저 자세히 검토할 필요가 있다.

전화 케이블 공급 계약을 체결한 후, Anchorage Telephone Utility (ATU)에게 전화 케이블을 공급하여 수익을 내게 되었다. 그런데 위 두 회사가 계약을 체결하는 과정에서 뇌물이 수수되는 등의 비리가 있었다. Anchorage Telephone Utility (ATU) 회사의 계약 체결 절차에 의하면 전화 케이블 공급 계약은 경쟁 입찰을 통해서 이루어져야 하는데, Marubeni America Corporation (Marubeni)는 계약을 따내기 위해서 Anchorage Telephone Utility (ATU) 회사의 엔지니어인 Richard L. McBride에게 뇌물을 공여하였고, 이에 McBride는 Marubeni America Corporation (Marubeni)에게 회사 내부 정부를 몰래 넘겨줬기 때문이다. 또한 Marubeni America Corporation (Marubeni)가 Richard L. McBride에게 뇌물을 전달하는 과정에는 피고인 Tamura가 연루되어 있었다. Marubeni America Corporation (Marubeni)는 이러한 부정 경쟁 입찰을 통하여 위와 같은 전화 케이블 공급 계약을 체결할 수 있었다. 이후 피고인 Tamura의 비서는 위와 같은 뇌물 공여 사실에 대하여 알게 되어, FBI에게 해당 사실을 신고하게 되었다. 이에 수사기관 (FBI)은 압수수색 영장을 발부받아서 Marubeni America Corporation (Marubeni)의 사무실을 수색하였다. 당시 압수수색 영장에는 'Marubeni America Corporation (Marubeni)와 ATU 간의 전화 케이블 공급 계약과 관련한 계약 문건들, McBride 등에게 돈을 지불한 것과 관련한 문건들, McBride와 Tamura 등의 여행과 관련한 문건들'이 압수수색 대상으로 기재되어 있었다. 수사기관은 영장을 집행하는 과정에서 위 압수대상과 관련된 증거물들이 매우 방대하다는 사실을 깨닫게 되어서, Marubeni America Corporation (Marubeni)의 직원들에게 수사기관의 압수수색 과정을 도와달라고 부탁하였고, 만약 Marubeni America Corporation (Marubeni)의 직원들이 수사기관을 도와주지 않는다면 '수사기관은 압수수색 대상과 관련된 모든 기록물들을 압수해 갈 것이다'라고 고지하였다. 그러나 Marubeni America Corporation (Marubeni)의 직원들은 수사기관의 요청을 끝까지 거부하였다. 이에 수사기관은 Marubeni America Corporation (Marubeni) 회사의 방대한 자료를 모두 압수하였는데, 해당 자료는 '2000페이지 분량의 컴퓨터 출력물, 2000페이지 분량의 영수증(voucher) 서류들, 대량의 취소된 수표들 등'으로 구성되어 있었다. 수사관은 이 모든 서류들을 압수수색 현장에서 가지고 나왔으며, 나중에 해당 서류들로부터 유관 서류들을 추출하였다. 이후 Tamura는 뇌물 공여와 우편 사기 등의 혐의로 기소되었다.

재판과정에서 Tamura는 수색영장의 유효성 여부는 다투지는 않았고, '수사기관이 수색영장에 기재되지 않은 자료들까지 대량으로 압수하였다'는 취지에서 '수사기관이 압수한 대상물의 범위'에 대하여 이의를 제기하였다. 이에 대해 정부는 '무관 서류와 유관 서류가 혼재되어 있었기 때문에, 유관 서류를 무관 서류로부터 분리하는 것이 어려웠다'라는 이유로 수사기관의 수색이 적법하였음을 주장하였다. 이에 대해 Tamura는 'FBI 수사관은 압수 현장에서 유관 서류만 분리하여 압수해갔어야 하였고, 이게 불가능하다면 무관 서류에 대한 추가 영장을 발부받았어야 하였다'라고 주장하였다.

나. 법원의 판단[415]

재판부는 먼저 '수사기관은 수색과정에서 모든 서류들을 살펴볼 수는 있다고 할지라도, 나중의 구체적인 분류를 위해서 혐의사실과 무관한 서류들까지 모두 압수해가는 것은 허용될 수 없다'라고 보았다. 재판부는 이러한 전제 하에서, '만약 유관 서류와 무관 서류가 너무나도 뒤엉켜 있는 관계로 수사기관이 유관 서류를 현장(on site)에서 분류하기가 어려운 상황이라면, 수사기관은 해당 서류들을 모두 봉인한 후 추가 수색에 대한 별도의 법원 허가를 받아야 한다'라고 판시하였다. 또한 '만약 압수수색 집행 이전부터

---

415) 이하 U.S. v. Tamura (9th Cir. 1982), 595-597면.

문서의 대규모 반출의 불가피성이 예상되었다면, 그러한 불가피한 사정을 법원에게 미리 설명하고 그와 같은 대량 압수에 대한 허가를 법원으로부터 받았어야 한다'라고 판시하였다. 또한 재판부는 '무관 서류까지 포함한 대량 압수는 반드시 독립적인 법관에 의하여 통제되어야 한다'라고 본 후, '이 사건에서 수사기관은 그러한 법원의 사전 허가를 받지 못하였기에, 이 사건 압수수색은 불합리(unreasonable)하다'라고 판시하였다.

다만 재판부는 다음과 같은 이유에서 이 사건 압수물의 증거능력을 배제하지는 않았다. 우선, 압수수색 집행 과정에서 혐의 사실과 무관한 증거들이 압수되기는 하였지만, 정부는 압수된 서류들 중에서 압수수색 영장에 구체적으로 기재가 되었던 서류들만 증거로서 제출하였다. 즉, 재판부는 '무관 서류가 위법하게 수집되었다는 사실이 유관 서류의 증거까지 배제하는 것으로 이어지지는 않는다'라고 본 것이다.

다음으로, 재판부는 '이 사건에서 수사기관은 압수 대상물의 특수성 때문에 무관 서류까지 대량으로 압수하였을 뿐, 처음부터 무차별적인 대량(fishing) 압수를 하려고 한 것이 아니었다'라는 사실을 지적하며, '수사기관의 위법 행위가 유관 서류를 포함한 모든 증거를 배제해야 할 정도에는 이르지 않았다'라고 보았다.

이러한 이유에서 재판부는 이 사건 재판과정에서 제출된 서류의 증거능력을 인정하였다.

4. United States v. Comprehensive Drug Testing, Inc. (Comprehensive Drug Testing III) 판결[416] (유관정보 탐색 방법의 제한, 무관 정보 삭제 의무의 부여)

가. 사실관계 및 소송경과

2002년도에 메이저리그 야구 선수 협의회(Major League Baseball Players Association)는 메이저리그(Major League Baseball)와 '모든 선수들에 대한 약물 검사를 실시한다'라는 단체 협정을 맺었다. 이는 구체적으로 '운동 선수들에 대한 소변 샘플을 통하여 금지 약물 복용 여부를 검사할 것이며, 해당 검사 결과는 익명 및 비밀로 유지될 것이다'라는 내용을 담고 있었다. 또한, 해당 협정에는 '만약 검사받은 선수들의 5퍼센트 이상이 양성으로 판명될 경우에는 이후의 시즌에 추가 검사를 실시한다'라는 내용도 포함되어 있었다. 이후 Comprehensive Drug Testing, Inc. (CDT)라는 회사가 야구 선수들로부터 표본(specimens)을 수집하여 위 검사를 진행하였으며,[417] CDT는 검사를 받은 선수들의 목록과 그들에 대한 검사 결과를 보관하게 되었다.

한편, 같은 해인 2002년도에 연방수사기관은 'Bay Area Lab Cooperative (Balco)라는 회사가 프로야구 선수들에게 스테로이드 약물을 공급한다'라는 혐의를 발견하게 되었고, 이에 연방수사기관은 Bay Area Lab Cooperative (Balco)에 대한 수사를 개시하였다. 수사 과정에서 연방 수사기관은 '10명의 운동선수들이 CDT 회사의 검사에서 약물 양성반응이 나왔다'라는 사실을 알게 되었다. 이에 연방 수사기관은 영장을 발부받아 CDT 회사에 대한 압수수색을 진행하였는데, 이때 해당 영장의 집행 대상은 '혐의가 있는 10명의 선수들의 자료들'로 한정되어 있었다. 또한, 해당 영장은

---

416) Comprehensive Drug Testing III (9th Cir. 2009).

417) 검사는 실제로는 Quest Diagnostics, Inc.라는 실험실에서 진행되었으며, Quest Diagnostics, Inc.가 검사와 관련한 실제 표본(specimens)들을 보관하였다.

'수사기관이 무관 정보를 탐색하는 것'을 방지하기 위하여, '수사관이 아닌 별도의 컴퓨터 전문가가 관련 정보를 탐색하고 유관정보를 선별하여야 한다'라는 취지의 조건이 부기되어 있었다.

그럼에도 불구하고 수사관은 CDT 회사 컴퓨터 내의 Tracey라는 디렉터리(Directory)를 무차별적으로 탐색하였다. 그 결과 수사기관은 영장의 집행 대상인 10명의 선수들 외에도, 혐의 사실과 무관한 100명이 넘는 운동선수들(MLB 선수들 및 기타 선수들)에 대한 약물 검사 정보들을 수집하게 되었다.

이에 Florence-Marie Cooper 판사는 '수사기관은 영장의 조건을 완전히 무시하였으며, 또한 수사기관은 무관 정보를 구분하지 않은 관계로 영장의 범위 밖에 있는 사람들의 권리를 침해했다'라는 이유에서 '유관정보(영장에 기재된 10명의 운동선수들 정보)를 제외한 나머지 정보들을 CDT에게 반환하라'는 명령(Cooper Order)을 내렸다.

한편, 수사기관은 CDT에 대한 영장 집행 외에도 2개의 별도 강제수사를 진행하였는데, 법원은 이와 관련하여서도 수사기관에게 제동을 걸었다. 먼저, 수사기관은 Quest 실험실(laboratory)의 표본(specimen)들에 대해서 영장을 발부받아 영장을 집행하였는데, 이에 대하여 James Mahan 판사는 Cooper Order와 비슷한 이유에서 '영장에 기재된 10명의 운동선수들에 대한 정보를 제외한 나머지 무관 정보 등에 대하여 반환할 것'을 명령(Mahan Order)하였다. 다음으로, 수사기관은 이미 영장을 통하여 확보한 CDT 회사의 자료들에 대하여 대배심 소환장(grand jury subpoenas)을 또 발부 받았는데, Susan Yvonne Illston 판사는 '이와 같은 수사기관의 행위는 비합리적다'라는 이유에서 해당 소환장을 무효화(Illston Quashal)하였다.

이에 정부는 위 3개의 지방 법원 결정을 연방 제9항소법원에 항소하였고, 연방 제9항소법원은 위 3가지의 사건을 하나로 병합하여 심리하였다. 이후 연방 제9항소법원은 3인의 판사로 구성된 재판부에서 2006년[418]과

2008년[419])에 판결을 내렸지만, Comprehensive Drug Testing, Inc. (CDT)측은 11명의 판사로 구성된 전원재판부(en banc panel)에서의 심리를 다시 요청하였다. 이에 연방 제9항소법원은 2009년도에 전원재판부에서 이 사건 판결을 선고하였다.

나. 판결 요지[420])

연방 제9항소법원(전원 재판부)은 'Cooper Order, Mahan Order, Illston Quashal'의 효력을 유지(affirm)하였고, 이에 더 나아가 영장 발부 판사들이 준수하여야 할 사항들을 제시하였다. 이는 법정의견(다수의견)을 작성한 Alex Kozinski 판사의 다수의견의 마지막 부분(Concluding Thoughts)에서 잘 정리되어있는데, 해당 부분(Concluding Thoughts)의 요지는 다음과 같다.

우선, 재판부는 U.S. v. Tamura 판결 시대의 서류 보관 방식이 현재에는 전자 정보 저장 방식으로 바뀌었다는 현실을 지적하였다. U.S. v. Tamura 판결 시대에는 파일 캐비넷과 같은 보관함에 개인의 자료들이 보관되었지만, 현재는 개인들의 정보가 대부분 전자적으로 보관이 되기 때문이다. 재판부는 이와 같은 현실 변화를 바탕으로 하여, '정보 저장매체에 저장되어 있는 정보의 양이 엄청나다는 점, 범죄자들은 고의적으로 범죄와 관련한 정보들을 탐색이 어렵게 만들어 놓기도 한다는 점'등을 들어서 '현재의 수사기관은 U.S. v. Tamura 판결 시대의 수사기관에 비하여 범죄의 증거를 획득하는 데에 훨씬 어려움을 겪고 있다'라는 사실을 인정하였다. 그리고 재판부는 이러한 현실을 감안할 때, '숨겨져 있을 수도 있는 범죄 관련 정

---

418) United States v. Comprehensive Drug Testing, Inc. (Comprehensive Drug Testing I), 473 F.3d 915 (9th Cir. 2006).

419) United States v. Comprehensive Drug Testing, Inc. (Comprehensive Drug Testing II), 513 F.3d 1085 (9th Cir. 2008).

420) Comprehensive Drug Testing III (9th Cir. 2009), 1004-1007면.

보를 찾기 위해서 수사기관은 많은 양의 다른 디지털 파일들까지 검색할 수밖에 없다.'라고 보았다.

다음으로, 재판부는 위와 같은 수사기관의 대량 탐색 행위가 가져오는 위험성을 지적하였다. 수사기관은 플레인 뷰(plain view) 이론을 활용하여 무관 정보의 보유를 합법화할 수 있기 때문이다. 재판부는 이와 관련하여 '컴퓨터는 전자적으로 서로 연결되어 있기 때문에, 한 컴퓨터에 대한 수색 허가는 다른 컴퓨터에 대한 수색을 정당화하는 것으로도 이어질 수 있다' 라는 사실을 우려하였다. 특히 재판부는 '정보의 전자적 저장 및 전송이 일 상화 된 오늘날에는 범죄와 관련 없는 사람에 대한 민감 정보까지 수사기 관에 노출될 위험이 있다'라는 사실을 지적하였다.

마지막으로, 재판부는 '수사기관의 적법한 수사를 방해하지 않으면서도 개인의 프라이버시를 보호할 수 있는 방안'으로서 '30년 전의 U.S. v. Tamura 판결의 논리를 현 상황에 맞게 최신화(update)하여 사용하는 것'을 제시하였다. U.S. v. Tamura 판결은 '수색 현장에서 유관 정보와 무관 정보 가 뒤섞여 있는 경우에 수사기관이 취할 수 있는 해결방안'을 제시해 주었 기 때문이다. 따라서 재판부는 '수사기관이 정보 저장매체에 대하여 압수·수색을 하는 경우에는 U.S. v. Tamura 판결의 해결책(기준)이 사용되어야 한다'라고 판시하였다.

특히, 재판부는 '수사기관의 법 집행과 이에 대한 시민의 권리가 조화를 이루려면 (영장을 발부하는) 판사의 역할이 아주 중요하다'라고 지적한 후, '치안 판사(magistrate judge)는 본 판결에서 제시한 지침(guidance)을 주의 깊게 준수하여야 한다'라고 판시하였다. 이와 관련하여 재판부는 5가지 지 침을 요약하여 제시하였는데, 이에 대하여 재판부는 'U.S. v. Tamura 판결 이 수십 년 전에 이정표(guidepost) 역할을 한 것처럼, 본 판결이 제시한 지 침 역시 미래에 유용한 방편이 될 것이다'라고 평가하였다. 해당 5가지 지 침은 다음과 같다.

첫째, 치안판사(Magistrate)는 디지털 증거와 관련된 수사에서 수사기관이 플레인 뷰 이론(plain view doctrine)의 사용을 포기하게 하여야 한다.

둘째, 유관정보 분류 작업은 전문가(specialized personnel) 또는 독립적인 제3자(independent third party)가 하여야 한다. 만약 분류작업이 수사기관 측 직원에 의하여 행해진다면, 해당 직원은 수사기관에게 무관정보를 노출시키지 않아야 한다.

셋째, 영장과 소환장(subpoena)에는 '정보의 삭제 위험성, 해당 정보를 획득하기 위하여 다른 사법적 수단을 사용한 적이 있는지 여부'가 기재되어야 한다.

넷째, 수사기관은 유관정보만 확인할 수 있는 방식으로 검색 계획(search protocol)을 세워야 한다.

다섯째, 수사기관은 무관정보를 삭제하거나 반환하여야 하며, 영장 발부 판사(magistrate)에게 해당 사실을 통보하여야 한다.

다. 이후 소송경과

본 판결 선고 후 정부는 본 판결에서의 지침(guidance)이 지나치다는 취지에서, 연방 제9항소법원의 전체(full) 판사로 구성된 전원재판부에서 사건을 다시 심리해 줄 것을 요청하였다.421) 이후 연방 제9항소법원은 '전체(full) 판사로 구성된 전원재판부에서 이 사건을 다시 심리하여 달라'는 정부의 요청은 받아들이지 않고, 대신 동일한 11명의 판사로 구성된 전원재판부(en banc)에서 2010년에 다시 한번 판결을 선고하였다. 2010년 판결422)

---

421) Kimberly Nakamaru, "Mining for Manny: Electronic Search and Seizure in the Aftermath of United States v. Comprehensive Drug Testing", 44 Loy. L.A. L. Rev. 771, 793-794 (2011). 이 논문은 이하 'Kimberly Nakamaru (2011)'으로 약칭한다.

422) United States v. Comprehensive Drug Testing, Inc. (Comprehensive Drug Testing IV) 621 F.3d 1162 (9th Cir. 2010). 참고로, 2010년 판결의 요지는 Kimberly Nakamaru (2011), 794-798면에 정리되어 있다.

의 내용은 2009년 판결과 전반적으로 아주 동일한 내용이지만, 다만 '2009
년 판결에서 다수의견으로서 제시된 치안 판사(magistrate judge)가 지켜야
할 지침(guidance)이 구속력이 없는 Kozinski 판사의 보충의견(concurrence)
으로 격하되었다'라는 점이 특징이다.[423]

5. ODYS LOOX Plus Tablet 등에 대한 영장 청구 사례[424] (유관정보 탐색 방법의 제한)

가. 영장 청구의 경위

수사기관은 아동 포르노 소지 및 배포 혐의를 받는 피의자에 대한 수사
를 하던 중, 피의자가 소지한 4개의 정보 저장매체[425]에 대한 압수·수색
영장을 법원에 청구하였다.

수사기관이 청구한 영장에는 '압수·수색 대상인 4개의 정보 저장매체,
해당 저장매체에서 압수·수색 될 정보들'이 특정되어 있었으며, 이에 더하
여 '압수·수색의 특정한 검색 계획(search protocol)' 또한 기재되어 있었다.
이 중 압수·수색의 특정한 검색 계획(search protocol)은 '이해 관계인
(persons claiming an interest)이 압수 대상물의 환부를 요청할 경우 수사기
관은 영장 집행 후 합리적인 시간 내에 해당 파일의 사본을 교부하며, 압수
수색 집행 후에 혐의 사실과 관련된 증거가 발견되지 않은 경우 수사기관
은 해당 정보 저장매체를 반환하며, 압수의 대상인 정보들만 증거로 사용
하고 나머지 증거들은 타인에게 공개되지 않으며, 원본 증거의 진정성

---

423) Kimberly Nakamaru (2011), 794면.

424) In re the Search of ODYS LOOX Plus Tablet, Serial No. 4707213703415, in Custody
of U.S. Postal Inspection Serv., 1400 NY. Ave. NW, Wash., D.C., 28 F. Supp. 3d
40 (D.D.C. 2014).

425) 4개의 정보 저장매체는 구체적으로 'Sony laptop, Fujifilm digital camera, LG cell
phone, ODYS tablet'이었다.

(integrity) 확보를 위하여 정보 저장매체 포렌식 담당관(computer forensics specialist)은 미러링 이미지 파일(mirror images)을 만들며, 혐의 사실과 관련된 증거들은 피고인의 상소 절차 등이 종결될 때까지 보관되며, 만약 수사기관이 혐의 사실과 무관한 증거를 발견할 경우에는 이를 위한 별도의 압수수색 영장을 발부받는다'라는 취지의 내용을 포함하고 있었다.

나. 검색 계획(search protocol)에 대한 판단[426]

재판부는 수사기관이 청구한 영장이 '압수대상 목적물의 기재와 관련한 특정성 요건'은 충족한다고 보았다. 그러나 재판부는 다음과 같은 이유에서 '해당 영장의 집행이 어떻게 이루어질지와 관련한 사항들(search protocol)이 위 영장에 제대로 기재되어 있지 않다'라고 판단하였다.

먼저, 재판부는 수사기관이 청구한 영장에는 '정보 저장매체 포렌식 담당관(computer forensic specialist)이 혐의 사실의 수사를 담당하고 있는 수사관과 어떤 관계인지의 여부(수사기관에 독립적으로 포렌식을 담당하는지 여부), 수사를 담당하는 수사관이 해당 포렌식 과정에 관여하는 지의 여부'가 설시되어 있지 않다는 점을 지적하였다.

또한, 재판부는 '수사기관은 혐의사실과 관련이 없는 데이터 파일들을 반환한다고 하였지만, 미러링 이미지 파일(mirror images)에 담겨 있는 혐의 사실과 무관한 정보들은 계속 보관될 것이라는 사실'을 지적하고, '이러한 무관 정보들은 피고인의 상소에 상관없이 즉시 삭제되어야 한다'라고 판단하였다.[427]

---

426) 이하 In re the Search of ODYS LOOX Plus Tablet, Serial No. 4707213703415, in Custody of U.S. Postal Inspection Serv., 1400 NY. Ave. NW, Wash., D.C., 28 F. Supp. 3d 40, 44-46 (D.D.C. 2014) 참조.

427) 한편 수사기관은 '미러링 이미지 파일(image of a device)에서 무관 정보가 삭제될 경우 증거의 동일성 입증(chain of custody)에 문제가 있을 수 있다'라고 반론할 수가 있다. 재판부는 이와 같은 예상 반론을 예시한 후, 이에 대하여 '무관 정보가 삭제된

마지막으로, 재판부는 '수사기관이 청구한 영장에는 검색 계획(search protocol)이 제대로 기재되어 있지 않다'라는 사실을 지적하였다. 이와 관련하여 재판부는 이 사건의 이전의 'In re Search of Black iPhone, 27 F.Supp.3d at 79, 2014 WL 1045812' 사건에서 이미 수사기관에게 '무관 정보에 대한 수색을 방지하기 위한 취지에서 구체적인 수색의 방식을 밝힐 것을 요구하였던 사실이 있었음'을 지적하였다. 그런데 수사기관은 이 사건 영장 청구에서 '정보 저장매체 포렌식 담당관(computer forensic specialist)이 각 저장매체들에 대한 이미지 파일을 만들어 해당 파일을 수색할 것이며, 이후 무관 정보까지 포함한 모든 파일을 보존할 것이다'라는 것 이외의 구체적인 검색 계획(search protocol)을 기재하지 않았다. 따라서 재판부는 '이 사건에서 청구된 영장이 상당한 이유가 없는 무관정보까지 압수할 여지를 두고 있다'라고 판단한 후, '수사기관은 보다 더 구체적이고 정교한 수색 기술을 제시하여야 한다'라고 보았다.[428]

재판부는 이러한 이유에서 수사기관의 영장 청구를 기각하였다.

6. Black iPhone 4 등에 대한 영장 청구 사례[429] (유관정보 탐색 방법의 제한, 무관 정보 삭제 의무의 부여)

가. 영장 청구의 경위

아동 포르노 배포 및 소지 사건을 수사 중이던 수사관은 용의자의 호텔

이미지 파일에는 동일성이 인정된다'라는 취지로 법정 증언하는 방법으로 위 문제를 해결할 수 있다고 지적하였다.

428) 본 사건의 재판부는 구체적인 검색어(a list of search terms)까지 적시할 것을 요구하지는 않았다. 그러나 재판부는 '무관정보에 대한 탐색을 막기 위하여, 정보 저장매체 포렌식 담당관(computer forensic specialist)의 수색에 사용될 구체적인 검색 방법에 대한 설명이 필요하다'라고 하였다.

429) In re the Search of Black iPhone 4 (D.D.C. 2014).

방에 대한 압수수색을 하여 3개의 휴대전화와 3개의 하드 드라이브430)를
압수하였다. 이후 수사기관은 위 6개의 정보 저장매체 내의 디지털 정보들
을 압수·수색하기 위하여, 각 정보 저장매체 별로 별도의 추가 압수·수색
영장을 법원에 신청하였다.431) 그런데 수사기관은 휴대폰 압수·수색에 관
행적으로 사용해왔던 영장 청구서를 6개의 추가 압수·수색 영장 모두에 똑
같이 사용하였다. 그 결과 3개의 하드 드라이브에 대한 압수·수색 영장 청
구서에도 압수의 구체적인 대상으로서 휴대폰 관련 정보들이 기재되어 있
었다.

나. 법원의 판단

먼저, 법원은 3개의 하드 드라이브에 대한 압수수색 영장을 모두 기각하
였다. 하드 드라이브에 대한 압수수색 영장임에도 불구하고, 해당 영장 청
구서에는 휴대폰 관련 정보들이 구체적인 압수의 대상으로 잘못 기재되어
있었기 때문이다.432)

다음으로, 법원은 다음과 같은 이유에서 휴대폰에 대한 나머지 3개의 압
수수색 영장 청구도 모두 기각하였다.

첫째, 법원은 수사기관이 압수의 대상으로 기재한 휴대폰의 정보들이 지
나치게 포괄적이라고 보았다.433) 수사기관은 영장 청구시에 압수의 대상으
로서 '피의자가 최근에 연락하였던 모든 사람에 대한 정보, 피의자가 주고
받은 모든 문자 메시지 정보, 피의자의 모든 음성 메시지 정보' 등을 기재
하였는데, 법원은 위 정보들이 아동 포르노 혐의와는 관련성이 없는 정보

---

430) 정확히는 '1대의 디지털 티비, 2대의 디지털 하드 드라이브(Western Digital TV,
　　　Western Digital hard drive, Western Digital Mybook Essential hard drive)'였다.
431) 6개의 정보 저장매체에 대하여, 총 6개의 압수수색 영장이 청구되었다.
432) In re the Search of Black iPhone 4 (D.D.C. 2014), 77면.
433) In re the Search of Black iPhone 4 (D.D.C. 2014), 77-78면.

라고 보았다.

둘째, 법원은 '이 사건 영장 청구서에는 수색의 방식이 구체적으로 설명되어 있지 않다'라고 보았다.434) '정보 저장매체가 이미징 될 것인지의 여부, 이미징 파일이 얼마나 보존될 것인지 여부, 수사기관이 포렌식 과정에 직접적으로 참여할 것인지의 여부'등이 영장청구서에 기재되어 있지 않았기 때문이다.435)

마지막으로, 법원은 '아동 포르노 혐의사실과 무관한 정보가 압수될 경우에 수사기관이 취할 조치가 이 사건 영장 청구서에 기재되어 있지 않다'라는 사실을 지적하였다. 이와 관련하여 법원은 '무관 정보는 즉각 반환 되거나 삭제될 것이다'라는 취지가 영장 청구서에 기재되어 있어야 한다고 밝혔다.436)

---

434) 참고로, 법원은 U.S. v. Tamura (9th Cir. 1982) 판결을 예로 들면서, 정보 저장매체 자체를 이미 영장을 통하여 획득한 경우라고 할지라도, 해당 정보저장매체 내부의 정보를 수색하기 위해서는 별도의 영장이 필요하다고 판단하였다. 이 사건의 수사기관은 호텔 방에 대한 압수수색 과정을 통하여 이 사건 정보 저장매체를 이미 압수하였지만, 해당 저장매체에 담긴 정보를 수색하기 위하여 별도의 압수수색영장을 신청하였다. 법원은 이러한 수사기관의 추가 영장 청구가 수정헌법 제4조의 취지상 필요하다고 보았고, 더 나아가 '해당 추가 영장에는 수색의 방식이 구체적으로 기재되어 있어야 한다'라고 본 것이다. 이상 In re the Search of Black iPhone 4 (D.D.C. 2014), 78-79면.

435) In re the Search of Black iPhone 4 (D.D.C. 2014), 79-80면.

436) In re the Search of Black iPhone 4 (D.D.C. 2014), 80면.

V. 검토 (사전 제한에 대한 미국의 학설 대립)

1. 사전 제한에 대한 반대론

비록 모든 법원이 사전 제한에 적극적인 것은 아니지만, 미국에서의 일부 법원은 앞서 살펴본 바와 같이 영장 발부시 사전에 여러 제한을 부과하여 정보 주체의 정보 프라이버시권을 보호해 왔다. 이는 포괄영장의 발부를 방지한다는 점에서 그 의의가 크다고 할 것이다. 한편 미국에서는 이와 관련하여 반대론도 존재하기 때문에, 이와 같은 반대론의 논거도 살펴볼 필요가 있다.

우선, 영장을 청구하여 집행하여야 하는 위치에 있는 미국 법무부가 법원의 사전 제한에 다음과 같은 반대 견해를 취하고 있다. 즉, 미국 법무부는 '사진 파일들은 파일명이 제대로 기재되어 있지 않은 경우가 있기에 검색어를 제한하게 되면(keyword search) 해당 파일의 발견이 어렵다는 점, 영장 집행이 적법하였는지의 여부는 사후에 법원이 판단할 문제라는 점, 수정헌법 제4조와 연방형사소송규칙 제41조는 영장 발부시 사전 제한이 있어야 함을 요구하지 않는다는 점, 영장집행의 방법을 제한하는 것은 연방대법원의 기존 판결[United States v. Grubbs, 547 U.S. 90, 98 (2006)]과 맞지 않는다는 점, 사전 제한 없이 발부된 영장은 무효라는 피고인의 주장을 다수의 연방 항소법원이 받아들이지 않았다는 점'437)을 들어서 법원이 영장에 사전 제한을 하는 것을 비판적으로 바라보고 있다.

또한 학계에서도 비판론이 존재하는데, 이와 관련하여서는 Orin S. Kerr 교수의 견해가 대표적이다. Orin S. Kerr는 '첫째, 영장 발부 판사는 영장의

---

437) U.S. Department of Justice (2009), 79-83면.

집행 방법을 제한할 권한이 없으며, 압수수색의 적법성은 사후(ex post)에 해당 압수수색이 합리적(reasonable)이었는지의 여부를 기준으로 판단되어야 하며 수사기관이 영장의 사전 제한을 준수하였는지의 여부로 판단해서는 안 된다. 둘째, 영장 집행의 사전 제한은 영장의 합리성(reasonableness) 여부의 판단을 제한된 사실(few facts)에 근거하여 심리(hearing) 없이 한쪽에 치우쳐서(ex parte) 짧은(brief) 절차 내에 이루어지기 때문에, 해당 판단이 틀릴 확률이 높다. 셋째, 컴퓨터에 대한 영장 집행의 합리성(reasonableness) 판단은 상소 법원의 사후 판단 등을 통하여 관련 법리를 발전시키면서 이루어져야 하는데, 영장 발부 판사의 사전 제한은 이와 같은 절차를 저해하는 결과로 이어진다.'438)라는 이유에서 영장의 사전 제한에 대하여 반대하였다. 특히, Orin S. Kerr 교수는 '영장 발부 판사가 영장 집행 과정을 제한할 권한이 있는지의 여부에 대하여 명시적으로 판단한 연방대법원 판결은 없지만, 기존의 연방대법원 판결들439)440)과 영장 관련 법규들441)을 종합해 보면 영장 발부 판사는 영장 집행 과정을 제한할 권한이

---

438) Orin S. Kerr (2010), 1246-1247면.

439) Orin S. Kerr 교수가 제시한 4개의 판결들은 'Lo-Ji Sales v. New York. 442 U.S. 319 (1979), Dalia v. United States 441 U.S. 238 (1979), United States v. Grubbs 547 U.S. 90 (2006), Richards v. Wisconsin 520 U.S. 385, 395 (1997)'이다. 참고로, 위 판결들의 요지에 대해서는 손지영/김주석 (2016), 109-110면의 각주 385에 간략히 소개되어 있다.

440) Orin S. Kerr 교수는 해당 판결들의 취지가 '영장 판사에 의한 영장 집행의 사전 제한을 부적법하게 하는 것은 아니다'라는 점은 인정한다. 이상 Orin S. Kerr (2010), 1270면.

441) '치안 판사(magistrate judge)는 압수·수색의 상당한 이유(probable cause)가 있는 경우 반드시(must) 영장을 발부해야 한다'라는 내용의 '연방형사소송규칙(Federal Rules of Criminal Procedure) 41(d)(1)'을 말한다. Orin S. Kerr 교수는 위 규정이 "may, can, should"가 아닌 "must"의 단어를 사용하고 있다는 점을 근거로 하여, '치안 판사(magistrate judge)는 상당한 이유(probable cause)를 충족하는 영장 청구가 있을 경우, 해당 영장 청구를 거부할 재량(discretion)이 없다'라고 주장하였다. 이상 Orin S. Kerr (2010), 1271-1273면 참조. 참고로, 위 연방형사소송규칙 조항의 원문은

없는 것으로 해석된다'442)라고 주장하였다.

2. 사전 제한 반대론에 대한 반박론

Paul Ohm 교수는 "MASSIVE HARD DRIVES, GENERAL WARRANTS, AND THE POWER OF MAGISTRATE JUDGES"라는 논문에서 위의 Orin S. Kerr 교수의 주장에 대하여 다음과 같은 논거를 들어 반박하고 있다.

먼저, Paul Ohm 교수는 Orin S. Kerr 교수가 제시한 연방대법원 판결들은 '영장의 사전 제한의 허용성이 아니라 필요성 여부에 대하여 논점이 있는 판결, 영장의 사전 제한을 오히려 권장하고 있는 것으로 보이는 판결, 영장의 상당한 이유(probable cause)와 특정성 요건(particularity)이 아닌 합리성(reasonable) 요건만 다루고 있는 판결' 등에 해당한다는 사실을 지적하며, 해당 판결들이 영장 사전 제한의 부정론의 논거로 사용될 수 없음을 지적하였다.443)

다음으로, Paul Ohm 교수는 '수정헌법 제4조는 압수수색의 합리성(reasonable) 이외에도 영장이 상당한 이유(probable cause)와 특정성 요건(particularity)을 만족하여야 할 것을 요구하고 있는데도, Orin S. Kerr 교수

다음과 같다. "After receiving an affidavit or other information, a magistrate judge—or if authorized by Rule 41(b), a judge of a state court of record—must issue the warrant if there is probable cause to search for and seize a person or property or to install and use a tracking device."

442) Orin S. Kerr (2010), 1260-1273면.

443) Paul Ohm, "MASSIVE HARD DRIVES, GENERAL WARRANTS, AND THE POWER OF MAGISTRATE JUDGES", 97 Va. L. Rev. In Brief 1 (2011), *2-4, *9-11. 이 논문은 이하 'Paul Ohm (2011)'으로 약칭한다. 또한 Adam M. Gershowitz (2016), 622-623면에서도 같은 취지의 반박을 하고 있다. 참고로, Orin S. Kerr 교수가 제시한 판결들에 대한 Paul Ohm 교수의 반박은 손지영/김주석 (2016), 110면의 각주 387에 그 요지가 소개되어 있다.

는 영장의 사전 제한이 합리성(reasonable) 원칙에만 관련되어 있는 것으로 보고 있다'라고 지적하며, '상당한 이유와 특정성 요건의 충족을 위해서 영장의 사전 제한이 필요하다'라고 반박하였다.[444]

또한 Paul Ohm 교수는 '컴퓨터가 저장하는 정보의 양이 엄청난 관계로 문서 파일 시대의 법리를 그대로 적용할 수 없는 점, 영장 발부 판사가 컴퓨터 정보에 대한 영장청구를 일반 영장이라는 이유로 전부 기각하는 것보다는 사전 제한을 부기하여 발부하는 것이 더 합리적이라는 점'[445] 등을 들어서 Orin S. Kerr 교수의 견해를 반박하고 사전 제한의 필요성을 역설하였다.

한편, Adam M. Gershowitz 교수도 Orin S. Kerr 교수를 중심으로 제기된 사전 제한 반대론을 반박하였다.

우선 Adam M. Gershowitz 교수는 '압수수색 영장의 발부와 관련하여 법원은 전통적으로 (유체물 압수수색 영장의 발부 과정에서) 사전 제한을 부과하지 않아 왔다'라는 사전 제한 반대 논거에 대하여, '컴퓨터에 대한 압수수색은 유체물 시대의 압수수색과는 근본적인 차이가 있기에, 유체물 압수수색 영장 시대의 선례를 현재의 컴퓨터 압수수색에 그대로 적용할 수 없다'라는 취지로 반박하였다.[446]

또한 Adam M. Gershowitz 교수는 '법원이 영장 집행에 사전 제한을 부과할 수 있는 권한이 있는지의 여부와 관련된 논거로서 Orin S. Kerr 교수가 제시한 4개의 연방대법원 판결'에 대하여 Paul Ohm 교수와 유사한 취지에서 이는 부적합한 판결 제시라고 보았으며, '영장 집행과 관련한 사후 상소 법원의 합리성(reasonableness) 판단 법리가 사전 제한의 부과로 인하

---

444) Paul Ohm (2011), *4 참조.
445) Paul Ohm (2011), *5-8 참조.
446) Adam M. Gershowitz (2016), 621-622면.

여 저해된다'라는 Orin S. Kerr 교수의 주장에 대해서도 '피고인들은 영장 집행의 사전 제한이 준수되었는지 뿐만 아니라 그 외의 법리들(상당한 이유, 특정성, 합리성)이 준수되었는지에 대해서도 상소법원에 이의를 제기할 것이기 때문에, 이를 통해 영장 집행의 합리성 판단에 대한 상소법원의 법리는 계속 발전된다'라고 반박하였다.447)

특히 Adam M. Gershowitz 교수는 '법원은 컴퓨터 전문가가 아니기 때문에 사전에 영장 집행 방법의 제한을 수사기관에게 부과할 능력이 없다'라는 사전 제한 반대 논거에 대하여, '젊은 로클럭(law clerk)들과 일부 판사들은 이미 컴퓨터 관련 전문 지식을 함양하고 있는 것으로 보이는 점, 전문 지식이 없는 판사들은 디지털 증거 수집에 대한 전문 지식을 가지고 있는 수사기관에게 수색 방법(search protocol)을 제출하도록 한 후 사전 제한을 부과하면 된다는 점, 새롭고 복잡한 전문 지식이 필요한 특수한 사건들(세법 등)에서 판사들이 매번 관련 지식을 습득하여 사건을 처리해온 것처럼 판사들은 디지털 압수·수색의 사전 제한에서도 마찬가지의 배움 과정을 통하여 사건 처리를 할 수 있다는 점, 법원에서 부과한 사전 제한이 지나치거나 부적합할 때 수사기관은 완화된 사전제한이 담긴 영장을 재청구하거나 또는 상급 법원에 영장을 청구할 수 있다는 점'448)을 지적하며 구체적으로 반박하였다.

그리고 Adam M. Gershowitz 교수는 '영장 집행에 사전 제한이 부과된 경우, 수사기관이 이를 위반하여 무관 정보를 압수수색 했다면 추후 해당 무관정보에 대한 압수수색이 우연히 이루어졌다고 보기가 어렵다'라는 전제에서, '수사기관의 불합리한(unreasonable) 압수수색이 선의의 예외이론에 의하여 정당화되는 폐해를 사전 제한을 통하여 방지할 수 있다'라고 지적하며 사전 제한의 필요성을 적극 역설하였다.449)

---

447) Adam M. Gershowitz (2016), 622-624면.
448) Adam M. Gershowitz (2016), 624-627면.

이 외에도 Emily Berman 교수는 '연방형사소송규칙(Federal Rules of Criminal Procedure) 41(d)(1)에 의하면 영장 발부 판사는 영장 집행을 사전 제한(ex ante)할 권한을 가지고 있지 않다'라는 Orin S. Kerr 교수의 주장[450]에 대하여, '위 연방형사소송규칙의 강제(must) 규정은 수사기관의 영장 신청서가 상당한 이유(probable cause) 요건을 충족하는 경우에 적용되는 것이며, 수사기관의 영장 신청서에 상당한 이유(probable cause)가 결여된 경우에는 영장 발부 판사가 영장 발부 시에 집행 방법의 사전 제한 규정들(ex ante rules)을 부기하여 상당한 이유(probable cause)의 요건을 충족시킬 수 있는 것이다.'라는 취지의 반박을 한 바 있다.[451]

이처럼 미국에서는 영장 집행의 사전 제한에 대하여 찬성하는 목소리가 계속 나오고 있으며, 앞서 살펴 보았듯이 영장 발부시 사전 제한을 부기하는 법원의 수도 증가하고 있다. 또한 특히 앞선 United States v. Cote 판결[452]에서 보았듯이, 미국 법원에서는 '영장 집행의 기한과 관련한 연방 형사소송규칙 개정[41(e)(2)(B)조의 추가]과는 상관없이, 영장 발부 판사는 영장의 집행이 종료되어야 하는 기한을 사전에 설정할 수 있다'라는 입장을 밝힌 바 있다. 이 같은 학계의 논의 및 법원의 입장에 비추어 보면, 영장 집행의 사전 제한은 정보 프라이버시권 보호를 위한 중요한 역할을 한다고 평가할 수 있을 것이다.

---

449) Adam M. Gershowitz (2016), 628-629면.
450) 앞서 살펴보았듯이, Orin S. Kerr 교수는 '치안 판사(magistrate judge)는 압수·수색의 상당한 이유(probable cause)가 있는 경우 반드시(must) 영장을 발부해야 한다'라는 내용의 '연방형사소송규칙(Federal Rules of Criminal Procedure) 41(d)(1)'을 그 근거로 제시하였다.
451) Emily Berman, "DIGITAL SEARCHES, THE FOURTH AMENDMENT, AND THE MAGISTRATES' REVOLT", 68 Emory L.J. 49 (2018), 92면 및 92면의 222번 각주.
452) United States v. Cote (C.A.A.F. 2013).

제2절 대한민국: 대법원 결정과
형사소송법 규정을 중심으로 한 영장 집행 통제

Ⅰ. 정보 저장매체에 대한 압수·수색 영장 집행 방식의 제한

1. 문제의 소재

일반적인 유체물에 대한 압수·수색은 유체물이 현존하는 현장에서 집행이 완료되는 것이 일반적이다. 그러나 정보 저장매체에 대한 압수·수색은 저장매체가 현존하는 현장에서 완료되기가 힘든 측면이 있다. 디지털 정보가 방대하여 수사에 필요한 정보를 찾는 데에 시간이 걸리며, 경우에 따라 암호를 풀어야 하는 등 기술적 조치가 필요한 경우도 있기 때문이다. 이러한 이유로 수사현실상 정보 저장매체를 수사기관이 수사기관의 사무실로 통째로 반출한 후(또는 정보 저장매체를 통째로 복사하여 해당 복사본을 반출한 후) 수사기관의 사무실에서 압수·수색을 진행하는 경우가 많다. 즉, 디지털 증거에 대한 압수·수색은 압수수색 현장에서 정보 저장매체 자체를 압수한 후, 수사기관의 사무실에서 유관정보들을 검색하는 2단계의 압수·수색으로 행하여진다고 한다.453)

정보 저장매체가 수사기관의 사무실로 반출되게 되면 수사기관은 추후에 임의적으로 무관정보까지 탐색할 가능성이 크다. 정보 저장매체에 저장되어 있는 정보가 방대한 관계로, 수사기관이 영장의 혐의사실과 무관한 정보까지 취득하는 경우가 발생하는 것이다. 즉 이러한 압수·수색 방식에

---

453) 김범식, "영·미의 디지털 증거 압수·수색에 관한 소고", 형사법의 신동향 통권 제45
호 (2014. 12.), 186면.

대하여 사생활 침해라는 지적이 있었는데,[454] 대법원은 2011. 5. 26.자 2009모1190 결정(전교조 사건)을 통하여 저장매체 자체의 반출은 예외적인 경우에만 허용됨을 명확히 하였다. 이러한 전교조 사건 결정의 취지는 이후의 판결(대법원 2012. 3. 29. 선고 2011도10508 판결, 대법원 2014. 2. 27. 선고 2013도12155 판결)에도 그대로 이어진다.

한편 대법원 전교조 사건 결정의 취지를 따라서 형사소송법의 관련 조문이 2011년도에 개정되었다.[455] 이하 전교조 사건 결정 및 형사소송법 개정 조문을 살펴본 후, 영장 발부 법원의 실무 상황을 검토해 보겠다.

2. 대법원 2011. 5. 26.자 2009모1190 결정 (전교조 사건)

가. 사실관계 및 소송경과[456]

전국교직원노동조합(재항고인)의 소속 교원들이 미디어법 입법 중단과 한반도 대운하 추진의혹 해소 등을 요구하는 시국선언을 발표하였고, 이에 교육과학기술부는 검찰청에 전교조 간부들을 국가공무원법 위반혐의로 고발하였다. 이 사건을 수사하게 된 수사기관은 전국교직원노동조합 본부 사무실에 대한 압수·수색영장을 법원으로부터 발부받아 집행하였는데, 해당 영장에는 "컴퓨터 저장장치에 저장된 정보는 피압수자 또는 형사소송법 제123조에 정한 참여인의 확인을 받아 수사기관이 휴대한 저장장치에 하드카피·이미징하거나, 문서로 출력할 수 있는 경우 그 출력물을 수집하는 방법으로 압수함(다만, 하드카피·이미징 또는 문서의 출력을 할 수 없는 경우에

---

454) 손동권, "새로이 입법화된 디지털 증거의 압수·수색제도에 관한 연구 - 특히 추가적 보완입법의 문제 -", 형사정책 제23권 제2호 (2011. 12.), 325-326면.

455) 법 개정 과정과 관련하여, 오기두, "전자정보의 수색·검증, 압수에 관한 개정 형사소송법의 함의", 형사소송 이론과 실무 제4권 제1호 (2012. 6.), 128-130면 참조.

456) 서울중앙지방법원 2009. 9. 11.자 2009보5 결정에서 재구성.

는 컴퓨터 저장장치 자체를 압수할 수 있음)"이라는 압수방법의 제한이 부기되어 있었다.

이후 영장을 집행하던 수사기관은 '압수·수색 장소인 사무실에 증거 인멸의 정황이 있는 점, 피압수자의 숫자가 방대하다는 점, 피압수자들이 수사기관의 영장 집행에 대하여 적대시 한 점'등을 종합하여, '압수·수색 장소인 노동조합 사무실에서 압수 대상인 저장매체에 저장된 파일들을 수사기관의 하드디스크에 하드카피하기가 어렵다'라고 판단하였다. 이에 수사기관은 정보 저장매체인 데스크탑 컴퓨터 등을 영장 집행장소(노동조합 사무실)에서 반출하여 수사기관 사무실로 가지고 갔다. 이후 수사기관은 수사기관의 사무실에서 저장매체 내의 전자정보 파일들을 탐색하였다.

이에 대하여 노동조합 측은 '수사기관이 컴퓨터 저장장치 자체를 압수할 수 있는 불가피한 사유가 없었다'라는 이유로 서울중앙지방법원에 준항고를 제기하였다. 그러나 서울중앙지방법원은 '수사기관이 컴퓨터 저장장치 자체를 압수할 수밖에 없는 불가피한 사유가 있었다'라고 보아 노동조합 측의 준항고를 기각하였고,457) 이에 노동조합 측은 대법원에 재항고를 하였다.

나. 대법원 결정 요지

이에 대하여 대법원은 "전자정보에 대한 압수·수색영장의 집행에 있어서는 원칙적으로 영장 발부의 사유로 된 혐의사실과 관련된 부분만을 문서 출력물로 수집하거나 수사기관이 휴대한 저장매체에 해당 파일을 복사하는 방식으로 이루어져야 하고, 집행현장의 사정상 위와 같은 방식에 의한 집행이 불가능하거나 현저히 곤란한 부득이한 사정이 존재하더라도 그와 같은 경우에 그 저장매체 자체를 직접 혹은 하드카피나 이미징 등 형태로

---

457) 서울중앙지방법원 2009. 9. 11.자 2009보5 결정.

수사기관 사무실 등 외부로 반출하여 해당 파일을 압수·수색할 수 있도록 영장에 기재되어 있고 실제 그와 같은 사정이 발생한 때에 한하여 예외적으로 허용될 수 있을 뿐이다."458)라고 판시하였다.459) 즉, 대법원 판시에 따르면 저장매체 자체의 수사기관 사무실로의 반출은 '집행 불가능' 등의 특별한 사정이 있고, '집행 불가능 등의 경우에 저장매체의 반출을 허용한다'라는 취지의 기재가 영장에 있는 경우에만 허용될 수 있는 것이다.

3. 형사소송법 개정

본 대법원 판결 이후인 2011년에 국회는 형사소송법을 개정하였다.460) 개정 형사소송법 제106조 제3항은 "법원은 압수의 목적물이 컴퓨터용디스크, 그 밖에 이와 비슷한 정보저장매체(이하 이 항에서 "정보저장매체등"이라 한다)인 경우에는 기억된 정보의 범위를 정하여 출력하거나 복제하여 제출받아야 한다. 다만, 범위를 정하여 출력 또는 복제하는 방법이 불가능하거나 압수의 목적을 달성하기에 현저히 곤란하다고 인정되는 때에는 정보저장매체등을 압수할 수 있다"라고 규정되어 있는데, 이는 형사소송법 제219조에 의하여 수사기관의 '압수, 수색 또는 검증'에도 준용이 된다. 따라서 개정 형사소송법에 의하면 '수사기관이 정보 저장매체 자체를 압수(및 반출)하는 것'은 예외적인 경우에만 한하여 허용되게 되었다. 이렇듯 2011년 형사소송법 개정으로 인하여 '정보 저장매체에 대한 압수·수색 영

---

458) 대법원 2011. 5. 26.자 2009모1190 결정 (전교조 사건).

459) 본 사건에서 대법원은 '수사기관이 저장매체 자체를 수사기관 사무실로 옮긴 것은 영장이 예외적으로 허용한 부득이한 사유에 따른 것이다'라고 보았고, 결국 노동조합측의 재항고를 기각하였다. 이 사건은 본 쟁점[저장매체의 압수(반출)이 적법하였는지 여부] 이외에도 '압수·수색영장 집행의 종기, 관련성, 참여권' 등과 관련한 쟁점들이 문제 되었는데, 이는 추후 다시 검토하기로 한다.

460) 2011. 7. 18. 법률 제10864호로 개정, 2012년 1월 1일부터 시행

장 집행 방식의 제한'이 형사소송법에 명문화가 되었다.461)

4. 영장 발부 법원의 실무 현황

전교조 사건 결정의 취지와 형사소송법 제106조 제3항의 규정 내용을
감안하여, 법원은 디지털 증거에 대한 압수·수색 영장을 발부할 때 거의
예외 없이 "압수 대상 및 방법의 제한"이라는 제목의 별지를 영장에 첨부
하고 있다고 한다.462) 이와 같은 "압수 대상 및 방법의 제한"이라는 제목의
별지는 '정보 저장매체에 저장된 전자정보에 대한 압수·수색'과 관련하여
'수사기관에게 일정한 순서로 압수·수색을 집행할 것'을 요구하고 있는데,
이를 요약하면 다음의 순서와 같다.

'우선 수사기관은 정보 저장매체의 소재지에서 혐의사실과 관련된 전자
정보만을 문서로 출력하거나 수사기관의 저장매체에 복제하는 방법(이하
'첫 번째 방법'이라고 지칭하기로 한다)으로 관련 전자정보를 압수하여야
한다. 만약 첫 번째 방법이 불가능한 경우에 수사기관은 저장매체 소재지
에서 전자정보 전부에 대한 하드카피·이미징(복제본)을 만들어서 해당 하
드카피·이미징(복제본)을 반출(이하 '두 번째 방법'이라고 지칭하기로 한
다)할 수 있다. 그런데 만약 두 번째 방법도 불가능한 경우에 수사기관은
저장매체 원본을 봉인하여 저장매체의 소재지의 밖(통상 수사기관의 사무
실이 될 것이다)으로 반출(이하 '세 번째 방법'이라고 지칭하기로 한다)할
수 있다.'463)

---

461) 한편, 앞서 살펴본 바와 같이 2011년 개정에서는 법원의 압수·수색 요건과 관련하여
　　　피고사건과의 '관련성' 요건을 추가하였다. 또한 2011년 개정에서는 제106조 제4항
　　　에서 '정보주체에 대한 압수수색 사실의 통지 조항'을 신설하였으며, 제114조 제1항
　　　단서에서는 압수·수색할 물건이 전기통신에 관한 것인 경우에는 작성기간을 기재하
　　　도록 하였다.

462) 홍진표 (2019), 119면.

참고로, 이러한 "압수 대상 및 방법의 제한"이라는 제목의 별지 내용은 '첫 번째 방법에서 세 번째 방법까지의 순차적인 순서로 수사기관이 압수·수색을 집행해야 한다'라는 취지의 내용을 규정하고 있기에, 위 전교조 사건 결정의 취지 및 형사소송법 제106조 제3항의 규정 내용과 비교하였을 때는 그 제한의 정도가 상대적으로 더 구체적이다. 왜냐하면 전교조 사건 결정의 취지와 형사소송법 제106조 제3항의 규정 내용은 두 번째 방법과 세 번째 방법 사이의 우선 순위에 대해서는 명확히 설시하고 있지 않기 때문이다.464)

또한, 대한민국의 일부 법원에서는 휴대전화 압수의 경우에 '휴대전화의 반환 기간을 일정 기간으로 제한하는 방안', '휴대전화 내의 저장정보 중 압수할 정보의 유형을 정하는 방안(예컨대 문자메시지 또는 전화통화 내역) 등'을 통하여 사전 제한을 보다 구체적으로 부가한다고 한다.465)

5. 검토

대한민국의 대법원은 전교조 사건 결정을 통하여 '저장매체 자체를 수사기관 사무실로 반출하는 방식의 영장 집행은 원칙적으로 허용되지 않는다'라는 점을 밝혔다. 또한 대한민국의 국회는 이를 반영하여 형사소송법을 개정하였고(개정 형사소송법 제106조 제3항), 이에 '정보 저장매체에 대한

---

463) 이상의 해당 별지에 대한 자세한 사항은 홍진표 (2019), 119-121면 참조.

464) 전교조 사건 결정은 '첫 번째 방법이 안 되는 부득이한 사유가 있고 영장에도 특별한 기재가 있는 경우에는 두 번째 방법 또는 세 번째 방법을 사용할 수가 있다'라는 취지로 판시하였고, 두 번째 방법과 세 번째 방법 사이의 우선 순위는 설시하지 않았다. 또한 형사소송법 제106조 제3항 역시 '첫 번째 방법이 우선적으로 사용되어야 한다'라고 규정한 후, 첫 번째 방법이 불가능할 경우에는 단순히 "정보저장매체등을 압수할 수 있다"라고만 규정하고 있다.

465) 홍진표 (2019), 136-137면.

압수·수색 방식의 제한'이 형사소송법에 명문화되었다. 위와 같은 전교조 사건 결정 및 2011년 개정 형사소송법은 전자 정보에 대한 수사기관의 무분별한 압수수색의 관행에 제동을 걸겠다는 의미로 해석할 수 있다.[466]

이러한 대한민국의 동향은 앞서 살펴본 미국의 사전 제한 사례와도 비슷하다. 미국의 일부 영장 발부 법원은 '수사기관이 압수수색 과정에서 정보 저장매체의 반출이 필요한 경우'에는 '선서진술서(affidavit)에 정보 저장매체의 반출이 필요한 이유에 관하여 합리적으로 기재할 것'을 사전에 수사기관에게 요구하고 있기 때문이다.[467] 이러한 양국의 동향은 모두 '정보 저장매체 자체의 반출을 제한하여 수사기관에 의한 무관 정보 탐색의 위험을 줄이고자 하는 목적을 가지고 있다'라는 점에서 유사성이 인정된다. 다만, 대한민국에서는 위와 같은 취지의 사전 제한이 2011년도의 형사소송법 개정으로 형사소송법에 명문화되었다는 점이 특징이다.

또한 대한민국의 형사소송법 제114조 제1항 단서는 "압수·수색할 물건이 전기통신에 관한 것인 경우에는 작성기간을 기재"하도록 명문으로 규정하고 있는데, 이 역시 '유관정보 탐색 방법의 제한'과 관련한 미국의 사전 제한 유형과 유사하다.

특히 앞서 살펴보았듯이 대한민국 대다수의 법원들은 미국 영장 발부 법원의 사전 제한 동향과 유사하게 사전 제한의 취지를 담은 일반 별지를 기초로 하여 수사기관의 영장 집행을 통제하고 있고, 또한 일부 법원은 수사기관의 영장 집행을 보다 구체적으로 제한하고 있다. 이러한 영장의 사전 제한은 수사기관의 무관정보 탐색을 억제하여 정보 주체의 정보 프라이버시권 보장에 기여한다고 할 수 있다.[468]

---

466) 김기범/이관희/장윤식/이상진, "정보영장 제도 도입방안 연구", 경찰학연구 제11권 제3호 (2011), 85-86면.

467) 예컨대, U.S. v. Hill, 459 F.3d 966, 975-976 (9th Cir. 2006) 참조.

468) 다만, 실무에서는 수사기관이 영장 집행 과정에서 '전자 정보의 선별 출력 또는 복

한편, '영장 집행 현장에서 정보의 범위를 정하여 출력하거나 복제하여 제출받아야 한다'라는 원칙을 규정한 형사소송법 제106조 제3항은 영장 집행 실무에서 다음과 같은 어려움으로 이어진다고 한다.

먼저, 방대한 디지털 정보 중에서 관련성이 있는 정보만을 현장에서 추출하기에는 시간이 너무 많이 소요된다는 문제가 있다.[469]

다음으로, 부득이한 사유로서 저장매체 자체를 수사기관의 사무실로 반출하여 증거를 수집하였을 경우에는 해당 증거가 형사소송법 제106조 제3항으로 위반으로 평가되어 추후 위법수집증거로서 증거능력이 부정될 위험이 있다.[470]

마지막으로, 수사기관이 압수·수색 현장에서 해당 저장매체를 장기간 압수·수색하면 압수 대상자(예를 들어 기업체)에게 오히려 피해가 될 수 있으며, 수사기관 역시 압수·수색의 편의를 위하여 저장매체를 수사기관의 사무실로 반출하는 방식을 택하는 경향으로 이어질 수 있다(예외의 원칙화).[471]

그러나 정보 저장매체에 대한 압수수색 방식을 제한하지 않는다면, 수사기관의 무분별한 별건 정보(무관정보) 취득으로 이어지게 된다. 따라서 압수 대상자의 정보 프라이버시권 보장을 위하여 영장 집행 방식의 제한은 엄격히 지켜져야 할 필요가 있으며, 전반적인 영장의 사전 제한 역시 오히려 강화해 나가야 한다. 앞서 살펴보았듯이 이와 관련하여 미국 역시 영장의 사전 제한을 통하여 수사기관의 무관정보 취득을 억제하는 동향을 보이

제'라는 원칙을 제대로 지키지 않고, '저장매체 자체의 압수'를 하는 경우가 많기에, 이는 문제가 되고 있다고 한다. 이상 이흔재, "디지털 증거의 압수수색에 관한 쟁점별 해석과 통제방안 -개정 형사소송법을 중심으로-", 법학논총 제37권 제3호, 단국대학교 법학연구소 (2013. 9.), 162면.

469) 박민우, "디지털증거 압수·수색에서의 적법절차", 박사학위 논문, 고려대학교 (2016), 84면. 이 학위 논문은 이하 '박민우, 박사학위 논문 (2016)'으로 약칭한다.

470) 박민우, 박사학위 논문 (2016), 85면.

471) 김병수, "전자정보에 관한 압수수색의 문제점과 개선방안", 비교형사법연구 제18권 제3호 (2016), 35-36면.

고 있다.

특히, '정보 저장매체의 발달로 인하여 수사기관은 수사상 필요한 정보에 아주 손쉽게 접근할 수 있게 되었다'라는 점을 감안하면, '수사기관의 압수수색 절차 위반에 대한 위법수집증거배제법칙의 적용'도 기존의 유체물 증거에 비하여 강화하는 것이 바람직하다.

II. 압수·수색 종료 시점의 확대 (압수·수색 통제의 시간적 범위의 확대)

1. 압수·수색 종료 시점의 의미 및 학설 대립

가. 압수·수색 종료 시점의 의미

형사소송법상 압수·수색의 종료 시점은 피압수 대상자의 권리와 관련하여 중요한 의미를 가지고 있다. 예를 들어, 영장 집행과 관련한 참여권(형사소송법 제121조)은 압수·수색의 진행 과정에서만 보장이 되며, 압수·수색 집행의 종료 이후에는 보장되지 않는다.[472] 또한 형사소송법상 압수목록 교부(제129조)는 압수가 종료된 이후에 진행되며, 압수·수색의 종료 후에는 수사기관의 압수대상물에 대한 증거분석 행위가 보다 자유롭게 이루어진다.[473]

나. 정보 저장매체에 대한 압수·수색에서의 특유한 문제점

수사기관이 디지털 증거를 확보하고자 컴퓨터 등의 저장매체를 압수·수

---

472) 박민우, 박사학위 논문 (2016), 107면.
473) 박민우, 박사학위 논문 (2016), 107면.

색하는 경우, 해당 저장매체를 해당 장소에서 반출한 뒤 수사기관의 사무실로 가지고 온 후 수사에 필요한 정보를 탐색하는 경우가 많다.474) 컴퓨터 등의 저장매체에 담겨있는 디지털 정보가 매우 방대하여 관련 정보를 찾는 데에 시간이 걸리며, 또한 경우에 따라서는 저장 장치의 암호를 풀어야 하는 등 기술적 조치가 필요한 경우가 있기 때문이다.475)

이 경우 저장매체 반출로서 압수·수색이 종료된 것인지에 대한 견해 대립이 있다. 저장매체를 수사기관이 확보하여 반출해 나가는 순간 압수·수색이 종료되었다고 본다면, 그 이후에 수사기관은 자유롭게 수사기관의 사무실에서 해당 저장매체 내의 정보들을 탐색할 수 있게 될 것이다. 반면, 저장매체의 반출로 압수·수색이 끝난 것이 아니라, 수사기관의 사무실에서 유관정보를 탐색하는 과정까지 압수·수색이 계속 이어지는 것으로 파악한다면(즉, 수사기관이 추후에 수사기관 사무실에서 관련 정보를 모두 수색 및 취득한 시점이 압수·수색의 종료시점이라면), 수사기관은 압수·수색에 관한 형사소송법상의 여러 제약(대표적인 예가 피압수자에 대한 참여권 보장)들을 계속하여 준수하며 수사기관의 사무실에서 압수·수색하여야 한다.

다. 학설 대립

이는 '수사기관이 저장매체를 반출하여 수사기관의 사무실에서 저장매체의 정보를 탐지하는 행위'의 법적 성격을 어떻게 보아야 하는지와 연결이 된다. 이와 관련하여 크게 2가지476)의 견해대립이 있다.

---

474) 이완규, "디지털 증거 압수 절차상 피압수자 참여 방식과 관련성 범위 밖의 별건 증거 압수 방법", 형사법의 신동향 통권 제48호 (2015. 9.), 99-100면. 이 논문은 이하 '이완규 (2015. 9.)'으로 약칭한다.

475) 이완규 (2015. 9.), 99-100면.

476) 아래에서 살펴볼 수색설 및 확인설 외에도, '수사기관이 저장매체를 반출하여 수사기관의 사무실에서 저장매체의 정보를 탐지하는 행위'가 검증에 해당한다는 견해도 있다[조국, "컴퓨터 전자기록에 대한 대물적 강제처분의 해석론적 쟁점", 형사정책

먼저, '수사기관이 저장매체를 반출하여 수사기관의 사무실에서 저장매체의 정보를 탐지하는 행위'가 압수물의 확인행위에 불과하다는 견해가 있다.[477] 이러한 주장에 따르면, 압수·수색 현장에서 저장매체 자체를 확보(그리고 그 후에 반출)하는 것으로서 압수·수색은 종료되었다고 보게 된다.[478] 저장매체를 반출한 후 저장매체의 정보를 탐지하는 행위가 압수물의 확인행위에 불과하다는 이 견해에서는, 혈액을 압수한 후 그 혈액에 대한 혈액형이나 DNA 구조를 추후에 확인하는 것이 별도의 강제처분이 되지 않는다는 취지의 주장을 한다.[479]

다음으로, '수사기관이 저장매체를 반출하여 수사기관의 사무실에서 저장매체의 정보를 탐지하는 행위'가 수색에 해당한다고 보는 견해가 있다.[480] 이 주장에 따르면 수사기관이 저장매체를 확보하여 반출한 이후에도 압수·수색은 종료되지 않았으며, 수사기관이 수사기관의 사무실에서 유관 정보를 선별하여 압수(추출)하는 때에 압수·수색이 종료되었다고 본다.[481]

전자의 견해에 따르면 수사기관은 저장매체 자체를 압수하여 반출한 이후에는 압수·수색의 과정에 있는 것이 아니므로, 피압수자의 참여권을 부여하지 않고 추후 수사기관의 사무실에서 자유롭게 저장매체 속의 정보를 탐색할 수 있다. 후자의 견해에 따르면 수사기관은 추후 수사기관의 사무실에서 저장매체의 정보들을 선별하는 과정에서도 여전히 피압수자에게 참여권을 부여하여야 한다는 번거로움이 따른다.

제22권 제1호 (2010. 7.), 105-106면]. 또한, 위 행위를 "수색과 검증" 또는 "전문가의 감정"의 일환으로 보는 견해도 있다[노명선, "디지털 증거의 압수·수색에 관한 판례 동향과 비교법적 고찰", 형사법의 신동향 통권 제43호 (2014. 6.), 179면].

477) 이완규 (2015. 9.), 101-104면.
478) 이완규 (2015. 9.), 101-104면.
479) 이완규 (2015. 9.), 101면.
480) 박민우, 박사학위 논문 (2016), 112-113면; 이진국, "전자정보의 압수·수색에서 피압수·수색 당사자의 참여권에 관한 일고", 아주법학 제11권 제4호 (2018), 328-330면.
481) 박민우, 박사학위 논문 (2016), 112-113면.

라. 대법원 판례

대법원은 2011. 5. 26.자 2009모1190 결정(전교조 사건)에서 "나아가 이처럼 저장매체 자체를 수사기관 사무실 등으로 옮긴 후 영장에 기재된 범죄 혐의 관련 전자정보를 탐색하여 해당 전자정보를 문서로 출력하거나 파일을 복사하는 과정 역시 전체적으로 압수·수색영장 집행의 일환에 포함된다고 보아야 한다."라고 판시하여, 수사기관의 수사 편의가 아닌 피압수자의 정보 프라이버시권을 보장하였다. 이는 대법원 2015. 7. 16.자 2011모1839 전원합의체 결정(종근당 사건)에서도 이어지게 된다. 이와 관련한 내용은 항을 나누어 자세히 살펴보기로 한다.

2. 관련 대법원 판결

가. 전교조 사건[482)

대법원은 2011. 5. 26.자 2009모1190결정(전교조 사건)에서 "나아가 이처럼 저장매체 자체를 수사기관 사무실 등으로 옮긴 후 영장에 기재된 범죄 혐의 관련 전자정보를 탐색하여 해당 전자정보를 문서로 출력하거나 파일을 복사하는 과정 역시 전체적으로 압수·수색영장 집행의 일환에 포함된다고 보아야 한다."라고 판시하였다. 대법원은 압수·수색의 종료 시기를 넓게 보아, 수사기관의 압수·수색에 대한 통제의 범위를 넓힌 것이다. 이러한 대법원의 입장에 따르면 '저장매체 자체를 수사기관 사무실 등으로 옮긴 경우'에는 '저장 매체가 반출된 때'에 압수·수색이 끝나는 것이 아니라, '수사기관이 수사기관의 사무실에서 혐의 관련 전자정보를 문서로 출력하거나 파일로 복사하는 것을 종료하는 시점'에서 압수·수색이 종료된다.

따라서 대법원의 이러한 입장에 따르면, 수사기관은 '저장 매체의 반출'

---

482) 대법원 2011. 5. 26.자 2009모1190 결정 [준항고기각결정에대한재항고].

이후에도 강제처분(압수·수색)에 대한 형사소송법상의 제한을 받게 된다. 이와 같은 논리에서 대법원은 "따라서 그러한 경우의 문서출력 또는 파일복사의 대상 역시 혐의사실과 관련된 부분으로 한정되어야 함은 헌법 제12조 제1항, 제3항, 형사소송법 제114조, 제215조의 적법절차 및 영장주의의 원칙상 당연하다. 그러므로 수사기관 사무실 등으로 옮긴 저장매체에서 범죄 혐의와의 관련성에 대한 구분 없이 저장된 전자정보 중 임의로 문서출력 혹은 파일복사를 하는 행위는 특별한 사정이 없는 한 영장주의 등 원칙에 반하는 위법한 집행이 된다.

한편 검사나 사법경찰관이 압수·수색영장을 집행함에 있어서는 자물쇠를 열거나 개봉 기타 필요한 처분을 할 수 있지만 그와 아울러 압수물의 상실 또는 파손 등의 방지를 위하여 상당한 조치를 하여야 하므로 (형사소송법 제219조, 제120조, 제131조 등), 혐의사실과 관련된 정보는 물론 그와 무관한 다양하고 방대한 내용의 사생활 정보가 들어 있는 저장매체에 대한 압수·수색영장을 집행함에 있어서 그 영장이 명시적으로 규정한 위 예외적인 사정이 인정되어 그 전자정보가 담긴 저장매체 자체를 수사기관 사무실 등으로 옮겨 이를 열람 혹은 복사하게 되는 경우에도, 그 전체 과정을 통하여 피압수·수색 당사자나 그 변호인의 계속적인 참여권 보장, 피압수·수색 당사자가 배제된 상태에서의 저장매체에 대한 열람·복사 금지, 복사대상 전자정보 목록의 작성·교부 등 압수·수색의 대상인 저장매체 내 전자정보의 왜곡이나 훼손과 오·남용 및 임의적인 복제나 복사 등을 막기 위한 적절한 조치가 이루어져야만 그 집행절차가 적법한 것으로 될 것이다."라고 판시하였다.

이와 같은 대법원의 입장을 종합하면, 수사기관이 저장매체가 존재하는 현장에서 압수·수색을 끝내지 못하고 저장매체를 불가피하게 수사기관의 사무실로 반출한 이후에도 압수·수색은 진행 중에 있다. 따라서 수사기관은 이후의 수사기관 사무실에서도 영장의 혐의사실과 관련된 부분에 한정하여 저장매체의 정보를 탐지하여야 하며, 피압수·수색 당사자나 그 변호인에게 계속적인 참여권 보장을 해주어야 한다. 또한 대법원은 이에 더불어 '피압수·수색 당사자가 배제된 상태에서의 저장매체에 대한 열람·복사 금지, 복사대상 전자정보 목록의 작성·교부 등 압수·수색의 대상인 저장매체 내 전자정보의 왜곡이나 훼손과 오·남용 및 임의적인 복제나 복사 등을 막기 위한 적절한 조치가 이루어져야한다'라고 설시하여 디지털 증거의 위·변조를 방지하는 방안도 제시하였다.483)

나. 종근당 사건

대법원은 2011년도 전교조 사건 결정의 법리를 2015년의 종근당 사건484)에서도 이어간다. 즉, "이처럼 저장매체 자체 또는 적법하게 획득한 복제본을 탐색하여 혐의사실과 관련된 전자정보를 문서로 출력하거나 파일로 복제하는 일련의 과정 역시 전체적으로 하나의 영장에 기한 압수·수색의 일환에 해당한다 할 것이므로, 그러한 경우의 문서출력 또는 파일복제의 대상 역시 저장매체 소재지에서의 압수·수색과 마찬가지로 혐의사실과 관련된 부분으로 한정되어야 함은 헌법 제12조 제1항, 제3항과 형사소송법 제114조, 제215조의 적법절차 및 영장주의 원칙이나 앞서 본 비례의 원칙에 비추어 당연하다."라고 판시하여 전교조 사건 결정의 법리를 재확인한다. 또한 대법원은 2011년의 전교조 사건 결정에서 결론적으로 재항고인의 재항고를 모두 기각하였으나, 위 종근당 사건 결정에서는 "따라서 수사기관 사무실 등으로 반출된 저장매체 또는 복제본에서 혐의사실 관련성

---

483) 다만, 위 전교조 사건 결정에서 대법원은 수사기관이 저장매체를 반출한 행위에 대하여 영장이 예외적으로 허용한 부득이한 예외 사유를 인정하였다. 또한 수사기관이 수사기관 사무실 내에서 저장매체의 정보 탐색 행위를 한 당시에 당사자의 참여권 보장 등 수사기관의 임의적 열람 등을 막기 위한 조치가 이루어졌다고 보았다. 이와 같은 이유로 대법원은 재항고인의 재항고를 모두 기각하였다.

484) 대법원 2015. 7. 16.자 2011모1839 전원합의체 결정.

에 대한 구분 없이 임의로 저장된 전자정보를 문서로 출력하거나 파일로 복제하는 행위는 원칙적으로 영장주의 원칙에 반하는 위법한 압수가 된다."라고 판시하여, 수사기관의 압수·수색이 위법하였다는 결론을 내리게 된다.

3. 비교 대법원 판결(파일을 제출 받을 당시에 압수수색 절차가 종료된 것으로 본 사례)

위와 같은 전교조 및 종근당 사건 결정은 저장매체가 반출된 후 압수·수색 절차가 종료되지 않은 경우에 해당한다. 이와 달리 저장매체가 압수·수색 현장 밖으로 반출되지 않은 경우에 대해서도 대법원은 판시를 내린 바 있기에 이를 참고할 필요가 있다. 대법원은 '수사기관이 키워드 검색 등을 통하여 정보 저장매체의 정보 중에서 혐의사실과 관련된 정보를 선별한 후, 정보 저장매체와 동일하게 비트열 방식으로 복제 생성한 파일(이미지 파일)을 제출받아 압수한 사건'인 2018. 2. 8. 선고 2017도13263 판결에서, '위 파일을 제출받을 당시에 압수·수색 절차가 종료된 것'으로 보았다. 이러한 논지에서 대법원은 위 사건에서 '이후 수사기관이 수사기관의 사무실에서 위 이미지 파일을 탐색하는 과정 등에서 피의자에게 참여권을 보장할 필요는 없다'라고 판단하였다.

4. 검토

대법원은 수사기관이 저장매체를 압수·수색 현장에서 반출한 경우에, '저장매체의 반출로 압수·수색이 끝나는 것'이 아니라, '수사기관의 사무실에서 유관정보를 탐색하는 과정까지 압수·수색이 계속 이어지는 것'으로 판단하였다. 이는 정보 주체에 대한 참여권 등의 보장 측면에서 의미가 크다. 이처럼 대법원은 압수·수색의 종료 시점을 넓게 보아, 정보 주체의 정보 프라이버시권 보장 범위를 확대하고자 하였다.

비교법적으로 볼 때, 미국 역시 대한민국과 동일한 동향을 보이고 있다. 포렌식 절차는 이미지 카피본(압수수색의 대상이 된 정보 저장매체의 하드 드라이브를 동일하게 복제한 파일)을 만든(이미징) 후, 해당 이미지 카피본에서 관련 정보를 수색하는 것으로 진행이 되는데, 미국 법원은 이러한 2단계 분석(off-site) 과정 역시 수정헌법 제4조의 적용을 받는 수색의 일환으로 보고 있기 때문이다.485)

이처럼 양국은 압수·수색 전 과정을 통하여 정보 주체의 정보 프라이버시권을 보장하여 오고 있다. 특히 대한민국에서는 '대법원 판결(결정)'을 통하여 압수·수색 통제의 시간적 범위가 확대되었다'라는 의의가 있다고 할 것이다.

III. 참여권 강화

1. 압수·수색 과정에서의 참여권 강화

법원의 공판 과정의 압수·수색과 관련하여 형사소송법은 당사자의 참여에 관한 조항을 두고 있다. 즉, 형사소송법 제121조486)는 검사, 피고인 또는 변호인의 참여권을 규정하고 있으며, 이와 관련하여 제122조487)는 참여

---

485) U.S. Department of Justice (2009), 86면 참조.
486) 형사소송법 제121조(영장집행과 당사자의 참여) 검사, 피고인 또는 변호인은 압수·수색영장의 집행에 참여할 수 있다.
487) 형사소송법 제122조(영장집행과 참여권자에의 통지) 압수·수색영장을 집행함에는 미리 집행의 일시와 장소를 전조에 규정한 자에게 통지하여야 한다. 단, 전조에 규정한 자가 참여하지 아니한다는 의사를 명시한 때 또는 급속을 요하는 때에는 예외로

권자에게의 통지를 규정하며, 제123조[488])는 영장의 집행에 대한 책임자의
참여와 관련한 내용을 규정하고 있다.

이는 형사소송법 제219조[489])에 의하여 수사기관(검사 또는 사법경찰관)
의 압수·수색 절차에도 준용이 된다.

대법원은 전자정보 압수·수색에서의 피압수·수색 당사자의 정보 프라이
버시권 보장을 위한 수단으로 위 형사소송법상의 참여권 법리를 적극 발전
시켜 왔다.[490]) 이와 관련하여 중요한 대법원 결정으로는 전교조 사건 결정
과 종근당 사건 결정이 있다.

먼저 대법원은 전교조 사건 결정에서 "저장매체 내 전자정보의 왜곡이
나 훼손과 오·남용 및 임의적인 복제나 복사 등을 막기 위한 적절한 조치"
의 일환으로서 참여권의 중요성을 설시하였다. 또한 대법원은 종근당 사건
결정에서 '수사기관이 압수·수색 과정에서 형사소송법 제219조, 제121조에
서 규정하는 피압수·수색 당사자나 그 변호인에게 참여의 기회를 보장하지
않았음'을 이유로 하여 해당 압수·수색을 취소하기까지에 이른다.

한다.

488) 형사소송법 제123조(영장의 집행과 책임자의 참여) ①공무소, 군사용의 항공기 또는
선차 내에서 압수·수색영장을 집행함에는 그 책임자에게 참여할 것을 통지하여야
한다. ②전항에 규정한 이외의 타인의 주거, 간수자 있는 가옥, 건조물, 항공기 또는
선차 내에서 압수·수색영장을 집행함에는 주거주, 간수자 또는 이에 준하는 자를 참
여하게 하여야 한다. ③전항의 자를 참여하게 하지 못할 때에는 인거인 또는 지방공
공단체의 직원을 참여하게 하여야 한다.

489) 형사소송법 제219조(준용규정) 제106조, 제107조, 제109조 내지 제112조, 제114조,
제115조제1항 본문, 제2항, 제118조부터 제132조까지, 제134조, 제135조, 제140조,
제141조, 제333조제2항, 제486조의 규정은 검사 또는 사법경찰관의 본장의 규정에
의한 압수, 수색 또는 검증에 준용한다. 단, 사법경찰관이 제130조, 제132조 및 제
134조에 따른 처분을 함에는 검사의 지휘를 받아야 한다.

490) 대법원은 2015. 1. 22. 선고 2014도10978 판결에서 전자정보에 대한 압수·수색에서
의 참여권의 근거를 "형사소송법 제219조, 제122조 본문, 제121조"에서 찾고 있다.
또한 대법원은 이후 종근당 사건 결정에서도 '형사소송법 제219조, 제121조'를 참여
권의 근거규정으로 보았다.

이러한 대법원 결정의 취지는 이후에도 이어지는데, 예를 들어 대법원은 2020. 3. 12. 선고 2019도17613 판결491)에서 '전자정보 압수·수색에서 피고인이나 변호인에게 참여의 기회를 보장하지 않았다'라는 이유로 해당 압수·수색을 통하여 수집한 증거의 증거능력을 부정한 바 있다. 다만, 대법원은 모든 참여권 위반의 사례에서 해당 증거의 증거능력을 부정한 것은 아니며, 예외적인 경우에는 증거능력을 인정하기도 한다.

이하 전교조 사건 결정과 종근당 사건 결정의 사례를 구체적으로 살펴본 후, '참여권 위반이 인정되었지만 증거능력이 예외적으로 인정된 사례' 또한 검토해 보기로 한다.

2. 대법원 2011. 5. 26.자 2009모1190 결정 (전교조 사건)

대법원은 앞서 살펴본 전교조 사건 결정에서 "한편 검사나 사법경찰관이 압수·수색영장을 집행함에 있어서는 자물쇠를 열거나 개봉 기타 필요한 처분을 할 수 있지만 그와 아울러 압수물의 상실 또는 파손 등의 방지를 위하여 상당한 조치를 하여야 하므로(형사소송법 제219조, 제120조, 제131조 등), 혐의사실과 관련된 정보는 물론 그와 무관한 다양하고 방대한 내용의 사생활 정보가 들어 있는 저장매체에 대한 압수·수색영장을 집행함에 있어서 그 영장이 명시적으로 규정한 위 예외적인 사정이 인정되어 그 전자정보가 담긴 저장매체 자체를 수사기관 사무실 등으로 옮겨 이를 열람 혹은 복사하게 되는 경우에도, 그 전체 과정을 통하여 피압수·수색 당사자나 그 변호인의 계속적인 참여권 보장, 피압수·수색 당사자가 배제된 상태

---

491) 본 사건에서 피고인은 미국 백악관 홈페이지 민원코너에 '당신의 딸을 강간 하겠다', '미국대사를 공격하겠다'라는 등의 글을 게시하였다. 경찰은 수사과정에서 피고인의 노트북에 저장된 전자정보들을 압수·수색하였는데, 그 과정에서 피고인이나 변호인에게 참여의 기회를 보장하지 않았고, 피고인의 노트북에 저장된 전자정보들을 압수하면서 이 사건과 무관한 정보까지 압수하였다.

에서의 저장매체에 대한 열람·복사 금지, 복사대상 전자정보 목록의 작성·교부 등 압수·수색의 대상인 저장매체 내 전자정보의 왜곡이나 훼손과 오·남용 및 임의적인 복제나 복사 등을 막기 위한 적절한 조치가 이루어져야만 그 집행절차가 적법한 것으로 될 것이다."라고 판시하였다.

대법원은 이 사건을 통하여 전자정보 압수·수색에서의 피압수·수색 당사자나 그 변호인의 '참여권'을 명확히 하였다는 의의가 있다. 또한, 참여권 보장을 전자정보의 왜곡이나 훼손을 막기 위한 방안의 하나로서도 설시하였다는 것이 특징이다. 이러한 참여권 중요성은 대법원의 후속 판례에서도 계속 강조된다.

3. 대법원 2015. 7. 16.자 2011모1839 전원합의체 결정 (종근당 사건)

가. 사실관계[492]

검사 P1은 준항고인 2의 회장 겸 대표이사인 준항고인 1을 특정경제범죄가중처벌등에관한법률위반(배임) 혐의로 수사하는 과정에서 법원에 압수·수색 영장을 청구하여, 2011. 4. 25. 법원 판사로부터 압수·수색 영장(제1영장)을 발부받았다. 사법경찰관들은 제1영장에 기해 압수·수색을 실시하여 이 사건 각 저장매체에 관해 봉인 조치를 한 후 이 사건 각 저장매체 자체를 압수하였다.[493]

---

492) 준항고 결정문(수원지방법원 2011. 10. 31.자 2011보2 결정)에서 재구성하였다.

493) 당시 이 사건 각 저장매체에는 위 혐의사실과 관련되지 않은 전자정보가 혼재되어 있었으며 이 사건 각 저장매체에 저장되어 있는 전자정보의 용량도 200GB를 초과하는 상황이었다. 따라서 사법경찰관들은 '현장에서 혐의사실과 관련된 전자정보만 추출하는 방식으로 압수하거나 위 전자정보 전부를 이미징의 방식으로 압수하는 방식'이 곤란하다고 판단하였다. 이에 사법경찰관들은 이 사건 각 저장매체 자체를 압수하였다.

검사 P1은 2011. 4. 26. 대검찰청 디지털포렌식센터에 이 사건 각 저장매체를 인계하면서 자료 분석을 의뢰하였고, 대검찰청 디지털포렌식센터 소속 사법경찰관은 2011. 4. 27. 10:40경부터 15:10경까지 준항고인 2의 경영분석팀장인 청구외 11이 참여한 가운데 이 사건 각 저장매체에 관해 봉인을 해제하고 이 사건 각 저장매체에 쓰기 방지장치를 연결하는 작업을 실시한 후, 2011. 4. 27.부터 2011. 5. 1.까지 이 사건 각 저장매체에 저장되어 있는 전자정보를 모두 대검찰청 원격디지털공조시스템에 이미징의 방법으로 저장하였다(이하 제1압수처분).

이후 검사 P1은 준항고인 1과 그 변호인에게 전혀 통지하지 않은 상태에서 2011. 5. 3.부터 2011. 5. 6.까지 위와 같이 대검찰청 원격디지털공조시스템에 저장된 전자정보를 다시 별도의 하드디스크에 다운로드하여 저장한 다음(이하 제2압수처분), 2011. 5. 9.부터 2011. 5. 20.까지 위와 같이 하드디스크에 저장된 전자정보에 관해 검색을 실시하였는데, 검색과정에서 내용이 복잡한 일부 전자정보에 관하여는 이를 문서로 출력하여 검토하는 작업을 병행하기도 하였다(이하 '제3 압수처분').

검사 P1은 위와 같이 하드디스크에 저장된 전자정보를 검색하는 과정에서 준항고인 2의 회장이자 대표이사인 준항고인 1과 대표이사인 청구외 10의 약사법위반 등 혐의사실과 관련된 자료를 발견하게 되자, 이를 검찰청 특수부에 통보하였다.

검사 P2는 위와 같은 준항고인 1과 청구외 10에 대한 약사법위반 등 혐의사실의 수사를 위해 법원에 압수·수색 영장을 청구하여, 2011. 5. 26. 법원 판사로부터 제2영장을 발부받은 후, 같은 날 준항고인 1과 청구외 10, 그리고 변호인에게 전혀 통지하지 않은 상태에서 제2영장에 기해 위 하드디스크 자체에 대한 압수를 실시하였다(이하 '이 사건 4 압수처분'). 이후 검사 P2는 이 사건 4 압수처분 이후 준항고인 1과 청구외 10을 위와 같이 약사법위반 등 혐의로 수사하는 과정에서 준항고인 1과 청구외 10, 그리고

변호인에게 전혀 통지하지 않은 상태에서 위 하드디스크에 저장된 전자정
보를 문서로 출력하였다(이하 '이 사건 5 압수처분').

나. 참여권 관련한 대법원 결정(다수의견)의 요지[494]

대법원은 '2011. 4. 25.자 압수·수색영장에 기한 압수·수색 부분(제1 내
지 제3 압수처분에 해당)'과 '2011. 5. 26.자 압수·수색영장에 기한 압수·수
색(제4 내지 제5 압수처분에 해당)부분'으로 나누어 각 압수·수색 처분의
위법 여부를 판단하였다.

먼저 대법원은 '2011. 4. 25.자 압수·수색영장에 기한 압수·수색 부분(제
1 내지 제3 압수처분에 해당)'과 관련하여, "전자정보는 복제가 용이하여
전자정보가 수록된 저장매체 또는 복제본이 압수·수색 과정에서 외부로 반
출되면 압수·수색이 종료한 후에도 복제본이 남아있을 가능성을 배제할 수
없고, 그 경우 혐의사실과 무관한 전자정보가 수사기관에 의해 다른 범죄
의 수사의 단서 내지 증거로 위법하게 사용되는 등 새로운 법익침해를 초
래할 가능성이 있으므로, 혐의사실 관련성에 대한 구분 없이 이루어지는
복제·탐색·출력을 막는 절차적 조치가 중요성을 가지게 된다."라고 판시하
여, '수사기관의 정보 저장매체에 대한 압수수색 과정'에서 '무관정보가 탐

---

494) 본 결정은 참여권 뿐만 아니라 '우연히 발견한 증거의 압수 방법, 위법한 압수처분이
행해진 경우 취소해야 할 압수처분의 범위' 등도 문제되었다. 특히 '위법한 압수처분
이 행해진 경우 취소해야 할 압수처분의 범위'와 관련하여서는 대법관들 사이에서
다수의견과 별개의견, 반대의견 등으로 나누어졌다. 다만, 참여권과 관련한 논의는
'다수의견 및 제1·2·3 처분에 관한 다수의견에 대한 대법관 이인복, 대법관 이상훈,
대법관 김소영의 보충의견'에서 구체적으로 설시되었다. 따라서 이하 이와 같은 '다
수의견 및 제1·2·3 처분에 관한 다수의견에 대한 대법관 이인복, 대법관 이상훈, 대
법관 김소영의 보충의견'을 중심으로 검토하기로 하며, '위법한 압수처분이 행해진
경우 취소해야 할 압수처분의 범위'에 대해서는 제7장에서 자세히 검토하기로 한다.

색될 위험'을 방지하기 위해서 '절차적 조치가 특히 요구된다는 점'을 지적하였다.

이를 전제로 대법원은 "저장매체에 대한 압수·수색 과정에서 범위를 정하여 출력 또는 복제하는 방법이 불가능하거나 압수의 목적을 달성하기에 현저히 곤란한 예외적인 사정이 인정되어 전자정보가 담긴 저장매체 또는 복제본을 수사기관 사무실 등으로 옮겨 이를 복제·탐색·출력하는 경우에도, 그와 같은 일련의 과정에서 형사소송법 제219조, 제121조에서 규정하는 피압수·수색 당사자(이하 '피압수자'라 한다)나 그 변호인에게 참여의 기회를 보장하고 혐의사실과 무관한 전자정보의 임의적인 복제 등을 막기 위한 적절한 조치를 취하는 등 영장주의 원칙과 적법절차를 준수하여야 한다. 만약 그러한 조치가 취해지지 않았다면 피압수자 측이 참여하지 아니한다는 의사를 명시적으로 표시하였거나 절차 위반행위가 이루어진 과정의 성질과 내용 등에 비추어 피압수자 측에 절차 참여를 보장한 취지가 실질적으로 침해되었다고 볼 수 없을 정도에 해당한다는 등의 특별한 사정이 없는 이상 압수·수색이 적법하다고 평가할 수 없고(대법원 2011. 5. 26.자 2009모1190 결정 등 참조), 비록 수사기관이 저장매체 또는 복제본에서 혐의사실과 관련된 전자정보만을 복제·출력하였다 하더라도 달리 볼 것은 아니다."라고 판시하여, '정보 저장매체에 대한 압수수색 과정에서 수사기관이 지켜야 할 절차로서 참여권이 요구된다'라는 점을 밝혔다.

이를 바탕으로 대법원은 "강력부 검사가 이 사건 저장매체에 저장되어 있는 전자정보를 압수·수색함에 있어 저장매체 자체를 자신의 사무실로 반출한 조치는 제1 영장이 예외적으로 허용한 부득이한 사유의 발생에 따른 것이고, 제1 처분 또한 준항고인들에게 저장매체 원본을 가능한 한 조속히 반환하기 위한 목적에서 이루어진 조치로서 준항고인들이 묵시적으로나마 이에 동의하였다고 볼 수 있을 뿐만 아니라 그 복제 과정에도 참여하였다고 평가할 수 있으므로 제1 처분은 위법하다고 볼 수 없다.

그러나 제2·3 처분은 제1 처분 후 피압수자에게 계속적인 참여권을 보장하는 등의 조치가 이루어지지 아니한 채 제1 영장 기재 혐의사실과 관련된 정보는 물론 그와 무관한 정보까지 재복제·출력한 것으로서 영장이 허용한 범위를 벗어나고 적법절차를 위반한 위법한 처분이라 하지 않을 수 없다."라고 판시하여, '제1 압수처분은 적법하지만, 이에 반하여 참여권이 보장되지 않은 제2, 3 압수처분은 위법하다'라는 판단을 내렸다.[495]

다음으로 대법원은 '2011. 5. 26.자 압수·수색영장에 기한 압수·수색(제4 내지 제5 압수처분에 해당)'과 관련하여, "제2 영장 청구 당시 압수할 물건으로 삼은 정보는 제1 영장의 피압수자에게 참여의 기회를 부여하지 않은 상태에서 임의로 재복제한 외장 하드디스크에 저장된 정보로서 그 자체가 위법한 압수물이어서 앞서 본 별건 정보에 대한 영장청구 요건을 충족하지 못한 것이므로, 비록 제2 영장이 발부되었다고 하더라도 그 압수·수색은 영장주의의 원칙에 반하는 것으로서 위법하다고 하지 않을 수 없다.

나아가 제2 영장에 기한 압수·수색 당시 준항고인 1 등에게 압수·수색 과정에 참여할 기회를 전혀 보장하지 않았으므로 이 점에 비추어 보더라도 제2 영장에 기한 압수·수색은 전체적으로 위법하다고 평가함이 상당하다."라고 판시하여 '제2영장의 압수 대상물 자체가 위법한 압수물인 점, 제2영장에 기한 압수·수색 과정에서 준항고인 등에게 참여권이 보장되지 않은 점'을 종합하여 '제2영장에 기한 압수·수색도 전체적으로 위법하다'는 판단을 하였다.

또한 대법원은 위와 같은 논리 전개의 전제로서 "별도의 압수·수색 절차

---

495) 참고로, 더 나아가서 대법원의 다수의견은 '취소되어야 할 압수·수색 처분의 범위'와 관련하여, '제1영장에 기한 압수·수색의 적법성은 전체적으로 판단되어야 한다'라는 전제에서 '(제1처분을 포함하여) 전체적으로 제1영장에 기한 압수·수색 처분이 취소되어야 한다'라는 입장을 설시하였다.

는 최초의 압수·수색 절차와 구별되는 별개의 절차이고, 별도 범죄혐의와 관련된 전자정보는 최초의 압수·수색영장에 의한 압수·수색의 대상이 아니어서 저장매체의 원래 소재지에서 별도의 압수·수색영장에 기해 압수·수색을 진행하는 경우와 마찬가지로 피압수자는 최초의 압수·수색 이전부터 해당 전자정보를 관리하고 있던 자라 할 것이므로, 특별한 사정이 없는 한 그 피압수자에게 형사소송법 제219조, 제121조, 제129조에 따라 참여권을 보장하고 압수한 전자정보 목록을 교부하는 등 피압수자의 이익을 보호하기 위한 적절한 조치가 이루어져야 할 것이다.”라는 설시를 하여, ‘제2영장에 기한 압수·수색 과정에서 참여권을 보장받아야 하는 주체’는 “최초의 압수·수색 이전부터 해당 전자정보를 관리하고 있던 자”임을 명확히 하였다.

다. 제1·2·3 처분에 관한 다수의견에 대한 대법관 이인복, 대법관 이상훈, 대법관 김소영의 보충의견의 요지

대법관 이인복, 대법관 이상훈, 대법관 김소영은 ‘제1·2·3 처분에 관한 다수의견’에 대하여 보충의견을 남겼는데, 위 세 대법관은 이와 같은 보충의견을 통하여 ‘유관정보에 대한 압수·수색은 취소할 수 없다’라는 ‘제1·2·3 처분에 관한 반대의견’에 대하여 다시 반박 의견을 개진하였다.

또한 위 세 대법관의 보충의견은 그 반박 과정에서 참여권의 중요성을 특별히 강조하였는데, 이를 정리하면 다음과 같다.

먼저, 위 보충의견은 “대용량 저장매체는 저장된 정보의 양이 방대하고 어느 것이 범죄혐의와 관련된 것이고 어느 것이 범죄혐의와 관련되지 않은 것인지를 구별하기가 용이하지 아니하여 유관정보를 선별하기 위해서는 일정 부분 정보의 내용을 살펴볼 수밖에 없다. 이 국면에서 수사기관의 압수·수색에 피의자 또는 변호인, 책임자 등의 참여를 보장하는 형사소송법 제219조, 제121조, 제123조의 규정이 영장에 의한 적법한 압수·수색을 사전에 실효성 있게 확보하기 위한 제도적 수단으로서 중요하게 작용할 수 있다.

수사기관이 저장매체에 대한 압수·수색 과정에서 피압수자 측에게 참여의 기회를 주지 않게 되면 수사기관은 무관정보를 제한 없이 취득할 수 있게 되어 압수·수색의 대상을 유관정보에 한정한 영장의 적법한 집행을 확보할 수 없게 된다."라고 설시하여, '참여권이 수사기관의 무관정보 탐색을 방지하는 중요한 역할을 한다'라는 점을 강조하였다.

또한 위 보충의견은 "전자정보에 대한 압수·수색의 중요과정에 피압수자 측의 참여권을 전혀 보장하지 아니하는 것은 영장주의 원칙을 위반한 것과 동일한 정도의 적법절차 위반이 되어 그 위법의 정도가 중대하다고 보아야 한다."라고 설시한 후, '유관정보에 관한 제2·3처분 역시 적법절차에 반하는 것이며, 그 절차적 위법은 중대한 위법에 해당한다고 보아야 한다'라고 판단하였다.

특히 위 보충의견은 "과거 피의자의 진술이 가장 중요한 증거로 인식되던 시대에, 피의자의 진술거부권은 헌법이 보장하는 권리에 터 잡은 것이므로 수사기관이 피의자를 신문함에 있어 피의자에게 미리 진술거부권을 고지하지 않은 때에는 그 진술의 임의성이 인정되는 경우라도 위법하게 수집된 증거로서 증거능력이 부인되어야 한다고 한 판례의 정신은 오늘날과 같은 디지털 시대에 전자정보를 대상으로 한 압수·수색에 대하여 그대로 관철될 필요가 있다.

전자정보에 대한 압수·수색에 있어 참여권이 가진 중요성을 간과할 경우 사실상 수사기관의 별건 압수·수색이나 포괄적 압수·수색을 허용하는 결과를 초래하게 될 우려를 쉽게 놓을 수 없다. 형사소송법 제121조, 제123조에 의한 당사자의 참여권을 보장하지 아니한 일정한 경우에 유관정보에 대한 압수처분까지 취소하는 것은 수사기관을 제재하기 위한 것이 아니라 형사소송법이 정한 절차조항의 규범력을 확보함으로써 전자정보에 대한 압수·수색에도 헌법상 적법절차와 영장주의 원칙을 관철하기 위한 불가피한 수단인 것이다."라고 설시하여, '전자정보에 대한 압수·수색에서의 참여권은 피의자의 진술거부권에 해당하는 정도의 중요성을 가지고 있다'라는 취지를 밝힌 것이 특징이다.

4. 참여권 위반을 인정하면서도 증거능력을 인정한 사례

앞서 살펴보았듯이, 대법원은 종근당 사건 결정에서 기존의 전교조 사건 결정보다 더욱 구체적으로 참여권의 존재 이유를 설시하였고, 또한 참여권 보장을 하지 않고 진행한 압수·수색 처분을 취소한 바 있다.

다만, 대법원은 '전자정보에 대한 압수·수색 과정에서의 참여권 위반'이 인정된 경우에, '해당 압수·수색으로 획득한 디지털 증거에 대한 증거능력'을 곧바로 부정하지는 않는다. 대법원은 '전자정보에 대한 압수·수색 과정에서의 참여권 위반이 인정된 사례'에서도, '수집된 디지털 증거들이 유죄인정의 증거로 사용될 수 있는 예외적인 경우에 해당하는 경우'에는 위 증거들의 증거능력을 인정하고 있기 때문이다.

이와 관련한 대법원 판결로는 '전자정보의 복호화 과정 등에 대한 참여권 미부여'가 문제된 대법원 2015. 1. 22. 선고 2014도10978 전원합의체 판결이 있다. 본 판결에서 대법원은 "원심은, 수사관들이 압수한 디지털 저장매체 원본이나 복제본을 국가정보원 사무실 등으로 옮긴 후 범죄혐의와 관련된 전자정보를 수집하거나 확보하기 위하여 삭제된 파일을 복구하고 암호화된 파일을 복호화하는 과정도 전체적으로 압수·수색 과정의 일환에 포함되므로 그 과정에서 피고인들과 변호인에게 압수·수색 일시와 장소를 통지하지 아니한 것은 형사소송법 제219조, 제122조 본문, 제121조에 위배되나, 피고인들은 일부 현장 압수·수색과정에는 직접 참여하기도 하였고, 직접 참여하지 아니한 압수·수색절차에도 피고인들과 관련된 참여인들의 참여가 있었던 점, 현장에서 압수된 디지털 저장매체들은 제3자의 서명하에

봉인되고 그 해쉬(Hash)값도 보존되어 있어 복호화 과정 등에 대한 사전통지 누락이 증거수집에 영향을 미쳤다고 보이지 않는 점 등 그 판시와 같은 사정을 들어, 위 압수·수색과정에서 수집된 디지털 관련 증거들은 유죄 인정의 증거로 사용할 수 있는 예외적인 경우에 해당한다는 이유로 위 증거들의 증거능력을 인정하였다. 원심판결 이유를 위 법리와 기록에 비추어 살펴보면, 원심의 위와 같은 판단은 정당한 것으로 수긍할 수 있고, 거기에 상고이유 주장과 같이 전자정보의 복호화 과정 등에 대한 참여권과 위법수집증거 배제법칙의 예외에 관한 법리를 오해하는 등의 위법이 없다."라고 판시하여, 압수·수색 과정의 참여권 위반을 인정하였음에도 해당 압수·수색 과정에서 수집된 디지털 증거들의 증거능력을 인정한 바 있다.

또한 대법원은 '피고인의 몰래 촬영 혐의에 대한 증거를 피고인 컴퓨터에서 찾는 과정에서 수사기관이 피고인의 국선변호인에 대하여 참여권을 보장하지 않은 사안'인 대법원 2020. 11. 26. 선고 2020도10729 판결에서 "형사소송법 제219조, 제121조가 규정한 변호인의 참여권은 피압수자의 보호를 위하여 변호인에게 주어진 고유권이다. 따라서 설령 피압수자가 수사기관에 압수·수색영장의 집행에 참여하지 않는다는 의사를 명시하였다고 하더라도, 특별한 사정이 없는 한 그 변호인에게는 형사소송법 제219조, 제122조에 따라 미리 집행의 일시와 장소를 통지하는 등으로 압수·수색영장의 집행에 참여할 기회를 별도로 보장하여야 한다."라고 보아, 수사기관이 변호인의 참여권과 관련한 절차를 위반하였음을 인정하였다. 그러나 대법원은 '피고인이 이 사건 컴퓨터의 탐색·복제·출력과정에 참여하지 않겠다는 의사를 표시한 점, 피고인의 국선변호인이 선정될 무렵에는 이미 수사기관이 이 사건 컴퓨터에 대한 탐색을 어느 정도 진행한 점, 피고인의 국선변호인이 수사기관에 이 사건 영장의 집행 상황을 문의하거나 그 과정에의 참여를 요구한 바가 없는 점' 등을 종합하여 '위법수집증거배제원칙의 예외에 해당할 여지가 있다'라는 이유에서 '이 사건 영장에 따른 압수·수색을 통해 수집된 증거들을 유죄의 증거로 사용할 수 없다'라는 원심의 판결을 파기하였다.

이와 같이 대법원은 '수사기관의 참여권 위반 행위가 적법절차의 실질적인 내용을 침해하지 않고, 영장의 집행을 통해 수집된 증거의 증거능력을 배제하는 것이 적법절차의 원칙과 실체적 진실 규명의 조화를 도모하는 취지에 반하는 결과를 초래할 경우'에는 해당 증거의 증거능력을 인정하려는 입장을 보이고 있다.

5. 검토

이상 살펴본 바와 같이 대한민국의 대법원은 '전자정보에 대한 압수·수색에서의 정보 프라이버시권 보호'를 위하여 참여권의 역할을 강조하고 있다. 특히 '제1·2·3 처분에 관한 다수의견에 대한 대법관 이인복, 대법관 이상훈, 대법관 김소영의 보충의견'은 참여권을 피의자의 진술거부권에까지 비유하며 그 중요성을 강조하였다. 기존 유체물 증거에 대한 압수·수색에서부터 인정되어왔던 참여권이 전자정보에 대한 압수·수색에서는 그 의의가 대폭 강화된 것이다. 대한민국의 대법원은 '유체물 압수·수색 시대의 관련성 요건'을 '전자정보에 대한 압수·수색 절차'에서 재조명한 바 있는데, 대법원은 참여권 역시 그 중요성을 대폭 강조하였다.

비교법적으로, 미국에서는 '전자정보에 대한 압수·수색에서의 정보 주체의 참여권'에 대한 논의가 활발히 이루어지지 않고 있다.496) 따라서 대한민

---

496) 같은 취지의 견해로서 김기준, "수사단계의 압수수색 절차 규정에 대한 몇 가지 고찰", 형사법의 신동향 통권 제18호 (2009. 2.), 5면. 또한 박병민/서용성 (2021), 252면에서도 '압수물 목록 작성과정에서 피압수자의 참여(presence)를 규정한 연방형사

국의 대법원이 확립해온 참여권 보장 논의는 정보 프라이버시권 보장의 측면에서 특별한 의미가 있다고 평가할 수 있다.[497]

한편, 이러한 참여권 보장은 압수·수색 절차가 끝날 때까지 보장이 되어야 한다. 따라서 저장매체가 수사기관의 사무실로 반출된 경우, 관련성 있는 유관정보를 선별 및 추출할 때까지 수사기관은 피압수·수색 당사자에게 참여의 기회를 보장해야 할 것이다.

참고로, 대법원은 '정보 주체의 참여권 보장을 수사기관의 정보 탐색 단계 중 어디까지 보장해주어야 하는지'에 대해서는 구체적인 기준을 설시하지 않았다. 즉, '수사기관이 관련성이 있는 파일을 분류하는 데까지 참여권을 인정하면 되는지' 아니면 '수사기관이 개개의 파일 내용을 확인하는 것에까지 참여권을 보장하여야 하는지'에 대한 대법원의 기준이 명확하지 않다. 이와 관련하여 '수사기관은 각 파일의 구체적인 내용 확인 단계까지는 참여권을 보장할 필요가 없고, 내용 확인 전의 분류과정까지만 참여권을 허용하면 된다'라는 견해가 있고,[498] '독일의 개괄적 검열 제도를 원용하여

소송규칙 41(f)(1)(B)을 제외하면, 미국에는 참여권과 관련한 규칙 또는 판례가 존재하지 않는다'라고 보고 있다.

497) 한편, 대법원의 참여권 보장 동향에 대하여 비판적인 견해도 존재한다. 이와 관련한 대표적인 논문으로는 이완규 (2015. 9.)이 있다. 이 논문에서는 참여권을 '피압수자 (피압수·수색 당사자) 지위에서의 참여권과 사건관계인의 지위에서의 참여권'으로 구분한 후, '대법원이 제219조, 제121조를 피압수·수색 당사자의 참여권의 근거조항으로 삼은 것은 잘못이며, 피압수·수색 당사자의 지위에서의 참여권은 법 제115조, 제123조, 제129조, 제219조(피압수·수색 당사자의 참여에 관한 조항들) 등이 되어야 한다'라고 주장한다. 또한 '피압수자는 수사기관으로부터 어차피 압수목록을 교부받는다는 점, 디지털 증거는 대량성과 비가독성으로 인하여 세밀한 검색이 필요하다는 점' 등을 들어서 대법원의 참여권 강화 취지를 비판하고 있다. 이상 이완규 (2015. 9.), 105-119면. 참고로, 본 논문 심사 과정에서는 '대법원 판례에서의 참여권 근거 조항이 불명확한 측면이 있기에, 향후 대법원이 참여권의 근거를 분명히 구분하여 밝힐 필요가 있다'라는 지적['이완규 (2015. 9.)에서의 참여권의 근거 구분 논의가 일리가 있다'라는 취지]이 있었다(한상훈 교수).

498) 박민우, 박사학위 논문 (2016), 114-115면; 이완규 (2015. 9.), 125-129면.

키워드 검색을 통한 선별절차까지만 인정하자'라는 견해도 있다.[499] 정보 프라이버시권 보장의 측면에서는 수사기관의 개별 파일 확인단계까지 참여권을 보장하는 것이 바람직할 수 있다. 그러나 이는 수사기관의 강제수사를 지연시켜서, 수사의 효율성을 지나치게 제한하는 결과를 초래할 수도 있다. 따라서 수사의 효율성 보장과 정보 프라이버시권 보호의 양 측면을 동시에 감안하여, 향후 이에 대한 지속적인 논의가 필요할 것으로 판단된다.

제3절 소결: 영장 집행에 대한 절차적 통제 개선방안

Ⅰ. 영장 집행에 대한 적극적인 사전 제한

1. 사전 제한의 반대론에 대한 반박 및 사전 제한의 순기능

대법원은 앞서 본 전교조 사건 결정에서 저장매체 자체의 수사기관 사무실로의 반출은 예외적으로 허용됨을 분명히 하였고, 이는 2011년 형사소송법 개정에서도 명문화되었다. 이러한 대한민국의 동향은 미국에서의 '영장 집행의 사전 제한'에 해당한다고 볼 수 있는데, 정보 저장매체에 대한 영장 집행 과정에서의 정보 프라이버시권 침해를 막기 위하여 이와 같은 사전 제한을 보다 적극적으로 활용할 필요가 있다. 앞서 살펴보았듯이, 비교법적으로 미국 역시 영장 발부 법원이 사전 제한을 적극 활용하는 동향을 보이고 있다.[500]

---

499) 이진국, "전자정보의 압수·수색에서 피압수·수색 당사자의 참여권에 관한 일고", 아주법학 제11권 제4호 (2018. 2.), 336-337면.

500) Adam M. Gershowitz (2016), 617-618면.

한편, 대한민국에서도 사전 제한에 대해서 비판적인 견해가 존재하는데, 핵심 요지는 다음과 같다.

우선, '법원이 영장에 미리 영장 집행 방식의 제한을 두는 것은 법관이 수사에 개입하게 하는 결과를 초래하므로, 수사와 재판의 분리 원칙에 위배될 수 있고 법권 권한의 비대화를 초래한다'는 지적이 있다.[501]

다음으로, '디지털 정보의 비가독성으로 인하여 수사기관은 파일들을 일일이 열어볼 수밖에 없다는 점, 영장에 키워드 제한 검색과 같은 사전 제한이 부기된 경우에는 피압수자가 수색 대상 파일을 의도적으로 변경하여 영장 집행을 방해할 수 있다는 점, 디지털 포렌식에 대한 전문성이 없는 법원이 사전 제한을 부기하는 것은 적절하지 않다는 점'과 같은 현실적인 문제가 지적되기도 한다.[502]

그러나 이는 다음과 같은 이유에서 적절하지 않으며, 디지털 정보에 대한 압수·수색에서는 기존 유체물에 대한 압수·수색에 비하여 사전 제한을 대폭 강화할 필요가 있다.

우선, '수사기관의 압수·수색에 대하여 법관이 관여할 수 없다'라는 논거의 핵심은 압수·수색 영장의 성격을 명령장이 아닌 허가장으로 파악하는 것에 근거하고 있는 것으로 보이나, '압수·수색 영장의 성격'과 '영장에 대하여 사전 제한을 할 수 있는지의 여부'는 상호 간에 논리적인 관련성이 없다.[503] 특히, '영장을 기각할 권한이 있는 법원은 영장 발부 과정에서 사전 제한 역시 할 수 있다'라고 보는 것이 논리적이다.[504]

다음으로, '디지털 정보의 비가독성에 따른 수색의 어려움, 수색 대상 파

501) 이흔재, "디지털 증거의 압수수색에 관한 쟁점별 해석과 통제방안 -개정 형사소송법을 중심으로-", 법학논총 제37권 제3호, 단국대학교 법학연구소 (2013. 9.), 157-158면.

502) 이완규 (2013. 11.), 135-136면.

503) 손지영/김주석 (2016), 207-208면.

504) 손지영/김주석 (2016), 207-208면.

일이 의도적으로 변경되어 있을 가능성'이 존재하는 것은 사실이나, 그러한 사정만으로 아무런 제한 없는 영장을 발부하게 되면 압수·수색 대상자의 정보 프라이버시권을 침해할 가능성이 크다. 즉, 정보 저장매체에 대하여 사전 제한 없이 영장이 발부될 경우 이는 포괄 영장이 발부된 것과 유사하다고 할 것이며, 따라서 이를 막기 위해서 구체적인 사전 제한이 부기된 영장을 발부할 필요가 있는 것이다.505)

마지막으로, '영장 발부 법원은 디지털 포렌식에 대한 전문성을 결여하고 있다'라는 지적은 '영장 발부 제도 운영에 대한 개선'으로 해결해야 할 문제이다. 예를 들어, 영장 발부와 관련하여 포렌식 관련한 기술적인 특징이 있을 경우에는 압수·수색 영장을 청구하는 수사기관이 영장 발부 법원에 대하여 해당 압수·수색에 대한 상세한 소명을 해야 할 것이다. 또한 필요한 경우 법원이 디지털 포렌식 전문가의 조언을 듣는 식으로 제도를 운영하여 디지털 포렌식에 대한 법원의 전문성을 높일 수도 있다.

한편, 법원이 사전 제한을 보다 구체적으로 한다면, 이는 '우연히 발견한 증거에 대한 별건 영장의 발부 기준'으로도 기능할 수가 있을 것이다. 수사기관이 정보 저장매체에 대한 압수·수색 영장 집행 도중에 우연히 별건의 증거를 발견한 경우, 수사기관이 해당 별건 증거를 적법하게 압수하기 위해서는 별건 증거에 대한 새로운 영장을 발부받아야 한다.506) 그런데 만약 수사기관이 무관 정보를 의도적으로 탐색하여 별건 증거를 발견한 경우(별건 증거의 발견에 우연성이 없는 경우), 법원은 해당 영장 청구를 기각하는 것이 바람직하다. 이와 관련하여, 별건 증거 발견 과정의 '우연성'을 판단

---

505) 조국, "컴퓨터 전자기록에 대한 대물적 강제처분의 해석론적 쟁점", 형사정책 제22권 제1호 (2010. 7.), 107면.
506) 대법원 2014.1.16. 선고 2013도7101 판결, 대법원 2015. 7. 16.자 2011모1839 전원합의체 결정.

하는 기준으로서 '수사기관이 정보 저장매체에 대한 압수·수색 과정에서
구체적인 사전 제한을 충실히 준수하였는지의 여부'가 일응의 기준이 될
수 있다. 수사기관이 영장 집행 과정에서 구체적인 사전 제한을 따르지 않
은 경우에는 우연성이 부정될 소지가 크기 때문이다.

2. 사전 제한의 구체적 개선 방안

영장 집행에 대한 사전 제한과 관련하여, 다음과 같은 사항들이 보완되
어야 할 것이다.

첫째, 영장 발부 법원은 일률적으로 형사소송법 제106조 제3항의 취지를
기재한 별지를 첨부하여 영장을 발부하는 것보다는 수사의 필요성에 맞추
어 보다 구체적이고 적극적인 사전 제한의 조건을 부과하여야 한다. 사전
제한의 방식과 정도는 일반화할 수 없고, 개별 수사의 특수성에 따라서 그
필요성의 정도가 달라지기 때문이다. 영장 발부 과정에서 법원은 범죄의
중대성과 관련 정보 탐색의 용이성 등을 종합적으로 고려하여 구체적인 사
전 제한을 부과하여야 할 것이다. 이와 관련하여 미국의 선서진술서
(affidavit) 제도를 활용하자는 논의에 주목할 필요가 있다.[507] 선서진술서란
미국에서 압수·수색 영장을 청구할 때 첨부하는 서면이다. 영장을 청구하
는 수사기관은 선서진술서를 통하여 압수·수색이 필요한 이유에 대하여 소
명하게 되는데, 이는 미국에서 압수·수색의 남용을 통제하는 중요한 수단
이 되고 있다.[508] 선서진술서(affidavit)와 같은 제도를 통하여 사전에 수사
기관에게 압수·수색 방법을 최대한 구체화하여 소명하도록 요구하면, 영장
을 발부하는 법원은 개별 사건의 특수성을 반영하여 수사기관의 영장 집행

---

507) 김병수, "전자정보에 관한 압수수색의 문제점과 개선방안", 비교형사법연구 제18권
　　 제3호 (2016), 49-50면.
508) 손지영/김주석 (2016), 177면.

방법을 보다 더 구체적으로 제한할 수 있을 것이다.

둘째, '전자정보에 대한압수·수색 영장 발부 요건'과 관련하여, '법원은 구체적인 영장 집행 방법을 기재하여 영장을 발부하여야 한다'라는 취지의 규정을 형사소송법에 명문화하는 방안을 고려해 볼 수 있다. 이미 대한민국 국회는 형사소송법 제114조 제1항 단서를 신설하여 "압수·수색할 물건이 전기통신에 관한 것인 경우에는 작성기간을 기재"하도록 한 바 있는데, 이는 사전 제한을 명문화한 규정으로 볼 수 있다. 이처럼 사전 제한의 구체적인 근거 조항을 형사소송법에 명문화한다면 '법원이 사전 제한을 할 수 있는지의 여부'에 대한 불필요한 논쟁을 없앨 수 있을 것으로 보인다. 또한 사전 제한의 부기 의무가 형사소송법에 명문으로 규정된다는 점에서 영장을 발부하는 법원의 사전 제한 실무가 보다 적극적으로 발전될 수 있을 것이다.

셋째, 영장 발부 법원은 영장 발부시 사전 제한의 한 유형으로서 '유관정보 탐색 및 무관정보 폐기와 관련한 기한 제한'을 적극적으로 설정할 필요가 있다.509) 현재 형사소송법에는 '영장 집행의 종료시기 및 영장집행을 통해 획득한 정보의 보유 기간에 대한 제한'이 존재하지 않는다. 따라서 수사기관은 사실상 무기한의 정보 보유를 통하여 애초의 혐의 사실과 무관한 정보를 추후에 탐색할 소지가 크다. 따라서 영장 발부 법원은 영장 발부시 사전 제한으로서 유관정보 탐색의 종료 시점과 무관정보 폐기의 기한 제한을 적극적으로 부기하여야 한다.

사전 제한의 부기와 관련하여, 본 논문에서는 다음과 같은 입법 개선안을 제시하고자 한다.

---

509) 이와 유사한 취지의 주장으로서, 박병민/서용성 (2021), 237-238면에서는 '정보 저장매체 이미징 복제본에 대한 분석 기간을 영장 발부시에 미리 설정하자'라고 주장한다.

〈 표 2 〉 정보에 대한 압수·수색 영장 발부와 관련한 사전 제한 부기 의무 명문화 제안

현행 조항	개정 제안 조항(제3항 추가)
제215조(압수, 수색, 검증) ① 검사는 범죄수사에 필요한 때에는 피의자가 죄를 범하였다고 의심할 만한 정황이 있고 해당 사건과 관계가 있다고 인정할 수 있는 것에 한정하여 지방법원판사에게 청구하여 발부받은 영장에 의하여 압수, 수색 또는 검증을 할 수 있다. ② 사법경찰관이 범죄수사에 필요한 때에는 피의자가 죄를 범하였다고 의심할 만한 정황이 있고 해당 사건과 관계가 있다고 인정할 수 있는 것에 한정하여 검사에게 신청하여 검사의 청구로 지방법원판사가 발부한 영장에 의하여 압수, 수색 또는 검증을 할 수 있다.	제215조(압수, 수색, 검증) ① 및 ② (현행 조항과 동일) ③ <u>제1항과 제2항에서 청구된 영장이 정보를 대상으로 하는 경우라면 영장을 발부하는 지방법원판사는 특별한 사정이 없는 한 해당 영장의 구체적인 집행방법을 부기한 영장을 발부하여야 한다.</u>

Ⅱ. 참여권의 현실화

참여권은 수사기관이 정보 저장매체에 대한 압수·수색 과정에서 관련성 없는 정보를 탐색하는 것을 저지하는 사실상의 감시권으로서 기능하며, 준항고 등의 불복절차를 실효성 있게 해준다. 또한 전자 증거의 진정성 관련하여서도 중요한 역할을 한다. 참여권을 통하여 압수 정보가 위조 또는 변조되지 않음을 확인할 수 있기 때문이다. 따라서 참여권의 보장 범위를 보다 확대하고 구체화할 필요가 있는데, 구체적으로는 다음과 같은 개선방안을 고려해 볼 수 있다.

첫째, 입법론적으로는 형사소송법에 '정보 저장매체에 대한 압수·수색 과정에서는 참여권이 특히 보장되어야 한다'라는 취지를 명시할 필요가 있

다. 대법원은 최근까지 '정보 저장매체에 대한 압수·수색 과정에서의 참여권'을 특히 강조해 오고 있는데, 이와 관련하여 형사소송법에는 '전자 정보에 대한 참여권 보장이 유체물 증거의 경우에 비하여 유독 강조되어야 하는 명시적인 근거'가 존재하지 않는다. 따라서 '정보 저장매체에 대한 압수·수색 과정에서의 참여권을 특히 강조한 대법원 판결의 취지'를 형사소송법에 명문화한다면, 압수·수색 실무에서의 참여권 보장을 보다 실질적으로 유도할 수 있다고 하겠다. '저장매체 원본의 반출을 제한한 전교조 사건 결정의 취지'가 형사소송법에 명문화되었듯이, '전자 정보 압수·수색에서의 참여권을 강조한 대법원 판결례의 취지' 역시 명문화할 필요가 있는 것이다. 이와 관련하여 '압수·수색 과정에 참여한 피압수자의 의견 진술(개진)권을 형사소송법에 명문화하고, 또한 압수·수색 과정에 참여한 피압수자의 이의나 의견 등을 압수·수색 집행 조서에 기록으로 의무적으로 남기도록 하는 방안'이 제시되기도 하였는데,510) 이를 참고할 필요가 있다. 다만, 포렌식 기술에 대한 전문성이 없는 피압수자가 장시간의 포렌식 절차에 모두 참여하는 것이 현실적으로 어렵다는 점을 고려하면, '피압수자에게 의견 진술권을 명문으로 보장하는 위 제안'만으로는 참여권 보장의 실효성을 담보하기는 어렵다고 판단된다. 압수·수색 절차(포렌식 절차)에 대한 의견 진술을 위해서는 압수·수색의 전 과정을 참관할 필요가 있기 때문이다.

둘째, 대법원의 종근당 사건 결정에 따르면, 참여권이 보장되지 않았을 경우라도, "피압수자 측이 참여하지 아니한다는 의사를 명시적으로 표시하였거나 질차 위반행위가 이루어진 과정의 성질과 내용 등에 비추어 피압수자 측에 절차 참여를 보장한 취지가 실질적으로 침해되었다고 볼 수 없을 정도에 해당한다는 등의 특별한 사정"이 있다면 참여권 침해로 인정되지

---

510) 박병민/서용성 (2021), 257-261면.

않는다. 이와 관련한 구체적인 사례는 앞으로 법원 판결을 통하여 계속 정립해 나가야 하는데, '피압수·수색 당사자가 수사 절차를 방해할 목적으로 고의로 참여하지 않은 상황'이 아닌 이상, 참여권의 적극적 보장을 위하여 그 예외 상황을 엄격히 인정하는 방향으로 나아가야 할 것이다.

셋째, 일반인들은 디지털 포렌식에 대한 지식이 없는 관계로, 참여권의 보장이 형식적인 절차 보장에 그치는 경우가 많다. 이와 관련하여 전문 참여인 제도를 도입하자는 주장이 있는데,511) 이 제도의 도입을 고려할 필요가 있다. '디지털 포렌식에 대한 지식이 없는 일반인은 참여권을 행사한다고 하여도 수사기관의 포렌식 절차를 제대로 이해할 수 없기에, 압수·수색 대상자에게 디지털 포렌식 관련 전문가의 조력을 받을 권리를 부여해 주자'라는 것이 위 제도 도입론의 주된 취지이다.512)

'참여권이 형식적인 권리에 그칠 위험이 있다'라는 인식하에서, '참여권을 능동적인 권리로 개선하기 위하여 수사기관 측에서 피압수자와 변호인에게 포렌식 절차에 대한 교육과 설명을 해주어야 한다'라는 견해513)가 있는데, 이 견해 역시 전문 참여인 제도 도입론과 궤를 같이 한다고 할 것이다.

이와 같이 '참여권을 보장받을 당사자에게 디지털 포렌식에 대한 전문 지식 역시 제공될 때'에 참여권 보장의 실질적 목적이 달성될 수 있을 것이다.514)

---

511) 박민우, 박사학위 논문 (2016), 118면.
512) 박민우, 박사학위 논문 (2016), 117-118면.
513) 김병수, "전자정보에 관한 압수수색의 문제점과 개선방안", 비교형사법연구 제18권 제3호 (2016), 53-54면.
514) 참고로, 앞서 살펴보았듯이 Comprehensive Drug Testing III (9th Cir. 2009) 재판부는 '정보 저장매체에 대한 압수·수색에서의 유관정보 분류 작업은 전문가(specialized personnel) 또는 독립적인 제3자(independent third party)가 하여야 한다'라는 지침을 내린 바 있다. 이는 '압수·수색 절차 자체를 외부의 제3자에게 맡기자'라는 내용으로서, '압수·수색 절차에서 압수·수색 대상자에게 외부 디지털 전문가의 조력을 받게 해주자는 방안'과 차이가 있긴 하나, 정보 프라이버시권 보장이라는 차원에서 그

넷째, 정보 저장매체에 대한 포렌식 과정에서는 상당히 긴 시간이 소요되는 경우가 많기 때문에, 피압수·수색자는 포렌식의 전 과정에 참여하기가 현실적으로 쉽지 않다. 따라서 피압수·수색자의 포렌식 과정 참여를 용이하게 할 방안을 모색할 필요성이 있다. 이와 관련하여, '디지털 포렌식 과정을 동영상으로 녹화하여 피의자나 변호인에게 제시하는 방안, 피압수·수색자가 디지털 포렌식 과정을 화상 회의 방식으로 참관하는 방안' 등이 제시된 바 있는데,515) 이를 고려할 만하다.

III. 압수·수색 절차 종료 시점 기록 및 무관 정보 폐기 의무 명문화

1. 정보 저장매체에 대한 압수·수색 절차 종료 시점의 정의

앞서 살펴보았듯이, 압수·수색 절차의 종료 시점을 확대한 '대법원 2011. 5. 26.자 2009모1190결정(전교조 사건)과 대법원 2015. 7. 16.자 2011모1839결정(종근당 사건)'은 정보 프라이버시권 보장의 차원에서 그 의의가 크다.

한편, 대법원은 2018. 2. 8. 선고 2017도13263 판결에서 "수사기관이 정보저장매체에 기억된 정보 중에서 키워드 또는 확장자 검색 등을 통해 범죄 혐의사실과 관련 있는 정보를 선별한 다음 정보저장매체와 동일하게 비트열 방식으로 복제하여 생성한 파일(이하 '이미지 파일'이라 한다)을 제출받아 압수하였다면 이로써 압수의 목적물에 대한 압수·수색 절차는 종료된

논의의 목적은 유사하다. 이와 관련하여, 본 논문 심사 과정에서 '압수·수색 자체를 제3자에게 맡기자는 위 Comprehensive Drug Testing III (9th Cir. 2009) 재판부의 견해를 우리도 적극 논의해 볼 가치가 있다'라는 취지의 지적이 있었다(한상훈 교수).
515) 오현석, "전자증거의 선별압수와 매체압수에 관한 연구", 석사학위 논문, 서울대학교 (2019), 129-135면.

것이므로"라고 판시하여, 저장매체가 압수·수색 현장 밖으로 반출되지 않은 경우의 압수·수색 절차의 종료 시점에 대해서도 판단을 내린 바 있다.

이러한 대법원의 판결을 종합하면, '정보 저장매체에 대한 압수·수색 절차의 종료 시점'은 '정보 저장매체에 저장된 정보 중에서 범죄 혐의사실과 관련 있는 정보에 대한 취득절차가 문서출력 또는 파일복제 등의 형식으로 완료된 때'로 정의할 수 있겠다. 이때의 '정보 저장매체'란 압수의 대상이 된 정보 저장매체 원본일 수도 있고, 또는 그로부터 적법하게 획득된 복제본일 수도 있다. 또한 '문서출력 또는 파일복제'는 수사기관에 의하여 직접 수행될 수도 있고, 또는 압수·수색 현장의 압수·수색 대상자가 '문서출력 또는 파일복제'를 한 후 이를 수사기관에게 제출하는 방식으로 진행될 수도 있을 것이다.

2. 정보 저장매체에 대한 압수·수색 절차 종료 시점의 의의

이상과 같은 '정보 저장매체에 대한 압수·수색 절차의 종료 시점'은 정보 프라이버시권 보장의 측면에서 다음과 같은 4가지 차원에서 중요한 의미가 있다.

첫 번째로, '정보 저장매체에 대한 압수·수색 절차의 종료 시점'은 '정보주체에 대하여 참여권을 보장하여야 하는 종기'로서의 의미가 있다(형사소송법 제121조, 제122조, 제219조).

두 번째로, 수사기관은 압수·수색 절차의 진행 과정 중에 무관(별건) 증거를 우연히 발견할 경우가 있고 이 경우 법원에 별건 영장을 청구하게 되는데, 이와 관련하여 '정보 저장매체에 대한 압수·수색 절차의 종료 시점'은 '해당 무관(별건)증거에 대한 압수·수색 영장 발부 요건'으로서도 기능한다.

대법원은 2015. 7. 16.자 2011모1839 전원합의체 결정(종근당 사건)에서

"전자정보에 대한 압수·수색이 종료되기 전에 혐의사실과 관련된 전자정보를 적법하게 탐색하는 과정에서 별도의 범죄혐의와 관련된 전자정보를 우연히 발견한 경우"에만 '별도의 범죄혐의 증거에 대한 압수·수색 영장을 발부받을 수 있다'라는 취지로 판시하였기 때문이다. 따라서 정보 저장매체에 대한 압수·수색 절차가 종료된 이후에 수사기관이 우연히 무관 증거를 발견하였다면, 해당 무관 증거에 대한 별건 영장을 청구받은 법원은 해당 별건 영장 청구를 기각하여야 할 것이다.

세 번째로, '정보 저장매체에 대한 압수·수색 절차의 종료 시점'은 '수집된 무관 정보가 삭제 또는 폐기되는 시점'으로서의 의미가 있다. 수사기관의 무제한적인 무관정보 탐색을 막기 위해서는 수사기관에게 무관 정보의 삭제 또는 폐기 의무를 부여하여야 하는데, 이러한 무관 정보 폐기 의무의 발생 시점은 '정보 저장매체에 대한 압수·수색 절차가 종료되는 때'로 보는 것이 가장 합리적이기 때문이다. 참고로, 대법원 2015. 7. 16.자 2011모1839 전원합의체 결정(종근당 사건)에서의 김용덕 대법관(별개의견)과 권순일 대법관(제1처분에 관한 반대의견)은 '압수·수색 영장의 집행 종료 이후에는 (영장에 의하여 취득된) 이미징 복제본이 삭제·폐기되어야 한다'라는 취지를 명시적으로 밝힌 바 있다.

네 번째로, '정보 저장매체에 대한 압수·수색 절차의 종료 시점'은 압수목록의 교부 시점과도 연결이 된다(형사소송법 제129조, 제219조). 이와 관련하여 특히 대법원은 2018. 2. 8. 선고 2017도13263 판결에서 "형사소송법 제219조, 제129조에 의하면, 압수한 경우에는 목록을 작성하여 소유자, 소지자, 보관자 기타 이에 준할 자에게 교부하여야 한다. 그리고 법원은 압수·수색 영장의 집행에 관하여 범죄 혐의사실과 관련 있는 정보의 탐색·복제·출력이 완료된 때에는 지체 없이 압수된 정보의 상세목록을 피의자 등에게 교부할 것을 정할 수 있다. 압수물 목록은 피압수자 등이 압수처분에 대한 준항고를 하는 등 권리행사절차를 밟는 가장 기초적인 자료가 되므로,

수사기관은 이러한 권리행사에 지장이 없도록 압수 직후 현장에서 압수물 목록을 바로 작성하여 교부해야 하는 것이 원칙이다(대법원 2009. 3. 12. 선고 2008도763 판결 참조). 이러한 압수물 목록 교부 취지에 비추어 볼 때, 압수된 정보의 상세목록에는 정보의 파일 명세가 특정되어 있어야 하고, 수사기관은 이를 출력한 서면을 교부하거나 전자파일 형태로 복사해 주거나 이메일을 전송하는 등의 방식으로도 할 수 있다."라고 판시하여, '정보 저장매체에 대한 압수·수색 절차 종료 이후의 압수물 목록 교부'에 대한 중요성을 밝힌 바 있다.

3. 구체적 개선 방안

앞서 살펴본 바와 같이, '정보 저장매체에 대한 압수·수색 절차의 종료 시점'은 정보 프라이버시권 보장의 차원에서 4가지의 중요한 의미가 있다. 따라서, 유체물 압수와는 달리, 정보 저장매체에 대한 압수·수색에서는 압수·수색 절차의 종료 시점을 명확히 하는 것이 특히 중요하다. 압수·수색 절차의 종료 시점에 따라서 수사기관의 '참여권 보장의 종기, 무관 정보를 우연히 발견할 수 있는 탐색 기간, 무관 정보를 폐기하여야 하는 시점, 압수물 목록을 교부하여야 하는 시점'이 정해지기 때문이다. 이는 특히 수사기관의 무제한적인 무관정보 탐색을 제한하고자 할 때 그 의의가 크다.

따라서 '압수·수색 절차가 종료된 경우 수사기관은 해당 압수·수색 절차의 명확한 종료 시점을 기록하여야 한다'라는 취지를 형사소송법에 명문화할 필요가 있다. 또한, 형사소송법에는 무관 정보의 삭제(폐기) 절차(의무)가 규정되어 있지 않은 관계로, '압수수색 절차의 종료 이후에 수사기관은 지체 없이 무관 정보를 삭제 또는 폐기하여야 한다'라는 취지 역시 형사소송법에 명문화할 필요가 있다.516) 이러한 취지를 형사소송법에 명문으로 규정하면, '수사기관이 압수·수색 절차 종료 이후에도 무관 정보를 보유하고 별건 증거를 탐색하는 것은 위법한 증거수집 절차이다'라는 점을 분명히 할 수 있기 때문이다. 이는 해당 증거가 추후 재판과정에서 위법수집증거로서 증거배제 되는 것으로 이어지기에, 이를 통하여 수사기관의 관련 절차 준수를 보다 명확히 담보할 수 있다. 또한 정보 주체는 정보 저장매체에 대한 압수·수색 절차의 종료 시점을 분명히 인식하여 '참여권 미보장의 위법 여부, 우연히 발견한 별건 증거가 압수·수색 이후에 이루어진 것은 아닌지 여부' 등을 추후 명확히 다툴 수 있을 것이다.

이상과 같은 개선 방안을 토대로 하여, 본 논문에서는 다음 표와 같은 형사소송법 개정 방안을 제시하고자 한다.

---

516) 같은 취지의 주장으로서, 손지영/김주석 (2016), 216면; 박병민/서용성 (2021), 263-267면. 참고로, 서울 중앙지방법원은 영장 발부시에 '압수 종료 후에는 지체 없이 피압수자 등에게 압수한 전자정보의 상세목록을 교부하여야 하며, 무관 정보를 삭제·폐기하여야 하며, 무관 정보 삭제·폐기 사실을 피압수자 등에게 통지하여야 한다'라는 취지를 기재한 별지를 영장에 첨부한다고 한다. 이상 손지영/김주석 (2016), 211-214면; 홍진표 (2019), 119-121면 참조. 또한 손지영/김주석 (2016), 214-216면에서는 '무관정보 삭제시 해시값 변동으로 인하여 동일성 입증에 어려움이 있다'라는 지적에 대하여 '무관정보를 삭제하여도 기술적으로 동일성 입증이 가능하며, 또한 무관정보 삭제시 피압수 당사자의 참여권 보장을 통하여 당사자로부터 동일성 확인을 받는 방안도 있다'라는 취지의 반론을 하고 있다.

〈 표 3 〉 정보에 대한 압수·수색 절차 종료 시점 기록 의무 및
무관 정보 폐기 의무 명문화 제안[517][518]

현행 조항	개정 제안 조항(제5항 및 제6항 추가)
제106조(압수) ①법원은 필요한 때에는 피고사건과 관계가 있다고 인정할 수 있는 것에 한정하여 증거물 또는 몰수할 것으로 사료하는 물건을 압수할 수 있다. 단, 법률에 다른 규정이 있는 때에는 예외로 한다. ②법원은 압수할 물건을 지정하여 소유자, 소지자 또는 보관자에게 제출을 명할 수 있다. ③ 법원은 압수의 목적물이 컴퓨터용디스크, 그 밖에 이와 비슷한 정보저장매체(이하 이 항에서 "정보저장매체등"이라 한다)인 경우에는 기억된 정보의 범위를 정하여 출력하거나 복제하여 제출받아야 한다. 다만, 범위를 정하여 출력 또는 복제하는 방법이 불가능하거나 압수의 목적을 달성하기에 현저히 곤란하다고 인정되는 때에는 정보저장매체등을 압수할 수 있다. ④ 법원은 제3항에 따라 정보를 제공받은 경우「개인정보 보호법」제2조제3호에 따른 정보주체에게 해당 사실을 지체 없이 알려야 한다.	제106조(압수) ① 내지 ④ (현행 조항과 동일) ⑤ 법원은 제3항에 따른 정보에 대한 압수가 종료하였을 경우 해당 압수의 종료 시점을 명확히 기록하여야 하고, 피고사건과 관계가 없는 정보는 지체 없이 삭제 또는 폐기하여야 한다. ⑥ 제5항에서의 정보에 대한 압수의 종료 시점이란 정보 저장매체에 저장된 정보 중에서 범죄 혐의사실과 관련 있는 정보에 대한 취득절차가 문서출력 또는 파일복제 등의 형식으로 완료된 때를 말한다.

---

517) 법원의 압수 요건을 규정한 형사소송법 제106조는 형사소송법 제219조에 의하여 검사 또는 사법경찰관의 압수에 준용된다.

518) 현행 형사소송법은 정보 자체에 대한 압수·수색이 가능한지에 대하여 불분명한 측면이 있기에, 압수·수색의 대상으로 정보를 명문으로 추가할 필요가 있다. 또한 정보와 관련한 기타 압수·수색 조항들 역시 종합적으로 개선하여야 할 필요가 있다. 따라서 형사소송법 제106조만을 개정하는 것은 적절하지 않은 측면이 있지만, 긴 논의를 줄이고자 일단 본 논문에서는 제106조에 제5항 및 제6항을 추가하는 것으로서 개정안을 제시함을 밝힌다. 참고로, 디지털 정보 자체가 압수·수색의 대상이 될 수 있는지에 대한 자세한 논의는 정성남, "경찰 수사현장에서 디지털 증거의 압수·수색에 관한 연구 - 스마트 폰을 중심으로 -", 박사학위 논문, 인천대학교 (2020), 79-91면에 상세히 서술되어 있다.

참고로, 위 개정 입법 제안을 담은 본 논문이 완성되어 논문 심사를 앞두고 있었던 시점에서 본 논문의 위 개정 입법 제안과 유사한 취지(무관정보 폐기)의 형사소송법 일부개정법률안[519])이 발의된 바 있는데, 전주혜 의원 대표발의안은 다음과 같은 제218조의3을 신설하는 내용을 담고 있다.

제218조의3(전자정보의 폐기 등) ① 검사는 제215조의 규정에 따라 컴퓨터용디스크, 그 밖에 이와 비슷한 정보저장매체에 기억된 정보(이하 "전자정보"라 한다)를 압수한 후 압수된 전자정보가 각 호에 해당하는 경우에는 복원이 불가능한 기술적 방법으로 지체 없이 폐기하여야 한다.
  1. 수사 또는 재판 과정에서 범죄사실과 관련성이 없는 것으로 확인된 경우
  2. 압수의 원인이 된 사건에 대한 기소·불기소 등 종국처분에 따라 계속 보관할 필요성이 없다고 인정되는 경우
  3. 판결이 확정되어 계속 보관할 필요성이 없다고 인정되는 경우
② 제1항에도 불구하고 다음 각 호의 사유가 있는 경우에는 압수의 원인이 된 해당 사건의 공소시효가 완성될 때까지 전자정보를 폐기하지 않을 수 있다.
  1. 압수의 원인이 된 사건이 기소중지처분 또는 참고인중지처분이 된 경우
  2. 불기소처분을 한 사건 또는 무죄판결이 확정된 사건 중 공범 등에 대한 수사를 계속할 필요가 있다고 인정되는 경우
③ 압수된 전자정보의 등록·관리 및 폐기 등과 관련하여 그 밖에 필요한 사항은 법무부령으로 정한다.

위와 같은 전주혜 의원 대표발의안은 아래와 같은 대검찰청 예규[디지털 증거의 수집·분석 및 관리 규정(대검찰청 예규 제1151호)] 제54조의 내용을 형사소송법에 명문화하려는 취지인 것으로 보인다.

---

519) 형사소송법 일부개정법률안(전주혜의원 대표발의, 의안번호 9697, 발의연월일 2021. 4. 23.). 이 형사소송법 일부개정법률안은 이하 '전주혜 의원 대표발의안'으로 약칭한다.

> 제54조(폐기대상) ① 다음 각 호에 해당하는 디지털 증거는 본 장에서 규정한 절차에 따라 업무관리시스템에서 폐기한다.
> 1. 수사 또는 재판 과정에서 범죄사실과 관련성이 없는 것으로 확인된 경우
> 2. 압수의 원인이 된 사건에 대한 기소·불기소 등 종국처분에 따라 계속 보관할 필요성이 없다고 인정되는 경우
> 3. 판결이 확정되어 계속 보관할 필요성이 없다고 인정되는 경우
> ② 제1항에도 불구하고 다음 각 호의 사유가 있는 경우에는 압수의 원인이 된 사건의 공소시효가 완성될 때까지 디지털 증거를 폐기하지 않을 수 있다.
> 1. 압수의 원인이 된 사건과 형사소송법 제11조에 따라 관련성이 인정되는 사건에서 증거로 사용될 것으로 예상되는 경우
> 2. 압수의 원인이 된 사건이 기소중지처분 또는 참고인중지처분이 된 경우
> 3. 불기소처분을 한 사건 또는 무죄판결이 확정된 사건 중 공범 등에 대한 수사를 계속할 필요가 있다고 인정되는 경우

그런데, 앞서 살펴보았듯이 '압수·수색 절차가 종료된 경우에는 혐의 사실과 무관한 정보는 지체없이 삭제 또는 폐기되어야 한다'라는 점에서, 이와 다른 전제에 있는 전주혜 의원 대표발의안 제54조 제1항은 개선이 필요해 보인다. 또한 '혐의 사실과 무관한 정보는 예외 없이 폐기되어야 한다'라는 점에서 이와 다른 전제에 있는 전주혜 의원 대표발의안 제54조 제2항 역시 개선이 필요하다고 판단된다.[520]

한편, 수사기관에게 압수·수색 절차의 종료 시점을 명확히 기록하게 하더라도, 수사기관은 '압수·수색 절차의 종료 자체를 부당하게 지연시키는 방법'을 사용하여서 '무관 정보의 탐색 및 해당 무관 정보에 대한 별건 영장 청구'를 우회적으로 할 수도 있다. 이를 방지하기 위하여 영장 발부 법

---

520) 참고로, 대검찰청 예규[디지털 증거의 수집·분석 및 관리 규정(대검찰청 예규 제 1151호)] 제54조 제2항과 관련하여, 박병민/서용성 (2021), 265-266면은 '예외 없이 삭제되어야 할 범죄 무관 정보가 삭제되지 않을 소지를 제공하는 위 대검찰청 예규 제54조 제2항에 대한 문제점'을 지적하고 있으며, 또한 이와 관련하여 '범죄 무관 정보는 예외 없이 폐기되어야 한다'라는 견해를 밝히고 있다.

원은 최초의 영장 발부 시에 '영장 집행의 종료 시점'을 사전 제한의 하나로서 영장에 명백히 부기하여야 할 것이다. 물론, 수사기관이 영장 집행 과정에서 부득이하게 최초의 종료 시점(사전 제한으로 부기된 시점) 내에 유관정보 선별을 끝내지 못하여, 수사기관에게 영장 집행의 추가 기한이 불가피하게 요구될 수도 있다. 이 경우에는 영장 집행 종료 시점의 연장을 위한 별도의 법원 허가가 필요하다고 보이며, 이러한 취지를 애초에 영장 사전 제한의 구체적인 내용으로서 명확히 명시하는 것을 고려해 볼 수 있다.

제6장

강제처분 과정에서 우연히 발견된
별건 정보의 취득 제한

제1절 미국: 영장주의 예외의 적용 범위 축소

I. 체포에 수반한 수색 이론의 축소

1. 체포에 수반한 수색 (Search incident to a lawful arrest exception)의 의의

체포에 수반한 수색의 예외(Search incident to a lawful arrest exception)는 미국 영장주의의 예외 중 하나이다. 경찰관은 이 예외에 근거하여 피체포자에 대해서 영장 없는 수색을 할 수 있으며, 이로 인하여 경찰관은 자신의 안전 보호와 체포 현장의 증거 보존 등을 도모할 수 있다. 이러한 체포에 수반한 수색의 예외(Search incident to a lawful arrest exception) 이론은 적법하게 체포된 사람에 대한 정부의 수색권을 간접적으로 언급한 Weeks v. United States 판결521)에서 기초하여, 이후 연방대법원의 여러 판결을 통하여 발전해 왔다.522) 특히 연방대법원은 1969년의 Chimel v. California 판결523)을 통하여 오늘날의 체포에 수반한 수색의 예외 이론을 구체적으로 확립하였다.524) 미국의 연방대법원은 이후에도 여러 판결을 통하여 체포에 수반한 수색의 예외 이론을 확립해 나갔는데, 이 중 1973년의 United States v. Robinson 판결525)과 2009년의 Arizona v. Gant 판결526)이 대표적이다.

---

521) Weeks v. United States, 232 U.S. 383, 392 (1914).
522) Adam M. Gershowitz, "THE IPHONE MEETS THE FOURTH AMENDMENT", 56 UCLA L. Rev. 27, 32-33 (2008).
523) Chimel v. California, 395 U.S. 752 (1969).
524) Adam M. Gershowitz, "THE IPHONE MEETS THE FOURTH AMENDMENT", 56 UCLA L. Rev. 27, 32-33 (2008).

Chimel v. California 사안에서 경찰관은 Chimel의 집에서 Chimel을 강도 혐의로 체포한 후, 강도의 증거를 찾기 위해서 체포에 수반한 수색에 근거하여 영장 없이 Chimel의 집 전체를 수색하였다. 연방대법원은 이에 대하여 '경찰관은 자신을 해칠 수 있는 흉기를 수색하거나 피체포자가 증거를 인멸하는 것을 방지하기 위한 목적에서 체포에 수반할 수색을 행할 수 있다'라고 인정한 뒤, '해당 수색은 피체포자가 즉시 영향력을 행사할 수 있는 범위 이내(예컨대 피체포자가 무기를 잡거나 증거를 인멸할 수 있는 거리 이내)에서만 이루어져야 한다'라고 판시하였다.527) 그리고 연방대법원은 '경찰관은 (피체포자가 즉시 영향력을 행사할 수 있는) 위 범위를 넘어 수색하였기에, 이는 수정헌법 제4조를 위반하였다'라고 판단하였다.

이후 연방대법원은 United States v. Robinson 판결528)에서 '수사기관이 체포에 수반한 수색으로서 피체포자가 소지한 담배 용기(cigarette package)의 내부를 수색할 수 있는지'를 판단하였다. 이 사건에서 수사관은 자동차 운전에 대한 면허가 없는 상태로 운전 중이던 Robinson을 체포하였고, 이후 Robinson의 몸을 수색하여 구겨진 담배 용기를 발견하였다. 이에 수사관은 해당 담배 용기를 열어보았고(이 당시 수사관은 담배 용기 내에 무엇이 들어있는지 예상하지 못하였다), 담배 용기에서는 마약(heroin)이 발견되었다. 이에 Robinson은 마약 소지 등 혐의로 기소되었는데, 재판과정에서 위 수사관의 마약 수색이 수정헌법 제4조를 위반한 것인지가 문제 되었다. 연방대법원은 이에 대해서 '수사관은 해당 담배 용기 안에 들어있는 내용

---

525) United States v. Robinson, 414 U.S. 218 (1973). 이 판결은 이하 'United States v. Robinson (1973)'으로 약칭한다.

526) Arizona v. Gant, 556 U.S. 332 (2009).

527) Chimel v. California, 395 U.S. 752, 763 (1969).

528) United States v. Robinson (1973).

물이 무엇인지 몰랐더라도 체포에 수반한 수색에 근거하여 담배 용기 내부를 수색할 수 있다'라는 취지로 판시하였다.529)

그 후 연방대법원은 2009년의 Arizona v. Gant 판결에서 '차량 내부에 대하여 체포에 수반한 수색에 근거하여 영장 없는 수색을 할 수 있는지에 대한 법리'를 구체화하였다. 이 사건에서 경찰관은 정지된 운전면허로 운전한 혐의로 Gant를 체포하였다. 경찰관은 Gant를 경찰관 차량 내부에 탑승시킨 후 Gant의 차량 내부를 수색하여 무기와 마약(cocaine)을 발견하였다. 이후 Gant는 마약 소지 혐의 등으로 기소되었다. 재판과정에서는 Gant의 차량에 대한 경찰관의 수색이 수정헌법 제4조 위반인지가 문제 되었다. 연방대법원은 이에 대하여 New York v. Belton 판결530)의 선례를 따르지 않고, '피체포자가 차량 내부에 접근할 수 있는 경우 또는 범죄의 증거가 차량 내부에서 발견될 수 있는 경우'에만 경찰관이 체포에 부수한 차량 수색을 할 수 있다고 판시하였다.531)

2. 디지털 증거에서의 체포에 수반한 수색 이론

미국 연방대법원의 판례를 통하여 확립된 체포에 수반한 수색의 예외

---

529) United States v. Robinson (1973), 235-236면.

530) New York v. Belton, 453 U.S. 454 (1981). 이 사건은 '피체포자가 차량에 접근할 가능성이 없는 상황'이었다. 그럼에도 불구하고 연방대법원은 이 사건 판결에서 '경찰관이 차량 내부를 체포에 수반한 수색으로 수색할 수 있다'라고 판시하였다.

531) Arizona v. Gant, 556 U.S. 332, 343 (2009). 참고로, 본 판결에서 재판부는 '피체포자가 차량 내부에 접근할 수 있는 경우'라는 요건은 '경찰관의 안전보호와 증거인멸 방지'라는 목적을 제시한 Chimel v. California, 395 U.S. 752 (1969) 판결의 법리에 기초하고 있음을 밝혔다. 또한 재판부는 이와 같은 Chimel v. California 법리에 더하여, '범죄의 증거가 차량 내부에서 발견될 수 있는 경우'라는 요건을 추가한 것이다. 이상 본 판결 338-343면.

(Search incident to a lawful arrest exception) 이론은 수사관에게 영장 없는 수색을 허용하였고, 따라서 수사관이 범죄 수사에 효과적으로 대응할 수 있게 해주었다.

그런데, 디지털 저장매체의 등장과 발달로 인하여 이에 대한 문제점이 생겨났다. 체포에 수반한 수색의 예외에 근거하여 수사관이 피체포자의 휴대폰을 수색하는 경우에는 수색의 대상이 되는 전자 정보의 양이 방대하기 때문이다.[532] 따라서 휴대폰에 대해서는 체포에 수반한 수색의 예외를 허용하지 않는 미국 법원들이 생겨났다.[533] 이후 휴대폰에 대하여 체포에 수반한 수색을 허용할지와 관련하여 미국 법원의 견해가 나뉘게 되었고,[534] 이에 연방대법원은 Riley v. California 판결을 통하여 이 문제를 정면으로 다루게 되었다. Riley v. California 판결에서 연방대법원은 '휴대폰(cell phone)을 기존의 체포에 수반한 수색 사례에서의 용기(container)에 비유할 수 없다'라는 취지에서 '경찰이 체포에 수반한 수색으로 영장 없이 휴대폰을 수색할 수 없다'라고 만장일치로 판시하였다. 이하 항을 바꾸어 Riley v. California 판결을 상세히 살펴보기로 한다.

3. Riley v. California 판결[535]

가. 사실관계 및 소송경과

본 판결은 연방대법원이 Riley v. California 사건과 United States v.

---

532) Adam M. Gershowitz (2016), 594-595면.

533) Adam M. Gershowitz (2016), 595면.

534) 하급심 법원의 판결 대립과 관련한 구체적인 내용은 이종근, "적법한 체포에 부수한 휴대폰의 수색과 영장주의 - 미연방대법원의 판례를 중심으로 -", 법학논총 제33권 제1호, 한양대학교 법학연구소, (2016. 3.), 62-64면에 소개되어 있다.

535) Riley v. California, 573 U.S. 373 (2014). 이 판결은 이하 'Riley v. California (2014)' 으로 약칭한다.

Wurie 사건을 병합 심리하여 선고한 것이다.

먼저 Riley v. California 사건의 사실관계는 다음과 같다.

Riley는 만료된 차량 등록증(registration tags)을 가지고 운전한 혐의로 경찰관의 검문을 받게 되었다. 경찰관은 Riley의 차량을 세워서 검사를 하던 중, Riley의 운전면허도 정지가 된 상태임을 알게 되었다. 이후 경찰관은 Riley의 차량 안을 살펴보다가 Riley의 차량 안에서 불법 무기를 발견하였고, Riley를 체포하였다. 경찰관은 체포에 부수한 수색으로서 Riley를 수색하였는데, 그 과정에서 Riley의 휴대폰[536]을 압수하였다. 이후 경찰관은 Riley의 휴대폰을 수색하였는데, 그 과정에서 Riley가 갱(gang) 조직의 일원임을 입증하는 증거들(메시지와 사진, 그리고 동영상 등)을 발견하였다. 그런데 해당 갱 조직은 얼마 전 또 다른 총격 사건의 범행을 일으킨 단체였다. Riley는 결국 위 총격 사건을 저지른 혐의로 기소되었다.

재판과정에서 Riley는 '경찰관은 영장 없이 휴대폰을 수색하였으며 이는 긴급한 상황의 예외(exigent circumstances)에 해당하지도 않기 때문에 수정헌법 제4조 위반에 해당한다. 따라서 경찰관이 휴대폰에서 압수한 모든 증거는 증거능력이 없다.'라는 주장을 하였다. 그러나 1심 법원은 Riley의 주장을 받아들이지 않고 Riley에게 유죄를 선고하였다. 항소심(California Court of Appeal) 역시 '경찰관의 휴대폰 수색 행위는 체포에 부수한 수색에 의하여 허용된다'라는 논지에서 1심 법원의 판결을 유지하였다. 이후 사건은 대법원에 상고 되었다.

다음으로 United States v. Wurie 사건의 사실관계는 다음과 같다.

직무집행 중이던 경찰관은 Wurie가 마약을 판매하는 장면을 목격하였다. 이에 경찰관은 Wurie를 체포하였고 Wurie의 휴대폰[537]을 압수하였다. 그런

---

536) 압수된 휴대폰은 인터넷 연결을 포함한 다양한 컴퓨터 기능이 가능하고 대용량 저장 공간도 갖추고 있는 '스마트 폰(smart phone)'이었다.

데 해당 휴대폰에는 전화가 계속 걸려 왔고, 전화가 올 때 휴대폰의 화면에
는 내 집(my house)이라는 정보가 표시되었다. 몇 분 후에 경찰관은 Wurie
의 휴대폰을 열어보았는데, Wurie의 휴대폰에는 어떠한 여성과 아기가 배
경화면(wallpaper)의 사진으로 설정되어 있었다. 이에 경찰관은 휴대폰을
수색하여 '내 집(my house)'이라고 저장된 전화번호를 찾아냈고, 이후 해당
전화번호를 사용하는 아파트 빌딩의 위치까지 파악하였다. 위 아파트에 도
착한 경찰관은 '아파트 메일함에 Wurie의 우편물이 들어있고, 아파트 창문
너머로 휴대폰 배경 화면의 여성이 보인다'라는 사실까지 확인한 후, 해당
아파트 내부에 대한 영장을 발부받아 수색을 진행하였다. 이후 경찰관은 아
파트 내부에서 마약과 총기류 등을 발견하였고 이를 압수하였다. 이에
Wurie는 '마약류 소지 및 배포, 총기 및 탄약 소지 혐의 등'으로 기소되었다.

재판과정에서 Wurie는 '경찰관이 위헌적으로 Wurie의 휴대폰을 수색하
였고 그 결과(fruit) 아파트 내의 증거물들이 압수되었다'라고 주장하며, 아
파트 수색의 결과로 압수된 증거물들에 대한 증거배제를 신청하였다. 이에
대해 1심 법원은 Wurie의 주장을 받아들이지 않고 Wurie에게 유죄를 선고
하였다. 그러나 항소심 법원(First Circuit)은 '휴대폰에 저장된 개인 정보의
양을 감안할 때 휴대폰에는 체포에 수반한 수색이 허용될 수 없다'라는 이
유에서 증거 배제에 관한 Wurie의 주장을 받아들였다. 그리고 총기류 소지
및 배포에 관한 유죄 선고를 파기하였다.538) 이후 사건은 대법원에 상고
되었다.

나. 판결 요지

재판부는 체포에 부수한 영장 없는 수색(warrantless search incident to a

---

537) 압수된 휴대폰은 스마트 폰(smart phone) 보다는 기능이 적은 '플립 폰(flip phone)'이
     었다.
538) United States v. Wurie, 728 F.3d 1 (1st Cir. 2013).

lawful arrest)의 법리539)가 오늘날의 휴대폰 수색에는 적용되지 않는다고 보았고, 따라서 휴대폰 수색에는 영장이 필요하다고 판시하였다. 유체물을 대상으로 형성되었던 체포에 부수한 영장 없는 수색의 법리가 휴대폰(디지털 데이터)에 대해서는 그대로 적용되지 않기 때문이다. 구체적으로 재판부는 '체포에 부수한 영장 없는 수색(warrantless search incident to a lawful arrest)은 원래 (피체포자에 의한) 수사관에 대한 위해 방지와 (피체포자에 의한) 증거 인멸 방지를 위해서 필요했다'라고 보았다.540) 또한, '체포가 이루어진 이후에는 피체포자의 프라이버시권이 감소한다'라는 사실 역시 수사기관이 체포에 부수하여 영장 없는 수색을 할 수 있는 이유 중의 하나라고 보았다.541) 그러나 재판부는 오늘날의 휴대폰 수색에는 위와 같은 법리가 적용되지 않는다고 보았는데, 그 이유를 요약하면 다음과 같다.

우선 재판부는 '휴대폰에 저장되어 있는 데이터는 수사관을 해치기 위한 무기로 사용되어질 수 없고, 또한 체포자의 도망을 위한 수단으로도 사용될 수도 없다'라는 사실에 주목하였다.542) 이와 관련하여 재판부는 '수사관은 휴대폰에 면도날 같은 위험한 물건이 숨겨져 있는지의 여부를 얼마든지 물리적으로 살펴볼 수 있다'라는 전제에서, '수사관이 휴대폰의 물리적인 위해 가능성을 제거하였다면, 휴대폰에 저장된 데이터가 타인을 해칠 위험은 존재하지 않는다'라고 보았다.

다음으로, 재판부는 '휴대폰이 수사관에 의하여 압수된 이후에는 피체포자가 해당 휴대폰 내의 범죄 관련 데이터(data)를 삭제할 위험성이 더 이상

---

539) 재판부는 다음의 3가지 선례를 중심으로 체포에 부수한 영장 없는 수색(warrantless search incident to a lawful arrest)의 법리 형성을 먼저 밝혔다. Chimel v. California, 395 U.S. 752 (1969), United States v. Robinson (1973), Arizona v. Gant, 556 U.S. 332 (2009).

540) Riley v. California (2014), 386면.

541) Riley v. California (2014), 386면.

542) Riley v. California (2014), 387면.

존재하지 않는다'라고 판단하였다.543) 이와 관련하여 재판부는 '핸드폰의 정보가 원격 삭제(remote wiping)544)되거나 휴대폰이 암호화(data encryption)545) 될 수 있다'라는 정부 측 주장에 대해서도 '휴대폰 전원을 끄거나 휴대폰 배터리를 분리하는 방법, 휴대폰을 전파(radio waves)로부터 격리시키는 방법546) 등'으로 위 위험성에 대처할 수 있다고 판시하여, 위와 같은 정부 측 주장을 받아들이지 않았다.

또한, 재판부는 '휴대폰에 담겨있는 정보를 수색하는 것은 기존의 유체물 수색과는 다르다'라는 전제에서, '피체포자의 주머니를 추가적으로 수색하는 것이 피체포자의 프라이버시를 실질적으로 침해하는 것은 아니다'라는 기존 유체물 수색의 법리를 휴대폰 데이터에 대한 수색에 확장하여 적용할 수 없다고 보았다.547) 이와 관련하여 재판부는 '휴대폰이 담고 있는 정보의 양이 너무나 방대하고, 해당 정보에는 민감 정보가 포함되어 있다는 점에서 유체물 증거와는 질적으로도 달리 보아야 하며, 클라우드 컴퓨팅(cloud computing)으로 인하여 휴대폰이 다른 곳의 서버까지 연결될 수 있다'라는 사실 등을 종합하여 휴대폰 수색에서 발생하는 프라이버시 문제를 중대하게 지적하였다.

한편, 정부는 재판과정에서 영장 없는 핸드폰 수색이 허용되기 위한 대

---

543) Riley v. California (2014), 388면.

544) 제3자가 무선 신호를 보내서 휴대폰 내부의 정보들을 삭제할 수 있다. 또한, 휴대폰이 특정 지역을 들어가거나 벗어나는 순간 휴대폰 내부의 정보가 삭제되게끔 휴대폰 자체 설정이 되어 있을 수 있다. 정부는 이와 같은 증거 인멸의 위험성을 재판 과정에서 주장하였다.

545) 휴대폰이 잠금 상태로 전환되면 휴대폰 내부의 정보들에 대해서 고도의 암호화가 진행될 수 있다. 이 경우 수사관은 휴대폰의 암호를 파악하기 전까지는 휴대폰 내부의 정보를 파악할 수가 없다. 정부는 이와 같은 암호화의 위험성을 재판 과정에서 주장하였다.

546) 재판부는 이 방법 중의 하나로서 알루미늄 호일(aluminum foil)로 만들어진 패러데이 가방(Faraday bags)을 사용하는 방법을 제시하였다.

547) Riley v. California (2014), 391-393면.

체 수단들(fallback options)을 제시하였는데, 재판부는 다음과 같은 이유에서 해당 대체 수단들을 모두 받아들이지 않았다.

먼저, 정부는 Arizona v. Gant의 선례를 인용하며 '체포의 원인이 된 범죄에 대한 증거가 휴대폰에 담겨 있을 것이라는 합리적인 믿음이 있는 상황이라면 (수사관이) 피체포자의 휴대폰을 영장 없이 수색할 수 있다'라는 주장을 하였다. 그러나 재판부는 휴대폰이 담고 있는 정보의 양이 Arizona v. Gant의 사례에 비하여 너무 방대하다고 보았다. 따라서 재판부는 '휴대폰에 대한 영장 없는 수색을 허용할 경우 수사관이 무제한의 재량을 피체포자에게 행사하게 된다'라는 이유에서 정부의 위 주장을 받아들이지 않았다.[548]

정부는 또한 '수사관의 합리적인 판단 하에 휴대폰의 정보 중 필요한 부분만 수색하는 방안, 통화 기록(call log)만 수색하는 방안'을 제시하였는데, 재판부는 이에 대해서도 '수사관은 휴대폰에서 어떠한 정보가 발견될지 사전에 알 수가 없고, 통화 기록(call log)에는 전화 번호 이상의 많은 정보들이 포함되어 있다'라는 이유에서 이를 받아들이지 않았다.[549]

재판부는 마지막으로 '휴대폰의 정보 중에서 디지털 이전의 시대에서 수색이 가능하였던 정보만큼은 수색이 가능하여야 한다'라는 정부 측 주장에 대해서도, '휴대폰이 담고 있는 정보의 양이 방대하기 때문에 휴대폰 수색은 프라이버시 침해를 가져오며, 디지털 이전의 유체물 정보에 해당되는 휴대폰 정보가 무엇인지 판별하는 기준을 세우기도 어렵다'라는 이유에서 이를 받아들이지 않았다.[550]

재판부는 위와 같은 이유에서 체포에 수반하여 압수된 휴대폰을 수색하기 위해서는 영장이 필요하다고 보았고, Riley 사건은 파기하고 Wurie 사건은 유지하는 판결을 선고하였다.[551]

---

548) Riley v. California (2014), 399면.
549) Riley v. California (2014), 399-400면.
550) Riley v. California (2014), 400-401면.

4. 검토

Riley 판결은 피체포자의 휴대폰 정보를 무분별하게 압수·수색하였던 미국의 수사 관행에 제동을 걸었다. 이제 수사기관은 긴급한 상황이 아닌 이상 피체포자의 휴대폰 정보를 수색하기 위해서 사전 영장을 발부받아야 하게 된 것이다. 또한 이후 Riley 판결은 휴대폰 위치정보(CSLI)의 영장주의에 관한 사안인 Carpenter v. United States 판결에도 영향을 주었고, 이에 휴대폰 위치정보(CSLI)에까지도 수정헌법 제4조의 보호 범위가 확대되게 되었다.[552] 이처럼 Riley 판결은 사전 영장주의의 예외(체포에 수반한 수색) 영역에서 정보 프라이버시권 보장을 도모했다는 점에서 그 의의가 크다고 할 것이다. 또한 미국 학계에서는 Riley 판결과 Carpenter 판결의 취지를 바탕으로 하여, '국경 수색의 예외 이론에 의하여 영장 없이 정보 저장 매체 내의 정보를 수색하는 것은 위헌이다'라는 주장도 나오고 있다.[553] 이처럼 Riley 판결은 정보 프라이버시 보장과 관련하여 미국 사회에 미친 영향이 크다.

한편, 대한민국 역시 형사소송법에 사전 영장의 예외가 규정되어 있는데, 이를 구체적으로 살펴보면 다음과 같다.

첫째, 검사 또는 사법경찰관은 피의자를 체포 또는 구속하는 경우에 영장 없이 압수, 수색, 검증 할 수 있다(형사소송법 제216조 제1항).

---

551) 한편 재판부는 수사기관의 수사 목적은 '영장을 얻거나 긴급한 상황의 예외 이론(exigent circumstances exception)을 통하여 휴대폰을 수색하는 방법'으로 달성될 수 있다고 판시하였다. 특히, 재판부는 최근에는 기술 발전으로 인하여 영장을 발부받는 절차가 간소해 졌다는 사실(예컨대 이메일을 통한 영장 발부 사례)을 지적하였다.

552) 연방대법원은 Carpenter v. United States의 판결 이유에서 Riley v. California 판결을 상당수 언급하고 있다. Carpenter v. United States (2018) 참조.

553) Atanu Das, "CROSSING THE LINE: DEPARTMENT OF HOMELAND SECURITY BORDER SEARCH OF MOBILE DEVICE DATA LIKELY UNCONSTITUTIONAL", 22 U. Pa. J. L. & Soc. Change 205, 209-211 (2019).

둘째, 범행 중 또는 범행 직후의 범죄 장소에서 긴급을 요하여 법원판사의 영장을 받을 수 없는 때에는 영장 없이 압수, 수색 또는 검증을 할 수 있다(형사소송법 제216조 제3항).

셋째, 검사 또는 사법경찰관은 긴급체포된 자가 소유·소지 또는 보관하는 물건에 대하여 긴급히 압수할 필요가 있는 경우에는 체포한 때부터 24시간 이내에 한하여 영장 없이 압수·수색을 할 수 있다(형사소송법 제217조 제1항).

다만, 위의 3가지의 경우 검사 또는 사법경찰관은 사후에 지체 없이 영장을 발부받아야 한다(형사소송법 제216조 제3항, 제217조 제2항).

또한, 형사소송법 제218조는 검사와 사법경찰관이 임의제출된 물건을 영장없이 압수할 수 있다고 규정하고 있다. 이 경우 역시 수사기관은 영장 없이 물건을 압수할 수 있다.

그런데 위와 같은 대한민국의 사전 영장주의의 예외 조항은 유체물 증거의 압수수색 시대에 만들어진 조항이며, 디지털 증거의 특수성을 전혀 반영하지 못하고 있다. 피압수자의 휴대전화 정보가 수사기관의 무분별한 수색의 대상이 될 위험이 있는 것이다. 우리 대법원과 형사소송법은 정보 프라이버시권 보장을 위하여 저장매체에 대한 압수의 범위와 방법을 제한하고 있지만,[554] 수사기관이 위와 같은 사전 영장에 의하지 아니하는 압수·수색을 하는 경우에는 위와 같은 압수·수색 절차에 대한 제한이 제대로 이루어지지 않을 가능성이 크다.

따라서 대한민국 역시 사전 영장에 의하지 아니하는 압수·수색의 경우에는 정보 주체의 정보 프라이버시권 보장을 위한 개선방안을 설정할 필요

---

554) 대법원은 2011년 전교조 사건 결정 이후로 정보 저장매체에 대한 수사기관의 압수·수색 집행 방식을 제한하고 있으며, 형사소송법 역시 2011년도에 정보 저장매체에 대한 압수의 범위와 방법을 제한하는 것으로 개정되었다. 또한 법원 실무는 영장을 발부할 때 사전 제한을 부기하는 경향으로 흘러가고 있다.

가 있으며, 이러한 이유에서 사전 영장에 의하지 아니하는 압수·수색을 제한하는 Riley v. California 판결은 대한민국에 시사하는 바가 크다.

이러한 맥락에서 국내에서는 우리나라의 사전 영장주의 예외를 Riley 판결의 취지에 맞게 개선하자는 주장이 계속 제기되고 있다.555) 또한 이와 관련하여 최근 하급심에서 이와 같은 취지의 판결이 잇따라 선고되고 있다.556) 사전 영장 없는 정보 저장매체(컴퓨터 또는 휴대폰 등) 수색은 정보 주체의 정보 프라이버시권에 심각한 위해를 가할 수 있으므로, 위와 같은 논문과 하급심 판결의 취지는 일리가 있다. 따라서 우리도 Riley 판결과 같이 사전 영장주의의 예외를 수정할 필요가 있다. 이에 대해서는 본 장 제2절(대한민국의 동향)에서 자세히 논의하기로 한다.

참고로, Riley 판결(체포에 수반한 수색의 예외) 이외에도 추후 본 절에서 검토하는 '플레인 뷰 예외 이론과 국경 수색의 예외 이론의 적용 범위를 축소하는 판결들'의 의미 또한 Riley 판결과 궤를 같이 하고 있다. 위 판결들은 모두 '영장주의 예외 이론의 범위를 축소한다'라는 동일한 지향점을 가지고 있기 때문이다. 따라서 사전 영장주의의 예외인 '플레인 뷰 예외 이론, 국경 수색의 예외 이론'의 축소 동향 역시 Riley 판결과 동일한 취지(체계)에서 '대한민국 사전 영장주의 예외 제도의 개선 방향'에 시사하

---

555) 이와 관련한 대표적인 논문으로는, 최우구, "영장에 의하지 아니하는 강제처분의 특수문제로써 스마트폰에 저장된 정보에 대한 수색 ― Riley v. California 판결 평석 ―", 안암법학 47권 (2015. 5.), 조기영, "사전영장 없는 휴대전화 압수수색의 허용 여부", 동북아법연구 제9권 제3호 (2016. 1.), 이종근, "적법한 체포에 부수한 휴대폰의 수색과 영장주의 - 미연방대법원의 판례를 중심으로 -", 법학논총 제33권 제1호, 한양대학교 법학연구소, (2016. 3.).

556) '현행범 체포현장에서의 임의제출 형식의 압수'를 제한한 판결로는 의정부지방법원 2019. 8. 22. 선고 2018노2757 판결이 있다. 특히 위 판결의 판결 이유 중 일부는 미국 연방대법원의 Riley v. California (2014) 판결의 취지를 따른 것으로 보인다. 또한 '긴급체포 현장에서의 휴대전화 임의제출'을 제한한 판결로는 서울중앙지방법원 2019. 10. 8. 선고 2019고합441판결이 있다.

는 바가 크다고 할 것이다. 다만, 이 중 플레인 뷰 예외 이론은 우리나라에서는 '우연히 발견한 별건 증거의 압수 방법'이라는 쟁점에서 논의되고 있데, 이는 우리의 법체계상에서는 영장주의의 영역에 해당한다는 것이 특징이다. 이는 본장 제2절(대한민국의 동향)에서 자세히 검토하기로 한다.

II. 플레인 뷰 이론의 축소

1. 플레인 뷰 이론(plain view doctrine)의 의의

플레인 뷰 이론(plain view doctrine)이란 미국 영장주의의 예외 중의 하나로서, 이 이론에 근거하여 경찰관은 증거물을 영장 없이도 압수할 수 있다. 예를 들어, 영장을 발부받아 용의자의 집을 수색 중이던 경찰관은 수색 과정에서 영장의 압수 대상물이 아닌 다른 범죄의 증거물을 발견할 수 있다. 이 경우 경찰관은 플레인 뷰 이론에 근거하여 법원으로부터 별건 영장을 발부받지 않고서도 위 다른 범죄 증거물을 압수할 수가 있는 것이다.

미국 연방대법원은 '위 상황에서 경찰관에게 추가 영장을 발부받도록 요구한다면, 경찰관에게 불필요한 불편(needless inconvenience) 또는 위험을 야기할 수 있다'라는 이유에서 플레인 뷰의 필요성을 인정하고 있다.[557]

플레인 뷰 이론이 적용되기 위해서는 '첫째, 수사관이 적법하게 도달한 장소에서 해당 수사관이 명백한 시선(plain view)으로 증거물을 발견하였어야 하며, 둘째, 해당 증거물이 범죄와 관련된 물건(incriminating character)이라는 사실이 그 즉시 명백하여야(immediately apparent) 하며, 셋째, 수사관은 해당 증거물(object)에 접근할 적법한 권한(lawful right of access)을 가지

---

557) Coolidge v. New Hampshire, 403 U.S. 443, 467-468 (1971).

고 있었어야 한다.'[558] Horton v. California 사건[559])에서 연방대법원은 '증거물이 우연히 발견되지 않았어도 플레인 뷰 이론이 적용된다'라고 판시하여, 우연성(inadvertent) 요건은 플레인 뷰 이론에서 요구되지 않게 되었다.

2. 디지털 증거에서의 플레인 뷰 이론

한편, 플레인 뷰 이론은 유체물 증거 수색 시절에 만들어졌던 영장주의의 예외 이론이다. 그런데 최근 디지털 증거의 등장으로 인하여 이 이론에 대한 비판이 생겨나기 시작했다.[560] 컴퓨터 파일에 대한 압수수색은 방대한 디지털 파일에서 유관 정보를 선별하는 것이 필수적이기 때문에, 이 과정에서 수사기관이 영장 집행의 대상이 아닌 별건 증거(무관 정보)를 플레인 뷰 이론에 근거하여 압수하는 경우가 자주 발생하기 때문이다. 유관 정보 선별을 위해서는 컴퓨터 내의 방대한 정보를 일일이 확인해 보는 것이 필수적이다. 정보 탐색 과정에서 수사기관은 방대한 무관 정보를 일일이 확인하게 되고, 그 결과 '수사기관은 영장의 집행 대상이 아닌 별건 증거들까지 플레인 뷰 이론에 근거하여 압수하게 된다'라는 문제가 등장했다. 이로 인하여 '디지털 증거에 대한 영장은 수정헌법 제4조가 금지하는 포괄(general) 영장이 된다'[561]라는 비판이 나오고 있다.

이와 관련하여 플레인 뷰 이론의 적용을 디지털 증거 수색에서는 배제

---

558) Horton v. California, 496 U.S. 128, 136-137 (1990).

559) Horton v. California, 496 U.S. 128 (1990).

560) 이와 관련한 대표적인 논문으로는 RayMing Chang, "WHY THE PLAIN VIEW DOCTRINE SHOULD NOT APPLY TO DIGITAL EVIDENCE", 12 Suffolk J. Trial & App. Advoc. 31 (2007) 참조. 이 논문은 '디지털 증거 수색에서의 플레인 뷰 이론 적용 배제'를 주장한다.

561) RayMing Chang, "WHY THE PLAIN VIEW DOCTRINE SHOULD NOT APPLY TO DIGITAL EVIDENCE", 12 Suffolk J. Trial & App. Advoc. 31, 32-34 (2007).

또는 제한하는 취지의 판결을 선고하는 미국 연방 항소법원들이 등장하고 있는데, 이에 주목할 필요가 있다.

먼저 플레인 뷰 이론의 전면 배제를 요청한 판결이 있다. 이는 앞선 '영장의 사전 제한'에서 살펴보았던 연방 제9항소법원의 United States v. Comprehensive Drug Testing, Inc. (Comprehensive Drug Testing Ⅲ)562) 판결에서의 입장이다. 이 판결에서 연방 제9항소법원은 "치안판사(Magistrate)는 디지털 증거와 관련된 수사에서 수사기관이 플레인 뷰 이론(plain view doctrine)의 사용을 포기하게 하여야 한다."라고 판시한 바 있다.563) 이는 플레인 뷰 이론의 배제를 영장 발부와 관련한 사전 제한으로서 요구하였다는 점이 특징이다.

다음으로, 플레인 뷰 이론의 전면 배제는 아니지만, 일부 수정을 요구한 연방 항소법원이 등장했다.

먼저, 연방 제10항소법원은 '수사기관이 영장의 혐의 사실과는 관련 없는 무관 정보를 의도적으로 탐색한 사안'인 U.S. v. Carey 판결에서 '수사기관이 수색의 주관적 의도를 변경하였다'라는 점에 주목하여 플레인 뷰 이론의 적용 범위를 제한하였다.564)

다음으로, 연방 제7항소법원은 United States v. Mann 판결에서 '해당 사건의 개별적인 사실관계를 감안하여 플레인 뷰 이론을 점진적으로 (incrementally) 발전시켜야 함이 바람직하다'라고 판시하여,565) 디지털 증

---

562) Comprehensive Drug Testing III (9th Cir. 2009).

563) Comprehensive Drug Testing III (9th Cir. 2009), 1006면. 다만 앞서 살펴보았듯이, 이 2009년도 판결 지침[다수의견으로서의 치안 판사(magistrate judge)가 지켜야 할 지침(guidance)]은 이후 2010년도에 동일한 11명의 판사로 구성된 전원재판부(en banc)가 선고한 판결에서 '구속력이 없는 Kozinski 판사의 보충의견(concurrence)'으로 바뀌었다. 이상 United States v. Comprehensive Drug Testing, Inc. (Comprehensive Drug Testing IV) 621 F.3d 1162 (9th Cir. 2010) 참조.

564) U.S. v. Carey, 172 F.3d 1268 (10th Cir. 1999). 이 판결은 이하 'U.S. v. Carey (10th Cir. 1999)'으로 약칭한다.

거 수색에서는 플레인 뷰 이론이 수정될 필요가 있다고 판시하였다.

이하 다음에서는 U.S. v. Carey 판결과 United States v. Mann 판결을 상세히 검토하겠다.

3. U.S. v. Carey 판결

가. 사실관계 및 영장 집행의 경위

수사기관은 Carey의 마약 소지 및 판매 혐의를 포착하고 수사를 개시하였다. 수사기관은 Carey의 주거지에서 마약 판매가 이루어짐을 확인하였고, 체포영장을 발부받아서 Carey를 체포하였다. 수사기관은 Carey를 체포하는 과정에서 Carey의 집에 대마초 등이 있는 것을 우연히 발견하였고, 이에 Carey의 동의를 얻어서 Carey의 집을 수색하기 시작하였다. 이후 수사기관은 Carey의 집에 대한 수색 과정에서 다량의 마약 외에도 2개의 컴퓨터를 발견하였는데, 수사기관은 2개의 컴퓨터에는 마약 판매와 관련한 증거가 담겨 있을 것이라고 생각하였다. 이에 수사기관은 컴퓨터에 대한 압수수색 영장을 발부받아 컴퓨터에 대한 수색을 진행하였는데, 당시 압수수색 영장에는 '마약 판매와 관련 있는 이름, 전화번호, 영수증, 주소, 기타 문건들'이 압수 대상물로 기재되어 있었다. 수사관은 컴퓨터에 담겨 있는 정보들에 대한 탐색을 시작하던 중 컴퓨터 디렉터리(directories)에서 사진 파일(JPG 형식의 파일)을 우연히 발견하게 되었다. 이에 수사관은 해당 파일을 열어본 후, 해당 파일이 아동 포르노 파일임을 알게 되었다. 이후 수사관은 마약 판매의 증거 파일을 찾는 것을 중단하고, 아동 포르노 혐의의 증거를 찾기 위하여 수백 개의 사진 파일들을 살펴보았다. 그 결과 수사기관은 아동 포르노 혐의와 관련한 추가 사진 파일들을 압수하게 되었다. 이후 Carey는

---

565) United States v. Mann, 592 F.3d 779, 785 (7th Cir. 2010).

아동 포르노 소지 혐의로 기소되었다.

Carey는 재판과정에서 '컴퓨터 파일에 대한 수색이 영장의 범위를 벗어났다'라는 이유에서 아동 포르노 혐의와 관련한 컴퓨터 파일들에 대하여 증거 배제를 신청하였다. 영장이 마약 판매와 관련한 파일들을 압수 대상물로 하고 있었음에도 불구하고, 수사기관은 이와 관련성 없는 파일들까지 열어보고 압수하였기 때문이다.

이에 대하여 정부는 '플레인 뷰 이론(plain view doctrine)에 의하여 아동 포르노 관련 파일을 수사기관이 수색할 수 있다'라고 주장하였다.

또한 정부는 '이 사건의 컴퓨터 수색은 파일 캐비넷에 담겨 있는 문서들을 수색하는 것과 같다'라는 유체물 압수수색의 비유를 들면서 이 사건에 플레인 뷰 이론이 적용되어야 한다고 주장하였다. 즉, '수사기관이 많은 서랍(drawer)을 담고 있는 파일 캐비닛(file cabinet)에 대하여 압수수색 영장을 집행할 때'에는, '개별 서랍(drawer)의 표찰(label)이 잘못 기재되어 있을 수 있으므로, 수사기관은 해당 서랍(drawer)을 직접 열어볼 수밖에 없다'라고 주장한 것이다.

나. 판결 요지[566)]

재판부는 다음과 같은 이유를 들어서 정부의 플레인 뷰 적용을 받아들이지 않았다.

우선, 재판부는 '수사관은 첫 번째 JPG 파일을 열어보았을 때는 마약 판매와 관련한 파일을 수색하려고 하였지만, 그 이후의 JPG 파일 탐색 행위는 아동 포르노 혐의와 관련한 증거를 찾고자 하는 의도에서 이루어졌다'라고 보았다. 수사관은 마약 판매와 관련한 증거 수색 행위를 중단한 후 5시간에 걸쳐서 아동 포르노 혐의와 관련된 증거들을 수색하였기 때문이다.

---

566) 이하 U.S. v. Carey (10th Cir. 1999), 1273-1276면.

재판부는 이를 전제로 하여 '수사기관은 자신의 수색 행위가 영장의 범위를 벗어났음을 분명히 인식하고서도 추가 영장 없이 아동 포르노 혐의에 대한 수색 행위를 계속 하였다'라고 보았다. 이러한 논리를 전제로 하여 재판부는 '이 사건의 JPG 파일 증거는 닫혀진 파일(closed files)에서 획득되었고, 플레인 뷰(plain view)의 상태에서 압수된 것이 아니다'라고 보았다.[567]

또한 재판부는 정부의 파일 캐비닛 비유에 대해서도 다음과 같은 이유에서 이를 받아들이지 않았다. 먼저, 압수수색 영장을 집행한 수사관은 '이 사건 파일들에 잘못된 파일 명칭이 붙어 있지 않다'라는 사실을 알고 있었기에, 위와 같은 유체물 압수·수색의 비유는 적절하지 않다. 또한 정보 저장장치(electronic storage)는 유체물 증거와는 비교할 수 없을 정도의 방대한 정보들을 저장하고 있기 때문에, 닫힌 컨테이너 비유(closed containers or file cabinets)는 수정헌법 제4조의 취지를 몰각할 염려가 있다.

재판부는 이러한 논리에 덧붙여, '컴퓨터 압수수색에서는 유관정보와 무관정보가 섞여 있을 수 있다는 사실을 유념해야 한다'라고 지적한 후, U.S. v. Tamura (9th Cir. 1982) 판결을 인용하며 '이 경우 수사기관은 수색을 중단하고 추가 수색의 방법에 관하여 별도의 법원 허가를 받은 후 유관정보만을 압수하는 방안'을 제시하였다[568].

재판부는 이러한 논리를 통하여 '수사관은 영장의 범위를 벗어나서 이 사건 아동 포르노 증거들을 수집하였다'라고 판단하였고, 첫 번째 아동 포

---

567) 다만, 재판부는 '수사기관은 첫 번째 파일은 우연히 발견하였으므로, 플레인 뷰(plain view)를 배제하는 이 논리는 첫 번째 파일의 이후 파일부터 적용된다'라는 취지로 판시하였다. 이상 U.S. v. Carey (10th Cir. 1999), 1273면의 각주 4.

568) U.S. v. Carey (10th Cir. 1999), 1275면. "Where officers come across relevant documents so intermingled with irrelevant documents that they cannot feasibly be sorted at the site, the officers may seal or hold the documents pending approval by a magistrate of the conditions and limitations on a further search through the documents."

르노 사진을 제외한 나머지 아동 포르노 증거 파일들에 대하여 증거능력을
인정하지 않았다.

4. United States v. Mann 판결[569]

가. 사실관계 및 영장 집행의 경위

Mann은 여성 탈의실(locker room)에 카메라를 몰래 설치하여 여성을 촬
영해 오던 중 그곳을 이용하던 여성에게 발각이 되었다. 이 사실은 수사기
관에게 신고되었고, 수사관은 Mann의 거주지를 압수수색하기 위하여 압수
수색 영장을 발부받았다. 해당 영장에는 압수수색 대상물로서 '탈의실의
몰래 촬영과 관련한 이미지 등이 담겨 있는 비디오 테잎, 디지털 저장 매
체, 컴퓨터 등'이 기재되어 있었다.

이후 수사관은 영장을 집행하였고, '3개의 컴퓨터와 1개의 외장 하드'[570]
를 압수하였다. 그리고 그 다음날 Mann은 몰래 촬영(voyeurism) 혐의로 체
포되어 기소되었다.

한편 수사관은 Mann의 컴퓨터를 수색하기 시작하였는데, 수사관은 그
과정에서 "forensic tool kit" ("FTK")라는 소프트웨어를 사용하였다.
"forensic tool kit" ("FTK")은 컴퓨터에 있는 이미지 파일들을 쉽게 확인할
수 있게 목록화하여주는 프로그램이다. 또한 "forensic tool kit" ("FTK")를
통해서 수사기관은 수색 대상 컴퓨터에 '몇 개의 이미지 파일, 비디오 파
일, 문서 파일이 있는지의 여부'를 알 수 있으며, 또한 '암호화되거나 숨겨
진 파일들이 있는지의 여부'도 확인할 수 있다. 한편 수사기관은 아동 포르
노들에 대한 자료들을 평소에 구축하고 있는데, "forensic tool kit" ("FTK")

---

569) United States v. Mann, 592 F.3d 779 (7th Cir. 2010).
570) 수사기관은 '삼성 하드 드라이브가 장착된 Dell 데스크 탑 컴퓨터, Dell 노트북, 전자
기계, Western Digital 하드 드라이브'를 압수하였다.

는 '위와 같은 수사기관의 아동 포르노 자료들과 동일한 파일이 수색 대상 컴퓨터에 저장되어 있는지의 여부'를 검색하여 준다. 만약 수색 대상 컴퓨터에서 위와 같은 동일한 자료가 검색이 되면, "forensic tool kit" ("FTK")은 해당 파일에 "KFF (Known File Filter) Alert"라는 표시를 하여서 이를 수사기관이 확인할 수 있게 해 준다.

수사관은 이와 같이 "forensic tool kit" ("FTK")를 사용하여 세 개의 컴퓨터를 수색하였고, 그 결과 불법 촬영 혐의와 관련된 증거뿐만 아니라 다량의 아동 포르노 파일들을 발견하게 되었다. 또한 이후 수사기관은 외장 하드를 수색하였고, Mann의 외장 하드에서도 불법 촬영 혐의와 관련된 파일뿐만 아니라 다량의 아동 포르노 사진이 발견되었다. 그런데 이 과정에서 "forensic tool kit" ("FTK") 프로그램은 4개의 아동 포르노 사진에 대하여는 "KFF (Known File Filter) Alert" 표시를 하였고, 수사기관은 위 4개의 아동 포르노 사진까지 열어서 확인을 하였다.

이후 Mann은 아동 포르노 소지 혐의로 기소되었는데, Mann은 재판 과정에서 '수사기관이 영장에 기재된 압수 대상물의 범위를 초과하여 수색하였고, 이에 아동 포르노 혐의사실에 대한 증거 파일까지 압수되었다. 따라서 플레인 뷰 이론은 적용되지 않는다'라는 취지에서 해당 증거들의 증거 배제를 신청하였다. 이에 대해 정부는 '수색은 영장의 범위를 벗어나지 않았고, 아동 포르노 혐의 사실에 대한 증거들은 플레인 뷰 이론에 의하여 증거능력이 있다'라고 주장하였다.

나. 판결요지[571]

Mann은 '수사기관의 압수수색이 영장의 범위를 벗어났다'라는 주장의 구체적인 이유로서 '수사기관이 FTK 소프트웨어와 KFF 프로그램을 사용

---

571) 이하 United States v. Mann, 592 F.3d 779, 782-786 (7th Cir. 2010).

하였다'라는 점을 지적하였다. 이 사건 영장은 '여자 탈의실과 관련한 이미지'만을 수색하여야 하는데, 수사기관이 사용한 FTK 소프트웨어와 KFF 프로그램은 아동 포르노 혐의 사실과 관련한 파일까지 수색할 수 있게 되어 있기 때문이다. 또한 Mann은 '아동 포르노 혐의와 관련한 사진 파일까지 수집한 수사기관의 행위는 영장의 범위를 벗어났다'라는 취지의 U.S. v. Carey (10th Cir. 1999) 판결을 인용하며, 이 사건 영장 집행의 위법성을 주장하였다. 그리고 Mann은 디지털 정보에 대한 압수수색에서 플레인 뷰 이론을 전면적으로 인정하지 않은 연방 제9항소법원의 Comprehensive Drug Testing III (9th Cir. 2009) 판결을 본 사건에도 적용하여 줄 것을 요청하였다.

이에 대하여 재판부는 다음과 같은 이유를 주된 근거로 하여 Mann의 주장을 받아들이지 않았다.

첫째, 재판부는 '유체물 수색과는 달리, 컴퓨터 저장 파일은 수사기관이 유관정보를 탐색하기가 어려우므로 수사기관의 "forensic tool kit" ("FTK")과 같은 소프트웨어의 사용은 불가피하다.'라고 보았다. 범죄자들은 수사기관의 압수수색을 피하기 위하여 '이미지 파일의 이름을 변경하거나 이미지 파일의 확장자를 문서 파일(word 파일 등)로 변경해 놓는 경우' 등이 있기 때문이다.

둘째, 재판부는 'United States v. Carey의 사안과 이 사건은 다르기에, United States v. Carey 판결의 논리를 적용할 수 없다'라고 보았다. United States v. Carey 사건에서의 영장은 마약 판매와 관련한 '문서 파일'에 한하여 발부되었는데, 본 사안에서의 영장은 Mann의 몰래 촬영과 관련한 '사진 파일 등'을 압수수색의 대상으로 하고 있었기 때문이다. 재판부는 '이러한 몰래 촬영 혐의와 관련한 증거를 찾기 위해서 수사기관은 Mann의 아동 포르노 혐의 증거를 우연히 발견할 수밖에 없었다'라고 보았다. 또한 수사관의 탐색 행위와 관련하여서도, 재판부는 양 사건을 달리 판단하였다.

United States v. Carey 사건의 수사관은 아동 포르노 JPG 파일을 발견하자마약 판매와 관련한 탐색 행위는 중단한 후, 아동 포르노 증거물을 의도적으로 수색하였다. 그러나 재판부는 '본 사건에서의 수사관은 아동 포르노 사진을 발견한 후에도 영장 발부 혐의사실(몰래 촬영)과 관련한 증거 탐색 행위를 계속 이어나갔으며, 그 과정에서 우연히 아동 포르노 혐의 증거들을 발견하였다'라고 보았다.

셋째, 재판부는 플레인 뷰 이론의 전면 배제 요청을 받아들이지 않았다. 즉 재판부는 '플레인 뷰 이론을 전면적으로 배제하는 것은 효과적일 수는 있지만 동시에 과도할 수가 있다. 따라서 플레인 뷰 이론의 전면 배제와 관련한 연방 제9항소법원의 Comprehensive Drug Testing III (9th Cir. 2009) 판결의 취지를 그대로 따를 수 없다'라고 판시하여, 이와 관련한 Mann의 주장을 받아들이지 않았다.

그러나 재판부는 "forensic tool kit" ("FTK") 소프트웨어가 KFF (Known File Filter) Alert 표시를 한 4개의 아동 포르노 사진에 대해서는 수사기관이 영장의 범위를 벗어나서 압수하였다고 판단하였다. '아동 포르노물임을 알려주는 KFF (Known File Filter) Alert 표시가 나타난 경우, 그러한 표시가 있는 사진 파일은 몰래 촬영의 혐의 사실과는 무관하다'라는 사실을 수사기관은 알았을 것이기 때문이다. 그럼에도 불구하고 수사기관은 KFF (Known File Filter) Alert 표시가 된 4개의 아동 포르노 사진을 열어보았기에, 재판부는 이를 '영장의 범위를 벗어난 수색에 해당한다'라고 보았다. 하지만 재판부는 '위 4개의 아동 포르노 사진을 제외하더라도 아동 포르노 혐의를 입증할 다른 증거 파일이 대량으로 제출되었기에, 아동 포르노와 관련한 모든 사진 파일들을 증거배제하여 달라는 Mann의 신청을 받아들일 수 없다'라고 판단하였다.

한편 재판부는 '컴퓨터 정보 압수수색에서의 플레인 뷰 이론 전면 폐지'는 받아들이지 않았지만, 이와 관련하여 플레인 뷰 이론을 축소 해석해야 한다는 취지의 판시를 하였다. 재판부는 '해당 사건의 개별적인 사실관계를 감안하여 플레인 뷰 이론을 점진적으로(incrementally) 발전시켜야 함이 바람직하다'라고 판시하여, '유체물 압수수색에서의 플레인 뷰 이론을 컴퓨터 정보의 압수수색에서는 어느 정도 수정할 필요가 있다'라고 보았기 때문이다.

이처럼 재판부는 'KFF (Known File Filter) Alert 표시가 된 4개의 아동 포르노 사진에 대하여는 수색을 중단하고 추가 영장을 청구하는 것이 바람직하다'라고 보았으며, 또한 '컴퓨터 정보의 압수수색에서는 플레인 뷰 이론이 수정되는 것이 옳다'라는 판시를 하였다. 다만 재판부는 결론적으로는 '이 사건 수사관이 몰래 촬영의 증거를 계속 탐색하는 과정에서 아동 포르노 증거가 발견되었다'라는 사정 등을 종합하여 '이 사건 수색이 영장의 범위 내에 있었고, 플레인 뷰 이론 또한 적용된다'라는 취지로 판단하였다.

5. 검토

이상과 같이 미국의 연방 항소법원은 플레인 뷰 이론을 디지털 증거의 압수수색에서는 제한하려는 움직임을 보이고 있으며, 미국의 학계에서도 같은 취지의 논의가 이루어지고 있다. 수사기관이 플레인 뷰 이론을 통하여 정보 저장매체에서의 방대한 별건(무관) 정보를 손쉽게 취득할 위험이 있다는 점에서, 이는 정보 프라이버시권 보장과 관련하여 의미 있는 동향이라고 할 것이다.[572]

---

572) 한편, 유체물 압수수색에 대한 플레인 뷰 이론을 디지털 영역에도 동일하게 적용한 연방 항소법원 판결도 존재한다. 예를 들어, 연방 제4항소법원은 U.S. v. Williams

특히 U.S. v. Carey (10th Cir. 1999) 판결에서의 재판부는 '수사관의 수색의 의도가 별건 정보(아동 포르노 혐의) 탐색으로 바뀌었다'라는 사실과 '정보 저장매체에는 방대한 정보가 저장되어 있다'라는 현실에 주목하여, 우연히 발견한 첫 번째 파일을 제외한 나머지 아동 포르노 증거 파일들에 대해서는 증거배제를 한 것이 특징이다. 재판부는 전통적인 플레인 뷰 이론을 전면적으로 제한한 것은 아니지만, 수사기관의 주관적 의도를 감안하여 무관정보의 무분별한 탐색을 제한하고자 한 것이다. 참고로, 이러한 U.S. v. Carey 판결에 대하여는 '수사기관이 수색을 계속하게 된 주관적 의도가 무엇이었는지를 고려하는 입장이다'라는 평가가 있다.[573] 또한 '수사기관은 영장의 집행 대상으로 기재된 증거물이 담겨 있을 것으로 판단되는 컨테이너만 수색할 수 있다'라는 닫힌 컨테이너(closed containers or file cabinets) 이론을 플레인 뷰 이론에 적용한 특별한 접근법(special approach)이라는 평가도 있다.[574]

디지털 영역에서의 플레인 뷰 이론 적용과 관련하여 연방대법원의 판단이 아직 나오지 않았기에, 향후 미국 법원의 동향을 지켜볼 필요가 있겠다.

한편 '미국의 플레인 뷰 축소 동향'은 후술할 '대한민국에서의 우연히 발견한 별도 범죄 전자정보의 압수수색 방안'과 유사성을 가지고 있다. '수사

판결에서 '수사기관의 주관적 의도를 고려한 U.S. v. Carey (10th Cir. 1999) 판결'을 따르는 것을 거부하고, 유체물 증거에서의 플레인 뷰 이론을 디지털(컴퓨터) 수색에도 동일하게 적용하였다. 이상 U.S. v. Williams, 592 F.3d 511, 522-524 (4th Cir. 2010).

573) Major Paul M. Ervasti, "IS THE PARTICULARITY REQUIREMENT OF THE FOURTH AMENDMENT PARTICULAR ENOUGH FOR DIGITAL EVIDENCE?", 2015-OCT Army Law. 3 (2015), 3면 및 3면의 각주 8.

574) Kaitlyn R. O'Leary, "WHAT THE FOUNDERS DID NOT SEE COMING: THE FOURTH AMENDMENT, DIGITAL EVIDENCE, AND THE PLAIN VIEW DOCTRINE", 46 Suffolk U. L. Rev. 211, 238-239 (2013).

기관이 영장을 집행하는 과정에서 별도의 범죄 혐의와 관련한 전자정보를 (우연히) 발견한 상황에서 해당 별건 범죄 정보의 취득 방안을 논한다'라는 점에서 양자가 유사하기 때문이다.

대한민국의 대법원은 2015. 7. 16.자 2011모1839 전원합의체 결정(이른바 종근당 사건)에서 해당 문제에 대한 해결 방법을 명시적으로 설시하였다. 즉 대법원은 "전자정보에 대한 압수·수색이 종료되기 전에 혐의사실과 관련된 전자정보를 적법하게 탐색하는 과정에서 별도의 범죄혐의와 관련된 전자정보를 우연히 발견한 경우라면, 수사기관으로서는 더 이상의 추가 탐색을 중단하고 법원으로부터 별도의 범죄혐의에 대한 압수·수색영장을 발부받은 경우에 한하여 그러한 정보에 대하여도 적법하게 압수·수색을 할 수 있다고 할 것이다."라고 판시하여, 우연히 발견한 별건 정보를 압수·수색하기 위한 요건으로 '더 이상의 추가 탐색을 중단할 것, 별도의 범죄혐의에 대한 압수·수색영장을 발부받을 것'이라는 명시적인 절차를 요구하였다.

디지털 증거 수색 과정에서 별건 증거를 우연히 발견한 위 종근당 사건 결정의 사실관계는 디지털 증거에 대한 플레인 뷰 이론이 문제되었던 미국의 사례와 비슷하다. 또한 위 종근당 사건 결정의 문구는 "유관 파일과 무관 파일이 너무 섞여서 수사관이 현장에서 분류할 수 없는 경우, 수사관은 문서 파일의 추가 수색에 대한 조건 및 제한 사항에 대한 치안판사의 승인을 받을 때까지 문서를 봉인하거나 보관해야 한다."[575]라는 U.S. v. Carey 판결의 문구와 유사한 부분도 있다. 이와 관련하여 국내 논문 중에서도 '위 종근당 사건 결정의 문구는 앞서 살펴본 U.S. v. Carey 판결을 참조한 것으

---

575) U.S. v. Carey (10th Cir. 1999), 1275면. "Where officers come across relevant documents so intermingled with irrelevant documents that they cannot feasibly be sorted at the site, the officers may seal or hold the documents pending approval by a magistrate of the conditions and limitations on a further search through the documents."

로 보인다'라는 견해가 있다.576)

그러나 대한민국에는 플레인 뷰 이론과 같은 독립적 긴급 압수·수색 제
도가 존재하지 않기 때문에,577) 미국의 플레인 뷰 관련 사례를 대한민국의
경우에 비교할 경우에는 세심한 주의가 필요하다고 판단된다. 플레인 뷰
이론이 없는 대한민국에서는 '대법원이 별건 정보에 대한 추가 영장을 요
구한 것'이 '굳이 미국의 사례를 참조하지 않더라도 당연하다'라고도 볼 수
가 있기 때문이다. 구체적으로 대한민국과 미국 간에는 다음과 같은 차이
점이 있다.

첫째, 미국은 유관정보 탐색 과정에서 발견한 별건 증거에 대해서는 영
장 없이도 플레인 뷰 이론으로 압수수색이 가능했다. 그러나 디지털 증거
의 등장으로 플레인 뷰 이론의 적용을 배제 또는 제한하는 연방 항소법원
들이 생겨났다. 이에 반하여, 플레인 뷰 이론과 같은 독립적 긴급 압수제도
가 없는 대한민국의 수사기관은 유관정보 탐색 과정에서 발견한 별건 증거
를 압수수색 하기 위해서 영장을 별도로 발부받아야 하며, 대법원은 2015

---

576) 이완규 (2015. 9.), 150-151면. 한편, 이에 대하여 심희기, "종근당 결정과 가니어스
    판결의 정밀비교", 형사판례연구 제25권 (2017), 628-631면에서는 'Carey 판결과 달
    리 종근당 결정은 첫 번째 발견한 파일도 사용하지 못하게 하는 취지라는 점이 다르
    며, 종근당 결정 사실관계의 특수성(종근당 결정 사안의 2차 영장은 독립된 수사에
    기인한 영장이 아니었다는 점)을 살펴보면 종근당 결정은 실버손 판결[Silverthorne
    Lumber Co. v. United States, 251 U.S. 385, 392 (1920)]의 취지와 유사하다'라는
    지적을 하고 있다. 이 논문은 이하 '심희기 (2017)'으로 약칭한다.
577) 대한민국의 현행 법과 판례에서는 플레인 뷰 이론과 같은 영장주의의 예외가 없다.
    다만 학계에서는 독립적 긴급 압수·수색제도를 도입하자는 논의가 있다. 예를 들어,
    이원상, "디지털 증거의 압수·수색절차에서의 관련성 연관 쟁점 고찰 - 미국의 사례
    를 기반으로 -", 형사법의 신동향 통권 제51호 (2016. 6.), 28-29면에서는 '별건 증거
    취득의 방안으로 미국의 플레인 뷰 이론을 우리 실정에 맞게 도입하자'라는 주장을
    하고 있으며, 박민우, 박사학위 논문 (2016), 152-155면에서는 '우리 형사소송법의
    체계상 플레인 뷰 이론을 도입하는 것은 옳지 않으며 입법론적으로 디지털 증거에
    대해서는 독립적 긴급 압수·수색 제도를 도입하자'라는 견해를 제시하고 있다.

년도 종근당 사건 결정에서 이를 명시적으로 확인하였다.

둘째, 우연히 발견한 별건 증거에 대한 미국에서의 논의는 플레인 뷰 이론(영장주의의 예외)을 배제(제한)하여야 하는지에 대해서 논의가 맞춰져 있다. 이에 반하여 대한민국에서는 우연히 발견한 별건 정보에 대해서 영장주의의 예외가 적용될 수 없기 때문에, 추후 재판 과정에서 '추가 영장 없이 압수된 별건 정보가 애초 영장의 혐의사실과 관련성이 있는지의 문제(관련성 판단 문제)'로 귀결되는 경우가 많다.[578) 수사기관은 영장 없이 압수한 별건 정보에 대한 증거배제를 막기 위하여, '추가 영장 없이 확보한 해당 정보는 애초 영장의 혐의 사실과 관련성이 있으므로, 애초 영장의 (관련성) 범위 내에서 적법하게 압수하였다'라는 주장을 하기 때문이다.[579)

셋째, 미국에서 플레인 뷰 배제(또는 축소)로 인하여 배제되는 정보는 그 범위가 일정하지 않다. 예를 들어, U.S. v. Carey 판결에서는 수사관의 주관적 의도를 고려하여 두 번째 별건 파일(아동 포르노 사진 파일) 이후부터 증거배제가 인정되었으나, United States v. Mann 판결에서는 '해당 사건의 개별적인 사실관계를 감안하여 플레인 뷰 이론의 적용을 판단한다'라는 입장이었다. 반면에 대한민국의 대법원 판례에 따르면, 우연히 발견한 별건 정보들을 별도의 영장 없이 압수한 경우 첫 번째 발견한 별건 증거를 포함한 모든 별건 증거의 증거능력이 인정되지 않는다.[580)

---

578) 다만, 긴급체포가 가능한 사례 등에서는 사전 영장주의의 예외로서 해당 증거를 압수할 수 있을 것이다.

579) 대한민국의 관련성 논의는 본장 제2절에서 상세히 검토하기로 한다.

580) 독립적 긴급 압수제도가 인정되지 않는 대한민국에서는 당연한 결론이다. 같은 취지의 지적으로서, 심희기 (2017), 628-629면 참조.

III. 국경 수색 예외 이론의 축소

1. 국경 수색 예외 이론(Border Search Exception Doctrine)의 의의 및 연혁

국경 수색의 예외 이론(Border Search Exception Doctrine)이란 미국 영장주의 예외 이론 중의 하나로서, 법 집행 기관은 이 예외 이론에 근거하여 미국의 국경을 통과하는 사람에 대하여 영장 없이 수색을 할 수 있다. 이 예외는 미국 내로 불법 입국자 또는 금제품(contraband)이 들어오지 않게 하기 위한 목적을 가지고 있다.581)

미국 연방대법원은 Carroll v. United States 판결582)에서 국경 수색의 예외 이론을 처음 인정하였으며, United States v. Ramsey 판결583)을 통해서 해당 이론을 더욱 구체화 하였다.584)

Carroll v. United States 사건에서 수사관은 Carroll의 불법 주류 판매 혐의를 포착하고 잠입 수사로 Carroll을 검거하려고 하였으나 실패하였다. 그 후 수사관은 정기 순찰 과정에서 Carroll이 타고 있는 차량을 발견하였고, 이에 해당 차량을 정차시킨 후 차량 내부를 수색하여 불법 주류를 압수하였다. 이후 재판과정에서는 '영장 없는 자동차 수색이 수정헌법 제4조 위반인지의 여부'가 문제 되었는데, 연방대법원은 자동차의 특수성(이동성)을

---

581) Atanu Das, "CROSSING THE LINE: DEPARTMENT OF HOMELAND SECURITY BORDER SEARCH OF MOBILE DEVICE DATA LIKELY UNCONSTITUTIONAL", 22 U. Pa. J. L. & Soc. Change 205, 216 (2019).

582) Carroll v. U.S., 267 U.S. 132 (1925).

583) United States v. Ramsey, 431 U.S. 606 (1977). 이 판결은 이하 'United States v. Ramsey (1977)'으로 약칭한다.

584) Atanu Das, "CROSSING THE LINE: DEPARTMENT OF HOMELAND SECURITY BORDER SEARCH OF MOBILE DEVICE DATA LIKELY UNCONSTITUTIONAL", 22 U. Pa. J. L. & Soc. Change 205, 216-218 (2019).

감안하여 '위와 같은 자동차 수색이 헌법에 위반되지 않는다'라고 판시하였다. 다만, 본 사건의 수색은 국경 지역에서 일어난 것이 아니었기에, 국경 수색의 예외 이론이 직접적으로 다루어진 것은 아니었다. 그러나 재판부는 판결 이유 중 사전 영장주의의 예외를 언급하는 과정에서 "여행자들은 국경(international boundary)을 건널 때 검문(stopped) 될 수 있다. 왜냐하면 국가 보호(national self-protection)를 위하여 국경으로 들어오는 사람의 입국 자격 여부와 그의 소지품의 적법성이 확인되어야 하기 때문이다."[585]라는 설시를 하여, 국경 수색의 예외 이론을 간접적으로 인정하였다.

이후 United States v. Ramsey 판결[586]에서 연방대법원은 국경 수색의 예외 이론을 더욱 구체화한다. 이 사건에서 세관 공무원(customs officer)은 부피가 큰 편지를 발견하였는데, 해당 편지는 태국에서 배송되어 온 것이었다. 세관 공무원은 해당 우편물이 금제품(contraband)일지 모른다는 생각을 하고, 영장 없이 해당 우편물을 수색하였다. 그 결과 그 우편물에서는 마약이 발견되었는데, 이는 Ramsey가 국제 우편 배달의 방식으로 태국으로부터 밀수한 것이라는 사실이 밝혀졌다. 이후 Ramsey는 마약 범죄 혐의로 기소되었고, 재판 과정에서는 위 수색의 적법성이 다투어졌다. 연방대법원은 이와 관련하여 '국경에서의 수색은 주권(sovereign)을 보호하기 위한 목적에서 이루어지며, 국경에서 행하여졌다면 그 자체로 합리적이고 그 이상의 증명을 요구하지 않는다'[587]라고 판시하여 국경 수색의 목적을 밝혔다. 또한 '국경에서의 수색은 상당한 이유(probable cause) 또는 영장(warrant)이 없이 행해져도 합리적(reasonable)이다'라고 판시하여,[588] 영장 없는 이 사건 수색이 적법하다고 판단하였다. 다만 연방대법원은 본 판결에서 '국경

---

585) Carroll v. U.S., 267 U.S. 132, 154 (1925).
586) United States v. Ramsey (1977).
587) United States v. Ramsey (1977), 616면.
588) United States v. Ramsey (1977), 619면.

수색이 아주 공격적인 방식(particularly offensive manner)으로 수행되면 불합리(unreasonable)하다고 판단될 수 있겠으나, 그 기준(whether, and under what circumstances)을 우리가 정할 수 없다.'589)라는 취지를 설시하여 국경 수색에는 한계가 있음을 암시하였고, 그 구체적인 기준은 판단하지 않았다.

2. 일상 수색(routine search)과 비일상 수색(nonroutine search)의 구분

연방대법원은 1985년도의 U.S. v. Montoya de Hernandez 판결590)에서 '국경에서의 수색이 침익적(intrusive)으로 이루어지는 경우591)에 해당 수색이 적법하기 위한 기준'을 판단하게 된다.

본 사건에서 Montoya de Hernandez는 컬럼비아(Colombia)에서 비행기를 타고 미국 로스앤젤레스 국제공항(Los Angeles International Airport)에 도착하였다. 세관 공무원(customs officials)은 Montoya de Hernandez가 마약 풍선 삼키기(balloon swallower)의 방식으로 소화관(alimentary canal)에 마약을 숨기고 있다고 의심하였고, 이에 Montoya de Hernandez를 구금하였다. 세관 공무원은 직장 검사(rectal examination)를 명하는 법원 명령(court order)이 내려지기 전까지 Montoya de Hernandez를 16시간 동안 구금하였다. 이후 직장 검사를 승인하는 법원 명령에 따라서 Montoya de Hernandez에 대한 직장 검사(rectal examination)가 실시되었는데, 그 결과 코카인(cocaine)이 담긴 88개의 풍선이 그녀의 소화관(alimentary canal)에서 발견되었다.

---

589) "We do not decide whether, and under what circumstances, a border search might be deemed "unreasonable" because of the particularly offensive manner in which it is carried out." 이상 United States v. Ramsey (1977), 618면의 각주 13.

590) U.S. v. Montoya de Hernandez, 473 U.S. 531 (1985). 이 판결은 이하 'U.S. v. Montoya de Hernandez (1985)'으로 약칭한다.

591) 비일상 수색(nonroutine search)에 해당하는 경우이다.

이후 Montoya de Hernandez는 마약 혐의로 기소되었고, 재판과정에서 세관 공무원의 구금(detention)이 수정헌법 제4조 위반인지의 여부가 문제 되었다.

이에 대해서 연방대법원은 "[국경 지역에서 국경 요원에 의한] 입국하는 사람과 물건에 대한 일상적인 수색(Routine searches)은 합리적인 의심(reasonable suspicion)이나 상당한 이유(probable cause), 또는 영장(warrant)이 없어도 가능하다"592)라고 보았고, 이에 반해 '일상적인 국경 수색(routine customs search)을 넘어선 구금(수색)은 합리적 의심(reasonable suspicion)에 뒷받침하여 실시되어야 한다'라는 취지를 밝혔다.593) 이러한 전제에서 연방대법원은 'Montoya de Hernandez에 대한 이 사건 구금(detention)은 비일상적 수색(nonroutine search)에 해당하지만, 당시 상황을 종합할 때 세관 공무원의 합리적 의심594)이 인정된다'라고 판결하였다.595)

이후 2004년도의 연방대법원은 U.S. v. Flores-Montano 판결596)에서 일상적 수색(Routine searches)에 해당하는 사례에 대한 판단도 하게 된다. 본 사건에서 Flores-Montano은 차량을 운전하고 미국 국경을 넘던 중 세관 공무원(customs officials)의 검사를 받게 되었다. 세관 공무원은 Flores-Montano를 차에서 내리게 한 뒤 Flores-Montano 차량의 가스 탱크(gas tank)를 분해하여 보았는데, 그 결과 차량 내에서 대마초(marijuana)를 발견하게 되었다. 이후 Flores-Montano는 대마초 불법 수입 혐의 등으로 기소되었다. 재판 과

---

592) "Routine searches of the persons and effects of entrants are not subject to any requirement of reasonable suspicion, probable cause, or warrant" 이상 U.S. v. Montoya de Hernandez (1985), 538면.

593) U.S. v. Montoya de Hernandez (1985), 539-541면.

594) 'Montoya de Hernandez의 소화관(alimentary canal) 내에 마약이 있을 것이다'라는 합리적 의심을 말한다.

595) U.S. v. Montoya de Hernandez (1985), 541-542면.

596) U.S. v. Flores-Montano, 541 U.S. 149 (2004). 이 판결은 이하 'U.S. v. Flores-Montano (2004)'으로 약칭한다.

정에서 Flores-Montano는 '세관 공무원이 이 사건 차량의 가스 탱크를 열어보기 위해서는 상당한 혐의(reasonable suspicion)가 있어야 했는데, 당시 상당한 혐의가 인정되지 않았다'라는 이유에서 이 사건 대마초에 대한 증거배제를 신청하였다. 이에 대하여 연방대법원은 '정부는 국경에서 차량의 연료 탱크를 제거하거나 분해하는 방법 등으로 검사할 권한을 가지고 있으며, 매우 침익적인(so destructive) 검사라면 다른 요건이 요구될 수 있지만, 이 사례는 그러한 검사가 아니다'라고 판시하여,597) '국경 수색으로서 차의 가스 탱크를 분해하는 것은 (비일상 수색이 아니므로) 합리적 의심(reasonable suspicion)이 필요하지 않다'라는 취지로 판결하였다.

또한 본 판결은 '비일상 수색에 해당하여 합리적 의심(reasonable suspicion)이 필요한 경우'의 기준으로서 '해당 수색이 수색 대상자의 인간존엄성 및 프라이버시 이익(person-dignity and privacy interests)에 대하여 매우 침익적(highly intrusive)일 경우'를 들었다.598)

3. 디지털 증거에서의 국경 수색의 예외 이론

앞서 살펴보았듯이 연방대법원은 국경 수색을 일상 수색(routine search)과 비일상수색(nonroutine search)으로 구분하고 있다. 이러한 연방대법원의 입장에 따르면 국경수색이 일상수색(routine search)에 해당할 경우에는 수색에 대한 합리적 의심조차 필요하지 않다. 다만, 국경 수색이 비일상 수색(nonroutine search)에 해당할 경우에는 수색이 적법하기 위하여 합리적 의심(reasonable suspicion)이 요구된다.

그런데 최근 디지털 저장매체의 등장으로, 국경 요원이 국경 수색 과정에서 국경 통과자의 디지털 저장매체에 대한 수색을 하는 경우가 발생하게

---

597) U.S. v. Flores-Montano (2004), 155-156면.
598) U.S. v. Flores-Montano (2004), 152면.

되었다. 특히, 미국 국토안보부(Department of Homeland Security)와 국경 순찰대(Border Patrol officials)는 이러한 국경 수색의 예외 이론에 의하여 영장 없이 디지털 저장매체의 내용 정보까지 수색하고 있다고 한다.[599] 정보 저장매체는 방대한 개인정보를 담고 있다는 점에서 영장 없는 정보 저장매체 수색은 국경 통과자의 정보 프라이버시권 침해와 관련한 많은 우려를 불러일으킨다.

이와 관련하여 최근에는 '국경 요원이 국경 수색에 근거하여 정보 저장매체에 대한 포렌식 검사(forensic examination)를 하기 위해서는 대상자에 대한 합리적 의심(reasonable suspicion)이 있어야 한다'라는 취지의 판결을 선고하는 미국 연방 항소법원이 등장하고 있다. 정보 저장매체에 대한 수색은 단순한 정보가 검색되는 데에 그치는 매뉴얼 수색(manual search)과 방대한 정보가 검색되는 포렌식 검사(forensic examination)로 구분할 수 있는데, 일부 연방 항소법원을 중심으로 포렌식 검사(forensic examination)의 경우에는 비일상 수색(nonroutine search)의 요건을 요구하고 있는 것이다.

연방 제9항소법원은 2013년도의 United States v. Cotterman 판결에서 노트북 포렌식 검사에 합리적 의심(Reasonable Suspicion)을 요구하였으며, 이후 2019년도에는 United States v. Cano 판결에서 국경 수색으로서의 휴대폰 포렌식 검사(forensic examination)에 국경 요원의 합리적인 의심(reasonable suspicion)을 요구함과 동시에, 국경 수색의 목적도 엄격히 제한하였다. 또한 연방 제4항소법원은 2018년도의 United States v. Kolsuz 판결을 통하여 '국경 수색에서의 휴대폰 포렌식 검사에는 특별한 혐의(particularized suspicion) 또는 특정한 수준의 의심(some form of individualized suspicion)의 요건이 요구된다'라고 판시하였다.[600] 이는 정보

599) Atanu Das, "CROSSING THE LINE: DEPARTMENT OF HOMELAND SECURITY BORDER SEARCH OF MOBILE DEVICE DATA LIKELY UNCONSTITUTIONAL", 22 U. Pa. J. L. & Soc. Change 205, 206-207 (2019).

프라이버시권 보호와 관련한 의미있는 동향이라고 판단된다. 이하 해당 판결을 상세히 살펴보기로 한다.

4. United States v. Cotterman 판결[601]

가. 사실관계 및 소송경과

Cotterman은 멕시코에서 휴가를 보낸 후 애리조나(Arizona)의 Lukeville 국경 지역을 통하여 미국으로 돌아가게 되었다. Lukeville의 국경 요원 (border agent)은 Cotterman이 성범죄 전과가 있다는 사실을 발견하고, Cotterman이 아동 포르노물과 연관이 있을 것이라는 생각을 하였다. 이에 국경요원은 Cotterman의 차량을 수색하여 2개의 노트북(laptop computer)과 세 개의 디지털 카메라를 압수하였다. Cotterman의 정보 저장매체들을 열어본 국경요원은 해당 정보 저장매체에 암호화된 파일들이 있는 것을 발견하였다. 그러자 국경요원은 해당 정보 저장매체들을 Lukeville 국경지역에서 170마일 떨어진 이민 및 관세 단속(Immigration and Customs Enforcement) 사무소로 보냈고, 정보 저장매체들을 넘겨 받은 이민 및 관세 단속 사무소의 포렌식 요원은 해당 저장매체들에 대한 포렌식 절차를 진행하였다. 그 결과 Cotterman의 노트북 컴퓨터에서는 대량의 아동 포르노 사진과 동영상이 발견되었다. 이후 Cotterman은 아동 포르노 관련 혐의로 기소되었다.

재판과정에서 Cotterman은 그의 노트북 컴퓨터에서 압수된 증거들이 증

---

600) 다만 후술하는 바와 같이, 연방 제4항소법원은 '국경 요원의 포렌식 검사 행위는 선의의 예외 이론(good-faith exception)의 적용이 된다'라고 보아, '해당 의심의 정도가 합리적 의심(reasonable suspicion)이면 되는지, 아니면 그 이상의 상당한 이유 (probable cause)에 이르러야 하는지'에 대한 구체적인 판단으로는 나아가지 않았다.

601) U.S. v. Cotterman, 709 F.3d 952 (9th Cir. 2013).

거배제 되어야 한다고 주장하였다. 이에 연방 치안판사(magistrate judge)는 '국경 요원이 이 사건 포렌식(forensic examination)을 하기 위해서는 Cotterman의 범죄 행위에 대한 합리적 의심(reasonable suspicion)이 있었어야 했는데, Cotterman의 노트북에 암호가 설정되어 있는 파일이 있었다는 사실만으로는 국경요원의 합리적 의심(reasonable suspicion)을 인정할 수 없다'라는 취지에서 Cotterman의 증거배제 신청을 받아들였다. 이에 정부는 항소(interlocutory appeal)하였는데, 항소심 재판부는 '이 사건 수색에는 합리적 의심(reasonable suspicion)이 필요하지 않다'라는 취지에서 정부의 손을 들어주었다. 이후 이 사건은 전원 재판부(en banc)에서 다시 다루어지게 되었다.

나. 연방 제9항소법원 전원재판부의 판결 요지[602]

먼저, 전원재판부는 '국경요원의 이 사건 정보 저장매체에 대한 첫 번째 탐색 행위는 합리성이 있다'라고 보았다. 해당 탐색 행위는 일시적으로 이루어졌기 때문에, 국경 수색의 예외로 인정되기 때문이다.

그러나 전원재판부는 '국경요원이 이 사건 정보 저장매체에 대하여 포렌식 검사(forensic examination)를 진행한 것에는 합리적 의심(Reasonable Suspicion)의 요건이 필요하다'라고 보았는데, 해당 이유를 요약하면 다음과 같다.

첫째, 포렌식 검사(forensic examination)는 삭제된 정보까지 다 들여다 볼 정도로, 개인의 프라이버시에 대하여 포괄적이고 침익적인 조사 방식이다. 연방대법원은 '국경수색이 매우 침익적이거나 파괴적인 경우에는 특별한 의심(particularized suspicion)이 필요하다'라고 판시한 바 있다.[603]

---

602) 이하 U.S. v. Cotterman, 709 F.3d 952, 960~970 (9th Cir. 2013) 참조.
603) 재판부는 해당 연방대법원 판결로서 U.S. v. Flores-Montano (2004) 판결과 U.S. v. Montoya de Hernandez (1985) 판결을 들었다.

둘째, 오늘날의 정보 저장장치는 예전의 수화물(luggage)에 비교할 수 없을 정도로 많은 정보들을 담고 있다. 이 중에는 민감한 정보들도 포함되어 있는데, 여행자들에게 불필요한 정보를 삭제하고 국경을 넘으라고 하는 것은 비현실적인 해결방안이다. 특히, '국경요원들은 포렌식 검사(forensic examination)를 통하여 삭제한 파일까지 복원할 수 있으며, 클라우드 컴퓨팅(cloud computing)을 통하여 해당 저장매체로부터 떨어진 서버에까지 접근할 수가 있다'라는 문제점이 있다.

셋째, 국경 지역에서의 피상적인 수색(cursory search)과 달리, 정부가 행한 포렌식 검사는 합리성(reasonableness) 측면에서 달리 판단되어야 한다.

넷째, 국경 지역에서는 정부가 금제품(contraband)으로부터 국가를 보호할 필요성이 존재하지만, 동시에 여행자의 수정헌법 제4조의 권리도 고려되어야 한다.

전원재판부는 이러한 이유에서 Cotterman의 컴퓨터에 대한 포렌식 검사에는 합리적 의심(reasonable suspicion)의 요건이 필요하다고 결론 내렸다.

한편, 전원재판부는 '합리적 의심(reasonable suspicion)이란 특정한 사람이 범죄 행위를 하였다고 의심할 만한 개별적이고 객관적인 근거(basis)라고 정의한 후, 이는 종합적으로 판단되어야 한다'라고 보았다. 이러한 전제 하에서 재판부는 'Cotterman에게 성범죄 전과가 있는 점, Cotterman은 해외 출입국 기록이 잦았다는 점, 이 사건에서 Cotterman이 다녀온 멕시코는 성 관광(sex tourism)이 자주 이루어 지는 곳이라는 점, Cotterman의 성범죄 전과를 고려하면 Cotterman의 멕시코 방문은 성 관광과 연관될 수 있다는 점, Cotterman의 컴퓨터에는 암호화된 파일이 있었다는 점' 등을 종합하여, '이 사건 국경 요원은 컴퓨터에 있을 수 있는 불법 파일을 수색하기 위한 합리적 의심(reasonable suspicion)을 가지고 포렌식 검사를 수행하였다'라고 보았다.

전원재판부는 이러한 이유에서 'Cotterman의 증거배제 신청은 받아들여질 수 없다'라고 결론 내렸다.

5. United States v. Kolsuz 판결[604]

가. 사실관계 및 소송경과

터키 국적의 Kolsuz는 관광비자로 2016년 1월에 미국에 입국하였고, 2월에 미국을 출국하게 되었다. 그런데 Kolsuz는 이전에 미국의 총기 부품들(firearms parts)을 허가 없이 반출하다가 여러 번 적발된 전력이 있었다. 이를 알고 있었던 미국 정부 당국은 Kolsuz의 출국일에 Kolsuz의 수화물을 특별히 조사하였고, 그 결과 다수의 총기 부품들이 무면허 반출되는 것을 적발하였다. 이에 정부 당국은 추가적으로 Kolsuz의 핸드폰에 대한 2차례의 매뉴얼(manual) 수색을 실시하였다.[605] 그후 정부 당국은 해당 핸드폰을 약 4마일 떨어진 국토안보 조사사무소(Homeland Security Investigations office)로 옮겨서 포렌식 검사를 실시하였다. 해당 포렌식 절차는 약 한 달이 걸렸는데, 그 결과 'Kolsuz의 통신 정보, 사진, 비디오 파일, 달력, 웹 검색 기록, 위치 정보 기록 등'에 대한 896페이지에 달하는 보고서가 작성되었다. 이후 Kolsuz는 총기 부품들을 면허 없이 반출한 혐의 등으로 기소되었다.

Kolsuz는 재판 과정에서 '포렌식 수색이 공항에서 수 마일 떨어진 곳에서 예정 출국일 이후 한 달가량의 기간 동안 이루어졌기에 국경 예외 이론이 적용될 수 없다는 점, 포렌식 검사는 Riley 판결에서 금지한 영장 없는 핸드폰 수색(체포에 부수한 수색)이라는 점' 등을 지적하며, '그의 휴대폰에

---

604) United States v. Kolsuz, 890 F.3d 133 (4th Cir. 2018).
605) 매뉴얼 수색(manual)이란 '수사기관이 Kolsuz의 핸드폰 화면을 손으로 조작하여 최근 전화기록과 문자 메시지 내용 등을 검색하는 것'을 말한다.

대한 포렌식 검사 결과와 관련된 증거를 배제해 달라'라는 신청을 하였다. 그러나 법원은 Kolsuz의 주장을 받아들이지 않았고, Kolsuz의 핸드폰 통신 포렌식 내용을 토대로 혐의사실에 대한 Kolsuz의 고의성을 인정하여 유죄를 선고하였다. 이에 Kolsuz는 항소하였다.

나. 연방 제4항소법원 재판부의 판결 요지[606]

Kolsuz의 주장은 '휴대폰에 대한 포렌식 검사가 수 마일(mile) 떨어진 곳에서 진행되었기에 해당 휴대폰은 국경을 건너고 있는 금제품(contraband)에 해당하지 않으며, 또한 국경 수색 예외 이론은 입국하는 경우에만 적용되어야 하고 출국하는 과정에서는 적용될 수 없다'라는 전제에서, '본인의 휴대폰에 대한 포렌식 검사는 체포에 수반한 수색으로 보아야 한다'라는 것이었다.[607] Kolsuz는 또한 '설사 휴대폰에 대한 포렌식 검사가 국경 수색 예외 이론의 적용 대상이라고 할지라도, 이 사건 휴대폰 포렌식 검사는 일상적이지 않은 수색(nonroutine border search)에 해당하기에 Kolsuz에 대한 특별한 혐의(particularized suspicion) 없이 이루어질 수 없다'라고 주장하였다.

그러나 재판부는 다음과 같은 이유에서 Kolsuz의 위 주장을 모두 배척하였다.

먼저, '국경 수색 예외 이론이 적용될 수 없다'라는 Kolsuz의 주장과 관련하여, 재판부는 '국경 수색의 예외 이론은 입국과 출국 모두에 동일하게 적용되며, 또한 국경 수색의 예외 이론에 의하여 국경 요원은 그들이 이미 발견한 수출 위반 물건뿐만 아니라 현재 진행 중인 다른 불법 수출물에 대

---

606) United States v. Kolsuz, 890 F.3d 133, 141-148 (4th Cir. 2018) 참조.
607) 체포에 수반한 수색에 해당하게 되면, Riley 판결에 의하여 상당한 이유(probable cause)에 기반한 영장이 필요하게 된다. 이와 같은 이유에서 Kolsuz는 '본인의 핸드폰에 대한 포렌식 검사는 체포에 수반한 수색으로 보아야 한다'라고 주장한 것이다. 이상 본 판결 142면 참조.

한 정보까지도 수색할 수 있다'라고 보았다. 즉, 재판부는 '국경 수색의 예외 이론은 직접 압수한 금제품뿐만 아니라 현재 진행되고 있는 다른 금제품에 대한 반출을 예방하기 위한 목적으로도 사용될 수 있다'라고 본 것이다. 재판부는 이처럼 'Kolsuz의 휴대폰에 대한 포렌식 검사는 현재 진행 중일지 모르는 다른 불법 무기 반출에 대한 정보를 획득하기 위하여 행하여졌다'라고 보았고, 그 결과 국경 수색의 예외 이론이 이 사건에 적용된다고 보았다.

다음으로, 재판부는 '이 사건 휴대폰 포렌식 검사는 일상적이지 않은 수색(nonroutine border search)에 해당하기에 Kolsuz에 대한 특별한 혐의(particularized suspicion)가 있어야 한다'라는 사실은 인정하였다. 재판부는 그 근거로서 '국경에서의 수색 과정에서 개인의 존엄과 프라이버시에 대한 매우 침익적인 수색이 일어나는 경우(나체 수색, 소화관 수색, x-ray 수색 등)에는 수색에 대한 합리적 의심(reasonable suspicion)이 필요하다'라는 연방대법원의 기존 판결608)과 '노트북에 대한 포렌식 검사를 일상적이지 않은 수색(nonroutine border search)으로 보고 포렌식 검사에 합리적 의심을 요구한 연방 제9항소법원의 U.S. v. Cotterman, 709 F.3d 952 (2013) 판결' 등을 제시하였다. 또한 재판부는 '정보 저장매체가 담고 있는 정보의 양이 방대하고, 해당 정보는 민감한 특징을 가지고 있으며, 정보 저장매체는 멀리 떨어져 있는 서버에까지 연결될 수 있다'라는 사실을 지적하고, '체포에 수반한 수색으로 영장 없이 정보 저장매체를 수색할 수 없다'라는 연방대법원의 Riley 판결의 취지를 감안할 때, 휴대폰에 대한 포렌식 검사는 특정한 수준의 의심(some form of individualized suspicion)이 요구되어야 한다고 보았다.

그러나 재판부는 '해당 의심의 정도가 합리적 의심(reasonable suspicion)

608) U.S. v. Flores-Montano (2004), U.S. v. Montoya de Hernandez (1985).

이면 되는지, 아니면 그 이상의 상당한 이유(probable cause)에 이르러야 하
는지'에 대한 구체적인 판단으로는 나아가지 않고, 결국 Kolsuz의 주장을
배척하였다. '국경 수색의 예외 이론에 기반하여 휴대폰 포렌식 검사를 할
때 합리적 의심(reasonable suspicion)을 넘어선 정도의 수준을 요구한 기존
선례'가 존재하지 않은 관계로, 재판부는 '이 사건에서의 (합리적 의심에
기반하여 포렌식을 진행한) 국경 요원의 포렌식 검사 행위는 어차피 선의
의 예외 이론(good-faith exception)의 적용 대상이다'라고 보았기 때문이다.

재판부는 이러한 논리를 통하여 원심 법원(district court)의 판결을 유지
하였다.

6. United States v. Cano 판결[609]

가. 사실관계 및 소송경과

Cano는 Los Angeles에 살다가 2016년 여름에 멕시코의 Tijuana로 이사를
하였다. Tijuana에서 Cano는 그의 사촌인 Medina와 같이 살았는데, Tijuana
에서 거주하는 동안에도 국경을 건너서 미국을 수차례 방문하였다. Cano는
2016년 7월에 멕시코 Tijuana로부터 미국에 입국하기 위하여 San Ysidro 국
경 지역을 지나가게 되었다. Cano는 국경 요원으로부터 입국 조사를 받게
되었는데, 이때 차량의 예비 타이어(spare tire) 내에서 약 14킬로그램의 마
약(코카인) 이 발견되었다. 이에 국경 요원은 Cano를 체포하고 Cano의 핸
드폰을 압수하였고, 국토안보수사국(Homeland Security Investigations)의 조
사 요원이 현장으로 출동하였다.

출동한 조사 요원은 Cano의 휴대폰을 매뉴얼 수색(manual search)하였는
데(문자 메시지를 제외한 통화 기록만 검색), 이 과정에서 조사 요원은 '마

---

609) United States v. Cano, 934 F.3d 1002 (9th Cir. 2019).

약과 연류된 다른 정황 증거 및 국경을 넘는 다른 증거물들이 있는지 여부'
를 조사하였다. 또한 조사 요원은 Cano에게 마약 소지의 경위를 물었는데,
이에 Cano는 '자신은 마약이 발견된 이유를 모른다. 또한 자신은 일자리를
구하기 위하여 지난 3주간 국경을 매번 넘나들었는데 그날은 카페트
(carpet) 상점에 가는 길이었다'라고 대답하였다. 이 과정에서 조사 요원은
Cano에게 해당 상점의 이름을 질문하였는데, Cano는 이에 답변하지 못했
다. 또한 조사요원은 Cano에게 'Cano의 휴대폰에 문자 메시지가 거의 없는
이유'를 물어보았는데, 이에 대해 Cano는 '멕시코에서 경찰을 만났을 때 혹
시라도 문제가 발생할 수 있을 것 같아서 자신의 사촌의 조언에 따라서 삭
제하였다'라고 대답하였다.

한편 조사요원은 Cano의 휴대폰에 대한 2번째 매뉴얼 수색(manual
search)을 실시하였다. 그리고 그 과정에서 Cano의 통화 기록에 있는 전화
번호들을 종이에 옮겨 적었고, Cano의 휴대폰에 남아있는 2개의 메시지에
대하여 사진을 촬영하였다.

마지막으로 조사요원은 Cano의 휴대폰에 대하여 Cellebrite software를 이
용한 포렌식 검사를 실시하여, Cano의 통화기록과 메시지 기록 등을 수집
하였다. 그 결과 조사요원은 Cano의 통화기록에는 카페트 상점과의 연락
기록이 없다는 사실을 알게 되었다.

이후 Cano는 코카인 반입 혐의로 기소되었다. 재판과정에서 Cano는 영
장 없이 수집된 그의 휴대폰 관련 증거들에 대한 증거배제를 신청하였다.
그러나 지방법원은 '매뉴얼 수색과 포렌식 수색은 국경 수색의 예외에 의
하여 유효하다'라는 이유에서 Cano의 신청을 받아들이지 않았다. 한편,
Cano는 'Cano의 사촌인 Medina가 해당 코카인을 Cano 차량의 예비 타이어
에 두었고, Cano는 이를 알지 못하였다'라는 항변을 하였다. 또한 Cano는
'Medina는 마약을 밀매하는 갱단의 구성원(member)으로서 코카인 소지와
관련한 전과도 가지고 있다'라는 사실을 주장하며, '국토안보수사국

(Homeland Security Investigations), 연방수사국(FBI), 마약단속국(DEA)이 가지고 있는 Medina의 마약 전력 관련 기록'을 개시(discovery)해 줄 것을 요청하였다. 이에 수사를 담당한 국토안보수사국은 위 Medina의 자료들을 법원에 제출하였지만, 연방수사국과 마약단속국은 정부(검사) 측의 요청에도 불구하고 해당 자료 요청을 특별한 이유 없이 거부하였다. 이에 정부는 법원 측에 '디스커버리 명령(discovery order) 중 연방수사국(FBI), 마약단속국(DEA)에 대한 부분은 재고(reconsider)해 줄 것'을 신청하였고, 법원 (district court)은 '연방수사국, 마약단속국이 해당 자료 제공을 거부하였고, 검사는 더 이상 해당 자료를 확보할 수 없다'라는 이유에서 정부(검사) 측의 재고 신청(motion to reconsider)을 받아들였다. 이후 Cano는 유죄 선고를 받았고, 이에 대하여 Cano는 항소하였다.

나. 연방 제9항소법원 재판부의 판결 요지[610]

Cano는 재판과정에서 '첫째, 휴대폰에 대한 영장 없는 수색은 국경 수색의 예외 이론에 의하더라도 행하여질 수 없다. 둘째, 설사 이 사건 수색이 국경 수색의 예외 이론에 의하여 허용된다고 할지라도, 영장 없는 휴대폰 수색은 매우 침익적이므로 상당한 이유(probable cause)를 요한다. 셋째, 설사 휴대폰 수색이 국경 수색의 예외 이론에 의하여 정당화된다고 하더라도, 이 사건 매뉴얼(manual)수색과 포렌식 수색(forensic searches)은 국경 수색 예외 이론의 허용 한계를 넘어섰다.'라고 주장하였다. 이에 대하여 재판부는 다음과 같이 판결하였다.

먼저, 재판부는 국경 수색의 예외 이론은 무제한적으로 허용되는 것이 아니며, 'FBI와 같은 일반 법집행 공무원이 아닌 세관 또는 출입국 관리 공무원(customs and immigration officials)에 의하여 행하여질 것, 일반적인 법

---

610) 이하 United States v. Cano, 934 F.3d 1002, 1010-1026 (9th Cir. 2019).

집행 목적이 아니라 수입 관련 법(importation laws)을 집행할 목적으로 이루어 질 것'이라는 제한을 받는다고 보았다.

또한 재판부는 '국경 수색 이론의 예외는 금제품(contraband)을 금지하는데에 있는데, 휴대폰 역시 아동 포르노물과 같은 디지털 금제품을 저장하고 있을 수 있으므로 휴대폰과 휴대폰에 저장된 데이터는 국경 수색 예외이론의 적용 대상이다'라고 판시하여, '휴대폰에 저장되어 있는 데이터는 유체물인 금제품을 숨길 수 없으므로, 국경 수색의 예외 이론에 의하여 휴대폰을 수색할 수 없다'라는 Cano측의 주장을 받아들이지 않았다.

다음으로 재판부는 U.S. v. Cotterman, 709 F.3d 952 (2013) 판결의 전례를 인용하면서, '정보 저장매체에 저장되어 있는 방대한 정보들을 감안할 때, 휴대폰에 대한 포렌식 검사를 실시하려면 국경 요원의 합리적인 의심(reasonable suspicion)이 필요하다'라고 판시하였다. 다만, 재판부는 '정부가 국경을 지켜야 하는 필요성과 국경에서의 시민의 프라이버시권이 감소 된다는 점을 감안하면 국경 지역에서의 수색은 국경 내에서의 수색과는 다른 기준이 적용되어야 한다'라는 전제에서 '휴대폰 포렌식 검사에 영장이나 상당한 이유(probable cause)까지 요구되지는 않는다'라고 보았다. 즉, 재판부는 체포에 수반한 수색에서 수사기관의 영장 없는 휴대폰 수색을 금지한 Riley 판결과 이 사건 사안을 다르게 보았다. 이러한 논리로 재판부는 '국경 지역에서 핸드폰에 대한 매뉴얼 수색(manual search)은 해당 대상자에 대한 특정한 의심(individualized suspicion)이 없이도 가능하지만, 포렌식 검사(forensic examination)에는 대상자에 대한 합리적 의심(reasonable suspicion)이 요구된다'라고 판시하였다.

마지막으로, 재판부는 '(매뉴얼 수색과 포렌식 수색을 포함한) 국경 수색은 금제품 발견을 목적으로 행해져야 하며, 국경과 관련한 범죄의 증거를 찾기 위해서 행해져서는 안 된다'라고 판시하여 '국경 요원의 이 사건 포렌식 검사는 수정헌법 제4조에 위배된다'라고 판시하였다. 즉, 재판부는 '국경 수색은 현재 국내로 반입되고 있는(items being smuggled) 금제품 자체를 찾기 위한 목적에서 행해져야 하며, 과거 또는 미래의 범죄 증거를 위한 목적(search for evidence of past or future border-related crimes)으로는 수행될 수 없다'라고 본 것이다. 재판부는 'Cano 핸드폰의 문자 메시지함에는 아동 포르노물(digital contraband)이 전송 되어져 있을 수 있기 때문에, 수사기관이 맨 처음 행한 매뉴얼 수색은 국경 수색의 범위에 포함된다'라고 보았다. 그러나 수사기관의 2번째 매뉴얼 수색 및 포렌식 검사는 디지털 금제품 자체를 발견하기 위한 것이 아니라 마약 관련 증거를 수색하기 위한 목적(searches for evidence of a crime)에서 행하여졌으므로 적법하지 않은 것이다.611) 특히 재판부는 '본 판결의 이 부분은 연방 제4항소법원의 United States v. Kolsuz, 890 F.3d 133 (2018) 판결과 배치된다'라는 점을 설시하여,612) 국경 요원의 수색 범위를 연방 제4항소법원의 기준보다 더 좁게 제한하였다.613)

---

611) 두 번째 매뉴얼 수색에서 조사 요원은 Cano의 통화 기록에 있는 전화번호들을 종이에 옮겨 적고 Cano의 핸드폰에 남아있던 2개의 메시지 내용을 촬영하였다. 그런데 이는 디지털 금제품(예컨대 아동 포르노물)을 찾기 위한 행위가 아니다. 한편, 재판부는 '포렌식 수색을 하려면 디지털 금제품 자체가 핸드폰에 있을 것이라는 합리적 의심이 있어야 한다'라는 입장인데, 본 사안에서 조사 요원은 '디지털 금제품(예컨대 아동 포르노 파일)이 Cano의 핸드폰에 있을 것이다'라는 합리적 의심을 가지고 있지 않았다. 따라서 재판부는 위 두 수색 모두 국경 수색의 한계를 벗어났다고 판단하였다.

612) Kolsuz 사건에서 국경 요원은 '현장에서 압수한 금제품(총기 부품)이 아닌 다른 곳에서 반출이 진행되고 있을 다른 금제품(총기 부품)'을 수색하기 위하여 Kolsuz의 휴대폰을 포렌식 검사하였다. 그런데도 연방 제4항소법원은 해당 수색의 합리성을 인정하였다. 그러나 본 재판부의 논리에 따르면 Kolsuz 사건의 포렌식 검사는 국경 수색의 한계를 벗어난 것이 된다. 이는 현재 밀반입되고 있는 금제품을 찾기 위한 목적이 아니기 때문이다.

613) 특히, 재판부는 '포렌식 조사에는 많은 시간이 걸리지만, 영장은 짧은 시간 안에 쉽게 받을 수 있다'라는 사실을 지적하며, '휴대폰 자체에 디지털 금제품이 들어있을 것 같다는 합리적 의심이 없는 이 사건에서는 수사기관이 영장을 발부받고 포렌식 검사를 실시할 수도 있었다'라는 견해를 밝혔다.

　이러한 이유에서 재판부는 '조사 요원의 영장 없는 포렌식 검사가 합리적 의심(reasonable suspicion)의 존재라는 요건을 만족시키지 못하였기 때문에 국경 수색의 예외 이론을 적용할 수 없다'라고 보았고, 이에 포렌식 조사로 획득한 증거의 증거능력을 배제하였다.

　참고로, 정부는 국경 요원의 포렌식 조사를 적법하다고 판단한 앞선 Cotterman 판결을 선례로 제시하며, '이 사건 증거는 선례를 믿은 조사요원의 포렌식 검사로 인하여 획득되었으므로 선의의 예외 이론(good faith exception)의 적용 대상이 되어야 한다'라고 주장하였다. 그러나 재판부는 'Cotterman 사건은 (디지털) 금제품 자체에 대한 수색이었으나 이 사건은 Cano의 미래 범죄에 대한 증거를 발견하기 위한 수색이었다'라는 이유에서 양 사건이 다르다는 점을 지적하였다. 즉 재판부는 'Cotterman 사건이 구속력 있는 선례(binding appellate precedent)가 될 수 없다'라는 이유에서 정부의 선의의 예외 이론 주장도 받아들이지 않았다.

　이를 종합하여 재판부는 매뉴얼 수색과 포렌식 수색이 모두 국경 수색의 범위를 벗어났다고 결론 내린 후, Cano의 증거배제 신청을 기각한 원심 결정을 파기하고 Cano에 대한 유죄 판결도 파기하였다.[614]

---

614) 본 판결에서는 정부가 디스커버리 의무(discovery obligations)를 위반하였는지도 쟁점이었다. Cano는 자신의 사촌(Medina) 및 사촌(Medina)이 연루된 마약 조직 등에 대한 자료들의 개시를 요청하였는데, 연방수사국(FBI)과 마약단속국(DEA)의 자료들이 제출되지 않았기 때문이다. 이에 대해 재판부는 '연방수사국(FBI)과 마약단속국(DEA)이 Medina에 대한 마약 관련 자료 등을 가지고 있다는 사실에 대해서 검사(prosecutor) 측이 알고 있다고 볼 근거가 없는 점, 검사 측이 연방수사국(FBI)과 마약단속국(DEA)의 자료에 대하여 접근할 방법도 없는 점, 연방수사국(FBI)과 마약단속국(DEA)은 이 사건 수사에 관여하지도 않은 기관이라는 점' 등을 종합하여, 정부는 디스커버리 의무(discovery obligations)를 이행하였다고 판시하였다.

7. 검토

국경 수색의 예외에 근거한 국경 요원의 정보 저장매체 검색과 관련하여, 미국 연방대법원은 아직까지 해당 수색의 기준에 대한 판결을 선고한 바가 없다. 그러나 앞서 살펴본 바와 같이 연방 항소법원들은 최근에 국경 수색의 예외 이론을 제한하는 취지의 판결들을 연이어 선고하였다.[615]

연방 제9항소법원은 2013년의 United States v. Cotterman 판결을 통하여 국경 수색에서의 노트북 포렌식 검사에는 합리적 의심(Reasonable Suspicion)이 요구된다고 판단하였다. 또한 연방 제4항소법원은 2018년의 United States v. Kolsuz 판결을 통하여 '국경 수색에서의 휴대폰 포렌식 검사에는 특별한 혐의(particularized suspicion) 또는 특정한 수준의 의심(some form of individualized suspicion)의 요건이 요구된다'라고 판시하였다.[616] 포렌식 검사는 삭제된 정보를 포함한 방대한 정보를 수색한다는 점에서 위 판결들은 정보 프라이버시권 보호와 관련하여 그 의의가 크다고 할 것이다. 다만 United States v. Cotterman 판결에서는 국경요원의 합리적 의심(Reasonable Suspicion)이 인정되어 국경 수색의 적법성이 인정되었다. 또한 United States v. Kolsuz 판결에서는 국경 요원의 포렌식 검사에 선의의 예외 이론이 인정되어 해당 수색이 적법하다고 판단되었다. 따라서 결과적으로 피고인들의 주장이 받아들여지지는 않았다.

---

615) 다만, 국경 수색의 예외를 제한하지 않은 연방 항소법원의 판결도 있다. 예를 들어, 연방 제11항소법원은 United States v. Touset 판결[United States v. Touset, 890 F.3d 1227 (11th Cir. 2018)]에서 '국경에서의 정보 저장매체 수색에는 합리적 의심(reasonable suspicion)이 요구되지 않는다'라고 판시하여 연방 제9항소법원과 연방 제4항소법원의 태도에 반대되는 판결을 내린 바 있다.

616) 연방 제4항소법원은 '해당 의심의 정도가 합리적 의심(reasonable suspicion)이면 되는지, 아니면 그 이상의 상당한 이유(probable cause)에 이르러야 하는지'에 대한 구체적인 판단으로는 나아가지 않았다. '국경 요원의 포렌식 검사 행위에 선의의 예외 이론(good-faith exception)이 적용된다'라고 보았기 때문이다.

이후 2019년에 연방 제9항소법원은 United States v. Cano 판결에서 국경 수색으로서의 휴대폰 포렌식 검사에 국경 요원의 합리적인 의심(reasonable suspicion)을 요구함과 동시에, 국경 수색의 목적도 엄격히 제한하였다. '(매뉴얼 수색과 포렌식 수색을 포함한) 국경 수색은 금제품 발견을 목적으로 행해져야 하며, 국경과 관련한 범죄의 증거를 찾기 위해서 행해져서는 안 된다'라고 판시하였기 때문이다. 이는 국경 수색의 범위를 이전의 선례(연방 제4항소법원의 United States v. Kolsuz 판결)에 비하여 한층 더 엄격히 제한하였다는 점이 특징이다.617) 그 결과 재판부는 '국경 요원의 이 사건 포렌식 검사는 수정헌법 제4조에 위배된다'라고 판시하여, 피고인(Cano)의 손을 들어주게 된다. 이러한 United States v. Cano 판결은 이전의 선례에 비하여 정보 프라이버시권 보호의 측면에서 진일보한 판결로 평가할 수 있을 것이다.

다만, 이러한 연방 항소법원의 판결들은 Riley 판결처럼 사전 영장주의를 엄격히 요구하고 있지는 않고, 대신 '포렌식 수색에 한하여 합리적인 의심(reasonable suspicion)이 필요하다'라는 상대적으로 낮은 수준의 요건을 요구하고 있다. 이는 국경 지역에서의 주권 보호 목적, 국경 수색의 긴박성, 수색 대상의 대량성(많은 수의 국경 통과자들) 등의 특수성들이 반영된 것으로 보인다.618)

---

617) 연방 제4항소법원의 United States v. Kolsuz 사안에서 국경 요원은 '현장에서 압수한 금제품이 아닌 다른 곳에서 반출이 진행되고 있을 다른 금제품'을 수색하기 위하여 Kolsuz 휴대폰에 대한 포렌식 검사를 실시하였다. 이에 대하여 연방 제4항소법원은 해당 수색의 합리성을 인정하였다. 그런데 위 포렌식 검사는 '현재 밀반입되고 있는 금제품'을 찾기 위한 목적이 아니었다. 따라서 연방 제9항소법원의 United States v. Cano 판결 취지에 따르면 위 수색의 적법성이 인정될 수 없을 것이다.

618) 예컨대, Ashley N. Gomez, "OVER THE BORDER, UNDER WHAT LAW: THE CIRCUIT SPLIT OVER SEARCHES OF ELECTRONIC DEVICES ON THE BORDER", 52 Ariz. St. L.J. 279, 308-309 (2020)은 '사전 영장을 받을 시간적 여유가 있었던 Riley 판결과 달리 국경 수색의 경우에는 영장을 받을 시간이 없다는 점,

그러나 미국의 학계에서는 '국경 요원이 국경 지역에서 정보 저장매체의 데이터 정보를 수색하기 위해서는 상당한 이유(probable cause)에 기반한 사전 영장이 필요하다'라는 주장도 제기되고 있다.[619] 또한 미국 의회에서도 국경 수색과 관련하여 '매뉴얼 수색(manual searches)에는 합리적 의심(reasonable suspicion)을 요구하고, 포렌식 검사(forensic searches)에는 상당한 이유(probable cause)와 영장(warrant)을 요구하는 법안'[620]이 제출된 바가 있다.[621] 특히 United States v. Cano 사건에서 Cano 측을 법정 조언한 전자개척자재단(Electronic Frontier Foundation)은 '휴대폰에 대한 영장 없는 수색은 국경 수색 예외 이론의 범위를 벗어난 것이며, 설사 해당 수색이 국경 수색의 범위 내에 있다고 가정할지라도 이러한 영장 없는 수색에는 상당한 이유(probable cause)가 필요하다'라고 주장한 바 있다.[622] 이처럼 '국경 수색 예외 이론에 근거한 휴대폰 수색의 기준을 더욱 엄격히 해야 한다'

국경에서는 국가 안보의 목적이 요구된다는 점'을 들어 '국경 수색의 경우에는 사전 영장주의보다 낮은 단계의 요건[포렌식 수색에는 합리적 의심(reasonable suspicion)이 요청되나, 일반 수색의 경우에는 합리적 의심조차 필요 없다는 요건]이 요구되는 것이 옳다'라고 주장하고 있다.

619) Atanu Das, "CROSSING THE LINE: DEPARTMENT OF HOMELAND SECURITY BORDER SEARCH OF MOBILE DEVICE DATA LIKELY UNCONSTITUTIONAL", 22 U. Pa. J. L. & Soc. Change 205, 238-239 (2019).

620) Senate Bill 2462, 115th Cong. (2018). 다만 본 법안이 의회에서 통과되지는 않았다. 이상 Gina R. Bohannon, "CELL PHONES AND THE BORDER SEARCH EXCEPTION: CIRCUITS SPLIT OVER THE LINE BETWEEN SOVEREIGNTY AND PRIVACY", 78 Md. L. Rev. 563, 577-578 (2019)에서 참조함. 이 논문은 이하 'Gina R. Bohannon (2019)'으로 약칭한다.

621) 참고로, 본 법안에서는 포렌식 검색(Forensic searches)을 '검색에 4시간이 초과 되는 수색, 정보 저장장치의 정보를 복제하거나 문서화 하는 검색, 다른 전자 장치 또는 비밀번호의 도움을 통하여 수행되는 검색'으로 정의하고, 매뉴얼 검색(Manual searches)은 '다른 전자 장치나 소프트웨어 등의 도움이 없이 수행되는 검색, 비밀번호 입력이나 지문인식 등을 수반하지 않는 검색'으로 정의하고 있다. 이상 Gina R. Bohannon (2019), 577면에서 참조함.

622) United States v. Cano, 934 F.3d 1002, 1012 (9th Cir. 2019).

라는 주장이 있기에, 향후 미국 법원의 동향에 주목할 필요가 있다.

한편 대한민국에는 국경 수색의 예외 이론이 영장주의의 예외로서 규정되어 있지 않기에, 미국의 국경 수색의 예외 이론을 대한민국 법제에 직접적으로 비교하기는 힘들다. 그러나 대한민국도 사전 영장주의의 예외가 인정되고 있으며, 최근에는 수사기관이 임의제출 제도 등을 통하여 휴대폰 정보를 광범위하게 수색하고 있다. 따라서 국경 수색 예외 이론의 제한과 관련한 미국 연방 항소법원의 동향은 앞서 살펴본 미국 연방대법원의 Riley 판결(체포에 부수한 수색 이론의 제한)과 함께 우리에게 많은 시사점을 준다.[623] 이러한 맥락에서 '정보 저장매체 수색에서 국경 수색 예외 이론을 제한한 미국 연방 항소법원판결들의 취지'를 우리의 경우에도 받아들일 필요가 있다.[624] 우리도 '수사기관의 사전 영장주의의 예외(임의제출 등)에 의한 휴대전화 압수·수색 관행'에 대해서 일정한 제한이 필요한 것이다. 이는 앞서 Riley 판결에서 이미 살펴본 바 있으며, 이에 대해서는 대한민국의 동향(제2절)에서 후술하기로 한다.

---

623) 유사한 지적으로서, 이종근, "적법한 체포에 부수한 휴대폰의 수색과 영장주의 - 미 연방대법원의 판례를 중심으로 -", 법학논총 제33권 제1호, 한양대학교 법학연구소 (2016. 3.), 70-71면에서는 Riley 판결의 취지에 덧붙여 국경 수색과 관련한 판결 동향을 서술하고 있다.

624) 동일한 취지의 지적으로서, 김종구, "영장주의의 예외와 휴대폰 전자증거 수색의 한계 - 미국의 United States v. Cano 판례 (2019)와 관련하여 -", IT와 법 연구 제21집 (2020. 8.), 286-290면.

제2절 대한민국의 동향

I. 관련성 원칙의 구체화 (우연히 발견한 별건 증거의 취득 제한)

1. 개관

앞서 살펴보았듯이, 대한민국 국회는 2011. 7. 18. 형사소송법을 통하여 압수·수색의 요건으로 관련성을 추가하였다.[625] 따라서 '정보 저장매체에 대한 압수·수색 영장의 집행은 관련성이 인정되는 정보들에 한정되어야 한다'라는 기존의 논의가 형사소송법에 명문화되었다. 이후 대법원은 이러한 개정 형사소송법의 취지에 따라서 '관련성 요건의 구체적인 기준을 정립하는 판결들'을 연이어 선고하게 되는데, 이러한 판결들은 객관적 관련성과 인적 관련성으로 구체화 된다.[626][627] 유체물 증거 시절의 관련성 논의가 디지털 증거 시대에서 대법원 판결을 통하여 재조명된 것이다.

미국에서는 디지털 증거의 압수·수색과 관련하여 일반영장(general warrant)을 금지하여야 한다는 논의가 중점적으로 이루어지고 있는데(앞서 살펴보았듯이, 미국 연방대법원은 디지털 정보의 취득에 대하여 수정헌법

---

625) 이와 관련하여 형사소송법 개정 이전에도 이미 대법원은 디지털 정보에 대한 압수·수색에서 관련성 요건을 요구하기 시작한 바 있다(전교조 사건 결정).

626) '객관적 관련성과 인적 관련성'으로 구분하는 관련성 구분은 대법원 판결 이전에도 이미 학계에서 논의되었다. 예컨대, 오기두, "전자정보의 수색·검증, 압수에 관한 개정 형사소송법의 함의", 형사소송 이론과 실무 제4권 제1호 (2012. 6.), 151-152면에서는 전자증거(디지털 증거) 관련성 여부의 판단 기준으로서 '객관적 관련성, 주관적 관련성, 시간적 관련성'의 세 가지 측면을 제시한 바 있다.

627) 기타 관련성의 의미에 관한 학설 소개로는 이경렬/설재윤, "전자증거의 적법한 압수와 별건 증거사용에 관한 실무 연구", 법조 제68권 제1호 (2019. 2.), 371면 참조.

제4조의 영장주의를 엄격히 해석하는 경향을 보이고 있다), 미국에서의 이러한 논의는 한국의 관련성 논의와 유사하다고 할 수 있다.

특히 이와 관련하여, '유관정보 탐색 과정에서 우연히 발견한 별건 증거를 압수하기 위한 법리'로서 미국에서는 플레인 뷰 이론이 쟁점이 된다. 그러나 대한민국에는 미국에서의 플레인 뷰 이론과 같은 독립적 긴급압수제도가 없기 때문에, 대한민국에서는 '우연히 발견한 별건 증거의 압수'의 경우에 관련성 논의가 중요하게 자리 잡게 되었다. 대한민국의 대법원은 '우연히 발견한 별건 증거의 취득'에 영장주의를 엄격히 요구하였고, 이에 따라 '해당 별건 증거에 관련성이 인정되는지의 여부'가 쟁점이 되는 경우가 많이 발생하였기 때문이다. 이와 관련하여 수사기관은 재판과정에서 영장 없이 압수한 별건 정보에 대한 증거배제를 막기 위하여, '해당 정보는 최초 영장의 혐의 사실과 관련성이 있다고 보아야 하고, 최초 영장의 (관련성) 범위 내에서 적법하게 압수한 것으로 판단되어야 한다'라는 주장을 한다. 이에 대해서 대한민국의 대법원은 관련성 요건을 점차 엄격히 해석하는 동향을 보이고 있는데, 이는 '영장주의의 엄격화'라고 명칭할 수도 있을 것이다. 관련성 요건이 엄격히 판단되면, 추가 영장을 발부받아야 하는 경우가 많아지기 때문이다.

정보 저장매체는 방대한 정보를 담고 있기 때문에, 수사기관이 압수·수색 과정에서 영장에 기재된 범죄와는 관련성이 인정되지 않는 별건 정보(우연히 발견한 별건 증거)를 발견하는 경우가 많다. 이와 관련하여 대법원은 관련성이 쟁점이 된 판결에서 '우연히 발견한 별건 증거를 취득하기 위하여 수사기관이 준수하여야 할 구체적인 절차'도 제시한 바 있다.

본 절에서는 이상과 같은 대법원 판결들 중에서 특히 의미가 있는 판결을 선별하여 구체적으로 검토하기로 한다. 이를 시간순으로 간략히 정리하면 다음과 같다.

먼저, 대법원 2014. 1. 16. 선고 2013도7101 판결은 개정 형사소송법의 관련성 요건과 관련한 최초의 판시를 하였고, 또한 '수사기관이 우연히 발견한 무관정보(관련성이 인정되지 않는 정보)를 적법하게 압수하기 위해서는 별도의 압수·수색영장을 발부받아야 한다'라는 취지를 설시하였다.

다음으로, 대법원 2014. 10. 27. 선고 2014도2121 판결은 관련성 요건을 통신사실 확인자료 제공요청 제도에도 명시적으로 적용하였다.

이후, 대법원 2015. 7. 16.자 2011모1839 전원합의체 결정(종근당 사건)은 '별건의 정보가 우연히 발견된 경우에 수사기관이 취해야 할 절차'를 구체적으로 제시하였다.

또한 대법원 2015. 10. 29. 선고 2015도9784 판결은 '대법원이 문제가 된 증거에 대하여 관련성 요건의 충족을 인정하였다'라는 점에서 의미가 있다.

2017년도에 대법원은 관련성 요건을 보다 더 구체화 하는데, 먼저 대법원 2017. 1. 25. 선고 2016도13489 판결에서는 대법원이 통신비밀보호법 영역에서의 관련성 요건을 구체화하였다. 다음으로 대법원 2017. 12. 5. 선고 2017도13458 판결에서는 대법원이 형사소송법 영역에서의 관련성 요건을 구체화하였다. 이하 위 판결들의 구체적 내용을 검토해 보기로 한다.[628]

---

628) 참고로, 이외에도 대법원은 2019. 10. 17. 선고 2019도6775 판결에서 관련성을 부정하는 판결을 한 바 있다. 본 사안은 디지털 증거에 관한 판시는 아니고 마약류 투약 혐의자의 소변에 대한 압수 ·수색과 관련된 사안이었지만, 2017년의 두 판결(대법원 2017. 1. 25. 선고 2016도13489 판결, 대법원 2017. 12. 5. 선고 2017도13458 판결)의 관련성 기준을 인용 및 유지하고 있다. 또한 대법원은 2020. 3. 12. 선고 2019도 17613 판결에서 '수사기관의 압수·수색절차에서 참여의 기회가 보장되지 않았으며, 관련성이 없는 정보까지 압수되었다는 점'을 들어 압수·수색 절차를 통하여 수집된 증거의 증거능력을 부인한 원심의 판단을 수긍한 바 있다.

2. 대법원 2014. 1. 16. 선고 2013도7101 판결 (관련성 요건 강화의 시작)

가. 사실관계 및 쟁점

검사는 피의자 A에 대한 혐의사실[629]에 대해서 수사를 착수하였는데, 수사과정에서 B가 소지하고 있는 휴대전화에 저장된 정보가 필요하였다. 이에 검사는 A에 대한 증거를 확보하기 위하여 B가 소지하고 있는 휴대전화에 대한 압수·수색 영장을 법원으로부터 발부받았다. 영장을 집행한 검찰수사관은 B의 휴대전화를 압수하였고, 이를 부산지방검찰청으로 가져왔다.

이후 B의 휴대전화에 저장된 전자정보를 탐지하는 과정에서 수사기관은 'B와 C의 공직선거법 위반혐의'와 관련된 증거인 'B와 C 사이의 대화가 녹음된 녹음파일'을 우연히 발견하였다. 이에 수사기관은 B와 C에 대한 공직선거법 위반의 혐의점을 발견하고 수사를 개시하였다. 그런데 수사과정에서 수사기관은 위와 같이 발견한 'B와 C 사이의 대화가 녹음된 녹음파일'에 대하여 새로운 압수수색 영장을 법원으로부터 발부받지 않았고, B와 C로부터 임의제출 받는 절차도 거치지 않았다.

이후에 검사는 B와 C를 공직선거법 위반혐의로 기소하였고, 재판과정에서 위 'B와 C 사이의 대화가 녹음된 녹음파일'을 증거로 제출하였다.

이후 재판과정에서는 위 'B와 C 사이의 대화가 녹음된 녹음파일'의 증거능력이 관련성 요건과 관련하여 문제 되었다.

나. 대법원 판결 요지

대법원은 "이 사건 녹음파일에 의하여 그 범행이 의심되었던 혐의사실

---

629) '피의자 A가 공천과 관련하여, 2012. 3. 15. 및 3. 28. D에게 지시하여 ○○○당 공천 심사위원인 E 등에게 거액이 든 돈 봉투를 각 제공하였다'는 혐의 사실이다.

은 공직선거법상 정당후보자 추천 관련 내지 선거운동 관련 금품 요구·약속의 범행에 관한 것으로서, 일응 범행의 객관적 내용만 볼 때에는 이 사건 영장에 기재된 범죄사실과 동종·유사의 범행에 해당한다고 볼 여지가 있다. 그러나 이 사건 영장에서 당해 혐의사실을 범하였다고 의심된 '피의자' 는 A(피고인 2)에 한정되어 있는데, 수사기관이 압수한 이 사건 녹음파일은 B(피고인 1)와 C(피고인 7) 사이의 범행에 관한 것으로서 A(피고인 2)가 그 범행에 가담 내지 관련되어 있다고 볼 만한 아무런 자료가 없다."[630]라고 판시하여, 수사기관이 이 사건 영장으로 확보한 위 녹음파일은 피의자 A와의 사이에서 주관적 관련성이 인정되지 않는다고 보았다. 또한 대법원은 '이 사건 영장에 기재된 피의자인 A(피고인 2)는 이 사건 녹음파일에 의하여 의심되는 혐의사실과도 무관하다'라고 판단하였다.

이와 같은 논리에서 대법원은 "수사기관이 별도의 압수·수색영장을 발부받지 아니한 채 압수된 이 사건 녹음파일은 형사소송법 제219조에 의하여 수사기관의 압수에 준용되는 형사소송법(2011. 7. 18. 법률 제10864호로 개정되어 2012. 1. 1.부터 시행된 것) 제106조 제1항이 규정하는 '피고사건' 내지 같은 법 제215조 제1항이 규정하는 '해당 사건'과 '관계가 있다고 인정할 수 있는 것'에 해당한다고 할 수 없으며, 이와 같은 압수에는 헌법 제12조 제1항 후문, 제3항 본문이 규정하는 헌법상 영장주의에 위반한 절차적 위법이 있다고 할 것이다. 따라서 이 사건 녹음파일은 형사소송법 제308조의2에서 정한 '적법한 절차에 따르지 아니하고 수집한 증거'로서 이를 증거로 쓸 수 없다고 할 것이고, 그와 같은 절차적 위법은 헌법상 규정된 영장주의 내지 적법절차의 실질적 내용을 침해하는 중대한 위법에 해당하는 이상 예외적으로 그 증거능력을 인정할 수 있는 경우로 볼 수도 없다."라고 판시하여, 이 사건 녹음파일에 대한 증거능력을 부정하였다.

---

630) "A(피고인 2), B(피고인 1), C(피고인 7)" 부분은 필자가 판례 문구를 사실관계에 맞추어 수정한 부분이다.

다. 검토

본 판결은 '2011년 형사소송법 개정에서 등장한 관련성 요건'에 대한 구체적 판단 기준을 설시한 최초의 판결이다.[631)632)] 대법원은 본 판결에서 B와 C 사이의 대화를 녹음한 녹음파일에 대한 증거능력을 부인하였고, 그 주된 이유로서 주관적 관련성의 결여를 설시하였다. 이와 같이 본 대법원 판결은 '2011년 개정 형사소송법에서 추가된 관련성 요건을 구체적으로 설시하고 있다'라는 의의가 있다.

한편, 디지털 저장매체가 담고 있는 정보가 방대하기 때문에 압수·수색 영장의 집행 과정에서 영장의 혐의 사실과 무관한 별건의 정보들(관련성이 인정되지 않는 정보들)이 우연히 발견되는 경우가 많다. 이와 관련하여 본 사건에서의 대법원은 '압수·수색 영장의 집행 과정에서 영장의 혐의 사실과 무관한 별건의 증거를 취득한 경우 이는 영장 혐의사실과 무관하므로 수사기관이 별도의 압수·수색 영장을 발부받지 아니한 채 압수하면 증거로 쓸 수 없다'라는 취지를 설시하여, '무관(별건) 증거 취득을 위해서는 별도의 압수·수색 영장이 필요함'을 명확히 하였다.

이처럼 본 판결은 '정보 저장매체에 대한 압수·수색에서는 영장주의가 엄격히 적용되어야 한다'라는 대법원의 최신 동향을 담고 있다는 점도 특징이다. 한국은 미국의 플레인 뷰 이론과 같은 제도가 존재하지 않기에, 대

---

631) 신동운, "압수·수색의 관련성 요건과 그 법적 효과 - 2014.1.16. 선고 2013도7101, 판례공보 2014상, 427 - ", 법률신문 4284호 (2015년 1월 8일자).

632) 관련성 요건이 추가된 2011년 형사소송법 개정 이후에 대법원은 2012. 3. 29. 선고 2011도10508 판결에서 '영장의 집행 방법과 관련한 앞선 전교조 사건 결정(대법원 2011. 5. 26.자 2009모1190 결정)의 판시'를 인용하며 '관련성 없이 압수된 전자증거'에 대한 증거능력을 부인한 바 있다. 그러나 이러한 대법원 2012. 3. 29. 선고 2011도10508 판결에서는 '2011년 개정 형사소송법에서 추가된 관련성 요건에 대한 설시'가 담겨 있지 않다. 따라서 2014년에 선고된 본 판결(대법원 2014.1.16. 선고 2013도7101 판결)이 '2011년 형사소송법 개정에서 등장한 관련성 요건'에 대하여 판단한 최초의 대법원 판결로 볼 수 있다.

법원의 이 같은 판결은 자연스럽다고 할 것이다. 물론, 우연히 발견된 별건 (무관) 정보의 소지 자체로 인하여 피압수 대상자에게 현행범 또는 긴급체 포의 요건이 충족된다면, 위 체포에 수반하여 위 별건(무관) 정보를 압수할 여지는 있다.633) 그러나 이와 같은 예외에 해당하지 않는 한 수사기관은 별도의 영장을 발부받아야 하며, 이를 본 판결은 명확히 하였다. 다만, 대 법원은 본 판결에서 '별도 영장의 발부 요건'에 관하여는 설시를 하지 않았 다. 이와 같은 별건 증거의 확보방안은 이후의 종근당 사건 결정에서 보다 구체화 된다.

한편, '피의사실에 대해서 증거로서의 의미(범행의 전모를 확인할 수 있 는 자료인지의 여부)가 있는지의 여부가 관련성의 판단 기준이다'라는 이 유에서, 위 녹음파일의 관련성을 부정한 본 대법원 판결을 비판하는 견해 도 있다.634) 그러나 이 견해에 따르면 관련성의 범위가 넓어지게 되어, 수 사기관의 정보 저장매체에 대한 포괄적인 탐색을 실질적으로 제한하기 어 렵다. 디지털 정보는 유체물과 달리 대량성의 특성을 가지고 있기에, 관련 성의 의미를 기존의 유체물 증거와 동일하게 볼 수는 없다고 할 것이다.

참고로, 본 판결에서 대법원은 "이 사건 녹음파일에 의하여 그 범행이 의심되었던 혐의사실은 공직선거법상 정당후보자 추천 관련 내지 선거운 동 관련 금품 요구·약속의 범행에 관한 것으로서, 일응 범행의 객관적 내 용만 볼 때에는 이 사건 영장에 기재된 범죄사실과 동종·유사의 범행에 해 당한다고 볼 여지가 있다."라고 판시하였다. 그런데 판례의 이 문구는 '동 종·유사의 범행만으로도 관련성이 인정될 여지가 있는지'에 대한 불분명한 의문을 남기고 있다. 그러나 뒤에서 살펴볼 2017년도 판결에서 대법원은 '단순히 동종 또는 유사 범행의 경우만으로는 안 된다'라는 취지를 판시하

---

633) 박민우, 박사학위 논문 (2016), 121면.

634) 이완규, "압수물의 범죄사실과의 관련성과 적법한 압수물의 증거사용 범위", 형사판 례연구[23] (2015), 567-568면.

여, 본 판결에서 설시한 관련성의 범위를 보다 더 구체화해 나가게 된다.

3. 대법원 2014. 10. 27. 선고 2014도2121 (관련성 요건의 통신사실 확인자료 제공요청 제도에의 적용)

가. 사실관계[635] 및 쟁점

피고인은 '공소외 2에게서 선거자금 등의 명목으로 금품을 받았다'라는 정치자금법위반 혐의로 기소가 되었다.

검찰은 재판과정에서 공소외 1의 통화내역을 제출하였는데, 이 통화내역은 수사기관이 공소외 1과 공소외 2에 대한 별도의 공직선거법위반 사건의 수사과정에서 A 통신회사로부터 취득한 것이었다.

통신비밀보호법에 의하면, 통신사실 확인자료 제공요청에 의하여 취득한 통신사실 확인자료를 범죄의 수사·소추 또는 예방을 위하여 사용하는 경우에 그 대상 범죄는 통신사실 확인자료 제공요청의 목적이 된 범죄나 이와 관련된 범죄에 한정되도록 되어 있다. 이와 관련하여, '이 사건 위 통화내역이 피고인에 대한 증거로 사용될 수 있는지의 여부'가 쟁점이 되었다.

나. 판결 요지

먼저, 대법원은 앞서 살펴본 '통신사실 확인자료 제공요청에 의하여 취득한 통신사실 확인자료의 사용제한과 관련한 통신비밀보호법의 기본 법리'를 설시하였다. 이를 전제로 대법원은 "원심은, 이 사건 통화내역은 공소외 1과 공소외 2에 대한 공직선거법위반 사건의 수사과정에서 에스케이텔레콤 주식회사가 강원정선경찰서장에게 제공한 것으로서, 검사가 이를

---

635) 상세한 사실관계는 정한중, "적법하게 취득한 통신사실 확인자료와 관련성 있는 범죄 - 대법원 2017. 1. 25. 선고 2016도13489 판결 -", 법조 제66권 제2호 (2017. 4.), 748면 참조. 이 논문은 이하 '정한중 (2017)'으로 약칭한다.

취득하는 과정에서 통신비밀보호법 제13조 제2항 또는 제3항에 의한 지방법원 또는 지원의 허가를 받았더라도 피고인에 대한 이 사건 공소사실은 공소외 1과 공소외 2의 공직선거법위반죄와는 아무 관련이 없으므로 이를 이 사건 공소사실에 대한 증거로 사용할 수 없다고 판단하였다.

원심판결 이유를 앞서 본 법리와 기록에 비추어 살펴보면 원심의 이러한 판단은 정당한 것으로 수긍이 가고, 거기에 상고이유의 주장과 같이 법원의 석명의무, 통신사실확인자료 사용제한의 범위, 위법수집증거 배제원칙의 예외에 관한 법리를 오해하는 등으로 판결 결과에 영향을 미친 위법이 없다.”라고 판시하여, 이 사건 통화내역의 증거사용을 부정한 원심의 판결을 유지하였다.

다. 검토

2011년 형사소송법 개정으로 인하여 관련성이 형사소송법상 압수·수색의 요건으로 명문화된 것은 앞서 살펴본 바와 같다. 한편, 통신비밀보호법은 2011년 형사소송법 개정 이전부터 통신제한조치 또는 통신사실 확인자료 제공요청으로 취득한 자료를 해당 범죄 또는 관련 범죄에 한하여 사용하도록 규정하고 있었다. 구체적으로 살펴보면, 통신비밀보호법은 통신제한조치의 집행으로 인하여 취득된 전기통신의 내용은 통신제한조치의 목적이 된 범죄나 이와 관련되는 범죄를 수사·소추하거나 그 범죄를 예방하기 위한 경우 등에 한정하여 사용할 수 있도록 규정하였으며, 또한 통신비밀보호법은 통신사실 확인자료의 사용제한에 관하여 이 규정이 준용되도록 규정하고 있다(통신비밀보호법 제12조 제1호, 제13조의5).

즉, ‘통신사실 확인자료 제공요청 제도에 의하여 취득되는 통신사실 확인자료’에도 ‘형사소송법상 압수수색에서의 관련성 제한’과 유사한 사용제한이 적용되는 것이다. 대법원의 본 판례는 ‘위와 같은 통신비밀보호법의 제한 요건을 명시적으로 확인하였다’라는 의의가 있다.

참고로, '피고인의 정치자금법 위반 범죄사실은 공소외 1, 2의 공직선거법 위반 범죄사실과 공범 관계가 아니며 동종 또는 유사 범죄도 아니다'라는 이유로 '이 사건에서 수집된 통신사실 확인자료의 증거사용을 부정하는 판례의 태도가 옳다'라는 견해가 있다.[636) 통신사실 확인자료는 그 대량성의 특성상 사용요건을 엄격히 제한하여야 하므로, 타당한 견해라고 생각된다.

4. 대법원 2015. 7. 16.자 2011모1839 전원합의체 결정 (별건의 정보가 우연히 발견된 경우에 수사기관이 취해야 할 구체적 절차 설시)

가. 문제의 소재

본 사안에서의 수사기관은 특정경제범죄가중처벌등에관한법률위반(배임) 혐의로 발부받은 압수·수색영장(제1영장)에 근거하여 정보 저장매체에 대한 탐색을 진행하였다. 그런데 수사기관은 정보 탐색 과정에서 준항고인 등에게 참여권 등을 부여하지 않았고, 그 과정에서 우연히 약사법 위반 혐의 등(별건 혐의)에 대한 정보를 발견하였다. 이후 수사기관은 별개의 압수·수색영장(제2영장)을 발부받은 후 약사법 위반 혐의 등에 대한 증거를 압수하였는데, 그 과정에서도 준항고인 등에게 참여권 등을 부여하지 않았다.[637)

본 사건에서는 참여권 보장의 문제 등을 포함한 여러 가지 쟁점이 문제되었는데, 대법원은 결과적으로 위 압수수색 절차의 위법을 인정하였다. 그런데 대법원은 그 과정에서 '우연히 발견한 별건 증거의 취득방법'에 관한

---

636) 정한중 (2017), 749면.
637) 종근당 사건 결정은 앞선 제5장 제2절에서 논하였기에 자세한 사실관계는 생략하기로 하며, 또한 본 절에서는 관련성에 대한 판시에 국한하여 서술하기로 한다. 참고로, 위법한 압수·수색 처분과 관련한 취소의 범위에 대한 쟁점은 제7장에서 다시 논하기로 한다.

설시를 하였고, 이는 관련성 요건의 판단에서 의미가 있다. 관련성이 부정되는 증거가 별건 증거에 해당하기에, 관련성 논의는 별건 증거의 취득 방안과 연결되기 때문이다. 따라서 본 항에서는 이와 관련된 대법원의 판시사항을 구체적으로 검토해 보기로 한다.

나. 판결 요지

대법원은 먼저 "저장매체 자체 또는 적법하게 획득한 복제본을 탐색하여 혐의사실과 관련된 전자정보를 문서로 출력하거나 파일로 복제하는 일련의 과정 역시 전체적으로 하나의 영장에 기한 압수·수색의 일환에 해당한다 할 것이므로, 그러한 경우의 문서출력 또는 파일복제의 대상 역시 저장매체 소재지에서의 압수·수색과 마찬가지로 혐의사실과 관련된 부분으로 한정되어야 함은 헌법 제12조 제1항, 제3항과 형사소송법 제114조, 제215조의 적법절차 및 영장주의 원칙이나 앞서 본 비례의 원칙에 비추어 당연하다. 따라서 수사기관 사무실 등으로 반출된 저장매체 또는 복제본에서 혐의사실 관련성에 대한 구분 없이 임의로 저장된 전자정보를 문서로 출력하거나 파일로 복제하는 행위는 원칙적으로 영장주의 원칙에 반하는 위법한 압수가 된다."라고 판시하여, 정보 저장매체에 대한 압수·수색에서 관련성 원칙이 준수되어야 함을 강조하였다.

또한 대법원은 "전자정보에 대한 압수·수색이 종료되기 전에 혐의사실과 관련된 전자정보를 적법하게 탐색하는 과정에서 별도의 범죄혐의와 관련된 전자정보를 우연히 발견한 경우라면, 수사기관으로서는 더 이상의 추가 탐색을 중단하고 법원으로부터 별도의 범죄혐의에 대한 압수·수색영장을 발부받은 경우에 한하여 그러한 정보에 대하여도 적법하게 압수·수색을 할 수 있다고 할 것이다."라고 판시하여, '관련성이 없는 별건의 정보가 우연히 발견된 경우에 수사기관이 취해야 할 절차'를 구체적으로 설시하였다.

특히 대법원은 "별도의 압수·수색 절차는 최초의 압수·수색 절차와 구별되는 별개의 절차이고, 별도 범죄혐의와 관련된 전자정보는 최초의 압수·수색영장에 의한 압수·수색의 대상이 아니어서 저장매체의 원래 소재지에서 별도의 압수·수색영장에 기해 압수·수색을 진행하는 경우와 마찬가지로 피압수자는 최초의 압수·수색 이전부터 해당 전자정보를 관리하고 있던 자라 할 것이므로, 특별한 사정이 없는 한 그 피압수자에게 형사소송법 제219조, 제121조, 제129조에 따라 참여권을 보장하고 압수한 전자정보목록을 교부하는 등 피압수자의 이익을 보호하기 위한 적절한 조치가 이루어져야 할 것이다."라고 판시하여, 별건 정보에 대한 압수·수색 절차와 관련하여 참여권 보장 및 전자정보목록 교부의 대상이 '최초의 압수·수색 이전부터 해당 전자정보를 관리하고 있던 자'임을 명확히 하였다.

다. 검토

앞선 대법원 2014.1.16. 선고 2013도7101 판결(공직선거법 사건)에서 대법원은 '(우연히) 발견한 무관(별건) 증거 취득을 위해서는 별도의 압수·수색 영장이 필요함'을 밝힌 바 있다. 본 사안에서의 검사는 별건 증거를 우연히 발견한 후에 별도의 압수·수색 영장을 법원으로부터 발부받았기 때문에, '위 대법원 2014.1.16. 선고 2013도7101 판결(공직선거법 사건)이 언급한 별건 증거 취득 요건'을 갖추긴 하였다.

그러나 본 판결에서 대법원은 '우연히 발견된 별도의 전자 정보를 적법하게 압수·수색할 수 있는 방안'을 더욱 구체적으로 설시하였다. 대법원이 요구한 해당 방안은 '수사기관은 먼저 더 이상의 추가 탐색을 중단하여야 하고, 그 후에 법원으로부터 별도의 압수·수색 영장을 받아야 하며, 이 경우 참여권 등을 보장하여야 할 피압수자는 최초의 압수·수색 이전부터 해당 전자정보를 관리하고 있던 자이다'로 요약할 수 있겠다.

그런데 본 사건에서 수사기관은 피압수자 측에 압수·수색 과정에 참여할 수 있는 기회를 주지 않았고, 압수한 전자정보 목록도 부여하지 않았다.

또한 '제2영장 청구 당시 압수할 물건으로 삼은 정보'는 그 자체가 위법한 압수물이었다. 따라서 대법원은 이 사건 수사기관의 압수·수색이 위법하다고 본 후 수사기관이 수집한 증거의 증거능력을 부정한 것이다.

이처럼 본 판결은 '별건의 정보가 우연히 발견된 경우에 수사기관이 취해야 할 구체적인 절차를 보다 상세하게 제시하였다'라는 점에서 의의가 있다.638) 또한 그 전제로서 대법원은 관련성 요건의 중요성을 상세히 설명하고 강조하였는데, 이 역시 시사하는 바가 크다. 따라서 본 판결은 정보 프라이버시권 보장의 측면에서 그 의의가 크다고 하겠다.

한편, '동종 또는 유사의 범행자료는 정황증거로서 관련성을 인정받을 수 있다'라는 입장에서 '더 이상의 추가 탐색을 중단하고 별도의 압수·수색 영장을 받아야 한다'라는 본 대법원 판결의 취지를 축소 해석하려는 견해가 있다.639) 이는 '관련성의 범위를 넓게 보아 별도의 영장 청구를 해야 하는 경우를 줄이고, 수사기관의 증거 탐색을 쉽게 하자'라는 입장이다. 그러나 본 사건에서 대법원은 "전자정보에 대한 압수·수색은 사생활의 비밀과 자유, 정보에 대한 자기결정권, 재산권 등을 침해할 우려가 크므로 포괄적으로 이루어져서는 아니 되고 비례의 원칙에 따라 필요한 최소한의 범위 내에서 이루어져야 한다."라고 판시하여, 별건 정보의 탐색 위험을 경계하고 있다. 따라서 본 대법원 판결의 취지에 따라서 관련성의 범위 또한 엄격

---

638) 참고로, 대법원은 이후에도 우연히 발견된 별건 증거의 압수절차에 관한 대법원 법리를 재확인 해오고 있다. 이와 관련한 사례로서 대법원 2018. 4. 26. 선고 2018도2624 판결이 있다. 본 판결에서 대법원은 수사기관이 영장의 범죄 혐의사실과 무관한 증거를 압수하였다는 전제에서, 해당 증거에 대한 관련성 요건을 부정하였다. 또한 본 판결에서는 '압수·수색 과정에서 우연히 발견한 별건 증거를 취득하기 위하여 수사기관이 준수하여야 할 절차'에 대한 기존 대법원 법리도 다시 한번 확인되었다. 이와 관련하여, 관련성을 부정한 본 대법원 판결을 비판하는 견해도 존재하는데, 이와 관련한 논문으로는 이순옥, "디지털 증거의 압수·수색절차에 대한 비판적 고찰", 중앙법학회 중앙법학 제20집 제3호 (2018. 9.), 180-181면 참조.

639) 이완규 (2015. 9.), 151-153면.

히 판단되어야 할 것이며, 별건 증거의 취득을 쉽게 허용하여서는 안 될 것이다.

참고로, 별건 증거 취득의 방안으로 미국의 플레인 뷰 이론을 우리 실정에 맞게 도입하자는 의견이 있다.[640] 또한 '우리 형사소송법의 체계상 플레인 뷰 이론을 도입하는 것은 옳지 않다'라는 전제에서 '디지털 증거에 대해서는 독립적 긴급 압수·수색 제도를 도입하자'라는 견해도 있다.[641] 하지만 '플레인 뷰 이론과 독립적 긴급 압수·수색 제도'는 수사 기관에게 대량의 무관 정보를 취득하게 할 위험이 크다. 특히 앞서 살펴보았듯이, 미국에서는 '디지털 증거에 대한 플레인 뷰 이론'을 축소하려는 움직임이 보이고 있다. 향후 입법 논의가 진행된다면 이러한 점들을 참고하여야 할 것이다.

5. 대법원 2015. 10. 29. 선고 2015도9784 (관련성 요건이 긍정된 사례)

가. 사실관계 및 쟁점

검사는 '피고인의 기부행위로 인한 지방교육자치에관한법률위반 혐의'에 대하여 수사를 개시하였고, 이와 관련된 증거를 수집하기 위하여 지방법원 판사로부터 압수·수색 영장을 발부받았다. 해당 압수·수색 영장은 '피고인이 본인의 저서를 정가보다 싼 가격에 제공하여 기부행위를 하였다'는 혐의사실 등으로 발부되었고, 당시 압수할 물건에는 '위 저서를 선거구민에게 제공한 사실과 관련된 자료 일체'라고 표시되어 있었다. 그런데 수사기관은 영장을 집행하는 과정에서 사전선거운동 혐의와 관련된 증거인 '추석편지' 파일을 압수하였다.

---

640) 이원상, "디지털 증거의 압수·수색절차에서의 관련성 연관 쟁점 고찰 - 미국의 사례를 기반으로 -", 형사법의 신동향 통권 제51호 (2016. 6.), 28-29면.
641) 박민우, 박사학위 논문 (2016), 152-155면.

이에 피고인은 기부행위 관련 혐의뿐만 아니라 사전선거운동혐의(교육감 선거에 출마하여 선거인단에게 출마의사와 지지를 호소하는 내용의 추석편지를 발송하여 사전선거운동을 한 혐의)로도 기소되었다.

이후 재판 과정에서는 '압수된 추석편지 출력물'을 '피고인의 사전선거운동으로 인한 교육자치법 위반 혐의사실의 증거'로 사용할 수 있는지 여부가 문제되었다.

나. 1심 및 항소심의 판단

1심은 '추석편지 출력물 등의 압수물이 영장의 범죄사실과 관련성이 없다'라고 보아서 그 증거능력을 부정하였다.

그러나 항소심은 위 압수물이 영장 기재 범죄사실(저서 기부행위 제한 위반)에 대한 직접 또는 간접증거로서의 가치가 있다고 판단하여 그 증거능력을 인정하였다. 그리고 적법한 압수물인 이상 다른 범죄인 공소사실 기재 범행의 증거로 사용하는 것이 원칙적으로 허용된다고 판시하였다.

다. 대법원 판결 요지

먼저 대법원은 "압수의 대상을 압수 · 수색영장의 범죄사실 자체와 직접적으로 연관된 물건에 한정할 것은 아니고, 압수 · 수색영장의 범죄사실과 기본적 사실관계가 동일한 범행 또는 동종 · 유사의 범행과 관련된다고 의심할 만한 상당한 이유가 있는 범위 내에서는 압수를 실시할 수 있다(대법원 2009. 7. 23. 선고 2009도2649 판결 참조)."라고 판시하여, '영장 기재 범죄사실 자체와 직접 연관되지 않은 경우'도 압수·수색의 관련성 범위 내에 포함될 수 있음을 설시하였다.

이와 같은 전제에서 대법원은 "원심은 그 판시와 같은 이유를 들어, ① 이 사건 각 전자정보 출력물은 제1, 2 압수수색영장 기재 혐의사실 중 적어도 '저서' 기부행위 제한 위반의 점에 대한 직접 또는 간접증거로서의 가치가 있어 영장 기재 혐의사실과 관련성이 인정되고 영장집행 과정에서도 적법절차가 준수되었던 것으로 판단되므로 모두 증거능력이 인정되며, ② 적법하게 압수된 이 사건 각 전자정보 출력물을 피고인 A 및 그와 공범관계에 있는 피고인 C에 대한 사전선거운동으로 인한 교육자치법 위반 혐의사실의 증거로 사용하는 데 특별한 제한이 있다고 할 수 없으며, ③ 이 사건 각 전자정보 출력물을 토대로 한 진술증거의 증거능력도 인정된다고 판단하였다.

앞서 본 법리에 따라 원심판결 이유와 기록을 살펴보면, 원심의 위와 같은 판단은 정당하다. 거기에 논리와 경험의 법칙을 위반하여 자유심증주의의 한계를 벗어나거나 증거능력 등에 관한 법리를 오해하여 판결에 영향을 미친 위법이 없다."라고 판시하여, 항소심 재판부의 판단을 수긍하였다.

라. 검토

대법원은 2011년 형사소송법 개정 이후 관련성을 부정하는 판결들을 연이어 선고한 바 있는데, 대법원은 이러한 흐름 속에서 관련성을 긍정하는 본 판결을 내렸다. 본 사건에서 대법원은 '위 압수물이 영장 기재 범죄사실에 대한 직접 또는 간접증거로서의 가치가 있기에 증거능력이 인정된다'라고 본 것이다. 본 대법원 판결에 의하면 관련성의 인정 범위가 넓어지게 된다.

대법원은 본 판결 이후에 '대법원 2017. 1. 25. 선고 2016도13489 판결, 대법원 2017. 12. 5. 선고 2017도13458 판결'을 통해서 관련성 범위를 좀 더 좁히게 된다. 후술할 2017년도의 위 두 대법원 판결은 '혐의사실의 내용과 당해 수사의 대상 및 수사 경위 등을 종합하여 구체적·개별적 연관 관계가 있는 경우에만 관련성이 인정되고, 혐의사실과 단순히 동종 또는 유사 범행이라는 사유만으로는 관련성이 인정되지 않는다'라는 입장이기 때문이다. 대법원은 본 판결 이후에도 관련성을 긍정하는 판결들을 연이어 내놓았다.642)

6. 대법원 2017. 1. 25. 선고 2016도13489 판결 (통신비밀보호법에서의 관련성 요건 구체화)

가. 사실관계[643]

피고인 1은 건설현장 식당운영권 알선 브로커로 활동하면서 건설현장 식당운영권 수주와 관련하여 공무원이나 공사관계자에게 금품을 제공하였다.

서울동부지방검찰청 검사는 2010. 12. 16. 및 2010. 12. 21. 통신비밀보호법 관련 규정에 따라 서울동부지방법원 판사의 허가를 받아 통신사실 확인자료를 취득하였다. 각 허가의 내용은 다음과 같다.

먼저 2010. 12. 16.자 허가서에는 "대상자는 피고인 1이고, 대상범죄는 '2010. 3.경부터 2010. 10.경 사이의 피고인 1과 공소외인 사이의 ○○랜드 직원 채용 및 ○○랜드 발주 공사 납품업체 선정 청탁 관련 금품수수(공여자는 피고인 1)'"로 기재되어 있었다.

다음으로 2010. 12. 21.자 허가서에는 "대상자는 '피고인 1 등'으로, 대상범죄는 '2009년 2월경부터 2010년 12월경까지 사이의 공소외인과 피고인 1 사이의 ○○랜드 직원 채용 및 ○○랜드 발주 공사 납품업체 선정, △△건설 사장에 대한 인천 송도 건설현장의 식당운영권 수주 영향력 행사 청탁 관련 금품수수(공여자는 피고인 1)'"로 기재되어 있었다.

한편, 이후 부산지방검찰청에서는 별도의 수사를 진행하였고, 부산지방검찰청 검사는 '피고인 2(부산교통공사 사장)가 피고인 1로부터 부산교통공사가 발주하는 지하철 공사현장의 식당운영권을 수주할 수 있도록 뇌물

---

642) 관련성이 긍정된 판결로서는 대법원 2018. 10. 12. 선고 2018도6252 판결, 대법원 2019. 3. 14. 선고 2018도2841 판결, 대법원 2020. 2. 13. 선고 2019도14341, 2019전도130(병합) 판결 등이 있다. 이 판결들은 후술할 2017년 대법원 판결의 관련성 판단 기준을 유지하였다.

643) 상세한 사실관계는 정한중 (2017), 726-728면 참조.

을 수수하였다'라는 혐의로 피고인 1과 피고인 2(부산교통공사 사장)를 뇌물공여죄와 뇌물수수죄로 기소하였다. 재판 과정에서 검사는 종전에 서울동부지방검찰청에서 확보한 통신사실 확인자료에서 이 사건 피고인들 사이의 통화 내역을 확인하게 되었고, 이를 이 사건 공소사실(뇌물공여 및 뇌물수수의 점)에 대한 증거로 제출하였다. 위 통신사실 확인자료에는 피고인 1과 피고인 2(부산교통공사 사장)가 이 사건 공소사실 기재 일시 무렵에 통화한 내역이 포함되어 있었다.

나. 쟁점

통신비밀보호법에 의하면 통신제한조치의 집행으로 인하여 취득된 전기통신의 내용은 통신제한조치의 목적이 된 범죄나 이와 관련되는 범죄를 수사·소추하거나 그 범죄를 예방하기 위한 경우 등에 한정하여 사용할 수 있도록 규정되어 있다. 또한 통신비밀보호법은 통신사실 확인자료의 사용제한에 관하여 이 규정이 준용되도록 하고 있다. 따라서 통신사실 확인자료 제공요청에 의하여 취득한 통신사실 확인자료(위 피고인1과 피고인2의 통화내역)는 수사기관이 통신사실 확인자료 제공요청을 한 범죄 및 이와 관련된 범죄의 수사 및 소추를 위해서만 사용되어야 한다.

피고인2는 '이 사건 통신사실 확인자료 제공요청 허가서에 기재된 혐의사실(피고인 1과 공소외인 사이의 ○○랜드 직원 채용 및 ○○랜드 발주공사 납품업체 선정 관련 부분)이 피고인 2의 공소사실(부산교통공사가 발주하는 지하철 공사현장의 식당운영권을 수주할 수 있도록 청탁 및 뇌물수수)과 관련성이 없음'을 지적하며, '해당 부분은 증거로 사용될 수 없다'라고 주장하였다.

다. 대법원 판결 요지

먼저 대법원은 앞서 살펴본 대법원 2014. 10. 27. 선고 2014도2121 판결을 인용하며, '통신사실 확인자료를 범죄의 수사·소추를 위하여 사용하는 경우 그 대상 범죄는 통신사실 확인자료 제공요청의 목적이 된 범죄 및 이와 관련된 범죄에 한정되어야 한다(통신비밀보호법 제12조 제1호와 제13조의5)'라는 취지를 밝혔다.

또한 대법원은 "여기서 통신사실확인자료제공 요청의 목적이 된 범죄와 관련된 범죄라 함은 통신사실확인자료제공 요청허가서에 기재한 혐의사실과 객관적 관련성이 있고 자료제공 요청대상자와 피의자 사이에 인적 관련성이 있는 범죄를 의미한다고 할 것이다."라고 판시하여, '앞선 대법원 2014. 10. 27. 선고 2014도2121 판결에서 제시한 관련성'의 범위를 '객관적 관련성과 인적 관련성'으로 보다 더 구체화하였다.

이중 객관적 관련성과 관련하여 대법원은 "혐의사실과의 객관적 관련성은, 통신사실확인자료제공 요청허가서에 기재된 혐의사실 자체 또는 그와 기본적 사실관계가 동일한 범행과 직접 관련되어 있는 경우는 물론 범행 동기와 경위, 범행 수단 및 방법, 범행 시간과 장소 등을 증명하기 위한 간접증거나 정황증거 등으로 사용될 수 있는 경우에도 인정될 수 있다. 다만 통신비밀보호법이 위와 같이 통신사실확인자료의 사용 범위를 제한하고 있는 것은 특정한 혐의사실을 전제로 제공된 통신사실확인자료가 별건의 범죄사실을 수사하거나 소추하는 데 이용되는 것을 방지함으로써 통신의 비밀과 자유에 대한 제한을 최소화하는 데 입법 취지가 있다고 할 것이다. 따라서 그 관련성은 통신사실확인자료제공 요청허가서에 기재된 혐의사실의 내용과 당해 수사의 대상 및 수사 경위 등을 종합하여 구체적·개별적 연관관계가 있는 경우에만 인정된다고 보아야 하고, 혐의사실과 단순히 동종 또는 유사 범행이라는 사유만으로 관련성이 있다고 할 것은 아니다."라고 설시하여, 그 판단 기준을 보다 구체적으로 제시하였다.

또한 대법원은 "피의자와 사이의 인적 관련성은 통신사실 확인자료제공 요청 허가서에 기재된 대상자의 공동정범이나 교사범 등 공범이나 간접정

범은 물론 필요적 공범 등에 대한 피고사건에 대해서도 인정될 수 있다."라고 설시하여, 인적 관련성과 관련한 구체적인 판단 기준도 밝혔다.

이를 바탕으로 대법원은 "이 사건 통신사실 확인자료제공요청 허가서에 기재된 혐의사실 중 피고인 1과 공소외인 사이의 ○○랜드 직원 채용 및 ○○랜드 발주 공사 납품업체 선정 관련 부분은 부산교통공사가 발주하는 지하철 공사현장의 식당운영권을 수주할 수 있도록 청탁하면서 뇌물을 수수하였다는 이 사건 공소사실과 아무런 관련성도 없다고 할 것이다. 그러나 피고인 1의 인천 송도 건설현장의 식당운영권 수주 관련 금품제공 부분은 범행 경위와 수법이 이 사건 공소사실과 동일하고 범행 시기도 근접해 있을 뿐만 아니라, 기록에 의하면 당시 피고인 1에 대하여는 위 혐의사실을 포함하여 여러 건설현장의 식당운영권 수주를 위해 다수의 공무원이나 공사관계자에게 금품을 제공하였다는 혐의로 광범위한 수사가 진행되고 있었는데, 피고인 2와 관련된 이 사건 공소사실 관련 사항은 당시에는 직접 수사대상에 포함되어 있지 않았으나 나중에 부산지방검찰청에서 별도의 수사를 하는 과정에서 종전에 서울동부지방검찰청에서 확보해 두었던 통신사실확인자료에서 이 사건 피고인들 사이의 통화내역을 확인하게 되어 이를 이 사건 공소사실에 대한 증거로 제출한 사실을 알 수 있다.

이와 같은 여러 사정, 특히 이 사건 공소사실은 건설현장 식당운영권 수주와 관련한 피고인 1의 일련의 범죄혐의와 범행 경위와 수법 등이 공통되고, 이 사건에서 증거로 제출된 통신사실확인자료는 그 범행과 관련된 뇌물수수 등 범죄에 대한 포괄적인 수사를 하는 과정에서 취득한 점 등을 종합하여 보면, 이 사건 공소사실과 이 사건 통신사실 확인자료제공요청 허가서에 기재된 혐의사실은 객관적 관련성이 인정된다고 할 것이고, 또한 그 허가서에 대상자로 기재된 피고인 1은 이 사건 피고인 2의 뇌물수수 범행의 증뢰자로서 필요적 공범에 해당하는 이상 인적 관련성도 있다고 할 것이다. 그러므로 위 허가서에 의하여 제공받은 통화내역은 피고인 2에 대한 이 사건 공소사실의 증명을 위한 증거로 사용할 수 있다고 보아야 한다.”라고 판시하여, 이 사건 통화내역의 증거 사용을 수긍하였다.

라. 검토

대법원의 본 판결은 ‘객관적 관련성과 인적 관련성을 명시적으로 구분하여 관련성 여부를 판단하였다는 점, 객관적 관련성과 인적 관련성의 판단 기준을 구체적으로 제시하였다는 점’에서 의의가 있다. 본 판결이 형사소송법상의 압수·수색 사안이 아니고 통신비밀보호법상의 강제처분과 관련된 사안이긴 하나, 대법원의 이와 같은 구체적 기준은 형사소송법상의 압수·수색 사안에도 의미하는 바가 크기 때문이다.

이와 같은 대법원 판결에 따르면 객관적 관련성은 원칙적으로 ‘혐의사실 자체 또는 그와 기본적 사실관계가 동일한 범행과 직접 관련되어 있는 경우는 물론 범행 동기와 경위, 범행 수단 및 방법, 범행 시간과 장소 등을 증명하기 위한 간접증거나 정황증거 등으로 사용될 수 있는 경우’에 인정될 수 있다. 다만 대법원은 ‘(객관적) 관련성은 혐의사실의 내용과 당해 수사의 대상 및 수사 경위 등을 종합하여 구체적·개별적 연관관계가 있는 경우에만 인정되며, 혐의사실과 단순히 동종 또는 유사 범행이라는 사유만으로 관련성이 인정될 수 없다’라는 취지를 설시하여, 위와 같이 범위가 일정 부분 제한되어야 함을 밝혔다.

또한 대법원은 ‘인적 관련성은 대상자(혐의자)의 공동정범이나 교사범 등 공범이나 간접정범은 물론 필요적 공범 등에 대한 피고사건에 대해서도 인정될 수 있다’라는 점을 밝혔다.

이와 같은 대법원의 관련성 인정에 대하여 ‘이 사건의 경우 허가서 기재의 범죄사실과 동종 또는 유사범행에 불과하다고 보아야 하며, 주관적 관련성은 공동정범과 합동범 등에는 인정되지만 대향범에는 부정되어야 한다’라는 이유로 비판하는 견해가 있다.[644] 반면 ‘범행 경위와 수법 및 일시 등을 고려하면 피고인이 같은 시기에 건설현장의 식당 운영권을 따내기 위한 일련의 범죄라고 보아야 하며(단순히 동종 또는 유사범행이 아니며), 같은 증거를 피고인2에게만 사용하지 못하는 것은 비합리적이다'라는 이유에서 판례의 입장이 타당하다고 보는 견해도 있다.[645]

7. 대법원 2017. 12. 5. 선고 2017도13458 판결 (형사소송법에서의 관련성 요건 구체화)

가. 사실관계 및 쟁점

수사기관은 '피고인(국회의원)이 선거운동과 관련하여 피고인의 페이스북에 허위사실을 공표했다'라는 혐의사실에 대한 수사에 착수하였는데, 그 과정에서 '피고인의 페이스북을 공소외 1이 관리한다'는 사실을 알게 되었다. 이에 2016. 9. 9.자 압수·수색영장('피고인이 2016. 4. 11. 선거운동과 관련하여 자신의 페이스북에 허위의 글을 게시하였다'는 허위사실공표의 혐의사실)을 발부받아 공소외 1의 휴대전화를 압수·수색하였다. 그런데 휴대전화를 분석한 결과 수사기관은 '피고인이 선거운동과 관련하여 공소외 1에게 피고인의 페이스북에 선거홍보물 게재를 부탁하면서, 그 대가로 공소외 1에게 금품을 제공한 사실'을 알게 되었다.

한편, 공직선거법 제135조 제3항은 공직선거법의 규정에 따라 수당·실비 기타 이익을 제공하는 경우를 제외하고는 명목 여하를 불문하고 '선거운동과 관련하여 금품 기타 이익의 제공 또는 그 제공의 의사를 표시하거나 약속하는 등의 행위'를 금지하고 있으며, 공직선거법 제230조 제1항 제4호 및 제5호는 공직선거법 위반 행위를 처벌하는 규정을 두고 있다.

---

644) 정한중 (2017), 751-753면.
645) 이창현, "2017년 형사소송법 중요 판례", 인권과 정의 제473호 (2018. 5.), 42-43면.

이후 피고인은 '2016. 3. 30.경 선거운동과 관련하여 자신의 페이스북에 선거홍보물 게재 등을 부탁하면서 공소외 1에게 금품을 제공하였다'라는 공소사실로 기소되었고, 공소외 1의 휴대전화 분석결과가 증거로 제출되었다. 재판과정에서 피고인은 '위 증거는 압수·수색 영장의 혐의사실과 관련성이 없으므로 증거능력이 인정될 수 없다'라는 취지의 주장을 하였다.

나. 대법원 판결 요지

이 사건 증거의 관련성 판단과 관련하여, 대법원은 '앞서 살펴본 대법원 2017. 1. 25. 선고 2016도13489 판결'을 인용하여 '대법원 2017. 1. 25. 선고 2016도13489 판결'에서 제시된 관련성 판단 기준을 본 사건에도 동일하게 적용하였다.

이러한 취지에서 대법원은 '1차 압수·수색영장에 기재된 허위사실공표 사건의 혐의사실은 피고인이 2016. 4. 11. 선거운동과 관련하여 자신의 페이스북에 허위의 글을 게시하였다는 것이고, 이 사건 공소사실은 피고인이 2016. 3. 30.경 선거운동과 관련하여 자신의 페이스북에 선거홍보물 게재 등을 부탁하면서 공소외 1에게 금품을 제공하였다는 것이기에, 이 사건 공소사실은 1차 압수·수색영장 기재 혐의사실에 대한 범행의 동기와 경위, 범행 수단과 방법, 범행 시간과 장소 등을 증명하기 위한 간접증거나 정황증거 등으로 사용될 수 있는 경우에 해당하므로, 1차 압수·수색영장 기재 혐의사실과 객관적 관련성이 있다. 또한 이 사건 공소사실과 1차 압수·수색영장 기재 혐의사실은 모두 피고인이 범행 주체가 되어 페이스북을 통한 선거운동과 관련된 내용이므로 인적 관련성 역시 인정된다'라는 취지의 원심 판단을 수긍하였다.

다. 검토

대법원은 앞서 살펴본 2017. 1. 25. 선고 2016도13489 판결에서 처음으

로 객관적 관련성 및 인적 관련성을 분류하여 판시한 바 있다. 그러나 이는
'통신비밀보호법에서의 통신제한조치 또는 통신사실 확인자료 제공요청으
로 취득한 자료를 해당 범죄 또는 관련 범죄에 한하여 사용하도록 규정한
것'에 관련한 내용이며, 형사소송법상 압수·수색에 직접적으로 적용되는
판시는 아니었다.

본 사건에서 대법원은 '통신비밀보호법상 강제처분에서의 관련성 요건
을 구체화한 2017. 1. 25. 선고 2016도13489 판결의 취지'를 그대로 인용하
여 '형사소송법상 압수·수색에서의 관련성의 요건'을 구체화하였다. 2011
년 개정 형사소송법상의 관련성 요건이 본 판결로 인하여 '객관적 관련성
및 인적 관련성'으로 구체화 된 것이다. 이러한 대법원 판결의 취지는 이후
의 판결에서도 계속 이어진다.

참고로, 이와 같은 대법원의 판결들과 관련하여, '통신비밀보호법의 관
련성은 사용 범위의 문제로서 형사소송법상 압수·수색의 관련성 범위와는
구별되는데, 대법원이 양자의 법리를 위 두 개의 판결(대법원 2017. 1. 25.
선고 2016도13489 판결과 대법원 2017. 12. 5. 선고 2017도13458 판결)에서
동일하게 보고 있는 것인 지의 여부가 불분명하다'라는 지적이 있다.[646]

II. 정보 저장매체에 대한 영장 없는 압수·수색(임의제출 제도 등)의 제한

1. 문제의 소재

형사소송법은 사전 영장에 의하지 아니하는 강제처분(압수·수색)을 수사

---

646) 이상원, "2017년 분야별 중요판례 분석 16. 형사소송법", 법률신문 4614호 (2018년
6월 21일자).

기관이 할 수 있도록 규정하고 있는데,[647] 이는 구체적으로 다음과 같다.[648]

첫째, 검사 또는 사법경찰관은 피의자를 체포 또는 구속하는 경우에 영장 없이 압수, 수색, 검증할 수 있다(형사소송법 제216조 제1항 제2호). 이는 검사 또는 사법경찰관이 피고인에 대한 구속영장을 집행할 때 준용된다(형사소송법 제216조 제2항).

둘째, 범행 중 또는 범행 직후의 범죄 장소에서 긴급을 요하여 법원판사의 영장을 받을 수 없는 때에는 영장 없이 압수, 수색 또는 검증을 할 수 있다(형사소송법 제216조 제3항).

셋째, 검사 또는 사법경찰관은 긴급체포된 자가 소유·소지 또는 보관하는 물건에 대하여 긴급히 압수할 필요가 있는 경우에는 체포한 때부터 24

---

647) 체포현장에서 압수·수색에 영장주의의 예외를 인정하는 근거로는 대표적으로 '긴급행위설'과 '부수처분설', 그리고 '합리성설'의 3가지 견해가 제시된다. 먼저 긴급행위설[신양균·조기영, 형사소송법, 박영사 (2020) 265-266면; 이주원, 형사소송법, 박영사 (2019), 171면; 이창현, 형사소송법(제6판), 도서출판 정독 (2020), 481-482면; 정승환, 형사소송법, 박영사 (2018), 186면]은 사전 영장주의 예외의 근거로서 '수사기관이 피의자를 체포 또는 구속할 경우에 수사기관이 피의자로부터 위해를 입을 수 있고, 또한 피의자가 증거 인멸을 할 우려가 있다'라는 점을 든다. 다음으로 부수처분설[배종대·홍영기, 형사소송법, 홍문사 (2018), 160-161면]은 '권리침해가 큰 대인적 강제처분이 있었으므로, 이보다 권리침해가 적은 영장 없는 대물적 강제처분이 인정되어야 한다'라는 견해이다. 마지막으로 합리성설[이은모/김정환 (2021), 337-339면]은 '체포현장에서는 증거가 존재할 개연성이 높기 때문에, 합리적인 증거 수집을 위하여 체포현장에서의 압수·수색 등이 가능하다'라는 견해이다. 참고로, 본 절의 논의는 '정보 저장매체에 담겨 있는 정보는 유체물 증거와 비교할 수 없을 정도로 방대하므로, 유체물에 적용되던 사전 영장주의의 예외를 정보 저장매체에 그대로 적용할 수는 없다'라는 점에서 출발한다. 수사기관이 무관정보를 취득하지 않도록 하기 위해서 압수·수색 절차의 제한이 필요하기 때문이다. 따라서 사전 영장주의 인정의 근거를 어떻게 보는지와 상관없이, 압수·수색과 관련한 현행 형사소송법의 사전 영장주의의 예외에 일정한 제한이 필요할 것으로 판단된다.

648) 참고로, 형사소송법 제216조 제1항 제1호는 피의자를 체포 또는 구속하는 경우에 영장 없이 타인의 주거 등에서 피의자를 수색할 수 있도록 규정하고 있는데, 이는 정보 저장매체에 대한 압수·수색이 아니므로 논의에서 제외하기로 한다.

시간 이내에 한하여 영장 없이 압수·수색을 할 수 있다(형사소송법 제217조 제1항).

다만, 위의 3가지의 경우 검사 또는 사법경찰관은 사후에 지체 없이 영장을 발부받아야 한다(형사소송법 제216조 제3항, 제217조 제2항).

마지막으로, 형사소송법 제218조는 검사와 사법경찰관이 임의제출된 물건을 영장 없이 압수할 수 있다고 규정하고 있다. 이 경우 역시 수사기관은 영장 없이 물건을 압수할 수 있으며, 사후 영장을 발부받을 필요도 없다.

이상과 같은 사전 영장주의의 예외에 대한 형사소송법상 근거 조항은 다음과 같다.

제200조의3(긴급체포)

①검사 또는 사법경찰관은 피의자가 사형·무기 또는 장기 3년이상의 징역이나 금고에 해당하는 죄를 범하였다고 의심할 만한 상당한 이유가 있고, 다음 각 호의 어느 하나에 해당하는 사유가 있는 경우에 긴급을 요하여 지방법원판사의 체포영장을 받을 수 없는 때에는 그 사유를 알리고 영장없이 피의자를 체포할 수 있다. 이 경우 긴급을 요한다 함은 피의자를 우연히 발견한 경우등과 같이 체포영장을 받을 시간적 여유가 없는 때를 말한다.

1. 피의자가 증거를 인멸할 염려가 있는 때

2. 피의자가 도망하거나 도망할 우려가 있는 때

②사법경찰관이 제1항의 규정에 의하여 피의자를 체포한 경우에는 즉시 검사의 승인을 얻어야 한다.

③검사 또는 사법경찰관은 제1항의 규정에 의하여 피의자를 체포한 경우에는 즉시 긴급체포서를 작성하여야 한다.

④제3항의 규정에 의한 긴급체포서에는 범죄사실의 요지, 긴급체포의 사유등을 기재하여야 한다.

제212조(현행범인의 체포)

현행범인은 누구든지 영장없이 체포할 수 있다.

제216조(영장에 의하지 아니한 강제처분)

①검사 또는 사법경찰관은 제200조의2·제200조의3·제201조 또는 제212조의 규정에 의

하여 피의자를 체포 또는 구속하는 경우에 필요한 때에는 영장없이 다음 처분을 할 수 있다.
1. 타인의 주거나 타인이 간수하는 가옥, 건조물, 항공기, 선차 내에서의 피의자 수색. 다만, 제200조의2 또는 제201조에 따라 피의자를 체포 또는 구속하는 경우의 피의자 수색은 미리 수색영장을 발부받기 어려운 긴급한 사정이 있는 때에 한정한다.
2. 체포현장에서의 압수, 수색, 검증
②전항 제2호의 규정은 검사 또는 사법경찰관이 피고인에 대한 구속영장의 집행의 경우에 준용한다.
③범행 중 또는 범행직후의 범죄 장소에서 긴급을 요하여 법원판사의 영장을 받을 수 없는 때에는 영장없이 압수, 수색 또는 검증을 할 수 있다. 이 경우에는 사후에 지체없이 영장을 받아야 한다.

제217조(영장에 의하지 아니하는 강제처분)
①검사 또는 사법경찰관은 제200조의3에 따라 체포된 자가 소유·소지 또는 보관하는 물건에 대하여 긴급히 압수할 필요가 있는 경우에는 체포한 때부터 24시간 이내에 한하여 영장 없이 압수·수색 또는 검증을 할 수 있다.
②검사 또는 사법경찰관은 제1항 또는 제216조제1항제2호에 따라 압수한 물건을 계속 압수할 필요가 있는 경우에는 지체 없이 압수수색영장을 청구하여야 한다. 이 경우 압수수색영장의 청구는 체포한 때부터 48시간 이내에 하여야 한다.
③검사 또는 사법경찰관은 제2항에 따라 청구한 압수수색영장을 발부받지 못한 때에는 압수한 물건을 즉시 반환하여야 한다.

제218조(영장에 의하지 아니한 압수)
검사, 사법경찰관은 피의자 기타인의 유류한 물건이나 소유자, 소지자 또는 보관자가 임의로 제출한 물건을 영장없이 압수할 수 있다.

한편, 대법원은 2011년 전교조 사건 결정 이후로 정보 저장매체에 대한 수사기관의 압수·수색 집행 방식을 제한하여 오고 있으며, 형사소송법 역시 정보 저장매체에 대한 압수의 범위와 방법을 제한하는 것으로 2011년에 개정된 바 있다. 이는 정보 저장매체가 담고 있는 정보의 대량성에 주목하여, 정보 주체의 정보 프라이버시권을 보장하기 위함이다. 그런데 수사기관이 사전 영장에 의하지 아니하는 압수·수색을 하는 경우에는 압수·수색 절

차에 대한 제한이 제대로 이루어지지 않을 가능성이 크며, 그 과정에서 의
도치 않았던 별건 정보가 탐색 될 가능성이 크다. 예를 들어, 임의제출 또
는 긴급압수 제도에는 압수·수색 절차에 대한 법원의 사전 제한이 존재하
지 않기 때문에, 수사기관은 임의제출 또는 긴급압수 제도를 남용하여 혐
의 사실과 무관한 정보까지 압수·수색할 수가 있는 것이다. 따라서 임의제
출 제도와 긴급압수 제도를 제한하여, 혐의사실과 무관한 별건 정보가 탐
색되는 상황을 제한할 필요가 있다.649)

　　이와 관련하여 최근 하급심에서 이를 지적하는 판결이 잇따라 선고되고
있기에 이에 주목할 필요가 있다. 따라서 이하 하급심의 관련 판결들을 검
토하고자 한다. 이는 비록 대법원 판결이 아닌 하급심 판결에 해당하긴 하
나, 해당 하급심 판결들이 대한민국의 학계에서 정보 프라이버시권 보장의
측면에서 계속하여 논의되어 오고 있는 쟁점을 다루었다는 점에서 중점적
으로 검토해 볼 필요가 있다.650) 또한 이를 바탕으로 제3절에서는 이에 대
한 개선방안 또한 제시하고자 한다.

---

649) 임의제출 제도와 긴급압수 제도를 제한하면, '혐의사실과 무관한 별건 정보가 수사
　　기관에 의하여 우연히 탐색 되고 취득되는 상황'이 제한되게 된다. 이는 결과적으로
　　'우연히 발견한 별건 증거의 취득 제한'과 유사한 효과를 가져온다. 이러한 이유에서
　　본 논문은 '임의제출 제도와 긴급압수 제도의 제한 논의'를 제6장 (강제처분 과정에
　　서 우연히 발견된 별건 정보의 취득 제한)에 포함시켰다.
650) 이와 관련한 대표적인 논문으로는, 조기영, "사전영장 없는 휴대전화 압수수색의 허
　　용 여부", 동북아법연구 제9권 제3호 (2016. 1.); 성중탁, "스마트폰 압수, 수색에 대한
　　헌법상 쟁점", IT와 법 연구 제18집 (2019); 홍진표 (2019); 최대호, "피체포자의 휴대
　　전화 압수와 그 내용확인의 적법성", 중앙법학 제21집 제1호 (2019. 3.) 등이 있다.

2. 의정부지방법원 2019. 8. 22. 선고 2018노2757 판결
(현행범 체포현장에서의 임의제출 형식의 압수 제한)

가. 사실관계[651]

피고인은 2018. 3. 26. 08:14경 지하철에서 휴대폰 카메라로 여성의 치마 속을 촬영하다가 지하철경찰대 소속 사법경찰관에게 현장에서 붙잡혔다. 서울지방경찰청 지하철경찰대 소속 사법경찰관은 피고인에게 범행을 추궁하였다. 경찰관은 부인하는 피고인으로부터 휴대전화기를 제출받고 불법 촬영된 영상을 찾아낸 후, 피고인을 현행범 체포하고 피고인의 휴대전화기도 피고인의 임의제출에 의하여 압수 하였다.

경찰관은 2018. 4. 1. 서울지방경찰청 지하철경찰대에서 휴대전화를 다시 탐색하여 저장된 영상을 캡쳐사진으로 출력하고 영상파일을 복제하는 방식으로 증거를 수집하였다. 이때 피고인에 대한 참여통지 및 파일 압수 목록 교부는 없었다.

한편, 임의제출에 의해 압수한 피고인의 휴대전화에는 위 불법 촬영 외에도 3월20일부터 3월 26일 사이에 촬영된 불법 동영상이 더 담겨 있었다. 위 불법 촬영을 포함하여 피해자는 총 13명이었고, 동영상 촬영 횟수는 총 18번이었다. 이후 피고인은 성폭력범죄의 처벌 등에 관한 특례법 위반(카메라등이용촬영)으로 기소되었고 1심은 피고인에게 유죄를 선고하였다. 이후 항소심 재판과정에서 위 휴대전화기 및 휴대전화기에 저장된 정보를 복제·출력한 영상 캡쳐사진, 복제된 영상파일 등의 증거능력이 문제 되었다.

---

651) 의정부지방법원 2019. 8. 22. 선고 2018노2757 판결 이유에서 참조.

나. 판결 요지[652)

재판부는 먼저, '휴대전화 자체에 대한 압수절차가 적법한지의 여부'에 관하여 판단하였다. 이와 관련하여 재판부는 "대법원이 체포현장에서 임의 제출 형식에 의한 압수수색을 위와 같이 허용함으로써, 일선 실무에서는 피의자 임의제출에 의한 압수가 광범위하게 이루어지는 반면에, 긴급 압수수색절차 및 압수물에 대한 사후영장 절차는 거의 없는 것이 통례이다[제5판 주석 형사소송법(Ⅱ) 제309쪽]. 수사기관은 현행범 체포된 피의자에게 절대적으로 우월한 지위를 갖기 때문에 임의제출을 거절하는 피의자를 예상하기 어려워, 체포된 피의자가 소지하던 긴급압수물에 대한 사후영장제도는 앞으로도 형해화될 가능성이 크다."라고 판시하여 기존 판례의 문제점을 지적하였다.

이러한 전제에서 본 사건의 재판부는 "그런데 이미 체포되었거나 체포 직전의 피의자에게는 임의적 제출의사를 원칙적으로 기대할 수 없다. 체포 대상자로부터 제출받는 절차가 강제적이지 않다고 판단할 여지가 거의 없다. 특별한 장소(예컨대, 자수현장)가 아니라, 일반적인 현행범 체포현장에서 자신의 죄책을 증명하는 물건을 스스로 제출할 의사가 피의자에게 의사가 있다고 해석하는 것은 국민의 관념에 어긋나, 사법 신뢰를 잃기 쉽다. 설령, 현행범 체포현장에서 피체포자의 임의제출 진술이 있다거나 사후적으로 임의제출서가 징구되었더라도, 계속 구금할 수 있는 구속영장 청구 여부 내지 확대 압수수색을 위한 영장 청구를 판단할 권한이 있는 우월적 지위의 수사기관 영향에 기한 것이라고 봄이 옳다.

체포대상자에 대하여 형사소송법 제218조에 따른 임의제출물 압수수색을 인정할 필요성은 오로지 형사소송법 제217조 소정의 사후 압수수색영장

---

652) 본 판결의 구체적인 쟁점은 '휴대전화 자체에 대한 압수절차가 적법한지의 여부' 및 '휴대전화에 저장된 정보에 대한 수사기관의 탐색 내지 복제·출력 절차가 적법하였는지 여부'로 압축할 수 있다. 이하 판시내용을 위 두 가지 쟁점으로 정리하였다.

절차를 생략하는 것 외에는 없다.

따라서 형사소송법 제218조에 따른 영장 없는 압수수색은 현행범 체포 현장에서 허용되지 않는다고 해석함이 마땅하다.”라고 판시하여, 수사기관의 우월적 지위에 따른 영장주의 약화를 막기 위하여, 기존 대법원 판례 취지와는 배치되는 논리를 전개한다. 즉, 본 판결 재판부의 논리에 따르면, 현행범으로 체포된 피의자가 소지하던 물건은 형사소송법 제218조의 임의제출 조항에 근거하여서는 영장 없이 압수할 수 없다.

이러한 전제에서 본 판결의 재판부는 “지하철수사대 소속 사법경찰관이 피고인의 휴대전화기를 형사소송법 제218조에 따라 압수하였으나, 그 실질은 형사소송법 제216조 제1항 제2호에 따라 압수한 것으로서 사후 영장을 발부받지 못했으므로, 휴대전화기에 대한 증거능력을 인정할 수 없다.”라고 판시하여, 본 사건 휴대전화기의 증거능력을 부정하였다.[653]

또한, 본 판결의 재판부는 설사 종전의 대법원 판례에 따르더라도, ‘본 사건의 경우에는 휴대전화기 제출의 임의성이 인정되지 않기에 증거능력이 인정될 수 없다’라고 보았다. 임의제출의 임의성은 검사가 증명하여야 하는데, 본 판결의 재판부는 본 사건의 경우 ‘휴대전화 저장정보에 대한 수색이 사실상 선행된 다음 현행범 체포가 이루어진 점, 임의제출의 효과에 대한 경찰관의 고지가 없었던 점, 범죄수사규칙 제123조 제3항상 징구하여야 할 임의제출서를 피고인으로부터 징구하지 않은 점’ 등에 주목하였다. 이러한 점들을 종합하여 본 판결의 재판부는 ‘피고인이 휴대전화기를 임의제출하였다는 점에 대하여 의심이 드나, 검사가 이를 배제할 증명을 하지

---

653) 아울러 본 판결의 재판부는 “이와 같은 해석이 비록 앞서 본 대법원 판례에 어긋나기는 하나, 영장주의 원칙에는 오히려 충실하다. 검사 또는 사법경찰관은 압수의 필요성이 있는 피체포자의 물건에 대하여 형사소송법 제216조 제1항에 따라 긴급압수한 다음 형사소송법 제217조에 따라 사후영장을 발부받으면 되므로, 위와 같은 해석이 수사기관의 압수수색을 불가능하게 만드는 것도 아니다.”라고 판시하여, 이러한 해석이 영장주의의 원칙에 부합함을 설명하고 있다.

못했다'라고 보아서 본 휴대전화기의 증거능력을 부정하였다.

재판부는 다음으로, '휴대전화에 저장된 정보에 대한 수사기관의 탐색 내지 복제·출력 절차가 적법하였는지 여부'에 대하여 다음과 같이 판단하였다.

먼저, 재판부는 "최근 수사실무상, 체포현장에서 피의자가 소지하던 휴대전화기에 대하여는 별도의 압수수색영장이 없더라도 형사소송법 제216조 제1항에 따라 검사 또는 사법경찰관이 압수하여 저장정보를 탐색하고 있다. 그런데 스마트폰에 저장된 정보의 양이 막대하고 민감한 정보가 많이 담겨 있다는 점에서 현재의 수사관행은 개인의 자유를 크게 침해할 수 있다. 따라서 형사소송법 제216조에 따라 휴대전화기 자체를 긴급압수할 수 있다고 하더라도, 그 저장정보에 대해서까지 영장 없이 탐색하여 출력·복사할 수 있는지가 문제된다. 이 사건 역시 사법경찰관이 현행범 체포현장에서 피고인의 휴대전화기를 탐색하여 저장된 동영상을 발견하고 압수하게 된 것에 터 잡고 있다."라고 판시하여, 휴대전화기 자체를 긴급압수한 경우에 피압수자의 정보 프라이버시권이 침해될 우려가 있음을 밝혔다.

이 같은 전제에서 본 판결의 재판부는 "살피건대, 휴대전화 저장정보에 대하여 긴급히 증거인멸을 막거나 증거를 수집해야 할 필요성이 적고(긴급성의 결여), 막대한 양의 민감한 개인정보가 담겨 있는 휴대전화 저장정보에 대한 제한 없는 압수수색은 개인의 사생활과 비밀의 자유를 침해하므로(비례성 결여), 휴대전화에 저장된 정보에 대한 압수수색에 대하여는 사전영장이 필요하나, 예외적으로 형사소송법 소정의 긴급성이 있는 경우 예컨대 체포된 피의자가 공범에게 폭탄을 폭발시킬 문자를 보내거나, 유괴범이 피해자의 위치에 관한 정보를 보관하고 있는 경우 등에서는 저장정보에 대한 영장 없는 압수수색이 가능하다고 해석함이 마땅하고"라고 판시하여 휴대전화에 저장된 정보에 대해서는 영장 없는 탐색이 원칙적으로는 불가능

하다고 판시하였다.[654]

더 나아가 본 판결의 재판부는 '설사 휴대전화기 자체에 대한 임의제출 형식의 압수가 적법하다고 하더라도, 휴대전화기가 압수수색 영장 집행에 의하여 압수된 경우와 동일하게 피압수자에게 참여권을 보장하여야 한다'라는 취지를 설시하였다. 본 사건의 경우에는 수사기관이 피의자에게 참여권을 보장하지 않았다. 따라서 본 사건의 재판부는 휴대전화 캡쳐 사진과 복제 파일의 증거능력을 부정하였다.

본 판결의 재판부는 이와 같은 이유에서 "공소사실에 대한 증거들은 형사소송법 제308조의2에 따라 증거가 되지 아니하므로 피고사건은 범죄사실에 대한 검사의 증명이 없다고 할 것이다."라는 이유로 무죄를 선고하였다.

무죄 이유를 정리하면 다음과 같다. 먼저, 검사가 제출한 증거는 '이 사건 휴대전화기 자체와 이를 기초로 수집한 2차 증거(휴대전화기에 기억된 저장정보), 피고인의 자백'이었다. 그러나 앞서 살핀 이유와 같이 '이 사건 휴대전화기 자체와 이를 기초로 수집한 2차 증거(휴대전화기에 기억된 저장정보)'는 적법절차로 수집한 증거가 아니기에 유죄의 증거로 삼을 수가 없다. 따라서 피고인의 자백을 보강할 증거가 없기에, 본 사건 재판부는 제1심 판결을 파기하고 피고인에 대하여 무죄를 선고하였다.

다. 상고심(대법원 2019. 11. 14. 선고 2019도13290 판결)의 판결 요지

본 판결에 대하여 검사가 상고하였고, 대법원은 본 판결 중 피고인의 18번째 불법촬영부분(사법경찰관이 직접 목격한 불법촬영 부분)에 대해서는 보강증거가 있다는 이유로 해당 부분을 파기하였다(대법원 2019. 11. 14. 선고 2019도13290 판결).

---

654) 이는 미국의 Riley 판결을 따른 것으로 보인다.

　　대법원은 "이 사건 휴대전화기에 대한 압수조서 중 '압수경위'란에 기재된 상기의 내용은, 피고인이 이 부분 공소사실과 같은 범행을 저지르는 현장을 직접 목격한 사람의 진술이 담긴 것으로서 형사소송법 제312조 제5항에서 정한 '피고인이 아닌 자가 수사과정에서 작성한 진술서'에 준하는 것으로 볼 수 있고, 이에 따라 이 사건 휴대전화기에 대한 임의제출절차가 적법하였는지 여부에 영향을 받지 않는 별개의 독립적인 증거에 해당하므로, 피고인이 증거로 함에 동의한 이상 유죄를 인정하기 위한 증거로 사용할 수 있을 뿐 아니라 이 부분 공소사실에 대한 피고인의 자백을 보강하는 증거가 된다고 볼 여지가 많다."라고 하여, 피고인의 18번째 범행은 보강증거가 있다고 본 것이다. 압수 조서에 해당 범행 장면을 직접 목격한 진술이 담겨 있기 때문이다.

　　한편 대법원은 "범죄를 실행 중이거나 실행 직후의 현행범인은 누구든지 영장 없이 체포할 수 있고(형사소송법 제212조), 검사 또는 사법경찰관은 피의자 등이 유류한 물건이나 소유자·소지자 또는 보관자가 임의로 제출한 물건은 영장 없이 압수할 수 있으므로(제218조), 현행범 체포현장이나 범죄 현장에서도 소지자 등이 임의로 제출하는 물건은 형사소송법 제218조에 의하여 영장 없이 압수하는 것이 허용되고, 이 경우 검사나 사법경찰관은 별도로 사후에 영장을 받을 필요가 없다(대법원 2016. 2. 18. 선고 2015도13726 판결 참조)."라고 하여 기존 대법원의 판례를 유지하였다. 이러한 논지에서 대법원은 '현행범 체포현장에서 임의로 제출 물건을 압수할 수 없다'라는 취지의 원심 판단 부분을 배척하였다. 다만, 대법원은 공소사실 중 1번째부터 17번째까지의 불법 촬영 부분(피고인이 경찰관에게 현행범으로 잡히기 이전에 촬영한 부분)에 대해서는 "하지만 기록에 비추어 살펴보면 이 부분 공소사실에 대하여 범죄의 증명이 없다고 본 원심의 결론 자체는 수긍할 수 있다."라고 판시하여, '수사기관이 휴대전화기의 임의제출에 대한 입증을 못하였다'라는 이유로 무죄를 선고한 항소심 재판부의 판단을 수긍하였다.

라. 검토

본 판결의 재판부는 '형사소송법 제218조에 의하여 검사 또는 사법경찰관은 피의자 등이 유류한 물건이나 소유자·소지자 또는 보관자가 임의로 제출한 물건은 영장 없이 압수할 수 있고, 현행범 체포 현장이나 범죄 장소에서도 소지자 등이 임의로 제출하는 물건은 위 조항에 의하여 영장 없이 압수할 수 있으며 이 경우에 검사나 사법경찰관이 사후 영장을 발부 받을 필요가 없다'라는 취지의 기존 대법원 판결655)에 배치되는 판결을 선고하였는데, 이는 본 판결에서 가장 주목할 만한 사항이다. 그리고 본 판결의 재판부는 '설사 기존의 대법원 판결의 취지에 따른다고 하더라도, 본 사건의 경우는 임의제출의 임의성이 인정되지 않기에 휴대전화기의 증거능력을 인정할 수 없다'라는 취지로 판결하여 휴대전화기 제출과 관련한 임의성 증명도 이루어지지 않았다고 보았다.

더 나아가 본 판결의 재판부는 '형사소송법 제216조 제1항 제2호에 따라 휴대전화 자체를 긴급압수한 경우, 휴대전화에 저장된 정보에 대한 압수·수색에는 원칙적으로 사전 영장이 필요하다'라고 보았다. 또한 본 판결의 재판부는 '설사 휴대전화기 자체에 대한 임의제출 형식의 압수가 적법하다고 가정하더라도, 저장정보 탐색 과정에서 수사기관이 피압수자에게 참여권을 보장하지 않았다'라는 이유에서 본 휴대전화 캡쳐 사진과 복제 파일의 증거능력을 부정하였다.

---

655) 대법원 2016. 2. 18. 선고 2015도13726 판결.

3. 서울중앙지방법원 2019. 10. 8. 선고 2019고합441판결 (긴급체포 현장에서의 임의제출 형식의 압수 제한)

가. 사실관계

경찰관은 2019. 5. 1. 피고인을 마약 관련 혐의로 긴급체포하였다. 경찰관은 긴급체포 현장에서 피고인의 휴대전화를 임의제출 받는 형식으로 확보하였고, 피고인의 승용차에서 간이 전자저울 등도 압수하였다.

이후 곧바로 경찰관은 피고인과 함께 피고인의 주거지(오피스텔)에 가서 비닐팩에 든 백색 결정체를 압수하였다. 또한 경찰관은 그곳(오피스텔)에서 피고인 휴대폰의 저장정보를 검색하였는데, 그 과정에서 필로폰 및 대마 매매와 관련한 피고인의 통신 내역 등을 발견하였다. 이에 경찰관은 해당 정보들을 경찰관의 휴대전화로 사진 촬영하였다.

그 후(같은 날) 경찰은 피고인이 대마를 재배하고 있는 아파트로 피고인과 함께 이동하였고, 그 아파트에서 대마로 추정되는 식물 등도 압수하였다.

또한 경찰관은 서울지방경찰청으로 피고인의 휴대전화를 가져왔고, '피고인의 휴대폰에 저장되어 있는 나머지 마약 관련 통신정보들'을 경찰관의 휴대전화로 사진 촬영하였다.

이후 경찰관은 2019. 5. 3. '피고인의 차량, 주거지 및 대마 재배 장소에서 압수한 물건들'에 대해서는 압수영장을 청구하여 발부받았다. 그러나 '피고인의 휴대전화와 피고인의 휴대전화에서 확보한 통신 정보 자료들'에 대해서는 별도의 영장을 발부받지 않았다. 또한 경찰관은 위 '피고인 휴대전화의 통신 정보들을 촬영한 자료들'을 출력하였고, 이 출력물을 수사 보고서와 함께 사건 기록에 편철 하였다.

검사는 2019. 5. 14. 제1회 피의자신문을 하면서 '피고인 휴대전화의 통신 정보들을 촬영한 자료들'의 출력물을 피고인에게 보여주었고, 피고인은 이 부분 공소사실을 자백하였다. 이후 검사는 2019. 5. 22. 제2회 피의자신문을 하기에 앞서서 '피고인 휴대전화의 통신 정보들을 촬영한 자료들'의 출력물에 대한 압수조서(임의제출)를 작성하였다. 그리고 피고인으로부터 '위 출력물에 대한 임의제출 동의 및 확인서'를 제출받았다.

나. 판결 요지[656]

재판부는 먼저 "긴급체포에 수반된 대물적 강제처분에 관하여, 검사 또는 사법경찰관이 피의자를 긴급체포하는 경우 체포 현장에서 압수, 수색, 검증을 할 수 있고(형사소송법 제216조 제1항 제2호), 긴급체포된 자가 소유·소지 또는 보관하는 물건에 대하여 24시간 이내에 한하여 영장 없이 압수·수색 또는 검증을 할 수 있으나(형사소송법 제217조 제1항), 어느 경우에도 물건을 계속 압수할 필요가 있는 경우에는 지체 없이 압수수색영장을 청구하여야 하고, 그 청구는 체포한 때부터 48시간 이내에 하도록 하여 사후적으로 압수수색영장을 받도록 정한 것은 위와 같은 위험을 방지하기 위함이다(형사소송법 제217조 제2항).

그런데 형사소송법 제218조에 따른 임의제출에 의한 압수를 폭넓게 인정할 경우 수사기관은 사후적으로 압수수색영장을 받아야 하는 제약을 피할 수 있게 되어, 긴급체포에 수반된 압수·수색 또는 검증에 관하여 위와 같은 조항을 둔 취지가 무력화될 위험이 있다."라고 판시하여, 임의제출 제도(형사소송법 제218조)가 영장주의를 우회하는 수단으로 사용될 수 있다는 위험을 지적하였다.[657]

---

656) 본 사건의 재판부는 '임의 제출된 휴대전화에서 획득된 정보 및 이를 기초로 한 2차 증거 등'에 대하여 증거능력을 부정하였고, 이에 재판부는 피고인에 대한 여러 공소사실 중 위 증거 관련 공소사실에 대해서만 무죄를 선고하였다. 이하 판결 요지에서는 전체 판결 이유 중에서 '위 무죄 부분의 판결 이유'만 서술하기로 한다.

657) 이와 관련하여 재판부는 '최근의 휴대전화는 대량의 전자정보를 저장하고 있다는 점, 휴대전화는 클라우드 서버의 전자정보로도 연결된다는 점' 등을 설시하여, '휴대전화의 임의제출 제도(형사소송법 제218조)에 의한 압수·수색은 개인의 사생활의

이를 바탕으로 재판부는 "따라서 수사기관이 긴급체포 현장에서 피의자로부터 휴대전화를 임의제출의 방법으로 확보하는 것은 앞서 본 바와 같은 영장주의의 원칙에 따라 허용되지 않는다고 할 것이고(그렇다고 하여 긴급체포 현장에서의 모든 휴대전화 압수가 불가능하게 되는 것도 아니다. 형사소송법 제216조, 제217조에 따라 휴대전화를 압수할 여지는 있기 때문이다), 다만 면도칼 등 날카로운 도구를 숨기거나 폭발물 등의 원격 조정에 사용되는 등 휴대전화가 피의자를 긴급체포하는 수사기관의 생명·신체에 위해를 가할 수 있는 무기로 사용되거나 피의자의 도피를 유발하는데 사용되는 경우, 약취 또는 인신매매된 사람의 위치 정보 등과 같이 휴대전화에 특수한 생명·신체와 관련된 위협에 관한 정보가 저장되어 있는 경우, 증거인멸 또는 은닉의 방지가 긴급히 필요한 경우 및 용의자 긴급추적, 긴급구조 등 아주 예외적으로만 임의제출에 의한 휴대전화의 압수·수색이 허용된다고 보아야 한다."라고 판시하여, '긴급체포 현장에서 피의자로부터 휴대전화를 임의제출의 방법으로 확보하는 것은 원칙적으로 허용되지 않는다'라고 보았다.

또한 재판부는 '피고인은 긴급체포로 인하여 심리적으로 위축된 상태인 것으로 보이는 점, 피고인이 경찰로부터 임의제출의 의미나 효과 등에 관해서는 제대로 고지받지 못한 점' 등을 종합하여, '피고인이 위 휴대전화를 임의로 제출한 것인지의 여부 자체'에 대한 증명도 이루어지지 않았다고 보았다.

이를 토대로 재판부는 '수사기관이 피고인의 휴대전화를 압수·수색한 것은 적법하지 않다'라고 보고, '피고인의 휴대전화 및 피고인의 휴대전화로부터 출력된 영상물은 증거능력이 없다'라고 보았다. 특히 재판부는 '수사기관이 추후 검찰 수사단계에서 피고인으로부터 임의제출 동의 및 확인

비밀과 자유를 침해할 위험이 특히 크다'라는 점을 밝혔다.

서, 압수조서(임의제출)를 제출받았다는 사실이 앞선 증거수집 절차의 하자를 치유할 수도 없다'라고 보았다.

한편, 재판부는 "수사기관이 형사소송법 제216조, 제217조에 의하여 위 휴대전화를 긴급체포 현장에서 압수·수색한 것이거나 긴급체포된 피의자였던 피고인이 소유하는 물건으로서 압수·수색한 것으로 보더라도, 경찰이 피고인을 2019. 5. 1. 22:10 긴급체포하여 그 현장에서 피고인의 위 휴대전화를 확보한 다음, 이에 저장되어 있는 전자정보를 탐색하여 이 사건 영상물을 발견하였는데, 그 이후 위 휴대전화 또는 이 사건 영상물에 대해서는 압수수색영장을 별도로 발부받지 않은 사실은 앞서 본 바와 같다. 따라서 위 휴대전화 또는 이 사건 영상물은 이를 영장 없이 압수하고도 형사소송법에 따라 체포한 때부터 48시간 이내에 사후영장을 청구하지 않은 것이므로 위법하게 수집된 증거로서 증거능력이 없다."라고 판시하여, '설사 이 사건 휴대전화가 긴급체포에 수반하여 압수·수색된 것으로 보더라도, 사후영장 청구 미비로 인하여 해당 휴대전화 등에 대한 증거능력이 인정되지 않는다'라고 보았다.

마지막으로 재판부는 "설령 수사기관이 사후에 압수수색영장을 청구하여 발부받았다고 하더라도 위 휴대전화 내 전자정보인 이 사건 영상물의 탐색이 적법하게 되는 것도 아니다.

앞서 본 바와 같이 휴대전화는 수많은 다양한 전자정보를 담고 있고, 정보저장매체인 휴대전화 자체에 대한 압수·수색과 휴대전화에 저장되어 있는 전자정보에 대한 압수·수색은 그 압수·수색의 대상이 상이하므로, 긴급체포 현장에서 영장 없이 적법하게 휴대전화 자체를 압수하였다 하더라도 이를 근거로 전자정보까지 영장 없이 압수·수색할 수 있다고 보아야 하는 것은 아니다."라고 판시하여, '설사 수사기관이 사후 영장을 발부받았다고 가정하더라도 긴급체포 당시의 현장에서 휴대전화 내부의 전자정보를 탐색하는 것은 허용되지 않는다'라는 취지를 밝혔다.[658]

이러한 이유에서 재판부는 '휴대전화 및 휴대전화에 저장된 정보들'에 대한 증거능력을 부정하였다. 또한 재판부는 '휴대전화에 저장된 정보들'을 기초로 획득된 2차 증거인 '임의제출 동의 및 확인서, 압수조서, 검찰 피의 자신문조서의 위 부분 진술 기재' 등도 증거능력이 없다고 판단하였다. 이에 재판부는 위 부분과 관련한 공소사실에 대해서 무죄를 선고하였다.

다. 검토

앞선 의정부지방법원 2019. 8. 22. 선고 2018노2757 판결은 '현행범 체포 현장에서의 임의제출 형식의 압수'를 제한한 판결이다. 그런데 수사기관은 현행범 체포뿐만 아니라 긴급체포의 경우에도 긴급 압수·수색을 할 수 있다. 이와 관련하여, 이 사건의 재판부는 '긴급체포 시에 수사기관이 휴대전화를 임의제출로 압수할 수 있는지의 여부'에 대해서 판단하였다. 앞선 의정부지방법원의 판결과 유사하게, 본 판결 역시 '수사기관은 긴급체포 현장에서 피의자로부터 휴대전화를 임의제출의 방법으로 확보할 수 없다'라는 취지로 판결하여, '긴급체포 현장에서의 임의제출 형식의 압수'를 제한하였다. 또한 본 판결은 앞선 의정부지방법원 판결과 유사하게, '특별한 예외 사정에 해당하지 않는 한, 긴급체포 현장에서 영장 없이 휴대전화 내의 전자정보를 긴급 압수할 수 없다'라는 취지로 판시하였다.[659]

---

658) 이와 관련하여 재판부는 "수사기관이 영장 없이 압수한 휴대전화에 대하여 사후적으로 압수수색영장을 발부받아야 하는 이상, 그 기회에 휴대전화에 저장된 전자정보에 대한 압수수색영장을 함께 청구하면 되기 때문에 특별한 사정이 없는 이상 굳이 영장 없는 탐색을 허용할 필요성도 없다."라고 판시하여, '수사기관은 사후 영장을 청구하는 기회에 휴대전화의 저장정보에 대한 압수·수색영장을 발부받아서 해당 정보를 탐색할 수 있다'라는 취지를 밝혔다.

이는 비록 하급심의 입장으로서 대법원 판결은 아니지만, 정보 주체의
정보 프라이버시권 보장 차원에서는 주목할 만한 판단이라고 할 것이다.

제3절 소결: 강제처분 과정에서의 영장주의 엄격화 방안

Ⅰ. 엄격한 관련성 판단 기준의 정립

수사기관은 대량의 정보를 저장하고 있는 정보 저장매체에 대한 압수·
수색을 통하여 수사에 필요한 정보를 손쉽게 취득할 수 있게 되었다. 또한
수사기관은 통신비밀보호법상의 통신제한조치 또는 통신사실 확인자료 제
공요청을 통해서도 그와 같은 정보를 대량으로 취득할 수가 있다. 이는 수
사기관의 수사 효율을 높여서 범죄 예방과 실체적 진실 발견 등의 공익을
위한다는 장점도 있지만, 다른 한편으로는 수사기관이 혐의사실과 무관한
정보들까지 무분별하게 취득한다는 문제점도 있었다. 즉, 수사기관이 무관
정보를 대량으로 취득함에 따라서 시민의 정보 프라이버시권이 침해될 위
험이 커진 것이다. 따라서 강제수사로 인하여 획득된 정보에 대한 관련성
요건 판단은 무관 정보 탐색의 위험을 줄인다는 점에서 그 의의가 크다. 특
히 대법원은 '관련성이 없는 정보를 압수하려면 별도의 영장이 필요하다'
라는 입장이기 때문에, 이러한 관련성 요건은 '정보 저장매체에 대한 압수·
수색 영장이 포괄 영장이 되지 않도록 방지하는 역할'을 한다고 평가할 수
있다.

---

659) 이 사건의 재판부는 '휴대전화 자체를 압수하고 나면 증거인멸의 우려는 현저히 감
　　소하기에, 수사기관은 사후 영장을 청구하는 기회에 휴대전화의 저장정보에 대한 압
　　수·수색영장을 발부받아서 해당 정보를 탐색할 수 있다'라는 입장이다.

대법원은 정보 저장매체에 대한 압수·수색에서의 관련성 요건을 명시적으로 요구하기 시작한 이래로, 그 판단 기준을 계속하여 구체화하여 왔다. 특히 대법원은 2017. 1. 25. 선고 2016도13489 판결과 2017. 12. 5. 선고 2017도13458 판결을 통하여 관련성의 범위를 객관적 관련성과 인적 관련성으로 구체화한 바 있다. 하지만 이는 정보 프라이버시권 보장의 측면에서 다음과 같은 문제가 있다.

첫째로, 위 대법원 판결에 따르면 객관적 관련성은 '압수·수색영장에 기재된 혐의사실 자체, 그와 기본적 사실관계가 동일한 범행과 직접 관련되어 있는 경우, 범행 동기와 경위, 범행 수단과 방법, 범행 시간과 장소 등을 증명하기 위한 간접증거나 정황증거 등으로 사용될 수 있는 경우'까지 모두 인정될 수 있다. 물론 대법원은 '압수·수색영장에 기재된 혐의사실의 내용과 수사의 대상, 수사 경위 등을 종합하여 구체적·개별적 연관관계가 있는 경우'에만 객관적 관련성이 인정된다고 보아서 '혐의사실과 단순히 동종 또는 유사 범행이라는 사유'만으로 관련성을 인정하지는 않겠다는 입장을 취하고 있다. 즉, 대법원은 '구체적·개별적 연관관계가 있는 경우'라는 요건으로 관련성을 제한하여, '단지 혐의사실과 동종 또는 유사 범행이라는 이유로 관련성을 인정하지 않겠다'라는 입장으로 보인다.

그러나 이는 대법원이 '범행 동기와 경위, 범행 수단과 방법, 범행 시간과 장소 등을 증명하기 위한 간접증거나 정황증거 등으로 사용될 수 있는 경우에도 관련성을 인정하고 있다'라는 점에서 실질적인 제한 기준으로 작용하지 못한다고 판단된다. '동종 또는 유사 범행'은 대부분 '범행 동기와 경위, 범행 수단과 방법, 범행 시간과 장소 등을 증명하기 위한 간접증거나 정황증거'로 사용되기 때문이다. 따라서 대법원은 '단지 동종 또는 유사 범행의 증거'라는 이유로는 관련성을 인정하지 않겠다는 취지지만, 이는 현실적으로는 대부분 관련성이 인정되는 상황으로 이어질 우려가 크다.

예컨대, 대법원은 2020. 2. 13. 선고 2019도14341, 2019전도130(병합) 판

결에서 '상습범으로 처벌될 가능성, 범행 동기, 범행대상, 범행의 수단과 방법이 공통된다는 점, 성폭력범죄의 처벌 등에 관한 특례법 위반(통신매체이용음란)죄의 (자기 또는 다른 사람의 성적 욕망을 유발하거나 만족시킬) 목적을 뒷받침하는 간접증거, 영장 범죄사실 자체에 대하여 피고인이 하는 진술의 신빙성을 판단할 수 있는 자료로도 사용될 수 있는 점'을 근거로 하여 압수·수색 과정에서 발견한 다른 피해자에 대한 증거에 관하여 압수·수색영장에 기재된 혐의사실과 기본적 사실관계가 동일한 범행에 직접 관련되어 있는 경우라고 판단하여, 그 판단 기준을 보다 완화하고 있다. 대법원의 이러한 입장에 따르면 사실상 많은 수의 정보들에 관련성이 인정되기가 쉽다고 보이므로, 정보 주체의 정보 프라이버시권 보장을 위하여 객관적 관련성의 판단 기준을 보다 엄격화할 필요가 있다.

두 번째로, 위 대법원 판결은 인적 관련성이 압수·수색영장에 기재된 대상자의 '공동정범, 교사범, 공범, 간접정범, 필요적 공범 등에 대한 피고사건에 대해서도 인정될 수 있다'라고 판시하여 사실상 인적 관련성의 제한을 두고 있지 않다. 실제로 위 대법원 2017. 1. 25. 선고 2016도13489 판결에서는 피고인2가 '이 사건 통신사실 확인자료제공요청 허가서에 기재된 혐의사실(피고인 1과 공소외인 사이의 ○○랜드 직원 채용 및 ○○랜드 발주 공사 납품업체 선정 관련 부분)이 피고인 2의 공소사실(부산교통공사가 발주하는 지하철 공사현장의 식당운영권을 수주할 수 있도록 청탁 및 뇌물 수수)과 관련성이 없다'라고 주장하였는데, 대법원은 위와 같은 인적 관련성 기준 하에서 이를 받아들이지 않았다. 이와 같은 대법원의 관련성 인정에 대하여 '이 사건의 경우 허가서 기재의 범죄사실과 동종 또는 유사범행에 불과하다고 보아야 하며, 주관적 관련성은 공동정범과 합동범 등에는 인정되지만 대향범에는 부정되어야 한다'라는 이유로 비판하는 견해가 있는데,660) 이에 주목할 필요가 있다. 정보 주체의 정보 프라이버시권 보장을 위해서는 대법원의 인적 관련성 개념을 보다 구체화하고, 특히 인적 객관성이 인정되지 않는 경우를 제시하는 것이 필요하다고 할 것이다.

정보가 대량으로 저장되어 있는 정보 저장매체의 특성을 감안하면, 정보 프라이버시권 보장을 위하여 객관적 관련성과 주관적 관련성의 범위는 보다 좁히고, 관련성이 인정되지 않는 정보에 대해서는 수사기관이 별도의 영장을 발부받는 방향으로 수사 실무가 개선이 되어야 할 것이다. 압수·수색의 대상이 된 정보 저장매체는 이미 수사기관이 확보하고 있으므로, 별도의 영장을 발부받는 것이 곧바로 증거의 멸실 또는 훼손으로 이어지지는 않을 것이다. 즉, 수사기관은 관련성이 인정되지 않는 정보에 대해서도 별도의 영장 청구를 통하여 해당 정보를 압수할 수 있으므로, 관련성 요건을 엄격히 하는 것이 실체적 진실의 발견을 저해하는 것이라고도 볼 수 없는 것이다. 물론 별도의 영장을 청구하여야 하는 수사기관의 불편함이 발생하겠지만, 이는 '포괄 영장을 방지하여 정보 프라이버시권을 보장하여야 한다'라는 더 큰 가치에 의하여 감수되어야 할 부분이라고 판단된다.

참고로, 앞서 살펴본 대법원 판결들은 관련성 판단의 기준으로서 '압수·수색 대상 정보와의 시간적 접근성의 여부'를 고려하고 있지 않다. 이와 관련하여 '피고사건(혐의 사실)의 발생 시점과 근접한 전자증거이어야 한다'라는 시간적 관련성661) 개념을 관련성 판단 기준으로 추가하는 방안도 참고할 수 있다. 물론 시적 관련성 개념을 특별히 구별하여야 하는지에 대하여 의문이 있을 수는 있겠지만, '관련성 판단의 기준을 더욱 구체화 한다'라는 점에서 검토해 볼 필요는 있다고 생각된다.

---

660) 정한중 (2017), 751-753면.
661) 오기두, "전자정보의 수색·검증, 압수에 관한 개정 형사소송법의 함의", 형사소송 이론과 실무 제4권 제1호 (2012. 6.), 152면에서 제안된 개념이다.

II. 우연히 발견한 무관정보에 대한 영장 발부 기준 구체화

대법원은 2015. 7. 16.자 2011모1839 전원합의체 결정(종근당 사건)에서 "전자정보에 대한 압수·수색이 종료되기 전에 혐의사실과 관련된 전자정보를 적법하게 탐색하는 과정에서 별도의 범죄혐의와 관련된 전자정보를 우연히 발견한 경우라면, 수사기관으로서는 더 이상의 추가 탐색을 중단하고 법원으로부터 별도의 범죄혐의에 대한 압수·수색영장을 발부받은 경우에 한하여 그러한 정보에 대하여도 적법하게 압수·수색을 할 수 있다고 할 것이다."라고 설시하여, 우연히 발견한 별건 범죄 정보를 압수할 수 있는 요건을 제시하였다. 이러한 대법원의 판시 내용을 정리하여 보면, 무관 정보에 대한 압수가 적법하기 위한 요건은 다음과 같다.

첫째, 수사기관이 최초 영장의 혐의 사실과 관련된 전자정보를 '적법하게' 탐색하는 과정에서 '우연히' 별도의 범죄 혐의와 관련된 전자정보를 발견하였어야 한다.

둘째, 해당 별건 정보의 발견은 최초 영장의 압수·수색 절차가 '종료되기 이전'에 발생하였어야 한다.

셋째, 수사기관은 더 이상의 '<u>추가 탐색을 중단</u>'하고 법원으로부터 '<u>별도의 범죄 혐의에 대한 압수·수색 영장</u>'을 추가로 발부받아야 한다(추가 탐색이 중단되어야 한다는 뜻은 신속하게 별도의 범죄 혐의에 대한 영장을 청구하여야 한다는 의미로 이해할 수 있을 것이다).

무관 정보의 탐색을 막고자 하는 종근당 사건 결정의 취지에 비추어 보면, 추가 영장(별건 혐의 사실에 대한 영장)의 청구를 받은 법원은 먼저 해당 추가 영장의 청구 요건이 적법한지를 꼼꼼히 살펴보아야 할 것이다. 또한 법원이 별건 혐의에 대한 영장 발부를 결정하였다면, 법원은 '수사기관의 또 다른 무관 정보 탐색 위험'을 줄이기 위하여 앞서 논의하였던 구체적인 사전 제한(영장 집행방법의 제한)을 해당 별건 영장에 구체적으로 부기하여야 할 것이다.

그런데 대법원은 '수사기관이 우연히 발견한 별건 범죄 정보를 압수할 수 있는 요건'을 대략적으로 제시하였을 뿐, 새로운 별건 영장의 구체적인 발부 기준을 언급하고 있지는 않다. 만약 '우연히 발견한 무관 정보에 대한 새로운 추가 영장'이 제한 없이 무분별하게 발부된다면, '포괄 영장을 금지하고 무관 정보 탐색의 위험을 줄이고자 한 종근당 사건 결정의 취지가 무색해진다'라는 문제가 발생한다.[662][663] 따라서 '우연히 발견한 무관 정보에 대한 별건 영장 발부 시 고려하여야 할 구체적인 요건'을 설정할 필요가 있다. 이와 관련하여, 종근당 사건 결정에서 제시된 '우연히 발견한 별건 범죄 정보를 압수할 수 있는 요건'들에 기반하여 다음과 같은 구체적인 기준을 제안하고자 한다.

첫째, 종근당 사건 결정은 '해당 별건 정보의 발견은 최초 영장의 압수·수색 절차가 종료되기 이전에 발생하였어야 한다'라는 점과, '수사기관은 더 이상의 추가 탐색을 중단하고 (신속하게) 법원에 별도의 범죄혐의에 대한 압수·수색 영장을 청구하여야 한다'라는 시간적 한계를 제시하고 있다.

---

662) 이와 같은 취지의 지적으로서, 강수진, "별도 범죄혐의 관련 전자정보의 압수·수색에 관한 대법원 2015.7.16.자 2011모1839 결정의 검토", 안암법학 제50권 (2016), 305면 이하; 이숙연, "디지털시대의 영장주의", 법률신문 4725호 (2019년 8월 22일자) ('별도 혐의에 대한 영장이 쉽게 발부될 경우, 수사기관이 소명이 쉬운 혐의로 영장을 발부받은 후 해당 영장의 집행과정에서 별건 범죄의 단서를 찾고자 할 수 있다'라는 지적); 박병민/서용성 (2021), 272-273면.

663) 이와 유사한 취지의 지적은 미국에서도 발견된다. 연방대법원의 Riley v. California 판결로 인하여 '체포에 부수한 영장 없는 휴대폰 수색'이 허용되지 않게 되었고, 이에 수사기관은 휴대폰 수색을 위한 별도의 영장을 법원에 청구하게 되었다. 그런데 '수사기관의 별건 영장 청구에 대하여, 미국 법원은 특정성 요건을 결여한 포괄 영장을 무분별하게 발부하여 왔고, 이는 Riley v. California 판결의 취지를 무색하게 한다'라는 취지의 지적이 있다. 이상 Adam M. Gershowitz (2016), 600-602면 참조.

따라서 별도의 범죄 혐의에 대한 영장을 청구받은 법원은 '해당 별건 정보의 발견이 최초 영장의 종료 이전에 이루어졌는지'의 여부를 먼저 면밀히 검토하여야 하며,[664] 또한 '수사기관이 해당 별건 정보의 발견 이후 얼마나 신속하게 별건 추가 영장을 청구하였는지'의 여부도 살펴보아야 한다. 참고로 본 논문은 '수사기관이 영장 집행 종료 이후 무관 정보를 삭제 또는 폐기하여야 할 의무 및 명확한 영장 종료 시점을 기록하여야 할 의무를 형사소송법에 명문화하는 방안'을 앞서 제시한 바 있으므로,[665] 이는 '별도의 범죄 혐의 발견이 영장 집행 종료 시점 이전에 이루어졌는지'의 여부를 분명히 확인하게 해줄 수 있을 것이다. 또한, 수사기관은 실제로는 영장 집행이 종료된 이후에 별건 무관 정보를 발견하였음에도, 마치 해당 별건 정보를 영장 집행 종료 이전에 발견한 것처럼 별건 영장을 청구할 수가 있다. 따라서 이를 판별하기 위하여 별건 영장을 청구받은 법원은 '수사기관이 해당 별건 정보의 발견 이후 얼마나 신속하게 별건 추가 영장을 청구하였는지'의 여부도 별건 영장 발부의 요건으로서 심사하여야 하는 것이다.

---

664) 영장 집행의 종료 시점과 관련하여, 강수진, "별도 범죄혐의 관련 전자정보의 압수·수색에 관한 대법원 2015.7.16.자 2011모1839 결정의 검토", 안암법학 제50권 (2016), 308-309면에서는 '수사기관이 무관 정보를 찾기 위하여 최초 압수·수색 영장 집행의 종료 시점을 의도적으로 미룰 수 있기에, 영장의 집행 기간을 정보를 추출하기 위하여 필요한 최소한의 합리적인 시간으로 해석해야 한다'라고 주장한다. 이는 영장 집행의 부당한 지연을 막기 위하여 타당한 주장이라고 생각된다. 다만, 본 논문에서는 앞선 사전 제한 개선 방안에서 '최초 영장 발부시 영장 집행의 종료 시점을 사전 제한으로 미리 설정하고, 부득이하게 추가 기한이 필요한 경우에는 해당 사유를 소명하여 법원의 추가 허가를 받는 방법'을 제시한 바 있으므로, 이러한 사전 제한을 통하면 영장 집행의 부당한 지연 역시 막을 수 있을 것으로 판단된다.

665) 해당 개정 제안 조항은 다음과 같다. "제106조(압수) ⑤ 법원은 제3항에 따른 정보에 대한 압수가 종료하였을 경우 해당 압수의 종료 시점을 명확히 기록하여야 하고, 피고사건과 관계가 없는 정보는 지체 없이 삭제 또는 폐기하여야 한다. ⑥ 제5항에서의 정보에 대한 압수의 종료 시점이란 정보 저장매체에 저장된 정보 중에서 범죄혐의사실과 관련 있는 정보에 대한 취득절차가 문서출력 또는 파일복제 등의 형식으로 완료된 때를 말한다."

둘째, 종근당 사건 결정은 '우연히 별도의 범죄 혐의 사실을 발견하였을 것'을 요구하고 있다. 이와 관련하여, 본 논문에서는 '우연성 요건의 구체적이고 객관적인 판단 기준'으로서 '수사기관이 최초 영장에 부기된 영장 집행의 사전 제한을 준수하였는지의 여부'를 제시하고자 한다. 사전 제한의 취지가 무관 정보 탐색을 막는 데에 있으므로, '수사기관이 사전 제한을 준수하지 않는 과정에서 무관 정보를 발견하였다'라는 사실은 '무관 정보의 발견이 우연이 아닌 고의적으로 이루어졌다'라는 의미를 갖기 때문이다. 본 논문은 앞선 제5장 제3절에서 '사전 제한의 개선 방안'으로서 형사소송법 제215조(압수, 수색, 검증)에 '영장 발부 판사는 영장의 사전 제한을 부기하여야 한다'라는 취지의 제3항을 추가하는 방안을 제시한 바 있다.666) 따라서 본 논문의 위 개정 제안 제3항에서 제시한 "해당 영장의 구체적인 집행 방법"을 수사기관이 준수하였는지의 여부가 '별도 범죄 혐의 사실 발견의 우연성'을 판단하는 기준이 될 수 있을 것이다.

셋째, 종근당 사건 결정은 '별건 영장 청구의 대상이 된 별건 범죄의 유형'에 대해서는 언급하지 않고 있는데, 이와 관련하여 '별건 범죄 혐의의 중대성 여부'도 고려되어야 할 것이다.667) 별건 범죄 혐의가 사망 또는 상해 등과 관련된 중범죄에 해당한다면, 영장 발부 법원은 영장 발부의 사유로 적극 고려할 수 있을 것이다.668)

---

666) 해당 개정 제안 조항은 다음과 같다. "③ 제1항과 제2항에서 청구된 영장이 정보를 대상으로 하는 경우라면 영장을 발부하는 지방법원판사는 특별한 사정이 없는 한 해당 영장의 구체적인 집행 방법을 부기한 영장을 발부하여야 한다."

667) 유사한 제안으로, 이숙연, "디지털시대의 영장주의", 법률신문 4725호 (2019년 8월 22일자)에서는 우연히 발견한 무관정보에 대한 영장 발부의 기준으로서 '별도 혐의 관련 정보가 최초 혐의 관련 정보의 탐색 과정에서 우연히 발견된 것이 명백할 것, 별도 혐의는 테러와 살인 등의 중범죄이며 최초 혐의보다 법정형이 높은 범죄일 것'을 제시하고 있다.

668) 참고로, '수사기관이 무관 정보에 대하여 횟수 제한 없이 압수·수색을 하게 되면 정보 주체의 프라이버시에 심각한 침해를 초래할 수 있기에, 무관정보에 대한 별건의

이상과 같은 취지를 종합하여, 본 논문에서는 '영장 집행 과정에서 우연히 발견한 별건 정보에 대한 추가 영장 발부의 구체적인 기준'을 형사소송법에 다음과 같이 명문화할 것을 제안한다.

〈 표 4 〉 영장 집행 과정에서 우연히 발견한 별건 정보에 대한
추가 영장 발부 기준 명문화 제안

현행 조항	개정 제안 조항(제3항 및 제4항 추가)
제215조(압수, 수색, 검증) ① 검사는 범죄수사에 필요한 때에는 피의자가 죄를 범하였다고 의심할 만한 정황이 있고 해당 사건과 관계가 있다고 인정할 수 있는 것에 한정하여 지방법원판사에게 청구하여 발부받은 영장에 의하여 압수, 수색 또는 검증을 할 수 있다. ② 사법경찰관이 범죄수사에 필요한 때에는 피의자가 죄를 범하였다고 의심할 만한 정황이 있고 해당 사건과 관계가 있다고 인정할 수 있는 것에 한정하여 검사에게 신청하여 검사의 청구로 지방법원판사가 발부한 영장에 의하여 압수, 수색 또는 검증을 할 수 있다.	제215조(압수, 수색, 검증) ① 및 ② (현행 조항과 동일) ③ 제1항과 제2항에서 청구된 영장이 정보를 대상으로 하는 경우라면 영장을 발부하는 지방법원판사는 특별한 사정이 없는 한 해당 영장의 구체적인 집행 방법을 부기한 영장을 발부하여야 한다.[669] ④ 제1항과 제2항에서의 영장 청구가 정보에 대한 기존의 다른 영장 집행 과정에서 발견된 별건 혐의 사실에 대하여 이루어진 경우, 영장을 발부하는 지방법원판사는 영장 발부시 다음과 같은 사정을 고려하여야 한다. 　1. 별건 혐의 사실의 발견이 기존의 다른 영장 집행 종료 이전에 발생하였는지 여부 　2. 별건 혐의 사실에 대한 추가 영장 청구의 소요 시간 　3. 수사기관의 별건 혐의 사실 발견이 본조 제3항에서의 구체적인 집행 방법을 준수하는 과정에서 이루어졌는지 여부 　4. 별건 혐의 사실인 범죄의 중대성

영장은 1회에 한해서만 가능하도록 제한하여야 한다'라는 주장[강수진, "별도 범죄 혐의 관련 전자정보의 압수·수색에 관한 대법원 2015.7.16.자 2011모1839 결정의 검토", 안암법학 제50권 (2016), 306-307면 및 317면.]이 있다. 그러나 무관 정보가 중대한 범죄에 해당하는 경우에는 별건 영장의 횟수를 1회로 제한하는 것이 적절하지 않은 경우가 있을 수도 있다.

Ⅲ. 긴급 압수·수색 제도의 범위 제한과 임의제출 제도의 엄격화

'현행범으로 체포된 피의자가 소지하던 물건은 형사소송법 제218조의 임의제출 조항에 근거하여서는 영장 없이 압수할 수 없다'라는 취지의 의정부지방법원 2019. 8. 22. 선고 2018노2757 판결과 '긴급체포 현장에서의 임의제출 형식의 압수'를 제한하는 취지의 서울중앙지방법원 2019. 10. 8. 선고 2019고합441판결은 모두 정보 주체의 정보 프라이버시권을 충실히 보장하고자 하는 입장이다. 의정부지방법원 2019. 8. 22. 선고 2018노2757 판결은 비록 대법원에서는 받아들여지지 않았지만, 유사한 취지의 하급심 판결[670])이 계속 등장하고 있기에 주목할 필요가 있다고 본다.

이처럼 최근 우리의 하급심 법원에서는 수사기관이 임의제출 방식을 통하여 사전 영장 없이 휴대폰을 압수·수색하는 수사 관행에 제동을 가하려는 움직임이 일어나고 있다. 학설상으로도 '수사기관은 긴급 압수의 요건을 충족하는 경우 피의자의 휴대전화 자체를 압수할 수는 있지만, 이후 수사기관이 휴대전화에 저장된 정보를 탐색하기 위해서는 특별한 사정(예를 들어 휴대전화 내에 유괴된 아이의 위치정보가 들어있는 경우)이 없는 한 법원의 사전 영장을 먼저 발부받아야 한다'라는 견해[671])가 지속적으로 주장 된다. 이러한 주장은 "지하철수사대 소속 사법경찰관이 피고인의 휴대

---

669) 앞선 제5장 제3절의 사전 제한 개선방안에서 제안한 개정 제안 조항이다.

670) 의정부지방법원 2019. 10. 31. 선고 2018노3609 판결이 있다(다만, 대법원은 2020. 4. 9. 선고 2019도17142 판결에서 위 원심의 판단을 배척하였다).

671) 조기영, "사전영장 없는 휴대전화 압수수색의 허용 여부", 동북아법연구 제9권 제3호 (2016. 1.), 238면; 성중탁, "스마트폰 압수, 수색에 대한 헌법상 쟁점", IT와 법연구 제18집 (2019), 216-217면; 홍진표 (2019), 147면; 최대호, "피체포자의 휴대전화 압수와 그 내용확인의 적법성", 중앙법학 제21집 제1호 (2019. 3.), 120면 이하(수사기관이 휴대전화의 내용 정보를 확인하기 위해서는 별도의 검증 영장을 발부받아야 한다는 견해).

전화기를 형사소송법 제218조에 따라 압수하였으나, 그 실질은 형사소송법 제216조 제1항 제2호에 따라 압수한 것으로서 사후 영장을 발부받지 못했으므로, 휴대전화기에 대한 증거능력을 인정할 수 없다."라고 판시한 후 '휴대전화 내의 정보에 대해서도 사전 영장이 원칙적으로 필요하다'라는 취지를 설시한 의정부지방법원 2019. 8. 22. 선고 2018노2757 판결의 태도와 그 궤를 같이 한다고 할 수 있다.672)

이는 앞서 살펴보았듯이 미국에서도 최근 하급심 또는 학계를 중심으로 일어나는 움직임이기도 하다. 정보 저장매체가 가지고 있는 정보의 양이 매우 방대한 관계로, 미국에서도 사전 영장주의 원칙의 예외를 줄이고자 하는 경향이 나타나고 있는 것이다. 비록 이러한 사항들이 우리의 대법원 또는 미국 연방대법원 판결은 아니지만, 정보 프라이버시권 보장의 관점에서 의미가 깊다고 할 것이다.

따라서 본 논문에서는 정보 저장매체에 대한 압수·수색과 관련하여 다음과 같은 개선방안을 제시하고자 한다.

첫째, 긴급 압수수색 조항 등에 근거한 사전 영장의 예외를 정보 저장매체에 대해서는 제한할 필요가 있다. 즉, '긴급 압수수색 등의 상황에서 수사기관은 정보 저장매체 자체에 대한 압수만이 가능하고, 정보 저장매체 내의 정보에 대한 압수수색에는 원칙적으로 영장 발부가 필요하다'라는 취지로 해당 조항을 개정할 필요가 있다.673) 다만, '테러나 인신매매 등을 방

---

672) 다만 임의제출 방식의 압수와 관련하여, 학계에서는 '임의제출에 의한 압수는 (형사소송법이 규정한) 독자적인 영장주의의 예외이기에, 임의제출의 독자적인 요건 충족에 따라서 압수의 합법성을 따져야 한다'라는 점에서, '현행범 체포 현장에서 휴대폰을 임의제출 받을 수 없다는 주장은 타당하지 않다'라는 취지의 반론[최병각, "휴대폰의 압수와 저장정보의 탐색", 비교형사법연구 제22권 제3호 (2020. 10.), 174면]도 있다.

673) 이에 따라서 수사기관이 정보 저장매체의 정보에 대한 압수수색 영장을 별도로 청구한 경우에, 영장 발부 법원은 영장 발부시 '정보 저장매체의 정보에 대한 영장 집행 방법을 구체적으로 사전에 제한하는 등의 방식'을 통하여 무관 정보 탐색의 가능성

지하기 위한 핵심 정보가 정보 저장매체 내에 있는 경우 등과 같은 예외적인 경우'에는 수사기관이 정보 저장매체 내의 정보에 대한 압수수색을 영장 없이도 할 수 있도록 규정할 필요는 있을 것이다. 이상과 같은 취지를 반영하여 본 논문에서는 다음 표와 같은 형사소송법 개정안을 제시하고자 한다.

〈 표 5 〉 긴급 압수·수색 조항 등에 대한 형사소송법 개정 제안

현행 조항	개정 제안 조항
제216조(영장에 의하지 아니한 강제 처분) ①검사 또는 사법경찰관은 제200조의2·제200조의3·제201조 또는 제212조의 규정에 의하여 피의자를 체포 또는 구속하는 경우에 필요한 때에는 영장 없이 다음 처분을 할 수 있다. 1. 타인의 주거나 타인이 간수하는 가옥, 건조물, 항공기, 선차 내에서의 피의자 수색. 다만, 제200조의2 또는 제201조에 따라 피의자를 체포 또는 구속하는 경우의 피의자 수색은 미리 수색영장을 발부받기 어려운 긴급한 사정이 있는 때에 한정한다. 2. 체포현장에서의 압수, 수색, 검증 ②전항 제2호의 규정은 검사 또는 사법경찰관이 피고인에 대한 구속영장의 집행의 경우에 준용한다. ③범행 중 또는 범행직후의 범죄 장소에서 긴급을 요하여 법원판사의 영장을 받을 수 없는 때에는 영장없이 압수, 수색 또는 검증을 할 수 있다. 이	제216조(영장에 의하지 아니한 강제처분) ①검사 또는 사법경찰관은 제200조의2·제200조의3·제201조 또는 제212조의 규정에 의하여 피의자를 체포 또는 구속하는 경우에 필요한 때에는 영장없이 다음 처분을 할 수 있다. 1. 타인의 주거나 타인이 간수하는 가옥, 건조물, 항공기, 선차 내에서의 피의자 수색. 다만, 제200조의2 또는 제201조에 따라 피의자를 체포 또는 구속하는 경우의 피의자 수색은 미리 수색영장을 발부받기 어려운 긴급한 사정이 있는 때에 한정한다. 2. 체포현장에서의 압수, 수색, 검증. **다만, 정보 저장매체 내의 정보에 대한 압수, 수색, 검증은 직접적인 사망이나 상해의 위험 등을 방지하기 위한 긴박한 사정이 있는 경우에만 가능하다.**[674] ②전항 제2호의 규정은 검사 또는 사법경찰관이 피고인에 대한 구속영장의 집행의 경우에 준용한다. ③범행 중 또는 범행직후의 범죄 장소에서 긴급을 요하여 법원판사의 영장을 받을 수 없는 때에는 영장없이 압수, 수색 또는 검증을 할 수 있다. **다만, 정보 저장매체 내의 정보에 대한 압수, 수색, 검증은 직접적인 사망이나 상해의 위험 등을 방지하기 위한 긴박한 사정이 있는 경우에만 가능하다.**

을 줄여야 한다.

경우에는 사후에 지체없이 영장을 받아야 한다.	④ 제3항의 경우에는 사후에 지체없이 영장을 받아야 한다.
제217조(영장에 의하지 아니하는 강제처분) ①검사 또는 사법경찰관은 제200조의3에 따라 체포된 자가 소유·소지 또는 보관하는 물건에 대하여 긴급히 압수할 필요가 있는 경우에는 체포한 때부터 24시간 이내에 한하여 영장 없이 압수·수색 또는 검증을 할 수 있다. ②검사 또는 사법경찰관은 제1항 또는 제216조제1항제2호에 따라 압수한 물건을 계속 압수할 필요가 있는 경우에는 지체 없이 압수수색영장을 청구하여야 한다. 이 경우 압수수색영장의 청구는 체포한 때부터 48시간 이내에 하여야 한다. ③검사 또는 사법경찰관은 제2항에 따라 청구한 압수수색영장을 발부받지 못한 때에는 압수한 물건을 즉시 반환하여야 한다.	제217조(영장에 의하지 아니하는 강제처분) ①검사 또는 사법경찰관은 제200조의3에 따라 체포된 자가 소유·소지 또는 보관하는 물건에 대하여 긴급히 압수할 필요가 있는 경우에는 체포한 때부터 24시간 이내에 한하여 영장 없이 압수·수색 또는 검증을 할 수 있다. **다만, 정보 저장매체 내의 정보에 대한 압수, 수색, 검증은 직접적인 사망이나 상해의 위험 등을 방지하기 위한 긴박한 사정이 있는 경우에만 가능하다.** ②검사 또는 사법경찰관은 제1항 또는 제216조제1항제2호에 따라 압수한 물건을 계속 압수할 필요가 있는 경우에는 지체 없이 압수수색영장을 청구하여야 한다. 이 경우 압수수색영장의 청구는 체포한 때부터 48시간 이내에 하여야 한다. ③검사 또는 사법경찰관은 제2항에 따라 청구한 압수수색영장을 발부받지 못한 때에는 압수한 물건을 즉시 반환하여야 한다. **다만, 압수한 물건이 정보 저장매체 내의 정보인 경우에는 해당 정보를 삭제 또는 폐기하여야 한다.**

　참고로, 위 개정 입법 제안을 담은 본 논문에 대한 논문 심사가 진행 중이었던 시점에서, 본 논문의 위 개정 입법 제안과 유사한 취지의 형사소송법 일부개정법률안[675])이 발의되었다. 최기상 의원 대표발의안은 '수사기관

---

674) "직접적인 사망이나 상해의 위험"이라는 예외 허용 문구는 통신비밀보호법 제8조 제1항에 규정된 긴급통신제한조치의 허용 요건에서 참조하였다. 참고로, 이와 관련하여 '통신비밀보호법상의 긴급통신제한조치 허용 요건의 경우에 비하여, 본 논문이 제안한 정보 저장매체 내의 정보를 압수, 수색, 검증할 수 있는 예외 허용 요건이 협소하다'라는 이유에서, '본 논문의 예외 허용 요건을 보다 넓힐 필요가 있다'라는 취지의 지적이 본 논문 심사 과정에서 있었다(박정난 교수).
675) 형사소송법 일부개정법률안(최기상의원 대표발의, 의안번호 10539, 발의연월일

의 압수, 수색, 검증'에 관한 조문인 형사소송법 제215조에 "③ 검사 또는 사법경찰관은 압수한 정보저장매체 등을 조사하여 전자정보를 탐색·복제·출력하기 위해서는 별도의 영장을 발부받아 집행하여야 한다."라는 제3항을 추가하는 내용을 담고 있다. 이는 긴급 압수 제도에서의 수사기관에 의한 무분별한 정보 탐색을 막는다는 취지를 담고 있기에,676) 정보 프라이버시권 보장의 차원에서 바람직한 개정안이다. 다만, 최기상 의원 대표발의안의 취지가 긴급 압수·수색에서의 정보 탐색만을 제한하고자 하는 것이라면,677) 본 논문의 앞선 개정 제안과 같이 '사전 영장에 의하지 아니하는 강제처분 조항(형사소송법 제216조와 제217조)'을 개정 대상 조항으로 삼을 필요가 있으며, 이에 대한 일정한 예외("직접적인 사망이나 상해의 위험 등을 방지하기 위한 긴박한 사정")도 인정할 필요가 있다고 판단된다.

둘째, 임의 제출 제도(형사소송법 제218조)를 이용한 정보 저장매체 압수의 경우, 이를 엄격히 제한할 필요가 있다. 대한민국의 대법원은 2016. 3. 10. 선고 2013도11233 판결678)을 통하여 '검사가 임의제출의 임의성을 엄

2021. 6. 3.). 이 형사소송법 일부개정법률안은 이하 '최기상 의원 대표발의안'으로 약칭한다.

676) 최기상 의원 대표발의안의 "제안이유 및 주요내용"은 "현재 우리나라에서도 하급심 판결은 긴급체포 현장에서 영장 없이 적법하게 휴대전화를 압수하였다고 하더라도 이를 근거로 전자정보까지 영장 없이 압수·수색할 수 있다고는 볼 수 없다고 판시한 적이 있습니다. . . . 따라서 이러한 논란에 종지부를 찍고 휴대전화의 압수·수색을 통한 수사기관의 무분별한 별건수사를 방지하기 위해서는 유체물인 휴대전화의 압수와는 별도로 이에 저장된 전자정보를 탐색·복제·출력하는 경우에는 별도의 영장을 발부받아 집행하도록 명시하는 것이 필요합니다. 이를 통해 개인정보 및 사생활을 보호하고, 피의자의 방어권을 더욱 두텁게 보장하고자 합니다"라는 제안 이유를 담고 있다.

677) 최기상 의원 대표발의안의 취지가 '긴급 압수·수색 제도만을 대상으로 한 것인지, 아니면 압수·수색 제도 전반을 대상으로 한 것인지'의 여부가 불분명한 측면이 있는데, 본 논문에서는 전자의 경우로 가정하여 서술하였다.

격히 입증할 필요가 있다'라는 입장을 밝힌 바 있지만, 임의제출의 임의성 판단과 관련하여 보다 구체적인 기준을 마련하는 것이 필요하다. 이와 관련하여, 대한민국의 학계에서는 '정보 저장매체에 대한 임의 제출 제도의 개선 방안'에 대한 논의가 이미 활발히 이루어지고 있다. 이는 '임의 제출 거부권 고지 의무의 명문화, 임의 제출에서의 임의성 판단의 엄격화, 임의 제출 대상 정보의 구체화, 임의 제출 동의서 양식의 구체화' 등으로 요약할 수 있겠다.679) 이러한 학계의 개선 논의는 정보 주체의 정보 프라이버시권 보장을 위하여 적극 검토할 필요가 있다고 판단된다.680)

---

678) 참고로, 본 판결 관련하여 한상훈, "임의제출물의 영치와 위법수집증거 배제법칙 - 대법원 2016. 3. 10. 선고 2013도11233 판결 -", 법조 통권 719호, 법조협회 (2016), 621면에서는 "형사소송법 제218조에 의한 임의제출의 '임의성'을 명시적으로 부정한 최초의 대법원판례"라고 평가하고 있다.

679) 이흔재, "형사절차상 휴대전화의 강제처분에 대한 연구", 박사학위 논문, 연세대학교 (2020), 142-144면; 박병민/서용성 (2021), 283-288면.

680) 참고로, 이와 관련하여서는 '임의제출의 근거 조항인 형사소송법 제218조의 "임의로"라는 단어를 "명시적인 동의에 의하여"라는 조항으로 바꾸고, 형사소송법 제218조의 제2항으로서 "② 제1항에 따라 물건을 압수하는 경우에 검사 또는 사법경찰관은 피의자, 소유자, 소지자 또는 보관자에게 그 제출을 거부할 수 있으며, 제출을 거부할 시 어떠한 불이익도 받지 아니함을 미리 고지하여야 한다."라는 내용의 항을 신설하는 내용'을 담은 형사소송법 일부개정법률안(백혜련의원 대표발의, 의안번호 8098, 발의연월일 2021. 2. 15.)이 발의된 바 있다.

제7장

압수처분에 대한 사후 위법성
판단의 엄격화

제1절 문제의 소재

지금까지 미국과 대한민국에서의 '영장주의 적용 대상의 확대 및 통신비밀 보호의 강화(제3장), 영장 발부 요건의 엄격화(제4장), 영장 집행 과정에서의 절차적 통제 강화(제5장), 강제처분 과정에서 우연히 발견된 별건 정보의 취득 제한(제6장)' 동향에 대하여 살펴보았다. 이는 영장 발부 단계에서부터 영장 집행 단계까지의 정보 프라이버시권 보장 동향에 해당한다고 볼 수 있다.

한편, 미국과 대한민국의 법원은 집행이 이미 완료된 압수처분에 대한 사후 위법성 판단 역시 엄격히 하는 동향을 보이고 있는데, 이는 '압수처분에 대한 사후 위법성 판단의 엄격화'라고 지칭할 수 있을 것이다. 본 장에서는 이와 관련한 미국과 대한민국의 대표적인 판결(결정)을 살펴보고자 한다.

이와 관련한 미국의 판결로는 U.S. v. Ganias 판결[681]이 있다. 연방 제2항소법원은 위 사건에서 수사기관에게 '무관 정보를 삭제(purge)할 의무'를 인정하여, 수사기관의 압수처분을 위법하다고 판단하였다. 이는 압수된 Ganias의 컴퓨터 파일 정보에 대하여 위법수집증거배제법칙이 엄격히 적용되는 결과로 이어진다.

'압수처분에 대한 사후 위법성 판단을 엄격히 한 대한민국의 사례'로는 대법원 2015. 7. 16.자 2011모1839 전원합의체 결정(종근당 사건)이 있다. 본 결정에서 대법원은 제2·3 처분에 해당하는 전자정보의 복제·출력 과정의 위법이 중대하다고 보고, 전체적으로 제1영장에 기한 압수·수색까지 취

---

681) United States v. Ganias, 755 F.3d 125 (2d Cir. 2014). 이 판결은 이하 'United States v. Ganias (2d Cir. 2014)'으로 약칭한다.

소하였다. 즉, 후행 처분(제2·3 처분)의 위법에 의하여 적법하였던 제1처분까지 취소가 된 것이다. 대법원은 제1처분을 위법하게 본 것은 아니지만, 결과적으로 제1처분을 취소하였다. 따라서 이 역시 디지털 증거의 압수처분에 대한 사후 위법성 판단이 엄격히 적용된 사례로 평가할 수 있을 것이다.

이는 '정보 저장매체에 대한 강제수사(압수·수색)에서는 수사기관이 대량의 무관정보를 손쉽게 취득할 수 있다'라는 문제 의식을 바탕으로 한 것으로 보인다. 이러한 점은 "수사기관이 위법하게 취득한 무관정보를 별도의 범죄수사를 위한 단서로만 사용하고 그 별도의 범죄사건에 증거로 활용하지 않는 이상, 영장을 발부한 법관으로서는 사후에 이를 알아내거나 실질적으로 통제할 아무런 방법이 없다."라는 '제1·2·3 처분에 관한 다수의견에 대한 대법관 이인복, 대법관 이상훈, 대법관 김소영의 보충의견'의 설시에 잘 드러나 있다.

만약 수사기관이 관련성이 없는 정보(무관 정보)를 압수한다면, 대법원은 이미 확립한 관련성 원칙에 따라서 해당 무관 정보에 대한 압수처분을 사후에 취소하거나 해당 압수처분으로 획득한 정보의 증거능력을 배제할 것이다. 그런데 만약 수사기관이 압수·수색 과정에서 의도적으로 무관 정보를 탐색하여(예컨대 별건의 범죄 수사 대상을 찾기 위한 목적에서) 해당 정보를 발견한 후, 이를 별건 수사의 단초로만 활용하고 법원에 별도의 영장을 청구하지 않는다면 법원으로서는 수사기관의 이러한 행위를 통제할 방안이 없다. 물론 검사가 별건의 범죄 혐의에 대하여 기소를 하고 위 무관정보를 별건의 재판과정에서 증거로 제출한다면 법원은 해당 정보가 무관정보에 해당한다는 이유로 해당 정보의 증거능력을 부인할 수 있을 것이다. 그러나 수사기관이 해당 정보를 탐색한 후 이를 단순히 별건 수사의 내부적인 단초로만 활용한다면 법원은 이를 통제할 도리가 없다. 따라서 대법원의 다수의견은 취소되어야 할 압수처분의 범위를 확대함으로써 압수대상자의 정보 프라이버시권을 보장하고자 한 것이다.

한편, 대법원 2015. 7. 16.자 2011모1839 전원합의체 결정(종근당 사건)은 미국의 U.S. v. Ganias 판결과 같이 삭제·폐기의무를 인정하였다는 점에서도 의의가 있다. 김용덕 대법관(별개의견)과 권순일 대법관(제1처분에 관한 반대의견)이 '압수수색 영장의 집행 종료 이후에는 (영장에 의하여 취득된)이미징 복제본이 삭제·폐기되어야 한다'라는 취지를 명시적으로 밝혔기 때문이다. 따라서 대법원 2015. 7. 16.자 2011모1839 전원합의체 결정에는 U.S. v. Ganias 판결과 유사한 쟁점이 포함되어 있기에, 위 두 판결(결정)을 비교법적으로 검토해 볼 필요가 있다고 판단된다.

제2절 미국의 U.S. v. Ganias 판결

Ⅰ. 사실관계

1. 수사 개시의 경위

코네티컷 주 Wallingford에서 자신의 회계 사무소를 운영하고 있었던 Ganias는 개인과 중소기업 고객을 대상으로 세금과 회계 서비스를 제공하여왔다. 그러던 중 Ganias는 1998년에 'James McCarthy라는 사람'과 James McCarthy가 운영하는 두 사업체인 'American Boiler'와 'Industrial Property Management (이하 'IPM'으로 약칭한다)'를 대상으로 회계 서비스를 제공하게 되었다.[682]

이후 2003년 8월에 육군 수사기관은 'IPM과 관련된 사람들이 육군 시설

---

682) IPM은 군 부대에 정비 및 보안 관련 업무를 제공하는 회사였다.

에서 구리 선(copper wire) 등을 훔치고, IPM 직원들이 American Boiler를 위해 한 일에 대해서도 육군에 비용을 청구한다'라는 제보를 받게 되었는데, 이때 해당 제보에는 'American Boiler와 IPM 사무실, 그리고 IPM과 American Boiler의 회계 업무를 수행한 Ganias의 사무실에서 위 범죄 행위의 증거가 발견될 수 있다'라는 내용이 포함되어 있었다.

2. 1차 영장의 집행 경위

육군 수사기관은 위 정보에 기초하여 수사를 개시하였고, 2003년 11월 17일 자로 Ganias의 회계 사무실에 대한 압수·수색 영장을 법원으로부터 발부받았다.683) 압수·수색 영장은 이틀 후에 집행되었는데, 이때 수사관은 'Ganias의 컴퓨터 자체(3대)를 압수하지 않고, Ganias 컴퓨터(3대)의 하드 드라이브와 동일한 복사본(identical copies, or forensic mirror images)을 만드는 방식'으로 영장을 집행하였다.684)

Ganias의 컴퓨터에서 가져온 데이터는 IPM과 American Boiler의 사무실에서 압수된 데이터와 함께 육군 사무실로 옮겨졌고, 육군 컴퓨터 전문가는 위 정보들을 '2세트의 19개 DVD들'에 복사했다. 그리고 약 8개월 이후에, 육군범죄수사연구소(Army Criminal Investigation Lab)는 마침내 해당 파일들을 검토하기 시작했다.

---

683) 이때 해당 영장은 'IPM과 American Boiler의 사업, 재무 및 회계 운영과 관련된 모든 책, 문서, 자료, 컴퓨터 하드웨어 및 컴퓨터 관련 데이터'에 대한 압수를 허가하였다.

684) 수사관은 Ganias 컴퓨터 3대의 모든 파일들을 복사하여 갔고, 복사된 파일 중에는 Ganias의 개인 재무 기록과 같은 해당 영장의 범위를 벗어난 무관 정보들도 포함되어 있었다. Ganias는 압수·수색 현장을 참관하였는데, 그 과정에서 무관 정보의 압수에 대한 우려를 표시하였다. 이에 대하여 한 수사관은 '육군 수사기관은 American Boiler와 IPM과 관련한 파일들만 수색할 것이며, 다른 파일들은 유관정보 선별이 끝난 후에 제거될(purged) 것이다'라고 말하며 Ganias를 안심시켰다.

한편, Ganias의 사무실에서 압수한 종이 서류들을 검토하던 육군 수사관은 'IPM이 무등록 사업체에게 수상한 돈을 지급하였고, 또한 해당 무등록 사업체의 사장은 해당 사업에 대한 어떠한 소득 신고도 하지 않았다'라는 사실을 발견하게 되었다. 이에 2004년 5월에 육군 수사기관은 미국 국세청(IRS)에게 'IPM과 American Boiler 사업체에 대한 이 사건 조사에 참여할 것'을 요청한 후, 이미징 된 하드 드라이브 복사본(copies of the imaged hard drives)을 미국 국세청(IRS)에게 넘겨 주었다. 이후 미국 육군과 미국 국세청은 각자 따로(separately) '위 하드 드라이브 이미징 본에서 유관 정보를 추출하는 작업'을 진행하였다.

이후 육군과 국세청 수사관들은 압수가 있었던 때로부터 13개월 만인 2004년 12월에 IPM과 American Boiler의 수사와 관련한 유관 정보들을 분리하였다. 이 과정에서 수사관들은 무관 정보들은 수색할 수 없다는 사실을 알고 있었으므로, 수사관들은 2003년 11월에 발부된 영장(1차 영장)의 범위에 해당하는 자료만 신중하게 수색하였다. 그러나 수사관들은 '압수된 데이터들은 정부의 소유물이고, 향후 어떤 데이터가 필요할지 알 수 없다'라는 이유에서 무관 정보(non-responsive)를 삭제하거나 폐기하는(purge or delete) 작업을 하지는 않았다.

3. 2차 영장의 집행 경위

2004년 말경 국세청(IRS) 수사관들은 Ganias의 종이 문서들을 검토하던 중에 'IPM과 American Boiler 사이의 거래와 관련한 회계 기록이 이상하다'라는 사실을 발견하였고, 이에 국세청 수사관들은 'Ganias가 American Boiler의 수입(income)을 제대로 보고하지 않고 있었다'라는 의심을 하게 되었다. 이에 정부는 Ganias의 컴퓨터 파일들이 압수된 지 약 20개월 후인 2005년 7월 28일에 공식적으로 Ganias의 세법 위반(tax violations) 혐의까지 수사하게 되었다. 이후 2006년 초까지 이어진 수사를 통하여 정부는 'Ganias가 고객들의 소득을 허위로 보고했을 뿐만 아니라, 자신(Ganias)의 소득까지도 과소 보고하고 있었다'라는 혐의를 포착하였다.

이에 국세청(IRS) 수사관은 '정부가 보관하고 있던 하드 드라이브 복사본에 담겨 있는 Ganias에 대한 개인 재무 기록'을 수색해 보고자 하였으나, 그렇게 하지 못하였다. 'Ganias에 대한 개인 재무 기록은 2003년 11월에 발부된 압수·수색 영장(1차 영장)의 범위를 벗어나는 정보이다'라는 사실을 국세청(IRS) 수사관은 알고 있었기 때문이다.

그런데 Ganias는 2003년에 압수·수색을 당하자, 그 직후에 자신의 컴퓨터에 보관되었던 원본 파일들을 변경해 버렸다. 따라서 국세청(IRS) 수사관은 '정부가 이미 확보한 Ganias 컴퓨터 하드 드라이브 복사본'에서만 증거를 확보할 수 있는 상황이었다. 이러한 이유에서 2006년 2월에 국세청(IRS) 수사관은 '2003년 11월의 영장에 의하여 압수된 Ganias의 개인 재무 파일들에 대한 수색을 동의해 줄 것'을 Ganias에게 요청하였으나, Ganias는 이에 응하지 않았다.

이에 국세청(IRS) 수사관은 2006년 4월 24일에 '정부가 이미 2003년 11월의 영장으로 확보하고 있는 Ganias 컴퓨터 하드 드라이브 복사본'에 대한 또 다른 압수·수색 영장(2차 영장)을 법원으로부터 발부받았고,[685] 정부는 이를 바탕으로 확보한 증거를 가지고 Ganias를 탈세(tax evasion) 혐의로 기소하였다.

---

685) 정부가 이러한 2차 영장을 발부받은 시점은 최초 영장의 발부 시점(2003년 11월)으로부터 거의 2년 반이 지난 때였다.

II. 소송 경과686)

재판 과정에서 Ganias는 '1차 영장으로 확보된 증거를 정부가 2년 6개월 가까이 보유한 것으로 인하여 자신의 수정헌법 제4조 권리가 침해되었다' 라는 취지에서 2차 영장으로 확보된 컴퓨터 파일 증거들에 대하여 재판부에 증거배제를 신청하였다. 그러나 재판부는 이를 받아들이지 않았으며, 2012년 1월 5일에 재판부는 Ganias에게 24개월의 징역형을 선고하였다. 이에 Ganias는 항소하였다.

III. 연방 제2항소법원 3인 재판부(three-judge panel) 판결 요지

재판부는 '2차 영장(2006년)으로부터 획득된 Ganias의 개인 재무 파일들은 1차 영장(2003년)의 집행대상을 벗어났다는 사실, 정부는 Ganias가 탈세 혐의를 받기 전인 2004년 12월에 이미 위 Ganias의 개인 재무 파일들을 무관 정보로 분류했었다는 사실, 정부가 1차 영장 집행 시에 Ganias의 하드 드라이브에 대한 복제본(mirror images)을 만든 것에 대하여 Ganias의 이의가 없다는 사실'에 대하여 다툼 없는 사실로 정리하였다. 이를 바탕으로 재

---

686) 본 사건에서는 무관 정보의 보유와 관련한 수정헌법 제4조 쟁점 외에도, 공정한 배심원에 대한 피고인(Ganias)의 권리(defendant's right to an impartial jury)가 침해되었는지도 쟁점이었다. '배심원 중의 한 사람이 재판 과정에서 자신의 소셜 네트워킹(social networking)상에 재판 과정에 대한 부적절한 언급을 올리고, 다른 배심원과 페이스북(Facebook) 친구를 맺는 등'의 부적절한 행동을 하였기 때문이다. 이에 대하여 재판부는 '해당 배심원은 공정하고 신실하게(impartially and in good faith) 심의한 것으로 판단된다'라는 이유에서 '공정한 배심원에 대한 피고인의 권리는 침해되지 않았다'라고 판시하였다. 이하 논의의 집중을 위하여 배심원과 관련한 사항은 다루지 않기로 한다.

판부는 이 사건의 쟁점을 "특정한 컴퓨터 파일에 대하여 영장을 집행한 수사관이 미래의 범죄 수사를 위하여 압수된 컴퓨터 파일 전부를 무기한으로 보존하는 것이 수정헌법 제4조 하에서 허용되는가"의 문제로 압축하였다.[687]

이와 관련하여 재판부는 '정부가 Ganias의 개인 컴퓨터 파일들을 2년 6개월 동안이나 비합리적으로 보관한 것은 Ganias의 해당 파일에 대한 배타적인 통제권을 상실하게 만들었다'라고 판단하였다.[688] 정부는 무기한적으로 무관 정보를 보유하면서 Ganias에 대한 다른 증거들을 찾게 되었고, 이는 결국 '2003년 당시에는 영장 집행의 대상이 아니었던 무관정보'를 수색의 대상으로 만들었기 때문이다. 이에 재판부는 '2003년도의 1차 영장은 수사기관에게 Ganias의 개인정보를 압수할 권한을 주지 않은 점, 수사기관은 2004년 12월에는 American Boiler와 IPM과 관련한 유관 정보 선별을 끝낸 점, 그럼에도 불구하고 수사기관은 무관 정보를 1년 반 더 보유한 점, 무관 정보를 계속 보유할 독립적인 권한이 없음에도 해당 무관 정보를 장기간 보관하여 장래의 범죄 수사에 이용한 점'을 종합하여 "정부는 명백히 Ganias의 수정헌법 제4조의 권리를 침해하였다"라고 결론 내렸다.[689]

한편, 정부는 이 사건 무관 정보의 계속적 보유를 정당화하기 위하여 다음과 같은 5가지 논거를 제시하였고, 재판부는 아래와 같은 이유에서 해당 논거들을 모두 받아들이지 않았다.[690]

첫째, 정부는 '압수·수색 실무상 복제본 생성(mirror image copies)은 불가피하며, Ganias의 하드 드라이브 복사본은 정부의 소유물이다'라는 주장을 하였다. 이에 대하여 재판부는 '압수·수색 실무상 복제본 생성 및 사후

---

687) United States v. Ganias (2d Cir. 2014), 137면.
688) United States v. Ganias (2d Cir. 2014), 137면.
689) United States v. Ganias (2d Cir. 2014), 137면-138면.
690) 이하 United States v. Ganias (2d Cir. 2014), 138-139면.

탐색(off-site review)이 불가피하다고 할지라도 그러한 수사상 필요성이 무관 (non-responsive)정보의 무기한 보유를 정당화하는 것이 아니며, Ganias의 사적인 파일들에 대하여 영장이 발부되지 않았으므로 해당 파일은 정부의 소유라고 볼 수 없다'라고 판단하였다.

둘째, 정부는 '2006년에 2차 영장을 발부받았기 때문에, 수사기관의 무관 정보 취득에 대한 흠결은 치유되었다'라고 주장하였다. 이에 대하여도 재판부는 "수사기관에게 무관 정보의 무기한 보유를 허용하게 되면 수사기관은 미래에 (무관 정보에 대한) 상당한 이유(probable cause)를 찾아내어 (무관 정보를) 수색할 것이고, 이는 특정한 전자 정보에 대한 영장 모두를 포괄 영장으로 만드는 셈이 된다"라는 이유에서 받아들이지 않았다.

셋째, 정부는 '(2차 영장 집행 당시에는) Ganias가 더이상 혐의 사실과 관련된 정보를 자신의 컴퓨터에 보유하고 있지 않았기 때문에, 정부의 (2003년 영장으로 확보한) 하드 드라이브 복사본에 대한 압수·수색은 허용되어야 한다'라고 주장하였다. 이에 대하여 재판부는 "목적이 수단을 정당화해서는 안 된다"라고 설시한 후, 'Ganias가 더이상 혐의 사실과 관련된 정보를 자신의 컴퓨터에 보유하고 있지 않다는 사실은 이 사건에서 무관하며, 프라이버시 보호를 위하여 존재하는 수정헌법 제4조의 취지상 수사기관이 해당 증거를 취득하지 못하는 것은 감수하여야 한다'라는 취지에서 정부의 주장을 배척하였다.

넷째, 정부는 '무관 정보의 삭제는 유관 정보의 진정성을 해치게 되어, 향후 재판과정에서 유관 정보의 진정성을 입증하지 못하게 한다(making it impossible to authenticate)'라는 주장을 하였다.[691)692)] 이에 대하여 재판부

---

691) United States v. Ganias (2d Cir. 2014), 139면. 디지털 증거는 아날로그 증거에 비하여 변조에 매우 취약하다는 특징이 있다. 따라서 압수된 디지털 증거는 재판과정에서 진정성이 입증되어야 하는데, 이는 보통은 '해쉬값 동일성의 증명'으로 이루어진다. 그런데 무관 정보를 삭제할 경우에는 해쉬 값이 변경된다는 문제가 생긴다. 즉,

는 '다른 방법으로 증거의 진정성(evidentiary chain of custody)을 입증할 수 있으며, 또한 유관 정보의 진정성 입증이 무관 정보 사용의 근거가 되어서도 안 된다'라는 이유에서 이와 같은 정부의 주장을 받아들이지 않았다.

다섯째, 정부는 'Ganias가 연방형사소송규칙 41(g)[693]에 근거하여 압수물(무관 정보) 반환(폐기)을 신청하지 않았으므로, Ganias의 증거배제 신청은 기각되어야 한다'라고 주장하였다. 이에 대하여 정부는 '연방형사소송규칙 41(g)의 압수물 반환 신청이 증거배제 신청을 하기 위한 필수 요건(prerequisite)은 아니며, Ganias는 (1차 영장 집행을 당한 이후) 계속하여 해당 원본 파일들을 가지고 있었기 때문에 Ganias에게는 정부가 가지고 있는 압수물 사본에 대한 반환 신청을 할 필요성도 없었다'라는 이유에서 정부

진정성이 훼손된다는 정부 측의 주장은 이와 같은 사실을 바탕으로 한 것으로 보인다.

692) 참고로, 대한민국에서도 '진정성 입증을 어떻게 하여야 하는지의 여부'가 디지털 증거와 관련한 쟁점으로 다루어졌다. 구체적으로 살펴보면, 대법원은 1999. 9. 3. 선고 99도2317 판결(영남위원회 사건)에서 '디지털 증거의 조작(위조 또는 변조) 위험성'을 다룬 바 있다. 또한 대법원은 2007.12.13. 선고 2007도7257 판결(일심회 사건)에서부터 디지털 증거의 증거능력의 하나로서 '동일성' 요건을 새롭게 요구하기 시작하였으며, 이러한 동일성 확인 과정과 관련한 '신뢰성' 요건도 구체적으로 밝힌 바 있다. 특히 대법원은 2013. 7. 26. 선고 2013도2511 판결(왕재산 사건)에서 동일성을 인정하기 위한 요건으로서 무결성(정보 저장매체 원본이 압수 시부터 문건 출력 시까지 변경되지 않았다는 사정)을 추가로 요구하였는데, 이와 관련하여 무결성 입증의 구체적인 방법도 밝혔다. 즉, 왕재산 사건에서 대법원은 '무결성 입증 방법은 해쉬값 동일증명을 통하는 것이 원칙이나, 예외적으로 절차에 참여한 수사관이나 전문가 등이 증언하는 방법 또는 법원이 원본저장 자료와 제출 문건을 대조하는 방법으로도 인정될 수 있다'라는 취지를 설시하였다.

693) Federal Rule of Criminal Procedure 41(g) Motion to Return Property. A person aggrieved by an unlawful search and seizure of property or by the deprivation of property may move for the property's return. The motion must be filed in the district where the property was seized. The court must receive evidence on any factual issue necessary to decide the motion. If it grants the motion, the court must return the property to the movant, but may impose reasonable conditions to protect access to the property and its use in later proceedings.

의 위 주장을 배척하였다.

마지막으로 재판부는 이 사건 증거에 위법수집증거배제법칙이 적용되어야 하는지의 여부를 판단하였는데, 재판부는 다음의 이유를 종합하여 이를 긍정하였다.[694]

첫째, 정부는 Ganias의 수정헌법 제4조 권리를 위배하여 2년 반 가량의 기간 동안 무관 정보를 보유하였다.

둘째, 수사관들은 '유관 정보 추출이 끝난 이후에는 무관 정보를 삭제(purge)할 의무(obliged)가 있다'라는 것을 영장 집행 초기에 알고 있었던 것으로 인정되기에, 수사관이 선의(good-faith)에 기반하여 무관 정보를 무기한 보유한 것으로 인정할 수 없다.

셋째, 수사기관이 포렌식 복제본(forensic mirror images)을 이용하는 경우가 증가하고 있기 때문에, 이 사건에서 무관 정보의 위헌적 사용을 억제하여야 할 이익이 크다.

넷째, 마약, 총 또는 금제품(contraband)의 경우에는 증거배제가 될 경우 다른 곳에서 다시 같은 증거를 확보할 수가 없지만, 이 사건의 경우는 다른 서류 증거 또는 다른 기록을 통해서 재차 확보할 수 있는 증거들에 해당한다. 또한 위험한 피고인이 무죄 방면 되는 경우에도 해당하지 않는다. 따라서 증거배제로 인하여 얻는 이익이 증거배제로 인한 손실을 압도한다.

재판부는 이상과 같은 이유에서 'Ganias의 개인 기록 파일에 대한 증거배제 신청을 기각하고 Ganias에게 유죄 판결을 선고한 지방법원(district court)의 결정'을 파기하는 판결을 선고하였다.

---

694) 이하 United States v. Ganias (2d Cir. 2014), 140-141면.

Ⅳ. 이후 소송경과

연방 제2항소법원 3인 재판부의 위 판결 선고 이후, 연방 제2항소법원 전원재판부는 이 사건에 대한 전원재판부(en banc) 심리를 명하였다. 이에 이 사건은 전원재판부에서 재심리(rehearing)가 이루어졌는데, 전원재판부(en banc)는 3인 재판부(three-judge panel)의 위 판결을 파기하고, Ganias의 유죄를 인정하였다.[695]

다만, 전원재판부(en banc)는 재심리에서 '정부가 수정헌법 제4조를 위반하였는지의 여부'는 판단하지 않았고, 선의의 예외 이론(good faith exception)에 근거하여 지방법원(district court)의 판결을 유지하였다. 전원재판부(en banc)는 '수사관들이 합리적으로 2006년 (2차) 영장에 근거하여 Ganias의 탈세(tax evasion) 증거를 확보하였기에 수사기관은 선의로 이 사건 증거를 수집하였다'라는 취지에서 증거배제를 인정하지 않은 것이다.[696]

이후 위 전원재판부의 판결은 연방대법원에 상고 허가 신청되었으나, 연방대법원은 상고 허가신청을 기각하였다(denied certiorari).[697]

Ⅴ. 검토

비록 위 3인 재판부의 판결이 전원재판부(en banc)의 재심리에서 파기되기는 하였지만, 전원재판부(en banc)는 수정헌법 제4조의 문제가 아닌 선의의 예외 이론에 근거하여 위 판결을 파기하였다. 따라서 3인 재판부(three-judge panel)의 위 판결은 '영장 집행 이후(유관 정보 선별 이후)의 정

---

695) United States v. Ganias, 824 F.3d 199 (2d Cir. 2016).
696) United States v. Ganias, 824 F.3d 199, 221-225 (2d Cir. 2016).
697) Ganias v. United States, 137 S. Ct. 569 (2016).

보 프라이버시권 보호'와 관련하여 의미가 큰 판결로 평가할 수 있다. 위 3인 재판부 판결은 '유관 정보 선별 작업이 끝난 이후에 무관 정보를 계속 보유하는 것'이 수정헌법 제4조 위반이라고 보았기 때문이다. 특히 재판부 는 "정부는 유관 정보 추출이 끝난 이후에는 무관 정보를 삭제(purge)할 의 무(obliged)가 있다"는 사실을 영장을 집행하는 수사관이 알았을 것이라고 판시하였다.698) 이처럼 재판부는 정부에게 유관 정보 추출 이후의 무관 정 보 삭제 의무를 부여하여,699) 영장 집행 이후(유관 정보 선별 이후)에도 압 수·수색 대상자의 정보 프라이버시권을 보호하고자 하였다. 다만 '2차 영 장의 발부로도 치유되지 않는 삭제 의무 불이행이 발생하는 시점이 구체적 으로 어느 시점인지에 대하여는 본 판결에서 명확하게 알 수가 없다'라는 아쉬움이 있다.700)

참고로, 본 판결의 사안은 무관 정보 폐기(삭제) 의무가 사전 제한의 형 식으로서 영장에 부기된 사례가 아니었으며, 또한 압수·수색을 당한 자 (Ganias)가 무관 정보의 반환을 요구한 사례도 아니었다. 따라서 앞서 살펴

---

698) United States v. Ganias (2d Cir. 2014), 140면.

699) 판결 이유를 엄밀히 분석하면, 재판부는 본 판결에서 '무관 정보의 무기한 보유가 수정헌법 제4조 위배이다'라고 판단한 것일 뿐, '정부에게는 무관 정보 삭제 의무가 있다'라는 명시적 판시를 한 것이 아니다. 그러나 무관 정보의 계속적 보유를 금하는 것은 사실상 정부의 무관정보 삭제 의무를 인정한 것으로 보아도 무방할 것이다. Orin S. Kerr, "EXECUTING WARRANTS FOR DIGITAL EVIDENCE: THE CASE FOR USE RESTRICTIONS ON NONRESPONSIVE DATA", 48 Tex. Tech L. Rev. 1, 32-33 (2015)에서도 '본 판결이 정부에게 단순히 무관 정보 이용을 금지시킨 것이 아니라 무관 정보 삭제에 대한 적극적인 의무(affirmative duty)를 요구했다'라고 평 가하고 있다. 이 논문은 이하 'Orin S. Kerr (2015)'으로 약칭한다.

700) 본 사안의 수사기관은 유관정보 선별이 끝난 이후에도 무관 정보를 장기간 (1년 반 가량) 계속하여 보유하였다. 만약 무관 정보 보유 기간이 단기간이었다면 재판부가 어떠한 판단을 하였을까. 이와 유사한 취지의 지적(삭제 의무가 정확히 언제 발생하 는지를 판단하기 어렵다는 취지의 지적)으로서 Orin S. Kerr (2015), 32-33면이 있다.

본 '영장의 사전 제한으로서의 무관 정보 폐기 사안' 및 '연방형사소송규칙 41(g)에 근거한 압수물 반환 신청 제도'와는 구분이 된다. 본 판결은 '영장 발부시 사전 제한이 부과되었는지의 여부, 영장 집행 이후에 압수물 반환 신청이 있었는지의 여부'와 무관하게 무관 정보 보유를 일반적으로 금지하고 있기 때문이다.

제3절 대한민국의 종근당 사건
(대법원 2015. 7. 16.자 2011모1839 결정)

Ⅰ. 사실관계의 요지 및 쟁점[701]

수사기관은 특정경제범죄가중처벌등에관한법률위반(배임) 혐의로 발부받은 압수·수색영장(제1영장)에 근거하여 정보 저장매체를 압수하여 수사기관의 사무실로 가져왔다.[702]

이후 수사기관은 대검찰청 디지털포렌식센터에서 위 정보 저장매체에

---

701) 대법원 2015. 7. 16.자 2011모1839 전원합의체 결정(종근당 사건)은 '참여권 미보장의 효과, 우연히 발견한 증거에 대하여 수사기관이 취해야 할 절차'의 쟁점과 관련하여 이미 자세히 검토한 바 있다. 본 절에서는 종근당 사건의 여러 쟁점 중 '일부 압수·수색 과정에서의 참여권 미보장 등의 절차 흠결이 전체 압수·수색 처분에 어떠한 영향을 미치는지'에 대해서 자세히 검토한다.

702) 당시 이 사건 각 저장매체에는 위 혐의사실과 관련되지 않은 전자정보가 혼재되어 있었으며 이 사건 각 저장매체에 저장되어 있는 전자정보의 용량도 200GB를 초과하는 상황이었다. 따라서 사법경찰관들은 '현장에서 혐의사실과 관련된 전자정보만 추출하는 방식으로 압수하거나 위 전자정보 전부를 이미징의 방식으로 압수하는 방식'이 곤란하다고 판단하였다. 이에 사법경찰관들은 이 사건 각 저장매체 자체를 압수하였다.

저장되어있는 전자정보를 모두 대검찰청 원격디지털공조시스템에 이미징의 방법으로 저장하였다(이하 제1 압수처분). 이러한 제1 압수처분에서는 준항고인들에게 참여권이 부여되었다.

그 후 수사기관은 위와 같이 대검찰청 원격디지털공조시스템에 저장된 전자정보를 다시 별도의 하드디스크에 다운로드하여 저장하였다(이하 제2 압수처분'). 또한 수사기관은 이와 같이 하드디스크에 저장된 전자정보에 관해 검색을 실시하여 일부 전자정보를 문서로 출력하였다(이하 '제3 압수처분'). 그런데 제2, 3 압수처분에서는 준항고인들에게 참여권이 부여되지 않았다.

수사기관(검사 P1)은 위와 같이 하드디스크에 저장된 전자정보를 검색하는 과정에서 준항고인 1과 청구외 10에 대한 약사법위반 등의 혐의사실과 관련된 자료를 발견하였고, 이를 검찰청 특수부에 통보하였다.

이후 수사기관(검사 P2)은 위와 같은 준항고인 1과 청구외 10에 대한 약사법위반 등 혐의사실의 수사를 위해 법원에 압수·수색영장을 청구하여, 법원으로부터 제2영장을 발부받았고, 제2영장에 기해 위 하드디스크 자체에 대한 압수를 실시하였다(이하 '이 사건 4 압수처분'). 또한 수사기관(검사P2)은 이 사건 4 압수처분 이후 약사법위반 등의 혐의를 수사하는 과정에서 위 하드디스크에 저장된 전자정보를 문서로 출력하였다(이하 '이 사건 5 압수처분').[703]

이러한 사실관계와 관련하여, '일부 압수·수색 과정에서의 참여권 미보장 등의 절차 흠결이 전체 압수·수색 처분에 어떠한 영향을 미치는지'가 문제되었는데, 이에 대한 대법관들의 의견은 여러 가지로 나뉘었다.[704][705]

---

703) 제2 영장에 기한 압수·수색(제4,5 압수처분)에서는 준항고인들에게 참여권이 부여되지 않았다.
704) 본 사건의 결정 이유는 '다수의견', '제1처분에 관한 대법관 김용덕의 별개의견', '제

II. 대법원 결정의 요지

1. 다수의견

먼저 대법원의 다수의견은 '저장매체 자체를 반출해야 할 부득이한 사유
가 있었던 점, 제1압수처분을 준항고인들이 묵시적으로 동의하였던 점, 준
항고인들에게 참여권이 부여되었던 점'을 종합하여 '이 사건에서 수사기관
이 저장매체 자체를 수사기관의 사무실로 반출한 행위 및 그에 뒤따른 제1
압수처분은 적법하다'라고 판단하였다.

그러나 대법원 다수의견은 '제2·3처분은 피압수자에게 참여권을 보장하
지 않은 상태로 제1영장 기재 혐의사실과 무관한 정보까지 재복제·출력하
였다는 점'에서 위법한 처분이라고 보았다. 또한 대법원의 다수의견은 '제2
영장이 압수할 물건으로 삼은 정보는 제1영장의 피압수자에게 참여의 기회
를 부여하지 않은 상태에서 임의로 재복제한 정보로서 그 자체가 위법한
압수물이라는 점, 또한 제2영장에 기한 압수·수색 당시 준항고인 1 등에게
압수·수색 과정에 참여할 기회(참여권)를 전혀 보장하지 않았다는 점'을
종합하여 '제2영장에 기한 압수·수색도 전체적으로 위법하다'라고 결론 내
렸다.

이와 같이 다수의견은 '제1압수처분은 적법하나, 제2, 3처분은 참여권 미
부여 및 무관정보 취득으로 인하여 위법하다'라고 보았다. 그런데 이와 관

1·2·3 처분에 관한 대법관 김창석, 대법관 박상옥의 반대의견', '제1처분에 관한 대
법관 권순일의 반대의견', '제1·2·3 처분에 관하여 다수의견에 대한 대법관 이인복,
대법관 이상훈, 대법관 김소영의 보충의견', '반대의견에 대한 대법관 김창석의 보충
의견'의 순으로 설시되었다.
705) 또한 본 사건의 별개의견과 반대의견에서는 위와 같은 쟁점을 다루는 과정에서 '압
수·수색 영장의 집행 종료 이후에는 영장에 의하여 취득된 이미징 복제본이 삭제·
폐기되어야 한다'라는 취지가 명시적으로 설시되기도 하였다.

련하여 '취소되어야 할 압수·수색 처분의 범위가 어디까지인지의 여부'가
문제가 되었다.

이에 대하여 대법원의 다수의견은 "전자정보에 대한 압수·수색 과정에
서 이루어진 현장에서의 저장매체 압수·이미징·탐색·복제 및 출력행위 등
수사기관의 처분은 하나의 영장에 의한 압수·수색 과정에서 이루어지는 것
이다. 그러한 일련의 행위가 모두 진행되어 압수·수색이 종료된 이후에는
특정단계의 처분만을 취소하더라도 그 이후의 압수·수색을 저지한다는 것
을 상정할 수 없고 수사기관으로 하여금 압수·수색의 결과물을 보유하도록
할 것인지가 문제 될 뿐이다. 그러므로 이 경우에는 준항고인이 전체 압
수·수색 과정을 단계적·개별적으로 구분하여 각 단계의 개별 처분의 취소
를 구하더라도 준항고법원으로서는 특별한 사정이 없는 한 그 구분된 개별
처분의 위법이나 취소 여부를 판단할 것이 아니라 당해 압수·수색 과정 전
체를 하나의 절차로 파악하여 그 과정에서 나타난 위법이 압수·수색 절차
전체를 위법하게 할 정도로 중대한지 여부에 따라 전체적으로 그 압수·수
색 처분을 취소할 것인지를 가려야 할 것이다."라고 판시하여, '제1영장에
기한 압수·수색의 적법성은 전체적으로 판단하여야 한다'라고 보았다. 그
결과 대법원의 다수의견은 '제2·3 처분에 해당하는 전자정보의 복제·출력
과정의 위법이 중대하다고 보고, 전체적으로 제1영장에 기한 압수·수색까
지 취소되어야 한다'라고 판단하였다.706)

___

706) 다수의견에 대한 대법관 이인복, 대법관 이상훈, 대법관 김소영의 보충의견은 대법원
의 다수의견이 위와 같은 결론을 내린 이유를 잘 설명하고 있다. 즉, 위 보충의견은
"전자정보에 대한 압수·수색에 있어 참여권이 가진 중요성을 간과할 경우 사실상
수사기관의 별건 압수·수색이나 포괄적 압수·수색을 허용하는 결과를 초래하게 될
우려를 쉽게 놓을 수 없다. 형사소송법 제121조, 제123조에 의한 당사자의 참여권을
보장하지 아니한 일정한 경우에 유관정보에 대한 압수처분까지 취소하는 것은 수사
기관을 제재하기 위한 것이 아니라 형사소송법이 정한 절차조항의 규범력을 확보함
으로써 전자정보에 대한 압수·수색에도 헌법상 적법절차와 영장주의 원칙을 관철하
기 위한 불가피한 수단인 것이다."라고 전제한 후, "수사기관이 위법하게 취득한 무

이렇듯 대법원 다수의견은 위법한 압수·수색 처분(제1영장의 제2, 3처분)을 이유로 하여, 제1영장의 제1압수처분까지 취소하였다.

2. 제1처분에 관한 대법관 김용덕의 별개의견

먼저 김용덕 대법관은, "다수의견에서 설시된 것과 같이 컴퓨터용디스크나 그 밖에 이와 비슷한 정보저장매체(이하 '저장매체'라 한다)에 관한 압수 절차가 현장에서의 압수 및 복제·탐색·출력과 같은 일련의 단계를 거쳐 이루어지고 각 단계의 개별 처분이 구분될 수 있어 그 개별 처분별로 위법 여부를 가릴 수 있는 이상, 그에 관한 취소 여부도 개별적으로 판단할 수 있다고 봄이 타당하며, 이는 영장에 의한 압수·수색 과정이 모두 종료된 경우에도 마찬가지라 할 것이다. 준항고법원은 수사기관의 압수·수색 과정에서 이루어진 절차 위반행위와 관련된 모든 사정을 전체적·종합적으로 고려하여, 해당 압수·수색을 취소할 것인지 여부 및 취소한다면 어느 범위에서 취소할 것인지를 형사법적 관점에서 독자적으로 판단할 수 있다고 보아야 하며, 결국 구체적인 사안에서 이루어진 일련의 압수·수색 과정에 관하여 위법 여부를 가린 후 그 결과에 따라 압수·수색 과정 전부를 취소할 수도 있고 또는 압수·수색 과정을 단계적·개별적으로 구분하여 그 일부만을 취소할 수도 있다 할 것이다."라고 설시하여, '압수·수색의 적법성 여부를 전체적으로 판단한 다수의견의 결론이 타당하지 않다'라고 보았다.

관정보를 별도의 범죄수사를 위한 단서로만 사용하고 그 별도의 범죄사건에 증거로 활용하지 않는 이상, 영장을 발부한 법관으로서는 사후에 이를 알아내거나 실질적으로 통제할 아무런 방법이 없다."라고 설시하였다. 즉, 대법원의 다수의견은 '수사기관이 압수·수색 과정에서 의도적으로 무관 정보를 탐색하여 해당 정보를 발견한 후, 이를 별건 수사의 단초로만 활용하고 법원에 별도의 영장을 청구하지 않는 경우'와 같은 위법한 영장 집행(영장 집행 과정에서의 무관 정보 탐색)을 통제하려고 한 것이다.

다음으로, 김용덕 대법관은 다수의견과 같이 '이 사건 제1처분의 절차에는 위법이 없다'라고 판단하였다. 그리고 김용덕 대법관은 "비록 제1 영장 기재 혐의사실과 관계가 있는 전자정보파일을 탐색·출력하기 위하여 필요하다고 인정하여 이 사건 저장매체 자체를 압수하였고 검사가 제1 처분 후 이 사건 저장매체에 수록된 전자정보파일 중에서 위 혐의사실과 관련한 전자정보파일을 일부 발견하였다고 하더라도, 그 전자정보파일을 증거로 사용하기에 부족하여 결국 위 혐의사실 수사를 위하여 위 전자정보파일이나 이를 수록한 이 사건 저장매체를 압수할 필요가 없음이 밝혀진 이상, 수사기관은 더 이상 제1 처분으로 인하여 취득한 이 사건 저장매체에 관한 이미징 복제본을 보유할 수 없고 오히려 이를 삭제·폐기하는 등의 방법으로 피압수자에게 반환하여야 할 것이다. 결국, 이 사건 저장매체에 관하여 이루어진 제1 처분은 제1 영장에서 정한 압수의 목적 내지 필요성의 범위를 벗어나 이루어진 것으로서 위법하다고 볼 수 있고, 더 이상 이를 유지시킬 필요가 없어 취소함이 타당하다."라고 판시하여, '제1처분이 취소되어야 한다'는 점에서는 다수의견의 결론과 같은 입장을 취하였다.

그렇지만 '제1처분이 취소되어야 한다'라는 결론에 이르는 김용덕 대법관의 논리 전개는 다수의견과 분명한 차이가 있다. 이와 관련하여 김용덕 대법관은 "그렇지만 그 이유는, 다수의견과 같이 제1 영장에 의한 압수·수색이 종료된 이후에는 전체 압수·수색 과정을 하나의 절차로 파악하여야 함에 따라 제2·3 처분의 중대한 위법으로 인하여 절차적으로 적법하였던 제1 처분까지 함께 취소되어야 하기 때문은 아니다. 제2·3 처분이 위법하다는 다수의견의 견해는 타당하지만, 다수의견과 달리 제1 처분의 취소 여부는 제2·3 처분과 독립적으로 판단되어야 하며, 다만 이 사건에서는 위에서 본 것과 같은 사유로 제1 영장에서 정한 압수의 목적 내지 필요성의 범위를 벗어나는 제1 처분의 결과물을 더 이상 수사기관이 보유할 수 없음에 따라 제1 처분이 취소되어야 한다.”라고 설시하여, ‘다수의견처럼 전체 압수·수색 과정을 하나의 절차로 파악할 수는 없다’라는 점을 분명히 지적하였다.

3. 제1·2·3 처분에 관한 대법관 김창석, 대법관 박상옥의 반대의견

먼저 김창석, 박상옥 대법관은 “요컨대 압수처분에 대한 준항고 절차에서는, 설령 그 압수·수색 절차에 위법이 있다고 하더라도 장차 그 압수물이 법정에서 증거능력이 부여될 수도 있다는 가능성을 염두에 두고, 절차위반의 정도가 중대하여 장차 증거로서의 사용 가능성을 원천적으로 배제하여야 할 정도에 이른 경우에 한하여 그 압수·수색의 취소를 명할 수 있다고 보아야 한다. 따라서 이 사건 제2·3 처분 당시 피의자나 변호인을 참여시키지 않았다 하더라도 이 점만으로 곧바로 압수·수색의 취소를 명할 수는 없고, 그러한 위법의 정도가 중대하여 장차 법정에서 증거능력이 인정될 가능성조차도 없다고 볼 정도에 이르러야만 비로소 압수·수색을 취소할 수 있다 할 것이다. 그리고 이러한 압수·수색의 취소가 정당성을 얻기 위하여서는 압수·수색 과정에서의 피의자나 변호인의 참여권 침해가 영장주의 원칙의 본질적 부분을 침해한 것으로 평가될 수 있거나 실체적 진실규명의 요청을 희생시켜서라도 반드시 관철되어야 할 정도의 중대한 절차위반이라는 점이 인정되어야 한다.”라고 판시하여, ‘위법의 정도가 중대한 경우에만 압수·수색을 취소할 수 있다’는 취지를 밝혔다.

이를 전제로 김창석, 박상옥 대법관은, “설령 제2·3 처분 당시 참여권이 보장되지 않았다고 하더라도 가장 중요한 절차라고 할 수 있는 현장압수 및 제1 처분 당시 참여권이 보장되었다는 점, 유관정보에 대하여는 참여권 보장이 가지는 의미가 상대적으로 적은 점 등 제반 사정에 비추어 볼 때,

제1 영장에 기한 압수·수색 중 유관정보에 대한 압수·수색이 영장주의 원칙의 본질적 부분을 침해한 것으로 평가될 수 있는 경우에 해당하거나 증거로서의 사용 가능성을 원천적으로 배제하여야 할 만큼 절차적 위법이 중대한 경우에 해당한다고 볼 수 없으므로, 결국 이를 취소할 만한 위법이 있다고 할 수 없다."라고 판시하여, 제1영장에 기한 압수·수색 중 '무관정보에 대한 압수·수색'만이 취소될 수 있다고 보았다(유관정보는 취소할 수 없다는 뜻이다).

또한 김창석, 박상옥 대법관은 "그럼에도 이와 다른 전제에서 제1 영장에 기한 압수·수색 중 무관정보에 대한 압수·수색뿐만 아니라 유관정보에 대한 압수·수색까지 취소한 원심의 조치는 압수·수색의 적법성이나 영장주의의 적용 범위에 관한 법리를 오해하여 판단을 그르친 것이다."라고 판시하여, 결과적으로는 원심의 판단에 법리위반이 있다고 보았다.

이를 바탕으로 김창석, 박상옥 대법관은 "따라서 원심으로서는 제1 영장에 기한 압수·수색 중에서 취소되어야 할 무관정보가 무엇인지에 관하여 추가로 심리·판단하여야 한다. 결국 원심결정 중 제1 영장에 기한 압수·수색 부분은 그 전부가 파기되어야 한다."라는 결론을 내렸다.

4. 제1 처분에 관한 대법관 권순일의 반대의견

권순일 대법관은 "일련의 과정을 거쳐 단계적으로 이루어지는 압수·수색 과정에 여러 개의 처분이 있을 경우 전체를 하나의 절차로 파악하여 위법 여부를 판단하여야 한다는 다수의견의 해석론은 형사소송법 제417조에서 곧바로 도출되는 것이라고 보기 어려울 뿐만 아니라 형사소송절차의 실제에서도 검사는 적법한 압수처분에 기하여 수집된 증거를 사용할 수 있는 것이므로, 그 압수처분 이후에 이루어진 다른 압수처분에 어떠한 잘못이 있다고 해서 적법하게 수집된 증거의 효력까지 소급하여 부정할 것은 아니라고 본다.”라고 설시하여, ‘위법한 압수처분이 그 이전의 적법한 압수처분에까지 소급하여 효력을 미치지는 않는다’라는 점을 밝혔다.

이를 전제로 권순일 대법관은 “다수의견이 그 이후에 이루어진 압수·수색에 어떠한 잘못이 있다는 이유로 적법하게 이루어진 이미징 복제 처분까지 취소하는 것은 아마도 검사로 하여금 이미징 복제본707)을 보유하지 못하도록 하기 위한 것으로 보인다. 그러나 검사가 보유하고 있는 이미징 복제본은 그곳에 저장되어 있는 전자정보 중에서 영장 기재 범죄사실과 관련 있는 정보를 탐색하고 이를 출력 또는 복제하는 과정이 모두 종료됨으로써 보전의 필요성이 없어진 때, 즉 압수·수색이 전체로서 종료된 때에는 삭제·폐기되어야 한다. 그런데 이 사건에서 제1 영장에 기한 압수·수색이 모두 종료되어 검사가 이미징 복제본을 보전할 필요성은 이미 상실되었으므로, 이 사건 저장매체를 이미징의 방법으로 복제한 단계의 처분이 별도로 취소되지 않더라도 이미징 복제본은 당연히 삭제·폐기되어야 하고, 따라서 이미징 복제본을 삭제·폐기하도록 하기 위하여 다수의견과 같이 취소의 범위를 확대할 현실적인 이유는 없다고 본다.”라고 판단한 후, “따라서 원심결정 중 검사가 이 사건 저장매체를 이미징 방법으로 복제한 처분까지 취소한 부분은 파기되어야 한다.”라고 판시하였다.

이러한 권순일 대법관의 반대요지는 ‘제2, 3처분은 위법하여 취소되어야 하지만, 제1처분은 적법하므로 취소의 대상이 아니다’로 요약할 수 있을 것이다. 또한 권순일 대법관은 ‘이 사건 저장매체를 이미징의 방법으로 복제한 단계의 처분(제1처분)이 별도로 취소되지 않더라도 이미징 복제본은 당연히 삭제·폐기되어야 한다’라는 입장이다.

---

707) ‘저장매체 자체를 압수하여 반출한 후 그 저장매체를 이미징 방법으로 복제한 것’을 말한다.

III. 검토

이상과 같이 대법원의 다수의견은 후행 처분의 위법을 전체적으로 판단하여, 제1영장에 기한 압수·수색을 모두 취소하였다. 이렇듯 다수의견은 정보 저장매체에 대한 압수·수색 처분의 적법성을 엄격히 판단하고 있다. 다수의견에 따르면 선행 처분이 적법하더라도, 후행 처분이 위법하다면 이들 모두가 취소의 대상이 될 수 있기 때문이다. 이러한 대법원의 다수의견은 '정보 저장매체에 대한 압수·수색과 관련하여, 수사기관의 위법한 무관정보 탐색을 막는다'라는 점에서 큰 의의가 있다.

또한 본 사건에서는 '제1처분이 취소되어야 하는지의 여부'와 관련하여 별개의견과 반대의견도 있었는데, 별개의견과 반대의견의 요지를 요약하면 다음과 같다.

먼저, 김용덕 대법관의 별개의견은 "제1 처분은 제1 영장에서 정한 압수의 목적 내지 필요성의 범위를 벗어나 이루어진 것으로서 위법하다고 볼 수 있고, 더 이상 이를 유지시킬 필요가 없어 취소함이 타당하다."라는 입장이다. 다음으로, 김창석, 박상옥 대법관의 반대의견은 '제1영장의 처분(제1·2·3 처분) 중 무관정보만 취소되어야 한다'라는 입장이다. 마지막으로, 권순일 대법관의 반대의견은 '위 사건의 이미징 복제본은 보전의 필요성이 없어졌기에 당연히 삭제·폐기되어야 한다'라는 입장이다. 이처럼 별개의견과 반대의견 역시 '수사기관의 (무관)정보 보유에 대한 문제의식을 설시하고 있다'라는 점에서, 그 의의가 크다고 할 것이다. '수사기관의 무관정보 취득 및 보유를 막아야 한다'라는 취지에 대해서는 다수의견뿐만 아니라 본 판결의 대법관 모두가 공통된 인식을 가지고 있다고 볼 수 있는 것이다.

특히 김용덕 대법관의 별개의견에 따르면, 정보 저장매체에 대하여 이루어진 적법한 처분도 압수의 원래 목적 또는 필요성의 범위를 벗어나게 되

면 위법하게 된다. 이 역시 '정보 저장매체에 대한 압수·수색 처분의 적법
성을 엄격히 판단하는 입장'으로 평가할 수 있을 것이다.

한편, 본 결정은 삭제·폐기의무를 인정하였다는 점에서도 의의가 있다.
따라서 본 결정에는 앞서 본 미국의 U.S. v. Ganias 판결과 유사한 쟁점이
포함되어 있다. 앞서 본 바와 같이, 본 판결에서의 김용덕 대법관(별개의
견)과 권순일 대법관(제1처분에 관한 반대의견)은 '압수·수색 영장의 집행
종료 이후에는 (영장에 의하여 취득된) 이미징 복제본이 삭제·폐기되어야
한다'라는 취지를 명시적으로 밝혔기 때문이다.[708] 특히 종근당 사건 결정
은 '최초의 혐의 사실과는 무관한 별건의 범죄 사실이 정보 저장매체 상의
디지털 정보에서 발견되었다는 점, 이와 관련하여 정보 저장매체에 대한
영장이 재차 발부되었다는 점, 재판부가 2차 영장에 의한 압수수색이 위법
하다고 보았다는 점, 결과적으로 수사기관의 증거 사용이 배제되었다는
점' 등이 미국의 U.S. v. Ganias 판결과 유사하다. 물론 U.S. v. Ganias 판결
과 종근당 사건 결정 간에는 '구체적인 사실관계 및 취소대상인 압수수색
처분의 범위 등'에서 차이점이 존재한다.[709] 그러나 '영장 집행 이후의 수
사기관에 의한 계속적인 무관 정보 보유 문제'에 대해서 U.S. v. Ganias 판
결과 종근당 사건 결정은 정보 프라이버시권 보호의 측면에서 시사하는 바
가 크다.

---

708) 심희기 (2017), 610-613면에서는 '종근당 결정과 가니어스 판결은 모두 삭제·폐기의
　　무에 관한 논점이 있는 점, 사실관계가 유사하다는 점'등을 들어, '가니어스 판결이
　　우리의 종근당 결정에게 시사점을 주었을 수도 있다'라고 평가하고 있다.
709) Ganias 판결과 종근당 사건 결정을 상세히 비교 분석한 논문으로서, 심희기 (2017)
　　참조.

제4절 소결: 영장 집행에 대한 사후 통제 개선방안

I. 디지털 증거에 대한 위법수집증거배제법칙 엄격 적용

대법원은 2007. 11. 15. 선고 2007도3061 전원합의체 판결에서 "무릇 수사기관의 강제처분인 압수수색은 그 과정에서 관련자들의 권리나 법익을 침해할 가능성이 적지 않으므로 엄격히 헌법과 형사소송법이 정한 절차를 준수하여 이루어져야 한다. 절차 조항에 따르지 않는 수사기관의 압수수색을 억제하고 재발을 방지하는 가장 효과적이고 확실한 대응책은 이를 통하여 수집한 증거는 물론 이를 기초로 하여 획득한 2차적 증거를 유죄 인정의 증거로 삼을 수 없도록 하는 것이다."라고 판시하여, 기존의 성질·형상 불변론을 폐기하고 비진술증거에도 위법수집증거배제법칙710)을 적용하였다.

이후 대법원은 디지털 증거에 대해서도 위법수집증거배제법칙(형사소송법 제308조의2)을 통하여 해당 증거의 증거능력을 부정해오고 있다. 대법원은 2014. 1. 16. 선고 2013도7101 판결에서 '수사기관이 압수·수색 과정에서 관련성 없는 증거(대화가 녹음된 녹음파일)를 별도의 영장 없이 취득한 경우'에 해당 증거가 형사소송법 제308조의2에서 정한 적법한 절차에 따르지 아니하고 수집된 증거라고 보아 해당 수집 정보의 증거능력을 부정한 바 있다.711) 이후 대법원이 '피압수자의 참여권 보장이 결여된 경우 또

---

710) 위법수집증거배제법칙(형사소송법 제308조의 2 관련)에 대한 상세한 논의를 담은 문헌으로는 김희옥/박일환 편집대표, 주석 형사소송법 (III) (제5판), 한국사법행정학회 (2017), 370-397면(노태악 집필)이 있다.

711) 본 판결에서 대법원은 "따라서 이 사건 녹음파일은 형사소송법 제308조의2에서 정한 '적법한 절차에 따르지 아니하고 수집한 증거'로서 이를 증거로 쓸 수 없다고 할 것이고, 그와 같은 절차적 위법은 헌법상 규정된 영장주의 내지 적법절차의 실질적 내용을 침해하는 중대한 위법에 해당하는 이상 예외적으로 그 증거능력을 인정할

는 압수된 정보와 혐의사실과의 관련성 요건이 결여된 경우' 등에서 해당 증거의 증거능력을 부정하여왔음은 이미 앞에서 구체적으로 살펴본 바와 같다.

이처럼 법원은 위법수집증거배제법칙을 통하여 정보 주체의 정보 프라이버시권을 보호해 왔는데, 이는 '영장 집행 종료 이후의 사후적 구제' 중의 하나로서 그 의의가 크다. 특히 대법원은 대법원 2015. 7. 16.자 2011모1839 전원합의체 결정(종근당 사건)에서 위법한 압수·수색 처분과 관련한 사후 취소 범위를 확장하는 판시를 내놓았다. 위 결정에서 대법원의 다수의견은 '영장에 기한 압수·수색의 일부 처분에 위법이 있을 경우 해당 영장에 기한 처분이 모두 취소되어야 한다'라는 취지로 판시하여, 수사기관의 위법한 압수·수색을 적극 제한하려는 입장을 취하였다. 이는 수사기관이 대량의 무관정보를 탐색할 수 있는 디지털 저장매체의 특성과 관련하여, 법원이 수사기관의 증거 수집절차를 더욱 강하게 통제하여 정보 주체의 정보 프라이버시권을 보호하려는 입장으로 이해할 수 있다.

위법한 압수·수색 처분과 관련한 대법원의 위와 같은 판시는 정보 프라이버시권 보장의 측면에서 바람직하다고 할 것이다. 향후 대법원은 정보 프라이버시권 보장을 위하여 위법하게 압수된 디지털 증거에 대한 위법수집증거배제 법칙을 보다 적극적으로 적용할 필요가 있다.

한편, 성질·형상 불변론을 폐기한 대법원 2007. 11. 15. 선고 2007도3061 전원합의체 판결은 위법수집증거배제법칙의 예외 요건 역시 설시한 바 있다. 본 판결에서 대법원은 '수사기관의 증거 수집 과정에서 이루어진 절차 위반행위와 관련된 모든 사정을 전체적·종합적으로 살펴볼 때, 수사기관의

수 있는 경우로 볼 수도 없다."라고 판결하여, '해당 녹음 파일이 예외적으로 증거능력을 인정할 수 있는 경우(위법수집증거배제법칙의 예외)에도 해당하지 않는다'라고 보았다.

절차 위반행위가 적법절차의 실질적인 내용을 침해하는 경우에 해당하지 아니하고, 오히려 그 증거의 증거능력을 배제하는 것이 형사 사법 정의를 실현하려 한 취지에 반하는 결과를 초래하는 것으로 평가되는 예외적인 경우라면, 법원은 그 증거를 유죄 인정의 증거로 사용할 수 있다'라는 취지 역시 판시하였기 때문이다. 따라서 위법하게 수집된 증거일지라도 일정한 경우에는 그 증거능력이 인정되는 경우가 있다.

예를 들어, '전자정보의 복호화 과정 등에 대한 참여권 미부여'가 문제된 대법원 2015. 1. 22. 선고 2014도10978 전원합의체 판결에서 대법원은 '참여권 보장 등의 절차 위반을 통하여 수집된 전자정보에 대하여 위법수집증거배제법칙의 예외 법리를 적용한 원심 판결'을 수긍한 바 있다. 또한 대법원은 '피고인의 몰래 촬영 혐의에 대한 증거를 피고인 컴퓨터에서 찾는 과정에서 수사기관이 피고인의 국선변호인에 대하여 참여권을 보장하지 않은 사안'인 대법원 2020. 11. 26. 선고 2020도10729 판결에서 '피고인이 이 사건 컴퓨터의 탐색·복제·출력과정에 참여하지 않겠다는 의사를 표시한 점, 피고인의 국선변호인이 선정될 무렵에는 이미 수사기관이 이 사건 컴퓨터에 대한 탐색을 어느 정도 진행한 점, 피고인의 국선변호인이 수사기관에 이 사건 영장의 집행 상황을 문의하거나 그 과정에의 참여를 요구한 바가 없는 점' 등을 종합하여, '위법수집증거 배제 원칙의 예외에 해당할 여지가 있다'라는 이유에서 '이 사건 영장에 따른 압수·수색을 통해 수집된 증거들을 유죄의 증거로 사용할 수 없다'라는 원심의 판결을 파기한 바 있다.

다만, 이와 같은 위법수집증거배제법칙의 예외 법리를 쉽게 인정한다면, '위법하게 압수된 무관 정보 등의 증거능력이 과도하게 인정되는 부당한 결과로 이어질 수 있다'라는 점에서, 향후 대법원은 '디지털 증거에 대한 위법수집증거배제법칙의 예외 법리'의 기준을 보다 구체화할 필요가 있다.712)713)

II. 압수·수색 절차 종료 이후 법원에 의한 적극적인 사후 통제 명문화

미국 연방형사소송규칙 41(f)(1)(D)는 '영장 집행을 끝낸 수사기관은 즉시 해당 영장을 압수목록 사본과 함께 담당 치안 판사(magistrate judge)에게 반납하여야 한다'라고 규정하고 있다.[714] 이를 통하여 법원은 수사기관이 영장을 적법하게 집행하였는지를 사후에 확인할 수가 있다. 그러나 대한민국의 형사소송법은 '영장 집행의 종료 이후에 법원이 이를 사후적으로 통제하는 절차'를 두고 있지 않다. 즉, '압수·수색 영장 집행 이후의 통제'가 대한민국에서는 이루어지지 않는 것이다. 따라서 정보 프라이버시권의 충실한 보장을 위해서는 '영장 집행으로 압수된 정보에 대한 법원의 사후 통제'를 마련하는 것이 필요하다.[715]

---

712) 미국의 사례에서도 이와 유사한 문제점이 발견된다. 앞선 미국 판결 사례에서 살펴보았듯이, 미국 법원들은 수정헌법 제4조를 위반하여 수집된 디지털 증거에 대하여 위법수집증거배제법칙의 예외 법리(exception to the exclusionary rule)인 선의의 예외 이론(Good Faith Exception)을 적용해왔다. 이는 결국 해당 디지털 증거의 증거 사용으로 이어진다는 점에서, 정보 프라이버시권 보장의 실효성을 떨어트리고 있다.

713) 참고로, 위법수집증거의 배제 기준을 구체적으로 논한 선행 논문으로서는, 박정난, "위법수집 증거배제의 기준 -연구 대상판결: 대법원 2019. 7. 11. 선고 2018도20504 판결-", 법학논문집 제44집 제2호, 중앙대학교 법학연구원 (2020), 박정난, "위법수집 증거배제 법칙에 관한 미국 판례의 시사점", 법학연구 제30권 제2호, 연세대학교 법학연구원 (2020. 6.)이 있다.

714) Return. The officer executing the warrant must promptly return it—together with a copy of the inventory—to the magistrate judge designated on the warrant. The officer may do so by reliable electronic means. The judge must, on request, give a copy of the inventory to the person from whom, or from whose premises, the property was taken and to the applicant for the warrant.

715) 같은 취지의 지적으로서 손지영/김주석 (2016), 195-197면. 또한 '미국과 같이 압수·수색 종료 후 법원에 영장과 압수물 목록을 제출하도록 하는 제도를 마련하자는 주장'으로서는 박병민/서용성 (2021), 262-263면.

이와 관련하여 우리의 경우에도 미국의 경우를 참조하여 '수사기관은 영장 집행 종료 이후 즉시 영장 집행 결과를 법원에 보고하고 영장과 압수목록 사본을 법원에 반납하여야 한다'라는 취지의 제도 도입을 검토해 볼 수 있다. 다만, 이로 인해 법원 업무가 과도하게 가중될 수도 있으므로, 이에 대한 섬세한 검토 역시 필요할 것이다.716) 또한, '법원에 영장과 압수물 목록을 반환하고, 영장 집행 결과를 법원에 보고하게 하는 방안'으로는 법원의 사후 통제가 실효성을 갖지 못할 수도 있다. 따라서 '영장 집행의 결과를 보고받은 법원이 무관 정보를 발견하였을 경우'에는 '법원이 해당 무관 정보에 대한 폐기 명령을 내릴 수 있게 하는 방안'을 같이 검토하는 것도 고려해 볼 수 있다.

법원의 실질적인 사후 통제와 관련하여서는 '인터넷 회선의 전기통신을 대상으로 한 통신제한조치(인터넷 감청)에 대하여 법원의 사후 승인을 받도록 한 우리의 통신비밀보호법 제12조의2 규정'717)의 취지를 참고할 수 있겠다. 이에 따르면 '수사기관이 인터넷 회선을 통하여 송신·수신하는 전기통신을 대상으로 통신제한조치를 집행한 경우'에는 수사기관은 보관 등이 필요한 전기통신을 선별하여 통신제한조치를 허가한 법원으로부터 보관 등의 승인을 받아야 한다(통신비밀보호법 제12조의2 제1항 내지 제4항). 또한 수사기관은 법원으로부터 승인을 받지 못한 경우에는 일정한 기한 내에 승인을 받지 못한 전기통신을 폐기하여야 하며(통신비밀보호법 제12조의2 제5항), 수사기관이 통신제한조치로 취득한 전기통신을 폐기한 때에는 폐기결과보고서를 작성하고 통신제한조치를 허가한 법원에 송부하여야 한다(통신비밀보호법 제12조의2 제6항).

또한 '압수된 정보에 대한 준항고 절차를 용이하게 개선하자'라는 제안

---

716) 같은 취지의 지적으로서 손지영/김주석 (2016), 197면.
717) 앞서 살펴보았듯이, 헌법재판소의 헌법불합치결정에 따라서 2020년 3월의 통신비밀보호법 개정에서 신설된 조항이다.

이 있는데,718) 정보 프라이버시권 보장의 측면에서 타당한 제안이라고 판단된다. 정보 저장매체에 대한 압수·수색은 무관 정보의 대량 압수를 많은 경우에 수반하기 때문에, 정보의 압수·수색에 대한 준항고 절차를 유체물에 비하여 보다 편리하게 개선할 필요가 있다.

---

718) 이숙연, "전자정보에 대한 압수수색과 기본권, 그리고 영장주의에 관하여 - 대법원 2011모1190 결정에 대한 평석을 중심으로 한 연구 -", 헌법학연구 제18권 제1호 (2012. 3.), 30면.

제8장

결론

컴퓨터와 인터넷 등이 가져온 디지털 혁명은 시민의 사생활의 비밀과 자유(프라이버시권)에 심각한 문제를 가져왔다. 프라이버시권 침해의 우려에 대응하기 위하여 미국에서는 정보 프라이버시권이라는 개념이 만들어졌고, 대한민국에서는 개인정보자기결정권이라는 개념이 생겨났다.

이러한 정보 프라이버시권 침해는 수사기관의 강제처분 과정에서 특히 문제가 된다. 정보 저장매체에 대한 강제처분을 통하여 수사기관이 대량의 개인정보를 쉽게 수집할 수 있게 되었기 때문에, 이 과정에서 최초 수사의 목적과는 관련 없는 별건의 정보까지 대량으로 수집될 수 있기 때문이다. 이는 국가 형벌권의 남용으로 이어질 수 있으며, 대량 감시 사회의 우려로도 이어진다.

본 논문은 이와 같은 문제 의식에서 출발하여 디지털 정보에 대한 강제처분에서의 정보 프라이버시권을 보장하는 방안을 논의하였는데, 이와 같은 본 논문의 논의를 종합하면 다음과 같다.

먼저, 제1장에서는 연구의 주제와 목적, 그리고 연구의 방법과 내용을 정리하였다. 특히 이와 관련하여 미국과의 비교법적 고찰을 바탕으로 한 본 논문의 방법론을 밝혔으며, 국내의 선행 연구와 본 논문의 차이점도 서술하였다. 또한 디지털 정보와 관련한 기존의 용어들을 정리하고, 본 논문에서 디지털 정보라는 용어를 선택한 이유 역시 설명하였다. 그리고 강제처분의 개념을 검토하고 영장주의에 관한 대한민국과 미국 간의 차이점도 분석하였다.

제2장에서는 정보 프라이버시권의 생성 역사 및 의의를 논하였다.
미국에서는 프라이버시의 개념에서부터 정보 프라이버시권이 생성되었고, 대한민국에서는 개인정보 보호를 위하여 개인정보자기결정권의 개념이 탄생했다. 대한민국의 개인정보자기결정권은 미국의 정보 프라이버시권에 해당하는 개념이라고 볼 수 있으며, 대한민국의 헌법재판소는 개인정보자기결정권을 헌법상 새로운 독자적인 기본권으로 승인하였다. 이러한 정보 프라이버시권은 국회 입법과 법원 판결 등을 통하여 보장되어왔다.

한편, '디지털 정보에 대한 강제처분에서의 정보 프라이버시권 보장'과 관련하여 미국과 대한민국은 유사한 동향을 보이고 있다. 이와 같은 양국의 동향은 '① 영장주의 적용 대상의 확대 및 통신비밀 보호의 강화, ② 영장 발부 요건의 엄격화, ③ 영장 집행 과정에서의 절차적 통제 강화, ④ 강제처분 과정에서 우연히 발견된 별건 정보의 취득 제한, ⑤ 압수처분에 대한 사후 위법성 판단의 엄격화'라는 5가지 유형으로 쟁점화할 수 있다.

즉, 양국 모두 강제처분에서의 정보 프라이버시권 보장을 위하여 ① 영장주의의 적용 대상을 확대하여 수사기관이 영장 없이 통신 정보 등과 같은 민감한 개인정보를 취득할 수 없도록 하고, ② 정보에 대한 영장이 청구된 경우에는 해당 영장의 발부 요건을 엄격히 하며, ③ 발부된 영장의 집행 단계에서는 발부된 영장과 무관한 정보가 탐색되지 않도록 절차적 통제를 가하며, ④ 영장집행 과정 중에서 발부된 영장과 무관한 정보(별건 정보)가 발견된 경우에는 새로운 영장 없이는 해당 무관 정보(별건 정보)를 취득하지 못하게 하며, ⑤ 영장 집행이 완료된 이후에는 압수처분에 대한 사후 위법성 판단을 엄격히 하고 있는 것이다. 따라서 디지털 정보에 대한 강제처분의 개선방안을 논하기 위하여 이와 같은 5가지 쟁점을 중점적으로 분석해 볼 필요가 있다.

제3장에서는 영장주의 적용 대상의 확대 및 통신비밀 보호의 강화와 관련한 양국의 동향을 논의한 후, 통신비밀보호와 관련한 대한민국의 개선방안을 모색하였다.

　미국의 연방대법원은 정보 프라이버시권 보호를 위하여 수정헌법 제4조(영장주의)의 보호 대상을 계속 넓혀왔다. 또한 대한민국의 국회와 헌법재판소는 영장주의 적용 대상을 확대하여 왔는데, 이는 수정헌법 제4조 보호 대상의 확대와 관련한 미국의 논의와 유사하다. 특히, 수정헌법 제4조의 보호 대상(영장주의의 적용 대상)이 확대된 것은 현대 통신기술의 급속한 발전과 밀접히 연관되어 있다.

　한편, 대한민국의 통신비밀보호법과 전기통신사업법은 통신 비밀 등의 보호에 여전히 미흡한 것으로 평가되며, 국회는 이를 개선할 필요가 있다.

　제4장에서는 영장 발부 요건의 엄격화와 관련한 양국의 동향을 분석하고, 이와 관련한 대한민국의 개선방안을 모색하였다.

　미국의 영장 발부 법원들은 디지털 정보에 대한 영장 발부 시에 특정성 요건을 엄격히 요구하고 있다. 이는 정보 저장매체에 대한 압수·수색 영장의 포괄 영장화를 막는 기능을 한다.

　대한민국의 형사소송법은 미국의 수정헌법 제4조처럼 특정성 요건을 명시적으로 규정하고 있지는 않다. 하지만 영장의 방식을 규정한 형사소송법 제114조 제1항은 일반영장을 금지한 것으로 해석되며, 특히 2011년도의 형사소송법 개정으로 신설된 114조 제1항 단서는 '압수·수색할 물건이 전기통신에 관한 것인 경우'에는 특정성의 원칙을 더욱 강조하고 있다. 또한, 대한민국에서는 2011년도의 형사소송법 개정으로 인하여 형사소송법상 압수·수색 요건으로서 관련성 요건이 추가되었다. 이와 같은 대한민국의 특정성 요건과 관련성 요건은 디지털 정보에 대한 영장 발부 요건을 엄격히 하여 정보에 대한 수사기관의 무분별한 탐색을 차단하는 역할을 한다.

　다만, 현행 형사소송법의 영장 발부 요건은 정보 프라이버시권 보장의 측면에서 여전히 미흡한 면이 있다고 판단된다. 이에 본 논문은 '정보에 대한 압수·수색 영장은 압수 대상 정보의 유형이 특정되어 발부되어야 한다'

라는 취지를 담은 대한민국 형사소송법 개정안을 제안하였다.

제5장에서는 영장 집행 과정에서의 절차적 통제 강화와 관련한 양국의 동향을 분석하고, 이와 관련한 대한민국의 개선방안을 모색하였다.

최근 미국의 영장 발부 법원들은 영장의 집행 방식을 사전에 제한하는 동향을 보이고 있는데, 이는 영장 집행 과정에서의 무관 정보 탐색 및 취득을 방지하는 기능을 한다. 이러한 미국에서의 사전 제한을 본 논문에서는 '① 정보 저장매체의 반출 제한, ② 영장 집행기간의 제한, ③ 유관정보 탐색 방법의 제한, ④ 정보 저장매체 압수 이후 법원의 추가 허가 요구, ⑤무관 정보 폐기(삭제) 의무의 부여'라는 5가지의 유형으로 구분하고, 각 유형의 구체적인 사례를 살펴보았다.

대한민국은 대법원 결정과 형사소송법 규정을 중심으로 영장 집행을 통제하고 있다. 이는 '정보 저장매체에 대한 압수·수색 영장 집행 방식의 제한, 압수·수색 종료 시점의 확대(압수·수색 통제의 시간적 범위의 확대), 참여권 강화'의 3가지 유형으로 쟁점화할 수 있다. 이와 같은 영장 집행에 대한 절차적 통제는 수사기관의 무관 정보 탐색을 제한하는 역할을 수행하고 있다.

그러나 대한민국의 영장 집행 통제는 여전히 개선할 부분이 존재한다고 판단된다. 이에 본 논문에서는 대한민국에서의 영장 집행 절차 개선 방안을 제시하였다. 우선, 영장 집행에 대한 적극적인 사전 제한을 도모하기 위하여 본 논문에서는 '전자정보에 대한 압수·수색 영장 발부시에는 법원이 구체적인 영장 집행 방안을 기재하여 영장을 발부하여야 한다'라는 취지의 형사소송법 개정방안을 제시하였다. 또한 본 논문에서는 실질적인 참여권을 보장하기 위한 방안을 살펴 보았다. 이외에도 본 논문에서는 압수·수색 절차의 종료 시점이 갖는 중요성을 검토한 후, '압수·수색 절차의 종료 이후에는 압수·수색 절차의 종료 시점이 기록되고 무관 정보는 지체없이 폐기되어야 한다'라는 취지를 담은 대한민국 형사소송법 개정안을 제안하였다.

제6장에서는 강제처분 과정에서 우연히 발견된 별건 정보의 취득을 제한하는 양국의 동향을 분석하고, 이와 관련한 대한민국의 개선방안을 모색하였다.

미국에는 '체포에 수반한 수색 이론, 플레인 뷰 이론, 국경 수색 예외 이론' 등과 같은 영장주의의 예외 이론이 존재한다. 수사기관은 강제처분 과정에서 우연히 별건 증거를 발견하였을 때, 위와 같은 영장주의 예외 이론에 따라서 해당 별건 증거를 압수해 왔다. 그런데 최근 미국 법원들은 이와 같은 영장주의 예외 이론의 적용 범위를 디지털 정보와 관련하여서는 배제하거나 축소하는 동향을 보이고 있다.

대한민국의 대법원도 수사기관이 강제처분 과정에서 관련성이 인정되지 않는 별건 정보를 압수한 경우, 해당 별건 정보에 대한 증거능력을 부정하여왔다. 이와 관련하여 대법원은 수사기관이 우연히 발견한 별건 정보를 압수하고자 하는 경우에, 해당 별건 증거를 압수하기 위하여 수사기관이 준수하여야 하는 절차도 제시한 바 있다. 또한 대한민국의 일부 하급심 법원에서는 정보 저장매체에 대한 영장 없는 압수·수색(임의제출 제도 등)을 제한하는 판결을 선고하고 있다. 이와 관련한 대표적인 사례로서 '현행범 체포현장에서의 임의제출 형식의 압수를 제한한 판결'과 '긴급체포 현장에서의 임의제출 형식의 압수를 제한한 판결'이 있다.

이와 같은 영장주의의 엄격화 동향은 디지털 정보에 대한 정보 프라이버시권 보장과 관련하여 그 의의가 크다. 다만, 여전히 대한민국은 '관련성 판단의 기준, 별건 영장 발부 기준, 정보 저장매체에 대한 긴급 압수와 임의제출 제도 등'과 관련하여 개선하여야 할 점이 존재한다. 이에 본 논문에서는 먼저 관련성 판단 기준의 구체화 방안을 검토하였다. 또한 '우연히 발견한 무관정보에 대한 영장 발부 기준을 구체화하는 취지'의 형사소송법 개정안을 제시하였다. 그리고 '긴급 압수·수색 등의 상황에서 수사기관은 원칙적으로 정보 저장매체 자체에 대한 압수만이 가능하다'라는 취지의 형사소송법 개정안을 제시하였다. 마지막으로는 임의제출 제도(형사소송법 제218조)를 이용한 정보 저장매체 압수를 엄격히 제한할 필요가 있음을 밝히고, 이와 관련한 학계의 개선 논의들을 정리하였다.

제7장에서는 '압수 처분에 대한 사후 위법성 판단의 엄격화'와 관련된 양국의 동향을 살펴보고, 이와 관련한 대한민국의 개선방안을 모색하였다. 최근 미국과 대한민국에서는 '집행이 완료된 압수 처분에 대한 사후 위법성 판단을 엄격히 하는 취지'의 판결(결정)이 선고된 바 있다. 미국의 U.S. v. Ganias 판결과 대한민국 대법원의 2015. 7. 16.자 2011모1839 전원합의체 결정(종근당 사건)이 바로 그것이다. 이 두 판결(결정)은 모두 '무관 정보 삭제 의무라는 쟁점을 담고 있다'라는 점이 특징이다. 이와 같은 양국의 판결(결정)들은 '정보 저장매체에 대한 강제처분(압수·수색)에서는 수사기관이 대량의 무관 정보를 손쉽게 취득할 수 있다'라는 문제의식을 해결하기 위한 방안을 담고 있기에, 향후 그 의미를 적극 살려나갈 필요가 있다. 또한 이는 '압수·수색 절차 종료 이후의 사후 통제 방안'으로서 의미가 크다.

한편, '압수·수색 절차 종료 이후의 사후 통제'와 관련하여 대한민국의 관련 법제는 아직 미흡한 부분이 많다. 이에 본 논문에서는 '압수된 디지털 정보에 대해서 위법수집증거배제법칙을 엄격히 적용할 필요가 있다'라는 점을 지적하였다. 그리고 이에 대한 구체적인 방안으로서 '디지털 정보에 대한 위법수집증거배제법칙의 예외 법리의 기준을 보다 구체화할 필요가 있다'라는 점을 밝혔다. 또한 본 논문에서는 '압수·수색 절차가 종료된 이후에는 법원에 의한 적극적인 사후 통제가 이루어질 필요가 있다'라는 점을 지적하였고, 이를 위하여 '인터넷 회선의 전기통신을 대상으로 한 통신제한조치(인터넷 감청)에 대하여 법원의 사후 승인을 받도록 한 대한민국

통신비밀보호법 제12조의2의 취지'를 참고하는 방안을 제시하였다.

　20세기에 개발된 컴퓨터와 인터넷은 우리 사회를 이롭게 하였지만, 그만큼 시민의 정보 프라이버시권을 침해할 우려가 크다. 또한 21세기에 등장한 스마트폰의 급속한 대중화로 인하여 이와 같은 우려는 앞으로도 계속하여 증대될 것으로 예상된다. 따라서 정보 프라이버시권 보장에 관한 우리 사회의 관심이 보다 높아질 필요가 있다. 본 논문은 정보 프라이버시권이라는 개념에서 출발하여 수사기관의 대량 정보 수집을 통제할 방안을 5가지의 기초 쟁점에서 제시해 보았다. 이상과 같은 본 논문의 논의가 우리의 정보 프라이버시권 보장 법제 개선에 조금이나마 도움이 되기를 바라며 본 논문을 마무리하고자 한다.

참고문헌

Ⅰ. 국내문헌

1. 단행본

권건보, 개인정보보호와 자기정보통제권, 경인문화사 (2005)

권오걸, 형사소송법, 형설출판사 (2010)

김선희(연구책임자), 미국의 정보 프라이버시권과 알 권리에 관한 연구, 헌법재판소 헌법재판연구원 (2018)

김주영/손형섭, 개인정보 보호법의 이해 - 이론·판례와 해설 -, 법문사 (2012)

김희옥/박일환 편집대표, 주석 형사소송법 (Ⅱ) (제5판), 한국사법행정학회 (2017)

_____, 주석 형사소송법 (Ⅲ) (제5판), 한국사법행정학회 (2017)

박병민/서용성, 디지털 증거 압수수색 개선방안에 관한 연구 - 법률 개정에 관한 논의를 중심으로 -, 대법원 사법정책연구원 (2021)

배종대/홍영기, 형사소송법, 홍문사 (2018)

손지영/김주석, 압수·수색 절차의 개선방안에 관한 연구, 대법원 사법정책연구원 (2016)

신동운, 간추린 신형사소송법(제13판), 법문사 (2021)

_____, 신형사소송법(제5판), 법문사 (2014)

신양균/조기영, 형사소송법, 박영사 (2020)

이승호/이인영/심희기/김정환, 형사소송법강의(제2판), 박영사 (2020)

이은모/김정환, 형사소송법(제8판), 박영사 (2021)

이재상/조균석/이창온, 형사소송법(제13판), 박영사 (2021)

이주원, 형사소송법, 박영사 (2019)

이지영(연구책임자), 전자정보 수집·이용 및 전자감시와 프라이버시의 보호 - 미 연방헌법 수정 제4조를 중심으로 -, 헌법재판소 헌법재판연구원 (2015)

이창범/윤주연, 각국의 개인정보피해구제제도 비교연구, 개인정보분쟁조정위원회 (2003)

이창현, 형사소송법(제6판), 도서출판 정독 (2020)

전광석, 한국헌법론(제16판), 집현재 (2021)

전지연, 사이버범죄론, 박영사 (2021)

정승환, 형사소송법, 박영사 (2018)

조성훈, 역외 전자정보 압수·수색 연구, 박영사 (2020)

2. 논문

강수진, "별도 범죄혐의 관련 전자정보의 압수·수색에 관한 대법원 2015.7.16.자 2011모1839 결정의 검토", 안암법학 제50권 (2016)

강철하, "디지털證據 許容性(Admissibility)에 관한 美國 判例動向", 디지털 포렌식 연구 제2호 (2008. 6.)

권건보, "개인정보보호의 입법체계와 감독기구 정비 방안", 헌법학연구 제20권 제2호 (2014. 6.)

_____, "개인정보보호의 헌법적 기초와 과제", 「저스티스」 통권 제144호 (2014. 10.)

권양섭, "인터넷 패킷감청의 허용가능성에 관한 고찰", 법학연구 제39권, 한국법학회 (2010. 8.)

권오걸, "디지털증거의 개념·특성 및 증거능력의 요건", IT와 법 연구 제5집 (2011. 2.)

권태상, "개인정보 보호와 인격권 - 사법(私法) 측면에서의 검토 -", 이화여자대학교 법학논집 제17권 제4호 (2013. 6.)

김기범/이관희/장윤식/이상진, "정보영장 제도 도입방안 연구", 경찰학연구 제11권 제3호 (2011)

김기준, "수사단계의 압수수색 절차 규정에 대한 몇 가지 고찰", 형사법의 신동향 통권 제18호 (2009. 2.)

김범식, "영·미의 디지털 증거 압수·수색에 관한 소고", 형사법의 신동향 통권 제45호 (2014. 12.)

김병수, "전자정보에 관한 압수수색의 문제점과 개선방안", 비교형사법연구 제18권 제3호 (2016)

김성룡, "전자정보에 대한 이른바 '별건 압수·수색' - 대법원 2015. 7. 16. 선고 2011모1839 전원합의체 결정의 평석을 겸하여 -", 형사법의 신동향 통권 제49호 (2015. 12.)

김재봉, "디지털 증거의 증거능력요건으로서 동일성과 그 확보방법", 법학논총 31권1호, 한양대학교 법학연구소, (2014)

김정한, "CCTV 녹화자료의 압수·수색에 관한 소고 -특히 대법원 2011.5.26. 선고 2011도1902 판결, 대법원 2015.7.16. 자 2011모1839 전원합의체 결정 취지와 관련하여 -", 경북대학교 법학연구원 법학논고 제60집 (2017. 11.)

_____, "형사소송법 제313조 개정 유감", 형사법의 신동향 제53호 (2016)

김종구, "GPS 추적장치를 이용한 수사의 적법성 - 미연방대법원 판례의 변천과 관련하여 -", 법학논총 제34집 숭실대학교 법학연구소 (2015. 7.)

_____, "영장주의의 예외와 휴대폰 전자증거 수색의 한계 - 미국의 United States v. Cano 판례 (2019)와 관련하여 -", IT와 법 연구 제21집 (2020. 8.)

_____, "위치추적장치(GPS단말기)를 이용한 수사와 영장주의 - 미국과 일본의 판례를 중심으로 -", 비교형사법연구 제17권 제4호 (2015)

김지온/박원규, "수사상 GPS위치추적기 활용을 위한 법적연구", 한국치안행정논집 제15권 제2호 (2018)

김희균, "이메일 계정 속 첨부파일의 증거능력", 형사소송 이론과 실무 제7권 제2호 (2015)

노명선, "개정 형사소송법 제313조의 해석과 입법 개선", 법조 제65권 제9호 (2016)

_____, "디지털 증거의 압수·수색에 관한 판례 동향과 비교법적 고찰", 형사법의 신동향 통권 제43호 (2014. 6.)

노수환, "디지털증거의 진정성립 증명과 증거능력 - 형사소송법 제313조 제1항의 해석과 관련한 판례의 비판적 검토 -", 법조 제64권 제8호 (2015)

민만기, "인터넷 패킷감청의 법적 성격 및 허용 가능성 검토", 형사법의 신동향 통권 제53호 (2016. 12.)

박경신, "한국과 미국의 통신감시 상황의 양적 비교 및 최근의 변천 - 기지국수사, 대량감시, 통신자료제공, 피감시자통지를 중심으로 -", 아주법학 제9권 제1호 (2015. 5.)

박민우, "통신자료 제공요청의 법적 성격과 합리적인 제도 개선 방향 - 영장주의 및 사후통지의 도입 여부와 관련하여 -", 법조 제65권 제7호 (2016)

박용철, "디지털 증거의 증거능력 요건 중 무결성 및 동일성에 대하여 - 대법원 2018. 2. 8. 선고 2017도13263 판결 -", 法曹 통권 728호 (2018)

박웅신/이경렬, "다크넷 범죄현상과 형사법적 대응방안", 형사법의 신동향 제58호 (2018)

박정난, "위법수집 증거배제의 기준 - 연구 대상판결: 대법원 2019. 7. 11. 선고 2018도20504 판결 -", 법학논문집 제44집 제2호, 중앙대학교 법학연구원 (2020)

_____, "위법수집증거배제 법칙에 관한 미국 판례의 시사점", 법학연구 제30권 제2호, 연세대학교 법학연구원 (2020. 6.)

박종현, "「통신비밀보호법」상 통신사실 확인자료 제공관련 조항들에 대한 헌법적 검토 - 2018. 6. 28. 2012헌마191등 결정례와 2018. 6. 28. 2012헌마538 결정례에 대한 검토를 중심으로 -", 헌법학연구 제25권 제2호 (2019. 6.)

박혁수, "디지털 정보 압수·수색의 실무상 쟁점", 형사법의 신동향 통권 제44호 (2014. 9.)

설민수, "전자적 문서에 대한 증거조사, 증거능력과 전문법칙 - 미국법을 통해 본 비교법적 접근 -" 인권과정의 376호 (2007. 12.)

성중탁, "스마트폰 압수, 수색에 대한 헌법상 쟁점", IT와 법 연구 제18집 (2019)

손동권, "새로이 입법화된 디지털 증거의 압수·수색제도에 관한 연구 - 특히 추가적 보완입법의 문제 -", 형사정책 제23권 제2호 (2011. 12.)

심희기, "전자증거의 진정성과 전문법칙의 적용", 형사판례연구 제22권 (2014)

_____, "종근당 결정과 가니어스 판결의 정밀비교", 형사판례연구 제25권 (2017)

양종모, "GPS 위치정보 활용 수사에 관한 고찰", 법학연구 제24권 제1호 (2016. 1.)

오기두, "전자정보의 수색·검증, 압수에 관한 개정 형사소송법의 함의", 형사소송 이론과 실무 제4권 제1호 (2012. 6.)

오길영, "국가정보원의 패킷감청론에 대한 비판 - 국가정보원 답변서에 대한 반박을 중심으로 한 위헌론의 기초이론 -", 민주법학 제48호 (2012. 3.)

_____, "디지털 검증의 현재와 그 부당성 -소위 왕재산 사건을 대상으로-", 민주법학 제48권 (2012)

_____, "문서파일의 증거능력 — 원세훈 사건 대법원 판결에 대한 평석을 중심으로 —", 민주법학 제59호 (2015. 11.)

오동석, "통신자료 취득행위의 헌법적 검토", 경찰법연구 제18권 제1호 (2020)

이경렬/설재윤, "전자증거의 적법한 압수와 별건 증거사용에 관한 실무 연구", 법조 제68권 제1호 (2019. 2.)

이기수, "수사목적 통신자료 이용의 영장주의 적용 검토", 형사법연구 제29권 제1호 (2017)

이상경, "정보통신기기의 위치추적에 대한 헌법적 통제에 관한 소고", 헌법재판연구 제6권 제1호 (2019. 6.)

이상원, "전자증거와 원본증거의 법칙", 형사법의 신동향 제36호 (2012)

이숙연, "디지털증거의 증거능력", 저스티스 통권 제161호 (2017)

_____, "전자정보에 대한 압수수색과 기본권, 그리고 영장주의에 관하여 - 대법원 2011모1190 결정에 대한 평석을 중심으로 한 연구 -", 헌법학연구 제18권 제1호 (2012. 3.)

이순옥, "디지털 증거의 압수·수색절차에 대한 비판적 고찰", 중앙법학회 중앙법학 제20집 제3호 (2018. 9.)

이완규, "디지털 증거 압수 절차상 피압수자 참여 방식과 관련성 범위 밖의 별건 증거 압수 방법", 형사법의 신동향 통권 제48호 (2015. 9.)

_____, "디지털 증거 압수수색과 관련성 개념의 해석", 법조 제62권 제11호 (2013. 11.)

_____, "압수물의 범죄사실과의 관련성과 적법한 압수물의 증거사용 범위", 형사 판례연구[23], (2015)

이용, "디지털 증거의 보전명령제도에 관한고찰", 법조 제64권 제12호 (2015)

이원상, "디지털 증거의 압수·수색절차에서의 관련성 연관 쟁점 고찰 - 미국의 사 례를 기반으로 -", 형사법의 신동향 통권 제51호 (2016. 6.)

_____, "디지털 증거의 체계적인 무결성 확보방안 - 왕재산 사건을 중심으로 -", 형사법의 신동향 제43호 (2014)

_____, "클라우드 컴퓨팅 환경에서의 디지털 증거 확보를 위한 소고", 형사법의 신동향 제38호 (2013)

_____, "형사사법에 있어 개인위치정보에 대한 고찰: 긴급구조 및 수사를 중심으 로", 형사정책연구 제23권 제2호 (2012. 여름)

이윤제, "GPS 위치정보와 영장주의", 법학논총 제20권 제1호, 조선대학교 법학연 구원 (2013. 4.)

_____, "디지털 증거 압수·수색영장의 집행에 있어서의 협력의무", 형사법연구 제 24권 제2호 (2012)

이종근, "적법한 체포에 부수한 휴대폰의 수색과 영장주의 - 미연방대법원의 판례 를 중심으로 -", 법학논총 제33권 제1호, 한양대학교 법학연구소 (2016. 3.)

이진국, "전자정보의 압수·수색에서 피압수·수색 당사자의 참여권에 관한 일고", 아주법학 제11권 제4호 (2018)

이창현, "2017년 형사소송법 중요 판례", 인권과 정의 제473호 (2018. 5.)

이흔재, "독일의 휴대전화 위치정보추적수사와 당사자에 대한 통보제도 - 통신비 밀보호법 일부개정법률안에 대한 평가와 개선방안을 중심으로 -", 법조 제68권 제4호 (2019. 8.)

이흔재, "디지털 증거의 압수수색에 관한 쟁점별 해석과 통제방안 -개정 형사소송법을 중심으로-", 법학논총 제37권 제3호, 단국대학교 법학연구소 (2013. 9.)

_____, "미국의 휴대전화에 대한 통신감청 및 위치정보 확인수사의 법제 및 최근 판례에 대한 비교법적 연구", 법학논총 제31권 제3호, 국민대학교 법학연구소, (2019)

전상현, "개인정보자기결정권의 헌법상 근거와 보호영역", 저스티스 통권 제169호 (2018. 12.)

전승수, "디지털 정보에 대한 압수수색영장의 집행 - 대법원 2011. 5. 26.자 2009모1190 결정 -", 법조 제61권 제7호 (2012. 7.)

전지연, "개인정보보호 관련법제의 형사정책적 검토", 형사정책연구 제16권 제3호, 한국형사정책연구원 (2005. 가을호.)

전치홍, "디지털 증거의 역외 압수수색에 관한 최신 쟁점 - 미국의 사례 및 법제를 중심으로 -", 형사소송 이론과 실무 제10권 제2호 (2018. 12.)

정웅석, "개정법상 진술서 등의 증거능력에 관한 고찰", 저스티스 통권 제158-3호 (2017. 2.)

정준현, "패킷감청의 필요성과 정당성에 관한 법적 검토", 홍익법학 제18권 제1호 (2017. 2.)

정하명, "과거 기지국위치정보의 증거능력에 관한 미국 연방대법원 최근 판결례", IT와 法연구 제18집 (2019. 2.)

정한중, "적법하게 취득한 통신사실 확인자료와 관련성 있는 범죄 - 대법원 2017. 1. 25. 선고 2016도13489 판결 -", 법조 제66권 제2호 (2017. 4.)

조 국, "컴퓨터 전자기록에 대한 대물적 강제처분의 해석론적 쟁점", 형사정책 제22권 제1호 (2010. 7.)

조기영, "사전영장 없는 휴대전화 압수수색의 허용 여부", 동북아법연구 제9권 제3호 (2016. 1.)

차진아, "범죄수사를 위한 통신사실확인자료 제공요청의 문제점과 개선방안", 법조 제67권 제2호 (2018. 4.)

_____, "통신비밀보호법 제13조 제1항 및 제2항 등의 합헌성 여부에 대한 검토 - 헌재 2012헌마191등 헌법소원심판청구 사건에 대한 검토를 중심으로 -", 법조 제66권 제4호 (2017. 8.)

채성희, "개인정보자기결정권과 잊혀진 헌법재판소 결정들을 위한 변명", 정보법학 제20권 제3호 (2017. 1.)

최대호, "수사목적 GPS 위치추적의 적법성", 법학논고 제62집 경북대학교 법학연구원 (2018. 7.)

＿＿＿, "피체포자의 휴대전화 압수와 그 내용확인의 적법성", 중앙법학 제21집 제1호 (2019. 3.)

최병각, "휴대폰의 압수와 저장정보의 탐색", 비교형사법연구 제22권 제3호 (2020. 10.)

최우구, "영장에 의하지 아니하는 강제처분의 특수문제로써 스마트폰에 저장된 정보에 대한 수색 - Riley v. California 판결 평석 -", 안암법학 47권 (2015. 5.)

최희경, "미국 헌법상 정보 프라이버시권", 이화여자대학교 법학논집 제19권 제2호 (2014. 12.)

한상훈, "개인정보의 법적보호", 경찰법연구 제2호, 한국경찰법학회 (2004)

＿＿＿, "임의제출물의 영치와 위법수집증거 배제법칙 - 대법원 2016. 3. 10. 선고 2013도11233 판결 -", 법조 통권 719호, 법조협회 (2016)

홍진표, "디지털 증거에 대한 압수수색 영장제도의 실무적 개선방안 고찰", 사법 제50호, 사법발전재단 (2019)

3. 학위논문

권순엽, "프라이버시권리의 발전과정에 대한 연구 - 미국 연방최고법원의 판례를 중심으로 -", 석사학위 논문, 경희대학교 (1995)

김현학, "위법하게 수집한 증거의 예외적 허용에 관한 연구 - 선의의 예외를 중심으로 -", 석사학위 논문, 연세대학교 (2021)

박민우, "디지털증거 압수·수색에서의 적법절차", 박사학위 논문, 고려대학교 (2016)

오현석, "전자증거의 선별압수와 매체압수에 관한 연구", 석사학위 논문, 서울대학교 (2019)

이흔재, "형사절차상 휴대전화의 강제처분에 대한 연구", 박사학위 논문, 연세대학교 (2020)

정성남, "경찰 수사현장에서 디지털 증거의 압수·수색에 관한 연구 - 스마트 폰을 중심으로 -", 박사학위 논문, 인천대학교 (2020)

4. 기타자료

민주사회를위한변호사모임 디지털정보위원회/사단법인 정보인권연구소/진보네트워크센터/참여연대/천주교인권위원회/한국진보연대, "정보기관 감청 통제 통신비밀보호법 정부안(송기헌안)에 대한 시민사회 반대의견 및 대안", 2020. 2. 20.자 의견서

신동운, "압수·수색의 관련성 요건과 그 법적 효과 - 2014.1.16. 선고 2013도7101, 판례공보 2014상, 427 - ", 법률신문 4284호 (2015년 1월 8일자)

오현석, "모바일 전자증거 압수수색 적법절차, 영장 별지, 수사기관의 전자증거 관리", 국회입법조사처·한국형사정책연구원 공동학술대회, "전자장치 내지 저장매체의 압수수색 영장" 발제문 (2019. 12. 13.)

이상원, "2017년 분야별 중요판례 분석 16. 형사소송법", 법률신문 4614호 (2018년 6월 21일자)

이숙연, "디지털시대의 영장주의", 법률신문 4725호 (2019년 8월 22일자)

이호중, "총체적 헌법불합치, 통신비밀보호법의 전면적인 개정을 위하여", 박주민 국회의원 등 주최 통신비밀보호법 개선을 위한 토론회(2018. 11. 19.) 발제문

Ⅱ. 외국문헌

1. 단행본

European Union Agency for Fundamental Rights/European Court of Human Rights/Council of Europe/European Data Protection Supervisor, Handbook on European data protection law(2018 edition), Publications Office of the European Union (2018)

Michael C. Gizzi/R.Craig Curtis, The Fourth Amendment in Flux : The Roberts Court, Crime Control, and Digital Privacy, Kansas : University Press of Kansas (2016)

U.S. Department of Justice, SEARCHING AND SEIZING COMPUTERS AND OBTAINING ELECTRONIC EVIDENCE IN CRIMINAL INVESTIGATIONS (3d ed. 2009)

2. 논문

Adam M. Gershowitz, "THE IPHONE MEETS THE FOURTH AMENDMENT", 56

UCLA L. Rev. 27 (2008)

_____, "THE POST-RILEY SEARCH WARRANT: SEARCH PROTOCOLS AND PARTICULARITY IN CELL PHONE SEARCHES", 69 Vand. L. Rev. 585 (2016)

Armin Tadayon, "PRESERVATION REQUESTS AND THE FOURTH AMENDMENT", 44 Seattle U. L. Rev. 105 (2020)

Ashley N. Gomez, "OVER THE BORDER, UNDER WHAT LAW: THE CIRCUIT SPLIT OVER SEARCHES OF ELECTRONIC DEVICES ON THE BORDER", 52 Ariz. St. L.J. 279 (2020)

Atanu Das, "CROSSING THE LINE: DEPARTMENT OF HOMELAND SECURITY BORDER SEARCH OF MOBILE DEVICE DATA LIKELY UNCONSTITUTIONAL", 22 U. Pa. J. L. & Soc. Change 205 (2019)

Benjamin J. Priester, "A WARRANT REQUIREMENT RESURGENCE? THE FOURTH AMENDMENT IN THE ROBERTS COURT", 93 St. John's L. Rev. 89 (2019)

Callie Haslag, "TECHNOLOGY OR PRIVACY: SHOULD YOU REALLY HAVE TO CHOOSE ONLY ONE?", 83 Mo. L. Rev. 1027 (2018)

Casey Perry, "U.S. V. WARSHAK: WILL FOURTH AMENDMENT PROTECTION BE DELIVERED TO YOUR INBOX?", 12 N.C. J. L. & Tech. 345 (2011)

Daniel J. Solove, "A Brief History of Information Privacy Law in PROSKAUER ON PRIVACY", PLI (2006)

_____, "CONCEPTUALIZING PRIVACY", 90 Calif. L. Rev. 1087 (2002)

Emily Berman, "DIGITAL SEARCHES, THE FOURTH AMENDMENT, AND THE MAGISTRATES' REVOLT", 68 Emory L.J. 49 (2018)

Evan Caminker, "LOCATION TRACKING AND DIGITAL DATA: CAN CARPENTER BUILD A STABLE PRIVACY DOCTRINE?", 2018 Sup. Ct. Rev. 411 (2018).

Gina R. Bohannon, "CELL PHONES AND THE BORDER SEARCH EXCEPTION: CIRCUITS SPLIT OVER THE LINE BETWEEN SOVEREIGNTY AND PRIVACY", 78 Md. L. Rev. 563 (2019)

Jerry Kang, "INFORMATION PRIVACY IN CYBERSPACE TRANSACTIONS", 50 Stan. L. Rev. 1193 (1998)

Jonathan D. Frieden/Leigh M. Murray, "THE ADMISSIBILITY OF ELECTRONIC EVIDENCE UNDER THE FEDERAL RULES OF EVIDENCE", 17 Rich. J.L. & Tech. 5 (2010)

Kaitlyn R. O'Leary, "WHAT THE FOUNDERS DID NOT SEE COMING: THE FOURTH AMENDMENT, DIGITAL EVIDENCE, AND THE PLAIN VIEW DOCTRINE", 46 Suffolk U. L. Rev. 211 (2013)

Kimberly Nakamaru, "Mining for Manny: Electronic Search and Seizure in the Aftermath of United States v. Comprehensive Drug Testing", 44 Loy. L.A. L. Rev. 771 (2011)

Major Paul M. Ervasti, "IS THE PARTICULARITY REQUIREMENT OF THE FOURTH AMENDMENT PARTICULAR ENOUGH FOR DIGITAL EVIDENCE?", 2015-OCT Army Law. 3 (2015)

Mario Trujillo, "COMPUTER CRIMES", 56 Am. Crim. L. Rev. 615 (2019)

Orin S. Kerr, "EX ANTE REGULATION OF COMPUTER SEARCH AND SEIZURE", 96 Va. L. Rev. 1241 (2010)

_____, "EXECUTING WARRANTS FOR DIGITAL EVIDENCE: THE CASE FOR USE RESTRICTIONS ON NONRESPONSIVE DATA", 48 Tex. Tech L. Rev. 1 (2015)

_____, "Search Warrants in an Era of Digital Evidence", 75 Miss. L.J. 85 (2005)

Paul M. Schwartz/Karl-Nikolaus Peifer, "TRANSATLANTIC DATA PRIVACY LAW", 106 Geo. L.J. 115 (2017)

Paul Ohm, "MASSIVE HARD DRIVES, GENERAL WARRANTS, AND THE POWER OF MAGISTRATE JUDGES", 97 Va. L. Rev. In Brief 1 (2011)

RayMing Chang, "WHY THE PLAIN VIEW DOCTRINE SHOULD NOT APPLY TO DIGITAL EVIDENCE", 12 Suffolk J. Trial & App. Advoc. 31 (2007)

Richard C. Turkington, "LEGACY OF THE WARREN AND BRANDEIS ARTICLE: THE EMERGING UNENCUMBERED CONSTITUTIONAL RIGHT TO INFORMATIONAL PRIVACY", 10 N. Ill. U. L. Rev. 479 (1990)

Samuel D. Warren & Louis D. Brandeis, "The Right to Privacy", 4 HARV. L. REV. 193 (1890)

Scott Skinner-Thompson, "OUTING PRIVACY", 110 Nw. U. L. Rev. 159 (2015)

Stephen Moccia, "BITS, BYTES, AND CONSTITUTIONAL RIGHTS: NAVIGATING DIGITAL DATA AND THE FOURTH AMENDMENT", 46 Fordham Urb. L.J. 162 (2019)

Steven Goode, "THE ADMISSIBILITY OF ELECTRONIC EVIDENCE", 29 Rev. Litig. 1 (2009)

Stewart James Alvis, "CRIMINAL PROCEDURE--SEARCH INCIDENT TO ARREST--WARRANTLESS COLLECTION OF DIGITAL INFORMATION FROM CELL PHONES DEEMED UNCONSTITUTIONAL", 45 Cumb. L. Rev. 211 (2014-2015)

Susan Freiwald, "AT THE PRIVACY VANGUARD: CALIFORNIA'S ELECTRONIC COMMUNICATIONS PRIVACY ACT (CALECPA)", 33 Berkeley Tech. L.J. 131 (2018)

Woodrow Hartzog/Neil Richards, "PRIVACY'S CONSTITUTIONAL MOMENT AND THE LIMITS OF DATA PROTECTION", 61 B.C. L. Rev. 1687 (2020)

전치홍

1. 학력
연세대학교 법과대학 법학사(최우등졸업)
연세대학교 법학전문대학원 법학전문석사(우등졸업)
연세대학교 법학전문대학원 법학전문박사

2. 경력
제1회 변호사시험 합격
육군법무관
아시아나항공 법무팀 사내변호사
연세대학교 법학연구원 전문연구원
現) 법률사무소 선 변호사

3. 수상
제6회 홍진기법률연구상(2021년도 논문 부문 우수상)

4. 주요 논문
1) "디지털 증거의 역외 압수수색에 관한 최신 쟁점 - 미국의 사례 및 법제를 중심으로 -", 형사소송 이론과 실무 제10권 제2호, 한국형사소송법학회, 2018년 12월
2) "폴 카메라(Pole Camera) 촬영 수사의 적법성에 대한 미국 판결의 최신 동향", 법학연구 제31권 제3호, 연세대학교 법학연구원, 2021년 9월
3) "실시간 휴대전화 위치정보 추적 수사의 적법성에 대한 미국 판결의 최신 동향 - Carpenter v. United States 판결 이후의 미국 하급심 판결 동향을 중심으로 -", 법학논총 제41권 제4호, 전남대학교 법학연구소, 2021년 11월
4) "온라인 그루밍 처벌법의 문제점과 개선방안 - 초과 주관적 구성요건을 중심으로 -", 법학연구 통권 제67집, 전북대학교 법학연구소, 2021년 12월
5) "대법원의 참여권 법리에 대한 비판적 검토 - 대법원 2021. 11. 18. 선고 2016도348 전원합의체 판결을 중심으로 -", 형사소송 이론과 실무 제14권 제1호, 한국형사소송법학회, 2022년 3월
6) "임의제출된 정보 저장매체에 대한 적법한 압수수색 절차", 형사정책 제34권 제1호, 한국형사정책학회, 2022년 4월
7) "미국의 burglary에 대한 연구 - 일반인의 출입이 허용된 장소에서의 침입(breaking 및 entering) 요건 성립 여부를 중심으로 -", 법조 제71권 제5호, 법조협회, 2022년 10월
8) "주거침입죄에서의 침입 판단 기준에 대한 대법원 법리의 문제점", 형사정책 제34권 제4호, 한국형사정책학회, 2023년 1월

유민총서 22

디지털 정보에 대한 강제처분에서의 정보 프라이버시권 보장 방안
- 미국과의 비교를 중심으로 -

초판 1쇄 인쇄 2023년 12월 20일
초판 1쇄 발행 2023년 12월 27일

지 은 이 전치홍
편   찬 홍진기법률연구재단
주   소 서울특별시 종로구 동숭3길 26-12 2층
전   화 02-747-8112 팩   스 02-747-8110
홈페이지 http://yuminlaw.or.kr

발 행 인 한정희
발 행 처 경인문화사
편 집 부 김지선 유지혜 한주연 이다빈 김윤진
마 케 팅 전병관 하재일 유인순
출판번호 제406-1973-000003호
주   소 경기도 파주시 회동길 445-1 경인빌딩 B동 4층
전   화 031-955-9300 팩   스 031-955-9310
홈페이지 www.kyunginp.co.kr
이 메 일 kyungin@kyunginp.co.kr

ISBN 978-89-499-6762-2 93360
값 30,000원